[131~132쪽] 1945년 7월 미국 뉴멕시코주 앨라모고도에서 최초의 원자폭탄 기폭 실험이 성공했다. 알베르트 아인슈타인을 비롯한 물리학자들의 이론을 구현한 맨해튼 프로젝트를 통해 미국은 어마어마한 파괴력을 지닌 신무기를 갖게 됐다. 미국은 일본의 두 도시 히로시마와 나가사키에 원자폭탄을 투하해 태평양에서 2차 세계대전을 끝냈지만, 원자폭탄 사용의 정당성에 관한 논란은 계속됐다. 2020년 현재 9개국이 핵무기를 보유하고 있으며, 이들의 핵무기는 실전에 사용되지 않고 전쟁 억지 기능만 하고 있다.

▲[21~22쪽, 321쪽] 영국 화가 그레이엄 서덜랜드(1903~1980)의 「파괴, 1941: 이스트엔드 거리」(1941). 서덜랜드는 2차 세계대전 이 영국에 미친 영향을 기록하기 위해 영국 정부가 고용한 전쟁 화가였다. 그의 「파괴」 연작은 나치 독일이 영국의 전쟁 수행 능력과 영 국민의 사기를 꺾기 위해 영국의 도시와 마을에 실시한 공중 폭격의 결과를 보여준다. 이 장면에는 특히 타격이 심했던 이스트엔드 구 역의 파괴된 주택들이 담겨 있다.

▼[198쪽] 중국 국경절 열병식. 2001년 베이징 중심 톈안먼 광장에서 지대지 유도 미사일 부대가 중국 공산당 지도부와 군중 앞을 지 나가고 있다. 비록 민간인도 참여하지만, 열병식은 중국 인민군의 선전장이다.

[291쪽, 422쪽] 프랑스 화가 자크루이 다비드의 「알프스산맥을 넘는 나폴레옹」(1801). 오스트리아군을 물리치러 이탈리아 북부로 가는 나폴레옹의 영예와 용맹을 찬양하기 위해 다비드가 그린 다섯 가지 버전의 동명 작품 중 하나. 나폴레옹은 역사상 많은 전쟁 지도자들과 마찬가지로 선전의 힘을 잘 알았기에 예술가와 작가를 동원했다. 다비드처럼 많은 예술가들이 자신의 재능을 순순히 바쳤다.

▲[333쪽] 영국 화가 에릭 라빌리어스(1903~1942)의 「하트퍼드셔주 소브리지워스 비행장의 스핏파이어」(1942). 영국 정부에 고용된 전쟁 예술가 라빌리어스는 독일군의 공격을 무디게 한 해안 수비대와 전투기를 그렸다. 그림에 보이는 스핏파이어 전투기는 1940년 영국 본토 항공전에서 독일군의 제공권 장악을 저지하는 데 핵심 역할을 했다.

▼[342쪽] 영국 화가 헨리 스펜서 무어(1898~1986)의 「대피소의 군상」(1941). 주로 조각 작품으로 유명한 무어가 2차 세계대전을 견디는 민간인들을 연작 스케치로 묘사했다. 한창 공습에 시달리던 1941년 런던의 위험하고 음울한 일상을 절제되고 부드러운 채색과 회색 음영으로 그려냈다. 이 작품에서는 사람들이 지하 대피소에서 이리저리 뒤섞여 자고 있다.

전쟁은
인간에게
무엇인가

옮긴이 **천태화**

고려대학교 독어독문학과를 졸업하고 프리랜서 번역가로 활동 중이다. 『자기계발의 덫』, 『사랑과 자본』, 『미셸 오바마』 등을 번역했다.

전쟁은 인간에게 무엇인가

한국어판 ⓒ 공존, 2023, 대한민국

2023년 3월 20일 펴냄

지은이 마거릿 맥밀런 | 옮긴이 천태화 | 펴낸이 권기호 | 펴낸곳 공존 | 출판 등록 제313-2006-249호
주소 (04157)서울시 마포구 마포대로 63-8 삼창빌딩 1403호 | 전화 02-702-7025 | 팩스 02-702-7035
이메일 info@gongjon.com | 홈페이지 www.gongjon.com

ISBN 979-11-979165-1-9 03900

인간이 바꾼 전쟁, 전쟁이 바꾼 역사

전쟁은
인간에게
무엇인가

마거릿 맥밀런 지음 · 천태화 옮김

공존

한국어판 일러두기

이 책은 저자가 영국 'BBC 라디오 4' 채널을 통해 영국과 캐나다를 비롯한 서구의 일반인을 대상으로 한 강의에 기초하여 집필되었으므로 역사적 관심사와 기본 배경 지식이 한국 독자들에게 익숙하지 않을 수 있습니다. 그래서 본문 중 (소괄호) 안에 넣은 저자의 부가 설명과 별도로, 옮긴이나 편집자의 부연 설명을 [대괄호]로 묶어 두었습니다.

전쟁이라는 미스터리 속으로

전쟁은 언제나 그랬듯이

인간의 중요한 미스터리 가운데 하나이다.

스베틀라나 알렉시예비치의 『전쟁은 여자의 얼굴을 하지 않았다』 중에서 전쟁. 이 단어는 그 자체만으로도 공포부터 경외심에 이르기까지 다양한 감정을 유발한다. 어떤 이들은 전쟁을 회고하거나 깊이 생각하기만 해도 왠지 전쟁이 너무 가깝게 느껴져 서둘러 외면한다. 또 어떤 이들은 전쟁에 마음이 사로잡혀 매력이나 흥분을 느끼기도 한다.

역사가인 나는 우리가 어떤 식으로든 과거를 이해하고자 한다면 인류에 대한 연구에 전쟁을 포함하지 않을 수 없다고 생각한다. 전쟁이 인류의 발전과 역사의 변화에 끼친 영향은 워낙 심대하기 때문에 그것을 빼놓고서는 역사 자체를 논할 수 없다. 이는 마치 지리, 자원, 경제, 이념, 또는 정치·사회적 변혁 같은 거대한 동력을 간과한 채 역사를 말하려는 것과 같다. 만약 기원전 4세기에 페르시아가 그리스 도시국가들을 점령했다면, 16세기에 잉카제국이 프란시스코 피사로(1478?~1541)의 스페인 원정대를 무찔렀다면, 혹은 아돌프 히틀러(1889~1945)가 2차 세계대전(1939~1945)에서 승리했다면, 이 세상은 달라지지 않았을까? 분명 달라졌을 것이다. 물론 얼마나 달라졌을지는 추측에 의존할 수밖에 없지만 말이다.

하지만 이런 가정형 물음은 우리가 마주하는 어려운 문제 가운데 편린에 불과하다. 전쟁은 인간 본성과 인간 사회의 본질에 관해 근본적인 물음을 제기한다. 전쟁은 인간이 가장 야만적인 본성을 드러내게 하는가, 아니면 가장 선한 본성을 발휘하게 하는가? 전쟁에 관한 문제가 대체로 그러하듯, 정답은 없다.

과연 전쟁은 우리 조상이 최초로 사회 집단을 이루었을 때 틈입한 원죄처럼 인간 사회의 지우려야 지울 수 없는 일부분인가? 카인의 표식처럼 우리를 반복적인 싸움으로 몰아넣는 저주인가? 어쩌면 이런 관점이 매우 위험한 자기실현적 예언으로 작동하는 것은 아닐까? 사회 변화가 새로운 유형의 전쟁을 야기하는가, 아니면 전쟁이 사회 변화를 추동하는가? 어느 것이 먼저인지 밝힐 필요는 없겠으나, 그렇다고 전쟁과 사회를 위험하지만 생산적인 관계로 결속된 파트너로 보아야 할까? 전쟁이 파괴적이고 참혹하고 소모적이면서, 아울러 유익할 수도 있을까?

모두 중요한 물음이다. 나는 이에 답해 보고자 한다. 아울러 전쟁이라는 주제를 탐색하는 과정에서 제기되는 다른 의문들도 풀어나갈 것이다. 다만 한 가지는 미리 밝혀두고자 한다.

전쟁은 가급적 빨리 잊어버리는 게 상책인 한때의 일탈 행위가 아니다. 전쟁은 단순히 평화의 부재(不在)가 아니다. 사실은 평화의 부재가 정상 상태이다. 전쟁과 인간 사회가 (어느 것이 더 지배적이거나 주도적인지 말할 수 없을 정도로) 서로 얼마나 깊이 얽히고설켜 있는지 이해하지 못한다면 우리는 인류 역사에서 중요한 부분을 놓치게 된다. 우리의 세계가 어떻게 현재에 이르게 됐는지 이해하려 한다면 전쟁이 인간 사회의 발전에 미치는 영향을 간과해서는 안 된다.

서구 사회는 지난 수십 년간 운이 좋았다. 2차 세계대전 이후 서구는 직접적인 전쟁을 겪지 않았다[이 책은 우크라이나-러시아 전쟁이 일어나기 전에 출간됐다.]. 서구의 여러 나라가 아시아의 한국 전쟁

(1950~1953)과 베트남 전쟁(1955~1975, 월남 전쟁)에 참전하고, 중동이나 아프리카 일부 지역에 파병해 전쟁을 치렀지만, 전쟁을 직접 겪은 서구인은 소수에 불과하다. 그러나 해당 전쟁 지역의 수많은 사람들은 매우 다른 일을 겪었다. [2차 세계대전이 끝난] 1945년 이후로도 지구상에서는 전쟁이 끊일 날이 없었다. 하지만 소위 '장기간 평화'[역사학자 존 루이스 개디스가 냉전 시대는 유럽이 가장 안정되고 평화로운 시대였다고 주장한 논문의 제목]를 누리는 사람들에게 전쟁이란 문명 수준이 다른 사람들이나 벌이는 짓으로 여겨지기 십상이다. 서구인들은 스스로 더 평화적이라며 자화자찬한다.

진화심리학자 스티븐 핑커를 비롯한 여러 저자들은 지난 2세기 동안 서구 사회가 덜 폭력적으로 변했고 세계적으로 전쟁 사망자 수도 줄어들고 있다는 견해를 널리 전파했다. 그래서 이제 서구인들은 매년 과거 전쟁의 전사자들을 형식적으로 추모하면서 전쟁이란 (그들이 '정상 상태'라고 여기는) 평화가 깨졌을 때 발생하는 일쯤으로 여긴다. 아울러 위대한 전쟁 영웅과 그들이 과거에 치른 전투에 대해 환상을 품거나, 무용담과 탁월한 전쟁 무공에 경외감을 보이기도 한다.

서점과 도서관의 서가에는 전쟁사 책이 가득하다. 영화나 방송 제작자들은 전쟁이 언제나 인기 있는 주제라는 것을 알고 있다. 서구 대중은 나폴레옹 전쟁(1803~1815), 됭케르크 철수 작전(1940), 노르망디 상륙 작전(1944), 또는 「스타워즈(Star Wars)」나 『반지의 제왕(The Lord of the Rings)』 같은 판타지가 전혀 질리지 않는 듯하며, 그런 것들로부터 안전한 거리에 있기에 마음 놓고 즐긴다. 그들은 자신이 직접 전쟁에 참가해야 할 일은 절대 없을 거라 확신한다. 그 결과 서구인들은 전쟁을 가벼이 여기는 경향이 있으며, 두렵거나 암울한 주제에 대해서는 눈을 감아버리곤 한다. 그래서는 안 된다.

전쟁은 지속적으로 역사의 방향을 바꿔 왔다. 미래로 새로운 길을 열었는가 하면, 어떤 길은 차단해버렸다. 선지자 무함마드(570~632)의 가르침은 여러 전쟁을 거치면서 아라비아반도의 사막으로부터 레반트[동지중해 연안 지역]와 북아프리카의 비옥한 땅으로 전파되었고 그 지역에 오래도록 영향을 미쳤다. 상상해보라. 이슬람 지도자들이 전 대륙을 석권했다면 현대 유럽이 어떤 모습일지.

실제로 두 차례나 거의 그럴 뻔했다. 8세기 초 이슬람 침략자들은 스페인을 점령하고 피레네산맥을 넘어 현재의 프랑스 지역으로 진격했다. 하지만 732년 투르푸아티에 전투에서 패해 그들의 북진은 좌절됐다. 만약 그렇지 않았다면 가톨릭이 아닌 이슬람 세력이 프랑스 사회를 형성하여 이후 수백 년간 유럽의 역사를 썼을 것이다.

그로부터 약 800년이 지난 1529년에는 오스만제국의 뛰어난 지도자 술레이만 1세(1494~1566)의 군대가 헝가리의 대부분 지역과 발칸반도를 휩쓸고 빈[비엔나] 외곽까지 진출했다. 만약 그들이 그 도시를 함락했더라면 유럽의 중심이 오스만제국의 일부로 편입됐을 것이고 유럽의 역사도 사뭇 달라졌을 것이다. 빈의 많은 성당은 이슬람교 첨탑에 압도됐을 것이며 어린 모차르트도 다른 악기로 연주되는 다른 형식의 음악을 듣고 자랐을 것이다. 가까운 시대의 예로, 만약 독일군이 1940년 프랑스 됭케르크에서 연합군을 전멸시키고 그해 여름 영국의 제공권을 장악했다면 어떤 일이 벌어졌을까? 영국은 나치 영토의 일부가 되고 말았을 것이다.

기본적으로 전쟁은 조직화된 폭력이다. 하지만 각 사회는 서로 달라서 각기 다른 유형의 전쟁을 치른다. 유목 민족은 기동형 전쟁을 치른다. 유리할 때 치고 불리할 때 드넓은 평원으로 내빼는 전략이다. 정주 농경 사회는 성이나 요새가 필요하다.

전쟁은 사회에 변화와 적응을 강제하고, 역으로 사회 변화는 전쟁에 영향을 미친다. 고대 그리스인들은 시민에게 도시를 방어할 의무가 있다고 생각했다. 그래서 시민의 참전은 민주주의와 시민권의 확장으로 이어졌다. 19세기에 접어들면서 산업혁명 덕분에 국가는 유례없는 대규모 군대를 보유하게 됐다. 그런데 그런 현상은 군에 징집된 수백만 명에게 사회에 대한 더 큰 발언권을 갖게 되리라는 기대감을 심어주었다. 국가는 그 요구에 부응하여 교육부터 고용보험에 이르기까지 다양한 서비스를 제공해야 했다.

오늘날 체계적 관료제로 정비된 중앙집권적인 강력한 민족 국가는 수세기 동안의 전쟁이 낳은 산물이다. 과거의 승리나 패배에 대한 되새김과 기념 행위에서 민족 서사가 만들어진다. 국가는 결속을 위해 그런 서사가 필요하다. 이런 중앙화된 정치 집단, 즉 국가 안에서 사람들은 자신을 전체의 일부로 여긴다. 이런 정치 집단은 조직과 사회 자원을 이용해 국민의 지지를 이끌어냄으로써 대규모 전쟁을 장기간 치를 수 있다. 전쟁 수행 능력의 발달과 인간 사회의 진화는 궤를 같이한다.

지난 수세기 동안 전쟁은 더욱 치명적으로 변하며 충격의 강도를 높여 왔다. 인구가 증가했고, 가용 자원이 더 많아졌으며, 사회 조직이 더 정교해지고 복잡해졌다. 전쟁에 수백만 명을 동원할 수 있고 훨씬 큰 규모로 파괴할 수 있는 능력이 생겼다. 그래서 20세기에 벌어진 두 번의 대규모 전쟁을 칭하는 데에는 '세계대전'과 '총력전'이라는 새로운 표현이 필요했다.

이 책에서는 전쟁이 사회 변화와 기술 진보에 미친 강한 영향, 전쟁 억지를 위한 다양한 시도, 군인과 민간인의 차이 등을 주제로 인간 사회와 전쟁의 역사를 일관되게 다루면서, 특히 18세기 말 이후의 근대현사에 많은 관심을 기울이려 한다. 왜냐하면 그 이후의 전쟁이 양적으로뿐만 아니라 질적으로도 확연히 달라졌기 때문이다. 그리고 서구 역사에서 많은 예를 들 것이다. 근현대사에서 서구가 많은 전쟁을 일으켰고, 아울러 함께 언급해야 할 점으로, 전쟁 억지를 위한 노력도 선도했기 때문이다.

아직 서구의 대다수 대학들에서는 전쟁 연구를 등한시하고 있다. 아마 전쟁을 연구하거나 고찰하는 행위가 곧 그것을 용인하는 것이 될까 봐 두렵기 때문인 듯하다. 세계사학자, 외교사학자, 군사사학자 등은 모두 자기 분야에 관심과 자리가 부족하다고 불평한다. 전쟁 연구나 전략 연구가 실시되더라도 소규모 전문가 무리의 전유물일 뿐이다. 그 무리의 이른바 군사사학자들은 한가하게 가십거리 과거사나 들춰내며 쓸모없는 이야기를 지어내서 누구의 관심도 끌지 못한다.

내가 처음 역사학 교수가 됐을 때, 역사학과에서는 역사 강의에 학생들의 관심을 끌 방안을 찾으려고 교육 컨설턴트[학생과 교육 기관을 매개하는 교육 자문 전문가]를 초대했다. 내가 "전쟁과 사회"라는 강의를 준비하고 있다고 말하자 그는 실망한 기색을 보이더니 강의 제목을 "평화의 역사"로 바꿀 것을 강력히 권고했다.

우리는 전쟁에 의해 만들어진 세상에 살고 있으면서 그것을 늘 실감하지 못하고 있으니, 이는 참으로 이상한 망각이 아닐 수 없다. 민족들이 전쟁 때문에 이주하거나, 쫓겨나거나, 때로는 말 그대로 역사에서 사라져버리기도 했다. 무수한 국경이 전쟁으로 다시 그어졌고, 정권이나 국가가 전쟁으로 흥망성쇠를 겪었다.

윌리엄 셰익스피어(1564~1616)는 이를 잘 알고 있었다. 그의 희곡 작품에서 전쟁은 왕들이 흥하거나 망하게 하는 메커니즘으로 작용한다. 평민들은 몸을 사린 채 전쟁이라는 폭풍이 조용히 지나가기를 기도할 따름이다.

일부 위대한 예술 작품들은 전쟁, 또는 전쟁에 대한 반감에서 영감을 얻었다. 예를 들면, 호메로스의 서사시 『일리아스』, 루트비히 판 베토벤의 교향곡 「영웅」, 벤저민 브리튼의 성악곡 「전쟁 레퀴엠」, 프란시스코 고야의 판화 「전쟁의 참화」, 파블로 피카소의 벽화 「게르니카」, 레프 톨스토이의 소설 『전쟁과 평화』가 있다.

전쟁은 '깃발 뺏기'나 '포트리스'[요새] 같은 아이들 게임 속에도 있다. 2018년 미국에서 가장 인기 있는 게임은 2차 세계대전을 배경으로 한 「콜 오브 듀티(Call of Duty)」[입영 통지]였다.

스포츠를 보러 가는 관중은 경기를 상대 팀이라는 적과 싸우는 전투로 여기곤 한다. 이탈리아에서는 '울트라'[축구 팀 인터밀란의 강성 서포터]라는 축구 팬들이 엄격한 지휘 계통을 갖춘 고도로 조직화된 집단으로 응원을 펼친다. 그들은 유니폼을 입고 스스로를 '코만도', '게릴라' 등으로 부른다. 같은 이탈리아인인 다른 많은 사람들에게는 매우 당혹스럽겠지만, 그런 별칭 중에는 2차 세계대전 때 활동한 파르티잔[빨치산] 부대에서 따온 이름도 있다. 그들은 경기를 관람하기보다 경쟁 팀 팬들과 응원전을 벌이려고 경기장을 찾는다.

근대 올림픽은 국제 친선 도모가 목적이었다. 그러나 거의 처음부터 올림픽은 국가 간 경쟁이었다. 올림픽은 전쟁은 아니지만 전쟁의 많은 속성을 띠었다. 이를테면 메달[훈장]을 수여했고, 국가를 연주했으며, 유니폼[제복]을 입은 팀이 국기를 앞세우고 행진했다. 아돌프 히틀러와 요제프 괴벨스(1897~1945)가 1936년 베를린 올림픽을 독일 민족의 우월성을 과시하는 선전[프로파간다]의 장으로 활용하려 했다는 것은 유명한 사실이다. 냉전 시대에는 메달의 개수가 한 진영이 다른 진영보다 우월하다는 것을 입증하는 증거로 보이기도 했다.

말이나 언어 표현에도 전쟁의 영향이 남아 있다. 로마인들은 포에니 전쟁(BC 264~BC 146)에서 카르타고를 물리친 후 배반을 의미하는 '카르타고인의 신의(*fides Punica*)'[로마인의 보편적 신의(*fides publica populi Romani*)와 대비시켜 카르타고인을 폄훼하는 말]라는 표현을 즐겨 사용했다.

영어권에서는 그 기원도 모르면서 사람이나 사물을 경멸적으로 '용두사미(a flash in the pan)'[직역하면, 약실 속의 점화]라고 일컫곤 한다. 이 말은 과거에 총 속의 화약이 총알을 발사하지 못하고 헛방으로 터지는 경우에서 유래했다.

영국인은 무례함을 표현할 때 흔히 어떤 말에 프렌치(French) 또는 더치(Dutch)라는 말을 덧붙인다. 한때 프랑스와 네덜란드가 적국이었기 때문이다. 프렌치 리브(French leave)는 갑자기 무례하게 자리를 비우는 것이고, 더치 커리지(Dutch courage)는 술김에 부리는 만용을 뜻한다. 프랑스어나 네덜란드어에서는 영국[잉글랜드]을 가리키는 브리티시(British)나 잉글리시(English)가 그와 같은 기능을 한다.

사람들이 빈번하게 사용하는 많은 은유적 표현들이 군대에서 기원했다. 영국의 경우 특히 해군에서 유래한 표현이 많다.

만약 '술에 많이 취했다면(three sheets to the wind)'[돛이 3개인 배의 아딧줄을 느슨하게 매면 배가 술 취한 선원처럼 일렁이는 모습에서 '만취 상태'라는 의미가 유래했다.] '식사를 제대로 하는 것(eating a square meal)'[신병처럼 똑바로 앉아 절도 있게 먹는 이른바 '직각 식사'를 의미하기도 한다.]이 도움이 될 수 있다.

사람들은 문제에 봉착할 경우 '바람이 잠잠해지기(blow over)'를 기다리거나 '바람의 흐름을 타며(leeway)' 여유를 가질 수도 있다.

어떤 사람의 말을 믿을 수 없을 경우에는 '말도 안 되는 소리 하지 마!(Go tell it to the marines!)'[어원을 따져 직역하면, '뱃사람들은 믿지 않을 테니 잘 속아 넘어가는 해병한테나 말해 봐!']라고 쏘아붙일 수 있다.

우리의 대화와 글에는, 예를 들면 '빈곤, 암, 마약, 비만과의 전쟁' 같은 군대식 은유적 표현이 산재해 있다(『내 남편의 콜레스테롤에 대한 나의 전쟁』이라는 제목의 책을 본 적도 있다.). 부고문에는 '병마와의 싸움에서 이기지 못한' 고인이 언급된다. 광고나 자선기금 모금 같은 행사는 흔히 '캠페인'[원래 '군사 작전'을 의미함]이라고 불린다. 사업가는 경쟁자를 물리치고 기업의 승리를 쟁취하기 위해 2,000년 전에 쓰인 중국의 전략서를 읽는다. 또한 자신의 전략적 목표와 혁신적 전술을 뽐내며 스스로를 나폴레옹 보나파르트(1769~1821) 같은 위대한 지휘관에 견주고 싶어한다. 정치인들이 질문 공세나 스캔들을 모면하려고 칩거에 들어갈 경우, 언론은 그들이 군사를 모으고 반격을 도모하기 위해 벙커에 들어갔다고 보도한다. 2018년 12월 《뉴욕 타임스》에는 이런 헤드라인이 등장했다.

"트럼프, 하루하루가 전쟁, 고군분투 중"

전쟁의 흔적은 지리에서도 매우 흔하게 볼 수 있다. 런던에는 허레이쇼 넬슨(1758~1805) 제독의 트라팔가르 해전(1805) 승리를 기념하는 트라팔가광장이 있다. 파리에는 나폴레옹의 대승 중 하나인 아우스터리츠 전투(1805) 승리를 기념하기 위해 명명된 오스테를리츠역이 있다. 런던의 워털루역은 나폴레옹의 마지막 패전인 워털루 전투(1815)를 기념한다.

캐나다 온타리오주에는 오랫동안(1830~1916) 베를린이라 불린 도시가 있다. 19세기에 독일 이민자들이 정착한 곳이다. 그런데 1차 세계대전(1914~1918)이 발발하자 도시 이름이 갑자기(1916) 키치너로 변경됐다[키치너는 1차 세계대전 중에 전사한 영국 전쟁부 장관 허레이쇼 허버트 키치너(1850~1916)를 의미한다.].

어느 마을, 어느 도시에나 전사자들의 이름이 새겨진 전쟁 기념물이나 옛날 영웅들을 기리는 기념비가 있다. 넬슨 제독은 런던 시내 기념비 위에 우뚝 서 있고, [제18대 미국 대통령이자 남북 전쟁 당시 북부군 사령관이었던] 율리시스 심슨 그랜트(1822~1885) 장군의 묘지는 뉴욕 리버사이드파크에 있는 유명한 만남의 장소이다. 20세기에는 사병들, 특히 간호병, 조종사, 보병, 해병, 수병을 비롯한 무명의 전사자들에게 헌정하는 기념물이 많이 늘었다. 심지어 영국에는 양차[1차, 2차] 세계대전에 투입된 동물을 기리는 기념물도 있다.

과거의 전쟁을 상기시키는 물건들이 배경과 너무나 자연스럽게 어우러져 시선을 받지 못하는 경우도 흔히 볼 수 있다. 나는 런던의 패딩턴역 1번 플랫폼을 무수히 지나다녔지만, 1차 세계대전 중에 희생된 그레이트웨스턴 철도회사 직원 2,524명을 기리는 커다란 조형물이 그곳에 있는지 몰랐다. 패딩턴역 그곳에는 출전 복장을 갖춰 입은 채 고향에서 온 편지를 읽고 있는 병사의 멋진 동상도 있다. 1차 세계대전 발발 100주년 기념행사가 아니었더라면 나는 그걸 보려고 일부러 멈춰 서지 않았을 것이다. 또 빅토리아역에서 굳이 짬을 내, 거기서 프랑스행 기차에 몸을 실었던 수많은 장병과 1920년에 돌아온 어느 무명용사의 유해에 헌정된 동판을 찾아보지도 않았을 것이다.

우리는 자신의 과거를 곰곰이 돌이켜보다가 기억 속에서 전쟁의 자취를 발견하기도 한다. 나는 평화로운 캐나다에서 자랐다. 그런데 어린 시절 내가 읽은 책이나 만화의 대부분은 전쟁에 관한 것이었다. 1차 세계대전 전의 주요 전쟁에서 활약한 위풍당당한 소년 영웅들의 이야기를 들려주는 G. A. 헨티(1832~1902)류의 작품들이 끊임없이 나왔는가 하면, 2차 세계대전 시절에는 용감한 비행기 조종사 캐릭터인 비글스와 동료들의 활약을 그리는 W. E. 존스(1893~1968)의 『비글스(Biggles)』 시리즈가 등장했고, 2차 세계대전 중에 처음 나와 한국 전쟁이 지나도록 시리즈가 계속 이어진 만화 『블랙호크(Blackhawk)』도 있었다. 파머 콕스(1840~1924)의 『브라우니(The Brownies)』 시리즈를 읽으면서 1차 세계대전 때의 노래를 불렀고(나중에 안 사실이지만 가사가 순화됐다.) 수기 신호와 붕대법을 배웠다. 1950년대 초 학교에서는 한국 전쟁 지원을 위해 노끈과 은박지를 모았다. 냉전 시대에는 미국과 소련 간의 핵전쟁에 대비해 책상 밑에 쪼그려 앉는 훈련을 받았다.

전쟁을 직접 겪은 어른들로부터 경험담을 들어본 사람도 많을 것이다. 내 할아버지와 외할아버지는 모두 군의관으로 1차 세계대전에 참전했다. 웨일스의 외할아버지는 젤리볼루[갈리폴리]와 메소포타미아에서 인도군으로, 캐나다의 할아버지는 서부 전선에서 캐나다군으로 복무했다. 아버지와 삼촌 넷은 모두 2차 세계대전에 참전했다. 그들은 자신이 겪은 일을 들려주었지만 모든 것을 다 말하지는 않았다. 대서양을 가로질러 지중해로 들어가는 수송선을 호위하는 캐나다 군함을 탔던 아버지의 이야기는 대부분 재미있었다. 다만 딱 한 번, 바다에 수장될 뻔한 이야기를 할 때 아버지는 목소리가 떨렸고 더 이상 말을 잇지 못했다. 아버지의 아버지, 즉 할아버지도 아버지에게 참호전에 대해서는 절대 말하지 않았다. 그런데 그런 할아버지가 가끔 손녀인 내 여동생에게는 그 이야기를 들려주었다. 어차피 동생은 너무 어려서 무슨 말인지 이해하지 못했을 것이기 때문이다.

할아버지는 기념물로 수류탄을 가져왔다. 그 물건은 스위스 오두막 모형이나 작은 스코틀랜드 개 목각 인형 같은 잡동사니와 뒤섞여 캐비닛 안에 있었다. 어릴 때 나는 그걸 마루에 이리저리 굴리며 놀았다. 누군가가 그 수류탄에 여전히 안전핀이 꽂혀 있는 것을 발견하기 전까지는 말이다.

많은 가정에 이런 기념물과 추억이 있을 것이다. 전쟁 지역에서 온 편지 다발, 전쟁터에서 주운 유류물, 낡은 쌍안경과 철모, 포탄피로 만든 우산꽂이 등등.

그리고 세계 각지의 옛 전쟁터에서 잔해가 모습을 드러내면서 그런 기념물이 끊임없이 나타나고 있다. 유럽의 국제 고속철도인 유로스타는 1차 세계대전 전쟁터를 방문한 승객들에게 그들이 기념으로 수집한 탄피나 여타 무기류를 가지고 열차에 탑승해서는 안 된다는 안내판을 설치해야 했다. 매년 봄이면 프랑스와 벨기에의 농민들은 과거 서부 전선이었던 지역에서 소위 "고철 수확물(Iron Harvest)" 더미를 쌓아올린다. 겨울 서리에 얼면서 팽창하는 땅이 낡은 철조망이나 총알, 철모, 불발탄 등을 지표면으로 밀어올린다. 불발탄 중에는 독가스가 들어 있는 것도 있다. 프랑스와 벨기에의 군부대가 안전한 처리를 위해 그런 무기류를 수거하지만, 과거의 전쟁이 지금도 희생자를 낳는다. 농민이나 폭발물 처리 전문가, 운 나쁜 굴착 작업자, 멋모르고 포탄 바로 위 땅바닥에 불을 피워 몸을 녹이던 벌목꾼 등등.

아직까지도 런던이나 독일의 공사 현장에서는 심심찮게 2차 세계대전 때의 불발탄이 나타난다. 그리고 이보다 훨씬 오래전의 전쟁 유물이 발견되기도 한다. 이스라엘의 하이파항(港)에서 준설 작업을 하던 사람들이 기원전 6~5세기경의 멋진 그리스 시대 투구를 발견했다. 영국 레스터셔주의 한 언덕에서는 퇴직 교사가 금속탐지기를 들고 산책을 나갔다가 로마 시대 투구를 발견했다. 아일랜드 샤논강에서는 일상적인 스쿠버다이빙 훈련을 하던 사람들이 10세기 바이킹 검을 건져올리기도 했다.

전쟁 희생자를 추모하는 국가 기념일이나 전쟁 박물관이 있는 나라가 많다. 그런 박물관 같은 데서 예상치 못한 전쟁 희생자의 모습을 보게 되면 전쟁으로 인한 손실을 되새기게 된다.

고고학자들이 스웨덴의 평화로운 섬인 고틀란드에서 사슬갑옷을 입은 지역 군인의 시신을 발굴했다. 그 군인은 1361년 덴마크 침략군에 맞서 싸우다가 동료들과 함께 전사했다. 시신은 진흙에 파묻히거나 무더운 지역에서 미라로 변하면 오랜 세월 보존될 수 있다.

2018년 벨기에 이프르에서는 택지 개발에 앞서 조사를 벌이던 고고학자들이 전사자 시신 125구를 발견했다. 대부분 동맹국 측 독일군이었지만 협상국 측 군인도 섞여 있었다. 그들은 1차 세계대전 때 그곳에 쓰러진 후 계속 잠들어 있었다.

2002년 리투아니아 빌뉴스 외곽 공동묘지에서는 푸른색 군복을 입은 수천 구의 시신이 발견됐다. 군복에는 소속 부대 번호가 선명한 단추도 달려 있었다. 그들은 1812년 나폴레옹의 군대가 모스크바에서 철수하던 중 사망한 프랑스군이었다.

우리는 전쟁을 생각하면 인명 피해와 자원 낭비 같은 손실, 폭력성, 예측 불가능성, 그리고 그 뒤에 올 수 있는 혼란을 떠올리게 된다. 하지만 전쟁이 얼마나 조직적인지에 대해서는 그다지 생각하지 않는다.

1940년 9월 독일은 영국을 굴복시키려고 두 달 동안 밤낮없이 런던을 폭격했다. 필수 인력을 제외한 많은 민간인이 시골로 대피했다. 런던에 남은 사람들은 임시대피소나 지하철에서 잠을 잤다. 런던 한복판에 위치한 BBC(영국방송공사)는 여러 부서를 타 지역으로 분산시켰다. 음악국은 베드퍼드, 드라마국과 버라이어티국은 브리스톨로 보냈다. 그리고 그곳도 너무 위험해지자 다시 버라이어티국을 노스웨일스의 한적한 마을 뱅고어로 옮겼다. 본사에 남은 직원들은 밤에 귀가하지 못하는 일이 잦았다. BBC는 직원들을 위해 라디오극장을 숙소로 개조했다. 숙소 중간에는 커튼을 드리워 남녀 칸을 구분했다. BBC의 애칭이 아주머니(Auntie)인 데에는 이유가 있다[중상층 중심에 가부장적이고 애국주의를 지향했던 BBC가 2차 세계대전을 계기로 위민적이고 중립적이고 보편적인 성향을 띠게 됐다.].

10월에 독일군 전투기에서 투하된 폭탄 두 개가 방송국 건물을 타격했다. 직원 7명이 희생됐다. 직원들이 불발탄 한 개를 제거하는 동안 소방차가 달려와 불이 번지는 것을 막았다. 9시 뉴스를 진행하던 앵커는 건물이 흔들리자 잠시 멈추었다가 검댕과 먼지를 뒤집어쓴 채 보도를 다시 이어갔다. 다음 날 아침에 방송국 주위로 비계가 설치됐고, 부서져내린 건물 잔해가 말끔히 치워졌다.

여기서 잠시 이 하나의 사건과 관련있는 조직들에 대해 생각해보자. 이것은 2차 세계대전의 전체 역사에서 자그마한 사건에 불과하다. 독일군 폭격기와 호위 전투기는 독일 군수 산업의 생산품이다. 독일 군수 산업은 비행기를 만들고 띄우기 위해 자원과 인력 그리고 여러 공장을 동원했다. 비행단원들은 선발 과정을 거쳐 훈련을 받았을 것이다. 독일군 정보기관과 참모본부는 주요 목표물을 선정하기 위해 심혈을 기울였을 것이다. 영국의 대응 또한 마찬가지로 조직적이었다. 영국 공군은 내습하는 적기를 탐지하고 저지하기 위해 최선을 다했고, 방공 기구(barrage balloon)와 탐조등을 운용하는 지상 병력 역시 그러했다. 런던을 포함한 주요 도시의 등화관제는 철저하게 관리됐다. BBC는 비상 대책을 수립했고, 소방서는 즉시 출동했으며, 청소 작업도 신속했다.

전쟁은 인간의 모든 활동 가운데 가장 조직화된 활동일 것이다. 그래서 전쟁은 사회의 조직화를 더욱 강화한다. 국가는 평시에도 전쟁 대비(전쟁 자금과 자원 확보)를 위해 사회에 커다란 지배력을 행사한다. 특히 근현대에 들어서는 생산력 증대와 더불어 전비 규모도 커졌기 때문에 평시 전쟁 대비가 점점 보편화됐다.

국가의 힘이 커지면서 전쟁은 변화와 진보도 가져왔다. 개중에는 유익하다고 할 만한 것도 많다. 예를 들면 사병 철폐, 법질서 확립, 민주주의 확대, 사회 복지 증진, 교육 개선, 여성과 노동자의 지위 향상, 의학을 비롯한 과학기술 발달 등이 있다. 그리고 살상 능력이 커질수록 서로에 대한 폭력을 점점 더 용납하지 못하게 되어 세계 대부분의 지역에서 살인 사건 발생률이 낮아졌다.

그런데 20세기에 역사상 가장 많은 전쟁 사망자가 발생하기도 했다. 여기서 또 다른 의문이 제기된다. 우리는 폭력을 비난하면서 어떻게 그런 대규모 살인을 감수하는가? 우리 대부분은 결단코 전쟁의 유익함을 챙기기 위해 전쟁을 벌이지는 않는다. 전쟁의 유익함을 구현할 수 있는 다른 방법이 분명히 존재한다. 하지만 우리는 아직 그 방법을 찾아내지 못한 것이 아닐까?

이처럼 전쟁에는 많은 역설이 존재한다. 우리는 전쟁을 두려워하지만 전쟁에 매혹되기도 한다. 전쟁이 초래하는 낭비와 전쟁의 잔혹성에 치를 떨지만 군인들의 용기에 찬사를 보내고 전쟁의 매력에서 위험스러운 힘을 느낀다. 어떤 이들은 전쟁이 인간의 활동 중 가장 장엄하다며 찬사를 보내기도 한다. 전쟁은 참전자에게 같은 인간을 죽일 살인 면허를 부여한다. 그런데 전쟁은 최고의 이타심을 요구하기도 한다. 다른 사람을 위해 자기 목숨을 기꺼이 내놓는 것보다 더 위대한 이타적 행위가 어디 있겠는가?

역사적으로 전쟁을 사회 활력소로 여긴 오랜 전통이 있다. 전쟁은 사회가 전열을 가다듬어 보다 숭고한 면을 드러내도록 만든다는 것이다. 독일 시인 스테판 게오르게(1868~1933)는 1차 세계대전 전의 평화로운 유럽을 두고 "쓰잘머리없이 시시껄렁하게 비겁한 세월"을 보낸다며 경멸했고, 미래파 운동의 주창자이면서 나중에 파시스트가 된 이탈리아 작가 필리포 마리네티(1876~1944)는 "전쟁만이 유일한 세상 청소"라고 부르짖었다. 마오쩌둥(1893~1976)도 나중에 상당히 비슷한 말을 했다[『지구전론』에서].

"혁명 전쟁은 일종의 항독소로서 적의 독을 제거할 뿐만 아니라 자신의 더러움도 씻어낼 것이다."

그런데 전쟁을 비극 외에 아무것도 낳지 못하는 악으로 여긴 오랜 역사적 전통도 있다. 전쟁은 인류가 구제불능인 결함투성이 종(種)이라서 폭력으로 스스로의 운명을 망쳐 결국 역사의 종말에 이르게 될 것임을 드러내는 징표라는 것이다.

우크라이나 출신 벨라루스 작가인 스베틀라나 알렉시예비치 (1948~)의 말이 옳다. 전쟁은 미스터리, 그것도 무시무시한 미스터리다. 그러므로 우리는 전쟁을 이해하려는 노력을 계속해야 한다.

차례

전쟁은 인간에게 무엇인가?

전쟁은 인간이 벌인다.

짐승이나 신들은 전쟁을 벌이지 않는다.

인간만의 독특한 행위이다.

전쟁을 인간에 대한 범죄라고만 하면

전쟁의 의미를 적어도 절반은 간과하게 된다.

전쟁은 그 범죄에 대한 단죄이기도 하다.

프레더릭 매닝의 『운명의 한가운데』 중에서

알프스의 아름다운 도시 볼차노를 방문하면 사우스티롤 고고학박물관 앞에 늘어선 긴 줄을 보게 된다. 많은 사람들이 아이들을 데리고 볼차노에서 손꼽히는 구경거리를 보기 위해 참을성 있게 기다린다. 그것은 바로 기원전 3300경에 살았던 남성의 미라이다.

이 냉동인간 외치(Ötzi)는 피라미드나 스톤헨지가 건설되기도 전에 살았지만 몸과 소지품이 얼음에 싸여 손상없이 보존되다가 1991년 두 명의 등산객에게 발견되었다. 그는 가죽옷을 입고 풀로 짠 망토를 둘렀으며 각반, 장화, 모자까지 갖추었다. 뱃속에서 발견된 마지막 식사는 말린 고기, 근채류, 과일 그리고 빵으로 추정되는 음식이었다. 그는 나무 바구니와 함께 다양한 도구를 지니고 있었다. 동도끼, 칼, 화살 그리고 활의 일부 등등.

처음에는 그가 눈보라 속에서 길을 잃고 헤매다 외로이 죽음에 이르러 5,000년 동안 묻혀 있었던 것으로 추측됐다. 무고한 농부나 양치기의 슬픈 사연이었다. 수십 년이 흘러 과학과 의학의 발달 덕분에 컴퓨터단층촬영(CT), 엑스레이 촬영, 생화학 검사 등 여러 방법을 통해 시신을 더 세밀하게 조사할 수 있게 되었다. 외치의 한쪽 어깨에는 화살촉이 박혀 있었다. 몸에서 타박상과 자상이 발견됐다. 머리도 가격당한 게 분명했다. 그는 공격당한 후 부상으로 죽음에 이르렀을 가능성이 높았다. 그리고 칼과 화살촉에서 발견된 혈흔으로 보아, 외치도 어디선가 누군가를 살해했을 가능성이 있어 보였다.

석기 시대 후기 고대인들이 무기를 만들어 집단으로 서로를 공격하며 상대를 말살하려 했다는 것을 보여주는 증거는 외치뿐만이 아니다. 외치의 시대, 또는 그 이전까지 거슬러 올라가는 시기의 무덤들 안에서도 폭력적인 죽음의 흔적이 있는 유골더미가 발견된다. 이런 무덤은 중동, 아메리카, 태평양 지역 등 세계 도처에서 발견된다. 나무로 만들어진 무기나 인간의 피부는 남아 있지 않지만 고고학자들은 돌칼날을 발견해냈으며 그중 일부는 뼈에 박혀 있었다.

폭력은 아주 오래전, 즉 우리 선조들이 수렵채집에 의존하며 떠돌던 때부터 존재한 것으로 보인다. 현재 알려진 것의 상당 부분은 당연히 매우 추정적이다. 더욱 먼 과거로 갈수록 증거를 찾고 해독하는 것이 극히 어려워진다(현생인류는 무려 35만 년 전에 지구상에 출현했다.).

그렇지만 고대 DNA 해독 같은 과학기술의 진보와 고고학적 발견 덕분에 더 많은 증거를 수집할 수 있게 되었다. 이제 우리는 그 장구한 역사에 비해 인류가 아주 최근까지 소집단으로 무리를 지어 지구의 따뜻한 지역 여기저기에 흩어져 살았다는 사실을 안다. 서로 다툴 만한 재물도 많지 않았으며, 만약 한 무리가 다른 무리로부터 위협을 받으면 간단히 자리를 옮기는 것만으로도 문제를 해결할 수 있었을 것으로 추측된다.

20세기 들어 한동안 인간 사회의 기원을 연구하는 학자들은 초기 유목민들이 평화로운 삶을 살았을 것이라고 생각했다. 하지만 고고학자들은 당시의 뼛조각에서 다른 가능성을 암시하는 상처를 발견했다. 인류학자들은 현대에도 남아 있는 일부 수렵채집 사회를 관찰함으로써 고대 사회가 어떤 모습이었을지 알아내려고 했다. 그러나 그것은 함정이 도사린 우회로였다. 그런 사회를 관찰하는 외부인이 자신의 편견을 주입해서 접촉 자체가 그 사회의 변질을 야기했기 때문이다.

이를 감안하더라도 유의미한 연구 결과들이 있다. 예를 들면 1803년 13세 소년이던 윌리엄 버클리(1776?~1856)는 호주의 영국 범죄자 유형지에서 탈출하여 30여 년간 원주민들 속에서 숨어 지냈다. 그는 나중에 그들의 세계를 습격과 매복, 오랜 반목, 결투나 폭력으로 인한 죽음이 일상화된 사회로 묘사했다.

호주의 지구 반대쪽에 있는 혹독한 북극 환경에서 초기 탐험가들과 인류학자들이 알아낸 바에 따르면, 이누이트 또는 이누피아크 같은 원주민들은 동물의 뼈와 엄니로 갑옷이나 무기를 만들뿐만 아니라 과거의 전쟁에 대한 풍부한 구전 역사도 지니고 있다.

1964년 미국의 젊은 인류학도 나폴리언 섀그넌(1938~2019)은 브라질 열대우림의 야노마미[야노마뫼]족 안에서 현장연구를 하러 떠났다. 그는 당시 우세한 견해였던 '수렵채집인은 평화롭다'는 가설을 입증할 수 있으리라 기대했다. 각 마을 안에서 야노마미족은 대부분 화목하게 지냈다. 그러나 다른 마을과 상대할 때는 전혀 달랐다. 서로 간의 차이를 해결하는 데 몽둥이와 창을 동원했다. 한 마을이 다른 마을을 습격하여 남자와 어린이를 죽이고 여자를 납치했다. 30년간 관찰한 후 그는 야노마미족 남자의 4분의 1은 폭력의 결과로 사망한다는 결론을 내렸다.

역사학자와 인류학자, 사회생물학자 사이에서 실로 전쟁을 방불케 하는 뜨거운 설전이 오가고 있지만, 지금까지의 증거로 볼 때 인간은 아득한 옛날부터 서로를 조직적으로 공격하는, 즉 전쟁을 벌이는 성향을 지녔다고 주장하는 쪽이 우세하다. 그래서 우리는 인간이 왜 서로를 거리낌 없이 죽일 수 있는지 이해해야 한다. 이는 단순한 지적 호기심을 넘어선다. 우리가 왜 서로 싸우는지 이해하지 못하면 미래의 전쟁을 예방할 가망이 거의 없기 때문이다.

현재까지 많은 이론이 제시되어 왔지만 아직 합의된 결론은 없다. 필시 전쟁은 식량, 영토, 성적 상대, 노예 같은 한정된 자원을 차지하기 위한 경쟁이나 탐욕 때문일 것이다. 아니면 생물학적 유대와 공동의 문화로 형성된 집단이 부족이든 국가든 자기 집단은 소중히 여기고 다른 집단은 적대시하는 것이 아닐까? 인류의 사촌인 침팬지처럼 인간도 위협을 느끼면 본능적으로 사납게 돌변하는 것이 아닐까? 전쟁이란 우리가 어쩔 수 없이 할 수밖에 없는 그 무엇인가, 아니면 사상이나 문화를 통해 만들어낸 것일까? 21세기를 사는 우리 주변에 여전히 전쟁과 전쟁 공포가 수없이 존재하기에 이런 질문에 대한 답을 구하는 일은 매우 중요하다.

살해할 의사가 없다면 전쟁은 불가능하다. 그러나 살해 의사만으로 전쟁을 규정할 수는 없다. 술집에서 싸우는 두 사람을 보고 전쟁한다고 말하지는 않는다. 패거리로 공원이나 거리에서 싸우는 것도 마찬가지다. 부상이나 사망을 유발하는 폭력은 전쟁의 일부 요소이긴 하지만, 전쟁의 수단일 뿐 그 자체가 전쟁의 목적은 아니다.

독일의 탁월한 전쟁이론가 카를 폰 클라우제비츠(1780~1831)는 "전쟁이란 상대가 자신의 의지를 따르도록 강제하려는 폭력 행위"라고 정의했다. 전쟁은 공격이든 방어든 목적이 있다. 개인이나 갱단과 마찬가지로 전쟁은 명예, 생존, 지배와 관련있지만 그 규모나 조직 면에서 술집 싸움과는 분명히 다르다. 전쟁은 몇몇 사람이 타인들에게 가하는 폭력과 달리 수십, 수백, 수천, 심지어 수백만 명 이상이 관련되는 사건이다. 전쟁이란 고유한 영토에서 상당 기간 존재해온 구성원들을 지배하는 조직화된 사회 간의 충돌이다. 영국의 정치학자 헤들리 불(1932~1985)은 이렇게 말했다.

"폭력은 정치 집단의 이름으로 수행되지 않는 한 전쟁이 아니다. 마찬가지로, 정치 집단의 이름으로 수행된 폭력이라 할지라도 다른 정치 집단을 겨냥한 것이 아니면 전쟁이 아니다."

갱단도 조직이고 그 구성원들이 가치관과 목적을 공유한다고 주장할 수 있지만 그들은 안정된 정치·사회 집단이 아니다. 물론 그들도 그렇게 될 수 있다. 규모가 커진다면 언젠가는 전쟁을 수행할 수 있는 씨족, 부족, 종족, 공국, 왕국, 또는 국가가 될 수 있다.

전쟁의 여러 가지 역설 중 하나는 인간이 조직화된 사회를 구성하면서 전쟁에 능해졌다는 점이다. 사실 조직화된 사회와 전쟁은 함께 진화했다. 인간이 조직화된 정주 사회를 이루면서 전쟁(두 정치 집단 간의 조직화된 목적지향적 폭력)은 더 정교해졌고, 전쟁은 사회를 더 조직화되고 더 강하게 만들었다.

인류 중 일부가 정착해서 농사를 짓기 시작한 것은 겨우 1만 년 전이며(훨씬 긴 인류 역사에 비하면 찰나에 불과하다.), 전쟁이 점점 체계성을 띠면서 특수한 훈련과 전사 계급이 필요해졌다. 고고학자들은 세계 각지에서 무덤을 발굴하면서 방어 시설의 흔적도 찾아냈다. 튀르키예[터키]에서는 최소 기원전 6000년경까지 거슬러 올라가는 집단 거주 지역이 발견됐는데, 고의로 불태운 흔적이 보였다. 농경의 시작으로 인류는 한 지역에 붙박여 살게 됐고, 훔치거나 지킬 가치가 있는 것들을 더 많이 소유하게 되었다. 그래서 스스로를 방어하기 위해 더 나은 조직과 더 많은 자원이 필요했으므로, 각 집단은 어쩔 수 없이 평화적으로든 정복을 통해서든 영토를 확장하고 인구를 늘려야 했다.

전쟁의 기원과 진화를 둘러싼 여러 논쟁 중 하나는 인류가 점점 더 폭력적으로 변했는가 아니면 그 반대인가라는 것이다. 진화심리학자 스티븐 핑커나 그의 생각에 동조하는 고고학자 이언 모리스 같은 사람들은 낙관론 쪽에 서서 인간이 폭력으로부터 멀어지는 뚜렷한 경향을 보인다고 믿는다. 대부분의 나라에는 이제 공개 처형이 없다. 동물이나 어린이 학대를 금하는 법이 제정됐다. 곰 사냥이나 투견 같은 스포츠도 대체로 불법이다. 낙관론자들은 더 나아가 과거의 전쟁 사망자 수를 모두 합해서(이 자체도 쉬운 일이 아닌데) 주장하기를, 과거의 살인율이 오늘날보다 훨씬 높았고, 양차 세계대전의 대량 살상을 포함하더라도 20세기와 21세기의 전쟁 사망자 수의 인구비가 과거 전쟁들보다 낮다고 말한다.

그러나 이런 수치에 이의를 제기하는 사람들은 20세기 전쟁 사망자 수는 지난 5,000년간의 모든 전쟁 사망자 수의 75퍼센트에 이른다고 반박한다. 그리고 이탈리아 피렌체 대학교와 미국 콜로라도 대학교에서 수학적 방법을 이용하여 수행한 연구에 따르면, 전쟁이 빈도는 줄어들지만 더욱 치명적으로 변해가는 경향이 있다고 한다. 인류의 앞날이 암담해 보일 수 있다. 그 연구진은 국가들 간의 연결이 강화될수록 분쟁도 컴퓨터 바이러스나 산불처럼 그 연결망의 경로를 타고 더 빨리 확산한다고 주장한다. 1914년 여름 발칸반도에서 발생한 작은 분쟁이 1차 세계대전으로 비화했다. 유럽의 강대국들이 조약이나 양해각서, 정략 따위로 서로 얽히고설켜 있었기 때문에, 사라예보에서 오스트리아헝가리제국의 프란츠 페르디난트(1863~1914) 대공(大公)이 암살되어 촉발된 긴장이 위아래로 확산하다가 급기야 전면전으로 폭발한 것이다.

스티븐 핑커의 주장이 옳다고 쳐도(논쟁은 계속되고 있지만) 그다지 희망적이지 않다. 1945년 이후 서구는 긴 평화의 시대를 누려왔지만 인도차이나반도, 아프가니스탄, 아프리카 중부 대호수 지역, 그리고 중동의 여러 지역과 동유럽 등 세계 곳곳에서는 전쟁이 벌어졌고, 지금도 진행 중이라는 사실을 잊어서는 안 된다. 스웨덴 웁살라 대학교의 장기 연구 프로젝트에 따르면, 1989년부터

2017년까지의 전쟁 사망자 수는 200만 명 이상으로 추산된다. 그리고 1945년 이후 전쟁 난민의 수는 5,200만 명에 이른다.

폭력의 만연, 과거의 수많은 전쟁과 지금도 여전히 사라지지 않고 있는 전쟁은 불편한 의문을 제기한다. 이를테면, 인간은 유전적으로 서로 싸우도록 프로그램되어 있는가?

동물의 왕국에서 인간과 가장 가까운 친척인 침팬지와 보노보를 관찰하여 답을 구하려는 연구가 있었다. 둘 다 조직적인 집단생활을 하고, 상호 의사소통을 하며, 원시적인 도구를 만든다(최근 북아일랜드 벨파스트동물원에서는 한 쌍의 호기로운 침팬지들이 서로 협력하여 나뭇가지로 사다리를 만들어 탈출한 일이 있었다.). 침팬지와 보노보는 외관상 거의 똑같아서 1920년대까지만 하더라도 같은 종으로 여겨졌다. 그러나 사실 그들은 외부자를 대하는 방식과 공동생활에서 사뭇 다르게 진화해 왔다.

동물학자 제인 구달(1934~)은 아프리카 탄자니아에 있는 자연 서식지에서 50년 넘게 침팬지를 연구했다. 그녀와 연구진은 워낙 완벽하게 환경의 일부로 융화되어 침팬지들이 그들의 존재를 별로 개의치 않게 되었다. 관찰연구자들은 침팬지들이 서로 장난치거나, 관계를 발전시키거나, 새끼를 돌보거나, 죽이는 것을 지켜보았다. 수컷이 지배하는 침팬지 집단은 자기 영역에 강하게 집착했으며, 도발을 당하지 않았는데도 다른 침팬지 집단과 조직적인 싸움을 벌였다. 그들은 자기 영역에서 너무 멀리 벗어난 외톨이 침팬지를 죽였고, 경쟁 수컷을 습격하여 죽이고 그 수컷의 암컷과 새끼들도 죽였다. 장기간 벌어진 어느 싸움에서는 한 집단이 다른 집단을 몰살하고 영역을 차지하기도 했다. 구달은 회고록에 이렇게 적었다.

"연구를 시작하면서 처음에는 침팬지들이 다방면에서 인간보다 나을 거라고 생각했다. 그러다 문득, 침팬지들이 잔인해질 수 있다는 사실과, 인간처럼 그들의 본성에도 어두운 면이 있음을 깨달았다."

여기서 인간 본성에 지울 수 없는 어두운 얼룩이 있다고 결론 짓기에 앞서 그 반대의 예인 보노보도 살펴보아야 한다. 그들은 서로 싸우거나 몰아내지 않는다. 보노보는 사촌인 침팬지만큼 지적이지만 매우 다른 진화의 길을 걸었다. 아마 그들의 서식지가 콩고강 남부이기 때문인 듯하다. 그 지역에서는 먹이를 구하기 쉽다. 그리고 탄자니아 침팬지는 강한 경쟁자, 특히 고릴라가 있는 반면, 보노보에게는 그런 경쟁자가 없다.

보노보는 암컷이 강한 집단을 형성하여 수컷을 지배하는 경향을 보인다. 낯선 보노보끼리 만나면 본능적으로 공격하는 것이 아니라 서로 잠시 쳐다보다가 천천히 상대에게 다가간다. 그러고는 음식을 나눠먹고, 털을 골라주고, 스스럼없이 껴안고, 서로를 즐겁게 하는 다양한 행동을 한다(보노보들이 노는 모습을 찍은 동영상은 인터넷에서 인기가 매우 좋다. 다만 가족이 함께 시청하기에는 부적절해 보일 수 있다.). 전쟁이 아니라 평화를 택하는 보노보의 성향이 환경의 영향 때문인지 아니면 진화의 산물인지, 또는 둘 다인지는 아직 계속 논의되고 있다.

인간은 두 사촌 중 누구를 더 닮았을까? 답은 둘 다인 듯하다. 유연관계(類緣關係)를 부정할 수 없다. 인간은 침팬지, 보노보와 DNA의 무려 99퍼센트나 일치한다. 하지만 그들과 달리 인간은 언어, 정교한 기술, 그리고 추상적 어휘로 사고할 수 있는 능력을 발달시켰다. 인간은 정치·사회 제도, 이념, 신념 체계, 가치관 등을 지닌 매우 복잡한 사회를 건설했다.

인간은 두려움을 느끼면 분명 침팬지처럼 폭력적으로 반응할 수 있다. 그런데 보노보처럼 우호적으로 교류하고 서로 협력하고 신뢰하고 이타적일 수도 있다. 인류학자 리처드 랭엄(1948~)은 『도덕의 역설(The Goodness Paradox)』에서 인류가 오랜 진화 과정을 거치면서 마치 야생동물을 길들이듯 자신을 길들여 공격적인 면을 유순하게 만드는 법을 터득했다고 주장한다. 늑대가 어떻게 신뢰받는 애완견이 됐는지 생각해보라는 것이다.

랭엄은 인간이 서로 협력해 집단 내 폭력적인 구성원을 죽임으로써 서서히 그들을 제거해 왔다고 생각한다. 아울러 다른 인류학자들의 견해처럼, 거기에는 성선택도 작용했을 것이다. 여성과 그녀의 부모가 온순하고 협조적인 배우자를 선호했다는 뜻이다.

랭엄의 주장은 계속된다. 이런 점진적인 길들임이 진행되는 동안 인류는 정치·사회 조직을 만들어나갔는데, 개중에는 폭력을 독점적으로 행사하는 강력한 중앙 정부도 있었다. 그래서 피지배자들은 침팬지와 달리 마음대로 서로 죽이거나 상처 입힐 수 없게 됐다. 그렇다고 이것이 폭력의 종식을 의미한 것은 아니다. 오히려 조직화된 사회가 폭력을 조직적이고 합목적적인 방식으로 사용할 수 있게 됐다. 랭엄의 지적처럼, 인간이 점점 비폭력적으로 변하면서 동시에 살인이나 대규모 살생에 능해졌다는 것은 역설이 아닐 수 없다.

진화가 인류에게 남긴 유산을 부정할 수는 없다. 인간은 충동적이고, 공포를 비롯한 감정을 느끼며, 음식과 섹스 같은 것을 필요로 하거나 갈망한다. 조류부터 포유류까지 대부분의 생물이 그러하듯 인간도 영역에 강하게 집착한다. 그런데 인간은 자기 본성의 선한 천사와 악한 악마의 목소리를 구별할 수 있을 만큼 지각 있는 존재이면서 판단력도 갖추고 있다. 인간은 문화를 창조했고, 그 문화는 현재의 인간을 만들었으며 무엇이 중요한지 판단하는 데 영향을 미쳤다. 그래서 인간은 식량, 번식, 주거지 같은 생존 조건을 위해 싸울 뿐만 아니라, 기꺼이 자기 목숨을 바치거나 살인을 할 만한 가치가 있다고 생각하는 종교나 국가 같은 추상적 대상을 위해 싸우기도 한다. 또한 명분이 아무리 중요하다고 해도 반드시 싸우는 것은 아니다. 평화로운 해결책을 모색하기도 한다. 실로 인간은 세상에서 전쟁을 완전히 없애는 것을 꿈꿔 왔으며 여전히 꿈꾸고 있다.

인간이 어떻게, 왜 그런 식으로 진화했는지, 그런 진화가 전쟁

에 어떤 중요한 의미를 지니는지에 관한 논의는 지금도 계속되고
있다. 아울러 사회 자체가 인간을 선하게 만드는지 악하게 만드는
지, 평화적으로 만드는지 호전적으로 만드는지에 관한 열띤 논의
도 진행되고 있다. 이 논의에서는 침팬지와 보노보를 대비시키지
않고, 유럽의 두 사상가인 토머스 홉스(1588~1679)와 장 자크 루소
(1712~1778)를 중심으로 한다.

두 사람 모두 인간과 사회의 관계에 대해, 그리고 전쟁과 평화
중 어느 것이 인간의 정상 상태인지를 두고 깊이 천착했다. 두 사
람 모두 조직화된 사회가 출현하기 전 자연 상태의 인간을 상정했
다. 현재와 달리 당시 그들에게는 아득한 과거에 인간이 어떻게 살
았는지에 관한 증거가 전혀 없었다. 그래서 두 사람은 인간이 법이
나 조직 없이 어떻게 공존할 수 있었을지 상상한 다음 각자의 사회
를 살펴보는 방식을 택했다.

루소는 폭력이 인간을 구성하는 요소가 아니라고 주장했다.
사회가 타락시키기 전까지 인간은 본래 선했다는 것이다. 루소
는 수렵채집인들이 서로 화목하게 지내며 자연과 어우러져 살았
던 목가적 전원 풍경을 설명했다. 그들은 필요한 것이 넉넉했으므
로 싸울 필요가 없었다. 다른 사람의 식량을 뺏거나, 자기 것을 지
킬 필요도 없었다. 하지만 인간이 정착해 농사를 짓기 시작하면서
악이 틈입했다. 그로 인해 사유재산 제도가 발달하고 직업이 분화
됐다. 계속 농사를 지은 사람도 있었지만, 수공업자, 전사, 또는 통
치자가 된 사람도 있었다. 성공한 사람들이 많은 재산을 축적하자,

한때 평등했던 사회가 불평등해지고 계급이 생겨났다. 약자는 강자에게 착취당했고, 사회는 탐욕과 이기심, 폭력으로 물들었다. 사회와 국가가 성장해 복잡해지면서 구성원에 대한 권력은 강화됐고, 인간은 점점 자유를 잃어갔다. 각 나라가 자국의 이익만 추구하는 경향이 있었기 때문에 서로 간의 전쟁을 벌일 가능성도 높아졌다.

루소가 『사회계약론(*Du contrat social*)』(1762)에서 내놓은 해결책은 그가 생각한 낙원으로 돌아가는 것이 아니었다. 그것은 불가능하다고 루소도 인정했다. 해결책은 바로 개인과 정치·사회 조직 간에 새로운 관계를 만들어내는 것이었다. 인간은 함께 살면서 함께 일할 필요가 있지만, 자신의 자유를 보장하고 자신을 위해 존재하는(그 반대는 아닌) 국가 안에서 자발적으로 기꺼이 그럴 수 있어야 한다. 인간들이 서로 자유롭게 계약을 맺은 것처럼 행동할 수 있다면 개인과 사회가 모두 더 조화롭고 행복해질 것이다. 일단 그렇게 되면, 계몽된 국가들이 함께 노력하여, 전쟁의 흔한 원인이었던 상호 불신, 탐욕, 두려움을 극복할 수 있다. 간간이 루소는 회원국들끼리 전쟁을 불법화하고 평화를 보장하는 유럽 연방 국가를 마음속에 그린 듯하다.

홉스는 매우 다른 그림을 그렸다. 자연 상태에서 인간은 위태롭게 살았으며 생존을 위해 서로 투쟁했다. 홉스는 『리바이어던(*Leviathan*)』(1651)에서 자연 상태의 "인간의 삶은 외롭고, 가난하고, 비참하고, 야만적이고, 짧다."고 말한다. 도구를 만들거나 곡식을 기르거나 장사하거나 배우거나 할 여유 자원도 시간도 없다.

"지리에 관한 지식도, 시간 계산도, 예술도, 학문도, 사회도 없다. 그리고 그중 최악은 끊임없는 공포와, 폭력으로 인한 죽음의 위험이다."

정착 사회나 규모 있는 국가가 성장해 물리적 충돌이 야기되기보다는 오히려 반대로 줄었다. 크고 강한 정치 조직(홉스가 일컬은 리바이어던)이 성장하여 사회 내부에서 폭력을 통제하는 수단을 발휘했다. 국제 사회는 거의 자연 상태 그대로였다. 국가들은 무정부적 세계에서 이익을 차지하려고 싸웠다. 강국은 약국을 침탈했고 약국은 항복하거나 무력 지배를 당했다. 루소와 달리 홉스는 사회나 국가가 계몽되어 자발적으로 서로 협력할 수 있으리라는 기대는 전혀 하지 않았다.

많은 사람들이 여전히 인간은 본래 선하고 평화적이라는 루소의 생각을 선호한다. 20세기가 여러모로 워낙 끔찍했기 때문에 지난 사회보다 더 낫고 평온한 현 사회를 추구하는 것은 놀라운 일도 아니다. 열대 섬이나 열대우림 혹은 사막 한구석에 있어 고립무원하지 않는 한, 그런 사회는 정의로운 원칙을 기반으로 건설할 수 있다.

1920년대와 1930년대에 저명한 서구 지식인들이 이오시프 스탈린(1879~1953) 치하의 소련에서 에덴동산을 발견했다고 믿었다. 하지만 결국 그들 대부분은 국가가 자행한 학살과 대규모 아사(餓死)가 너무나 명백해 그것을 무시할 수 없게 됐다.

1960년대에는 마오쩌둥의 중국이 큰 희망이 됐는데, 역설적이게도 중국에 대해 알려진 게 너무 없었기 때문이다. 문화대혁명은 처음에는 좋아 보였다. 의기충천한 젊은 홍위병들로 사회를 개조함으로써, 새로운 세상을 건설하는 데 모두가 기꺼이 참여하는 평등한 낙원을 만들려고 했다. 그러나 그런 장밋빛 그림은 당시에 저질러진 만행과 파괴의 실상이 알려지면서 점점 암울한 빛을 띠게 됐다.

『성경』에 등장하는 에덴동산 이래로 문학이나 예술은 과거의 평화로웠던 황금시대나 미래에 도래할 유토피아를 그려 왔다. 헤시오도스(BC 8세기경)나 세네카(BC 4?~AD 65) 같은 그리스·로마 시인들은 인간이 아득한 과거에는 황금시대를 누렸지만 역사가 흐르고 흘러 청동의 시대와 철의 시대로 바뀌면서 금속 무기를 손에 넣어 점점 탐욕스럽고 호전적으로 변했다고 생각했다. 인도와 중국의 고전에도 비슷한 이야기가 있다.

15~16세기에 아메리카나 태평양의 원주민을 처음 만난 초기 유럽 탐험가들은 많은 원주민들이 너무나 평화로워 보여서 놀랐다. 탐험가들이 전한 그들의 모습은 당시 급속한 산업화를 겪고 있던 서구인들의 상상력을 사로잡았다.

19세기의 앙리 루소(1844~1910)나 폴 고갱(1848~1903) 같은 서양화가들은 아름다운 아프리카인들이나 태평양 섬주민들이 농익은 과일이 주렁주렁 달린 나무들에 둘러싸여 있는 몽환적인 장면을 그렸다. 거기에는 어떠한 적대감도 궁핍도 없었다.

19세기와 20세기에 인류학이 정식 학문 분야로 자리잡으면서 나타난 연구 결과들은 대체로 그런 행복한 장면을 입증하는 것처럼 보였다. 1920년대에 남태평양의 사모아에서 현장연구를 했던 미국 인류학자 마거릿 미드(1901~1978)는 범죄나 탐욕, 분노가 없는 세계를 묘사했다. 다른 문명들이 겪는 재앙, 즉 전쟁도 없었다. 그녀는 이렇게 썼다.

"사모아에서는 아무도 형벌로 고통스러워하지 않고, 특정한 목적을 위해 목숨 걸고 싸우지도 않는다."

젊은이들은 자연스럽게 연장자들의 관례를 따라 개방적인 성적 관계를 즐기고, 여러 가족이 풍족한 음식을 함께 나눠먹는 것을 당연하게 여겼다.

"가끔은 자정이 훨씬 넘어서까지 마을이 잠들지 않는다. 이윽고 동틀 무렵 마을이 휴식에 들어가면 해변의 부드러운 파도 소리와 연인들의 속삭임만 남는다."

미드의 책 『사모아의 청소년(Coming of Age in Samoa)』(1928)은 특히 1960년대에 크나큰 반향을 불러일으켰다. 당시 이 책은 베트남 전쟁의 스트레스에서 벗어나 죄책감 없이 무제한적 사랑을 할 수 있는 세상으로 향하는 길을 제시하는 것처럼 보였다.

그런데 최근에 그녀의 연구와 결론에 의문이 제기됐다. 나중에 미드를 비판한 학자들은 그녀가 현지어를 잘하지 못했고, 사모아에 몇 달밖에 머물지 않았으며, 무엇보다 현지인들이 그녀에게 한 말을 너무 무비판적으로 수용한 것이 가장 큰 패착이었다고 지적했다. 나중에 현지인 몇몇은 사모아 청소년들의 죄책감 없는 단순한 성생활에 대해 그녀에게 거짓말을 했다고 실토했다. 선교사나 선원을 비롯한 기존 사모아 방문자들은 사모아인들이 서로 싸우는 일이 비일비재했다고 말했다. 사모아인들 사이에 평화가 찾아온 것은 [아이러니하게도] 독일, 미국, 그리고 영국의 제국주의가 들어오고 나서였다.

한동안 메소아메리카[중앙아메리카] 마야 문명은 국가들이 어떻게 서로 조화롭게 지낼 수 있는지에 대한 고무적인 전례가 발견될 것으로 기대를 모았다. 하지만 유감스럽게도 2차 세계대전 이후에 해독된 마야의 기록은 대부분 전쟁에 관한 것이었다.

그렇다면 인류 역사에 대한 루소의 시각과 홉스의 시각 중 어느 쪽이 유력할까? 고고학적, 역사적 증거들은 전쟁이 오랫동안 인류사에서 필수불가결한 요소였다고 보는 홉스의 손을 들어주고 있다. 그렇다고 루소의 시각에 가까운 미래를 기대할 수 없는 것은 아니다. 놀랍게도 전쟁이 국가들에 진보와 평화를 가져오기도 했다는 사실이 그런 기대에 약간의 힘이 될 수도 있다.

이는 전쟁의 두 번째 역설, 즉 홉스가 "리바이어던"이라고 불렀던 더 거대한 국가의 출현과 국가 권력의 성장은 주로 전쟁의 결과지만 그것이 평화를 조성할 수도 있다는 사실로 이어진다. 국가와 그 조직의 권력은 통치자의 공인된 권위를 바탕으로 하는데, 그 권위는 신이나 유권자들이 부여하기도 하고 피지배자들의 암묵적

동의를 바탕으로 하기도 한다. 일부 국가들에서는 국가가 국민과 외적 모두에게 행사할 수 있는 폭력이 전쟁과 혼재하기도 한다.

19세기에 서구 대부분과 아시아 일부에서 국가가 운영하는 경찰력이 등장하자 도적질이나 소규모 폭력이 종식됐다. 군주가 세력을 키워 사병을 혁파하고 성을 무너뜨리자 유럽 봉건 영주의 권력이 붕괴했다. 강한 국가가 등장하자 국가가 자국 내에서 독점적으로 행사하는 무력과 폭력도 증가했다. 세금 납부를 거부하거나 이웃집에 불을 지르거나 병역 소집에 불응하는 자가 있으면 강한 국가는 그를 잡아들여 처벌하고 그의 재산을 압류하기도 했다. 심지어 때로는 사형에 처하기도 했다.

유고슬라비아인들은 요시프 브로즈 티토(1892~1980)의 강력한 통치 아래에서 늘 행복하지는 않았지만 서로 간에 평화롭게는 지냈다. 나중에 어느 크로아티아인이 말한 것처럼 "수백 미터 간격으로 배치된 경찰들이 우리가 서로서로 매우 사랑하는지 확인했기" 때문이다. 티토 사후에 그의 공산당이 힘을 잃자 교활한 선동에 휘말린 유고슬라비아 내 여러 민족들이 서로를 공격하기 시작했다.

국가는 압제의 화신으로 보일 수도 있지만 국가 권력이 없는 곳에 사는 것이 어떤 것인지 잠시 생각해볼 필요가 있다. 남태평양의 사모아인들과 뉴기니인들은 한때 그게 어떤 것인지 경험했다[둘 다 제국주의 강대국들의 점령과 내전을 겪었다.]. 그리고 현재 국가가 제 기능을 상실한 예멘, 소말리아, 아프가니스탄의 불행한 사람들도 그게 뭔지 안다.

외적과 치르는 전쟁에서의 승리는 국가 권력을 정당화하고 강화하는 데 이용되는 경우가 많다. 민주적으로 수립된 정부든 독재 정권이든 장엄한 승리를 내세워 능력을 입증하고 위업을 과시한다. 미국 대통령 도널드 트럼프는 2019년 연두교서에서 2차 세계 대전 중에 노르망디 상륙 작전 이후 (다른 연합국 군대의 존재는 무시한 채) 미군이 거둔 승리에 대해 언급했다. 그는 미군이 미국을 위해, 그리고 "우리를 위해" 승리했다고 말했다. 그러고 나서 이렇게 말을 이었다.

"그 후 일어난 모든 일, 이를테면 공산주의에 대한 우리의 승리, 과학과 발견에서의 우리의 거대한 도약, 평등과 정의를 향한 우리의 독보적 전진, 이 모든 것은 앞서 살았던 미국인들의 피와 눈물, 용기와 비전 덕분에 가능했습니다."

로마인들은 전쟁에서의 승리를 과시하는 기념비와 개선문을 세워서 황제와 국가의 영광을 찬양했다.

프랑스의 나폴레옹은 권좌에 오르면서 작가와 예술가를 동원해 자신의 승리를 칭송하게 했다. 나폴레옹이 스스로 황제가 됐을 때 최측근 상원의원들 중 하나가 그를 "모든 영웅들을 정복하신 불세출의 영웅, 혼돈에서 모든 것을 구해내시고 우리를 위해 새로운 세계를 창조하신 분"이라고 칭했다. 나폴레옹은 천하무적이던 시기에 프랑스를 비롯한 유럽의 대부분을 장악했다.

히틀러는 2차 세계대전 초기에 연이어 승리를 거둠으로써, 그의 통치자 자격에 의구심을 품었던 독일 보수주의자들의 지지까지 얻어냈다.

반면에 전쟁에서 져서 자신의 백성을 지키지 못하거나 해외 원정에서 패한 통치자들은 지지를 잃었다. 고대 중국에서는 황제들이 민란이나 외적의 침략에 제대로 대처하지 못할 경우 천명(天命)이 떠났으므로 더 이상 통치할 자격이 없다는 말을 들었다.

나폴레옹 황제의 조카인 나폴레옹 3세(1808~1873)는 프로이센-프랑스 전쟁[보불 전쟁, 1870~1871]에서 패해 포로가 되었다. 그는 폐위당했고 포로에서 풀려난 뒤 영국으로 망명했다.

1941년 여름 히틀러가 소련을 침공했을 때, 스탈린은 공황 상태에 빠져 이렇게 한탄했다고 한다.

"레닌 동지가 건설한 나라를 우리가 망쳐버렸구나!"

미국 대통령 린든 존슨(1908~1973)은 베트남 전쟁에 미군을 참전시키고 나서 전쟁을 끝내지 못해 1968년 대선에서 재출마를 포기했다.

강대국이나 제국은 정복 전쟁을 벌여 성장했고, 약소국들은 가망 없는 일방적 싸움에 응하기보다 항복을 택했다.

아테네는 해군과 육군을 이용해 이웃 도시국가들을 예속시켰고, 알렉산드로스(BC 356~BC 323) 대왕은 자신의 대군을 이끌고 광대한 제국을 건설했으며, 로마 군단은 로마에서 밖으로 진군하며 가는 곳마다 정복했다.

중국은 춘추시대 초기에 약 150개에 달하는 제후국으로 분열 됐으나 피비린내 나는 고통스러운 과정을 거치며 서서히 통일됐 다. 중국인들은 아직도 기원전 5~3세기 전국 시대를 공포의 시대 로 기억하고 있다. 통합되어 남은 강대국들끼리 끊임없이 전쟁을 벌여서 백성들은 오랜 고난에 시달리고 궁핍해졌다. 기원전 221 년 마침내 중국을 통일한 진시황(BC 259~BC 210)은 비록 무자비한 폭군이었지만 중국에 질서와 평화를 가져온 군주로 칭송되고 있 다. 그는 테라코타로 만들어진 대군과 함께 수도 시안에 묻혔다. 그 병마용들은 국가 건설에서 군대가 하는 역할의 비중을 잘 드러 내고 있다.

근대의 예를 보면, 영토가 조각조각으로 나누어져 있었던 프 로이센이 군대를 이용해 영토를 늘려가다가 1871년 마침내 통일 된 독일을 건국했다.

냉전 시대에 소련을 움켜쥐고 좌지우지한 것은 붉은군대였다.

강한 권력이 반드시 선한 권력인 것은 아니다(과연 그래야 하는 이유는 무엇일까?). 그래도 국민들에게 최소한의 안전과 안정은 제공 한다. 오래 지속되는 강한 권력은 스스로를 지탱하기 위해 군사력 을 이용한다. 과거에 그런 권력의 수명은 국민으로부터 묵종과 더 불어 충성까지 이끌어내는 합리적이고 효율적인 통치를 했는지 여부에 따라 달랐다.

로마인들은 평화를 얻기 위해 전쟁을 이용하긴 했지만 다른 유용한 방법이 있다는 사실도 잘 알았다. 로마 시인 베르길리우스(BC 70~BC 19)는 『아이네이스』에서 그것을 언급했다[제6권].

"로마인들이여, 기억하라! 그대들의 역량인 권력으로 제국을 통치하는 것은 그대들의 소임이니, 법으로 평화를 호위하고, 피정복자들에게 관용을 베풀고, 불복하는 자들을 제압하라."

국민들로부터 충분한 지지를 받지 못하면 권력 자체만으로는 리바이어던의 존속을 보장할 수 없다. 로마제국이 장수할 수 있었던 것은 분쟁이 잦은 주변국들을 평정하고 지중해의 해적을 소탕함으로써 국경 내에서 잘 닦인 도로와 지중해 해로를 통해 사람과 식량, 교역품이 자유롭게 오갈 수 있도록 했기 때문이다. 그 덕분에 제국 내 경제가 번영했고 국민들의 수명도 더 늘어났다. 그래서 해외로 나간 로마인보다 로마제국으로 유입된 외국인이 더 많았다. 비록 무력의 위협이 늘 있긴 했지만 로마 식민지들은 폭압에 시달리지 않았다. 로마군이 벌인 대부분의 전투는 로마 변경에서 치러졌다. 좋은 리바이어던은 불편부당한 법을 운용하고, 합당한 세금을 부과하고, 재산의 안전을 보장하고, 로마제국이 그랬듯이 다양한 종교와 관습을 허용하기도 한다.

무력이 강하면 강한 국가를 건설할 수 있지만, 그것이 통제를 벗어나면 국가를 약화시키기도 한다. 로마제국에서 지조 없는 장군들은 충성스러운 군대로 반역을 일으켰고, 사병들도 가장 높은 대가를 제시하는 쪽에 충성을 팔아버리기도 했다. 193년 페르티낙스(126~193) 황제가 제위에 오른 지 불과 석 달도 안 돼 근위대에 의해 암살당하자 어이없는 일이 벌어졌다. 역사가 디오 카시우스(155?~235?)에 따르면, "마치 시장터나 경매장에서처럼 로마 시와 제국 전체가 경매에 부쳐졌다."[페르티낙스를 암살한 근위대는 실제로 황제 자리를 경매에 부쳐 낙찰자에게 팔았다.]

리바이어던은 시간이 지나면서 쇠락한다. 국가의 권능이 점점 떨어져 내부의 반란이나 국경의 외적 침입에 제대로 대처하지 못한다. 455년경 반달족은 쇠약해진 제국의 수도 로마에서 약탈을 일삼았다[여기서 반달리즘이 유래했다.].

13세기에 몽골제국의 기마 전사들은 페르시아와 중국, 인도, 러시아의 노쇠한 정권들을 쓸어냈다. 그런데 14세기 후반에 농민이 주축인 반란군이 몽골 원나라의 마지막 군대를 무찔러 명나라를 건국했다. 그로부터 2세기 반이 지난 17세기 중엽에는 만주족이 만리장성의 동쪽 끝을 뚫고 내려와 자중지란에 빠진 명나라를 전복했다.

리바이어던이 충분히 강력하면 주변국에 평화를 가져올 수도 있다. 19세기에 대영제국은 세계의 경찰 역할을 했다. 해로가 안전해졌고 잠재적 분쟁 지역도 잠잠해졌다. 영국이 자국의 이익을 위해 자국의 무역과 제국을 보호하긴 했으나, 예전의 팍스 로마나(Pax Romana, BC 27~AD 180)처럼 팍스 브리타니카(Pax Britannica)가 세계 무역과 상업을 번성시키고 사람들의 대규모 장거리 이동을

청 태조 누르하치(1559~1626)의 일생을 기록한 18세기 『만주실록』의 한 장면. 명나라를 정복해서 건국된 청나라는 1644년부터 1911년까지 중국을 지배했다. 기병은 역사적으로 19세기까지 전쟁에서 중추적 역할을 했으며 심지어 21세기 초까지 출전했다. 중세 유럽의 봉건 기사나 몽골 기병 같은 기마 전사들은 기동성이 뛰어났으며, 위의 그림에 보이듯 보병을 압도하며 뿔뿔이 흩어버릴 수 있었다.

가능하게 만들었다.

어쩌면 지금은 미국이라는 리바이어던의 패권(*Pax Americana*)이 저물어가는 시대를 살고 있는지도 모른다. 우리는 세계의 질서를 유지할 누군가가 또는 무엇인가가 필요하다고 느끼고 있다. 이런 상황에서 안정성 낮은 하나의 대안은 규모와 힘이 비등한 강대국들이 연합체를 결성하여 평화 유지를 위해 협력하기로 약속하는 것이다. 이런 일이 19세기 초 유럽에서 4국 동맹(1815)으로, 그리고 1920년대에 민주주의 국가들 간에 일어났다. 하지만 한두 강대국만 합의를 깨고 도발해도 평화가 전쟁으로 기울었다. 1차 세계대전 때 독일이, 2차 세계대전 때 독일과 이탈리아, 일본이 그랬다. 그러자 놀랍게도 세계가 홉스의 무정부 상태로 쉽게 되돌아가 강대국끼리 서로 불신했다. 그러면 국가 기능이 상실된 나라들에서처럼 분쟁만 거듭될 뿐이다.

5세기에 서로마제국이 몰락한 후 유럽은 서서히 퇴보했다. 육로와 해로가 이동하기에 너무 위험해지면서 무역이 쇠퇴했고 학문과 예술도 시들었다. 앵글족, 반달족, 훈족, 고트족 같은 침략자들의 파도가 연달아 유럽을 휩쓸고 지나가며 약탈과 강탈을 자행했다. 그들을 저지할 세력은 전혀 없었다. 성채를 보유하고 가신을 거느린 지방 영주들은 백성을 착취하며 서로 전쟁을 벌였다. 12세기 어느 연대기 기록자는, '비토의 로베르'라는 기사가 "거의 40명에 달하는 친척 남성들, 그것도 모두 자부심 넘치는 기사들이 서로 끊임없이 싸웠다."라는 문구를 유언장에 남기게 된 배경을 기록으로 남겼다.

유럽은 중국에 비하면 통합된 기간이 훨씬 짧았다. 15세기에 약 5,000개에 달한 정치체(대부분 공국이나 후국)가 서서히 정리되어 17세기 초에 500여 개로, 19세기 나폴레옹 시대에는 약 200개로, 그리고 1945년 이후에는 30개 이하로 줄었다. 이로 인해 전쟁이 사라진 것은 아니지만 싸울 상대의 수가 줄어들면서 전쟁 가능성도 그만큼 감소했다. 각종 기구를 통한 유럽 통합은 유럽 연방 국가라는 목표를 염두에 두고 추진되었다. 온갖 물리적 충돌의 위험이 남아 있긴 했지만, 그래도 바라던 대로 강대국 간의 전쟁은 거의 염려하지 않게 되었다.

전쟁을 벌여야 할 필요성은 국가의 성장과 밀접한 관련이 있다. 미국의 역사가 찰스 틸리(1929~2008)는 "전쟁은 국가를 만들었고 국가는 전쟁을 만들었다."라고까지 말했다. 유목민의 급습이나 이웃 집단의 공격을 막아내려면 조직, 즉 싸울 사람들을 모아서 통솔하여 규율과 훈련으로 복종을 이끌어낼 조직이 필요했다. 국가는 얼마나 많은 군사를 소집할 수 있는지 알아야 했다. 그래서 가용 병력을 집계하고 기록을 관리했다.

센서스(census, 인구 총조사)라는 말은 고대 로마에서 유래했다. 기원전 6세기 로마 정부는 세금을 걷고 병역을 부과하기 위해 남성 시민의 명부를 작성하기 시작했다. 초기에는 군인들이 자신의 무기와 식량을 지참했지만, 전쟁이 길어지고 규모가 커짐에 따라 정부가 그것들을 제공해야 했다. 그래서 군수품이나 가축, 그것들을 실어나를 배 등을 집계하고 공급하는 데 더 많은 공무원이 필요해졌다.

기원전 216년 유명한 포에니 전쟁 중 칸나에 전투의 경우 (고대의 숫자는 늘 부정확하지만) 약 8만 명의 로마군이 하루에 100톤의 밀을 소비했을 것으로 추정된다.

18세기에 영국 해군은 영국제도 전체를 통틀어 견줄 상대가 없는 가장 큰 하나의 산업이었다. 당시 방적 공장 하나를 짓는 데 5,000파운드가 들었던 반면, 넬슨 제독의 빅토리호 같은 거대한 해군 주력함 하나를 건조하는 데 무려 6만 파운드 이상이 소요됐다. 해군을 창설해서 조직하고 유지하는 데에는 조선소, 군수 시설, 그리고 영국과 해외의 기지가 필요했으며, 더 많은 공무원과 행정가, 생산업자, 노동자가 필요했다. 해군은 막대한 자금뿐 아니라 조직과 관리 능력도 있어야 했다. 영국 정부는 그에 필요한 기구와 제도를 개발했으며, 그것은 영국 사회의 다른 부분을 관리하는 데에도 유용하게 활용됐다.

17세기 후반 영국 군대의 재정을 관리하기 위해 설치된 재무부는 점차 정부의 모든 부처의 재정을 관리하는 조직으로 발전했다. 1690년대 영국이 프랑스와 전쟁을 벌이던 시기에 영국 정부는 급하게 필요한 자금을 조달하려고 비상조치로 영란은행(BOE, 잉글랜드은행)을 설립했다. 영란은행은 예금자들로부터 돈을 받아 정부에 고정금리로 빌려주었다. 영란은행도 재무부와 마찬가지로 영국 재정 시스템의 핵심 부분으로 성장했다. 영국 정부는 효율적인 납세제도 덕분에 은행에 이자를 꼬박꼬박 지불할 수 있었다. 그래서 정부가 발행한 연금 증서나 채권이 투자자들에게 안정적이고 매력적인 투자처가 됐다. 그 결과 전쟁 같은 목적을 위한 더 큰 규모의 자금 조성이 가능해졌다.

로마의 위대한 철학자이자 정치가인 키케로(BC 106~BC 43)는 말했다.

"돈은 전쟁의 힘줄이다."

오랜 세월이 지난 후 17세기 영국의 일기 작가 새뮤얼 피프스(1633~1703)는 "돈이 없어서 모든 것이, 무엇보다 해군이 엉망"이라고 불평했다.

펠로폰네소스 전쟁(BC 431~BC 404)에서 아테네는 함대를 3번이나 재건할 수 있었다. 그러나 기원전 405년 마지막으로 재건된 함대가 격파당하자 전쟁 자원이 바닥나 스파르타 연합군에게 항복할 수밖에 없었다.

만약 패한 적으로부터 취할 것이 많다면 전쟁은 그 자체로 수지맞는 사업이다. 알렉산드로스 대왕은 페르시아로부터 막대한 부를 거둬들였다. 16~17세기에 스페인은 그들이 격파한 아스테카왕국과 잉카제국에서 가져온 금과 은으로 유럽에서의 전쟁 자금을 충당했다.

독일연방은 1870~1871년 프로이센-프랑스 전쟁에서 승리한 후 프랑스에 막대한 배상금을 부과했다. 1차 세계대전 중이던

1918년 3월 독일은 러시아와 브레스트-리토프스크 조약을 맺어 러시아의 금과 천연자원을 서방으로 보내도록 강요했고, 1차 세계 대전이 끝난 뒤인 1919년 6월 협상국들은 독일과 베르사유 조약을 체결해 독일로부터 전쟁 배상금을 받아내려 했다.

하지만 대체로 국가는 필요한 전쟁 자금을 국민들로부터 걷거나 자발적인 지지자들로부터 빌릴 수밖에 없다. 20세기 후반까지 유럽 강대국들 대부분에게 전쟁은 가장 큰 지출 항목이었다. 태양왕 루이 14세(1638~1715)의 프랑스와 영국이 벌인 9년 전쟁 (1688~1697)에서 프랑스는 세수의 74퍼센트, 영국은 75퍼센트를 써버린 것으로 추정된다. 루이 14세는 연전연승에도 불구하고 더 이상 돈을 빌릴 곳을 찾을 수 없었으므로 결국 만족스럽지 않은 강화(講和) 조약에 동의할 수밖에 없었다. 반면 영국은 조세와 차관, 그리고 채무 관리에서 훨씬 뛰어났던 것으로 드러났다.

프랑스는 유럽에서 가장 부유한 나라였지만 루이 14세와 그의 후계자들이 국부를 제대로 관리하지 못해 결국 프랑스의 전쟁 수행 능력이 약화되고 말았다. 빚만 끌어쓰는 정부는 국가를 파산으로 몰고갔다. 1789년 루이 14세의 5대손인 루이 16세는 증세를 위해 어쩔 수 없이 삼부회를 소집했지만 그것은 치명적인 실책이었다[회의 결과, 기존처럼 성직자와 귀족은 세금을 내지 않고 부르주아를 포함한 시민 계급의 세금 부담이 커지자 조세 저항이 폭발해 프랑스 혁명으로 이어졌다.].

사실 영국은 항구에서 관세를 매길 수 있었기 때문에 징세가 매우 용이했다. 그런데 그보다 중요한 점은, 필요할 때 언제든지 세금을 올릴 준비가 된 의회와, 18세기 유럽에서 가장 능률적인 조세제도가 있었다는 것이다. 영국 국민은 불평하면서도 세금을 납부했다. 1783년 미국 독립 전쟁이 끝날 무렵까지 영국인은 프랑스인에 비해 연간 거의 3배에 달하는 세금을 부담했다. 더욱이 그 세금은 프랑스와 달리 정부 기관에서 직접 징수했다. 프랑스는 세금 징수 청부인을 거쳤다. 청부인은 정부로부터 세금을 올릴 권리를 사들인 후, 정해진 금액만 정부에 납부하면 인상하여 생긴 초과분은 자기가 챙길 수 있었다.

시인이자 사전 편찬자인 새뮤얼 존슨(1709~1784)이 1755년에 펴낸 유명한 『영어 사전(*A Dictionary of the English Language*)』에서 내수 상품에 부과되는 주요 소비세를 "철면피들"이 걷어가는 "가증스러운 세금"이라고 정의했지만, 이는 영국 해군을 유지하고 해외에 군대를 주둔하는 데 꼭 필요했다. 영국 정부는 조직이 체계화되고 효율성이 높아지고 세력이 강해지면서, 저항하는 스코틀랜드와 아일랜드까지 포함하는 영국 사회 전반에 대한 통제력을 강화할 수 있었다. 소비세 감독관들은 양초 제조업체 수부터 상점 수에 이르는 수많은 정보를 수집했다. 소비세청은 수천 명의 양조업자, 술집 점주, 차와 커피 상인, 여타 업자들에게 면허를 발급했다. 시민들이 불평을 하든 말든 소비세청 조사원들은 '천 개의 눈'을 부릅뜨고 그 모든 곳에 나타났다.

정부가 이렇게 안정적인 세수를 확보했으므로 대부자들은 정부에 자금을 빌려주더라도 차입자인 정부의 상환을 우려할 필요가 없었다. 네덜란드의 앞선 금융 제도를 따라 영국 정부도 저리(低利)의 공적 보증 제도를 개발했다. 자국민들로부터 돈을 빌리고 장단기 채권을 발행하여 체계적으로 갚아나가는 방식이었다. 영국 정부는 새로운 방식인 감채기금(減債基金) 제도도 많이 이용했다. 세수 중 일부를 특정 부채의 상환을 위한 준비금으로 할당하는 방식이었다. 이런 안정되고 신뢰도 높은 자금 조달 시스템이 없었다면, 17세기 말과 18세기에 영국을 세계 최고의 경제 및 군사 강대국으로 만들어준 해군도 없었을 것이다.

새뮤얼 피프스라는 인물은 그의 일기에서 보이는 놀라운 인간적 면모, 런던에 대한 묘사, 아내와 그녀 친구들에 대한 불평불만, 여성 편력 등으로 기억되고 있다. 그런데 그는 매우 진중하고 헌신적인 관료로서 수십 년간 각고의 노력을 기울여 영국 해군을 비능률적이고 부패한 조직에서 강력한 전력으로 탈바꿈시킨 인물이기도 하다. 그는 조선술을 연구하고, 모든 계약을 일일이 확인했으며, 타르부터 대포에 이르기까지 배에 들어가는 모든 것의 가격을 줄줄 꿰었다. 그는 "내 일에 매우 만족했으며 그런 식으로 왕의 돈을 아껴주고 싶었다."고 말했다. 그리고 그 이상을 해냈다. 재직 기간 30년이 끝날 무렵 영국 해군은 효율적이고 투명하게 운영됐으며 선박과 대포의 수가 2배로 늘어났다.

18세기 유럽에서는 국가가 해군과 육군을 조직해 재정을 부담하고 통솔함으로써 중앙집권화된 국가 권력이 성장했다. 그래서 국가는 언제든지 성난 군중이나 도적, 지방 세력가의 반역이나 저항을 진압할 태세를 갖췄다. 국가는 자국 내 물리력에 대한 독점을 유지하고 외적으로부터 스스로를 방어할 필요가 있었으므로 사회와 자원, 그리고 국민의 삶에 대한 통제를 점점 강화했다.

중세 영국[잉글랜드] 정부와 스코틀랜드 정부는 국민들에게 정기적인 궁술 훈련을 실시했다. 스코틀랜드에서는 축구 금지령도 내려졌다.

양차 세계대전 때 참전국 정부들은 공장 생산 품목과 국민 배급 품목을 지정했다. 특정 직종(예를 들면 무기 제조나 광업) 숙련공들은 이직하거나 입대할 자유를 박탈당했다. 의류업, 식품업, 유흥업, 여행업 등 모든 산업이 전쟁 지원을 위한 통제를 받았다.

그래서 군대식 통제와 규율은 평시에도 남아서 널리 이용됐다. 이를테면 공장에서 출퇴근 시간 관리를 엄격하게 했다. 이는 오늘날 전자상거래 기업 아마존의 물류창고에서도 이용되고 있다. 19세기와 20세기 초 공립 학교에서는 초등학생에게 제복을 입혀 대오에 맞춰 줄을 세웠는데, 아직도 그러는 곳들이 있다.

그런가 하면, 국가는 군사력 증강을 위해 여러 가지 변화를 도입해야 했는데, 그것이 사회 일부나 전반에 긍정적인 영향을 미치기도 했다. 불편부당한 법과 효율적인 행정은 전시 국가 동원에서 필수적인 요소였으며, 그것들은 국민의 권리를 확대하여 권리 행사 영역을 넓혀주기도 했다.

시민권 자격 취득에는 늘 병역이 따랐다. 고대 그리스와 로마에서 시민은 무기를 들어야 하는 의무를 졌으며, 그 의무를 이행해야 시민권이 보장됐다. 대부분의 도시국가에서 시민권은 재산과 밀접한 관련이 있었다. 하지만 아테네처럼 해군력이 강한 국가에서는 갤리선(galley船)의 노꾼이 많이 필요했으므로, 재산은 거의 없지만 노를 저을 수 있는 건장한 자유민도 시민권을 획득할 수 있었다. 공화정 시대(BC 509~BC 27) 초기에 로마는 늘 주변 이탈리아 국가들과 전쟁을 치렀기 때문에, 권력을 독점했던 귀족 지도자들은 평민들에게 참전을 요청할 수밖에 없었다. 전하는 바에 따르면, 한때 평민들이 로마 바깥 지역으로 벗어나서 자신들의 대표자인 호민관을 선출했는데, 귀족 집정관이나 원로원의 결정에 그 호민관이 거부권을 행사할 수 있는 권리도 얻어냈다고 한다.

전쟁 중에 병역을 수행하는 외국인에게 시민권을 부여하는 나라들도 많았다. 2018년까지 미국 이민자들은 군 복무를 마치면 시민권을 빨리 취득할 수 있었다.

19세기와 20세기에는 산업혁명 덕분에 국가들의 대규모 전쟁 수행 능력이 발달함에 따라 독재 정권을 비롯한 각국 정부는 당장 전쟁을 치르거나 다가올 전쟁에 대비하기 위한, 그리고 국민의 전쟁 지지를 유지하기 위한 개혁과 개선을 실시했다. 그래서 국내 소요 발생 지역이나 전선 최전방에 군대를 쉽게 파견할 목적을 겸해 철도 건설에 적극적으로 나섰다. 독일 정부는 독일군의 요청에 따라 군용열차의 원활한 운용을 도우려고 독일 전역에 단일 시간대를 적용했다.

우수한 육군과 해군을 양성하려면 더 나은 교육과 영양 공급도 필요했다. 영국 정부와 국민들은 1899~1902년에 벌어진 보어 전쟁[남아프리카 전쟁]에 지원한 사람 중 3분의 1이 신체 부적격 판정을 받았다는 사실에 충격을 받았다. 이를 계기로 불우 아동에 대한 학교 무상 급식 제공 같은 개혁이나 공중보건 향상을 요구하는 목소리가 커졌다.

러시아가 크림 전쟁(1853~1856)에서 참패한 후 차르 알렉산드르 2세(1818~1881)는 징병제를 개혁하기 위한 방안의 일환으로 농노제를 폐지했다. 그는 소기의 개혁 성과를 바탕으로 관료 체제, 사법 제도, 교육 제도를 근대화하려고 노력했다. 후대의 러시아 개혁가들은 국가 재건의 한 방편으로 의회 제도를 주장하기도 했다. 1차 세계대전을 앞두고 예브게니 트루베츠코이(1863~1920) 왕자는 이렇게 말했다.

"러시아를 지키기 위해 백성들에게 기댈 수밖에 없는 시기에 그들의 뜻에 반하여 통치하는 것은 불가능하다."

1914년부터 1917년까지[1차 세계대전 중에] 러시아 정부가 한 일은 바로 그것, 즉 국민 다수의 뜻에 반하는 통치였다. 전쟁으로 인해 정부가 약화되고 정통성이 훼손되는 경우 대규모 정치·사회적 변혁의 길이 열리곤 했다. 전쟁에서의 승리는 체제를 강화할 수 있지만, 장기간의 소모전은 체제를 무너뜨릴 수도 있다. 그러면 하나의 정권이 다른 정권으로 교체되는 정치적 변화가 일어나는데,

대개는 훨씬 근본적인 변화가 동반된다.

1차 세계대전은 참전한 모든 강대국들에 무거운 부담이 되었지만, 그중 우세한 강대국들인 영국과 프랑스 그리고 독일은 어느 정도 그 폭풍을 견뎌냈다. 그들도 변화를 겪었지만 1918년[1차 세계대전 종전] 이후에 근본적인 사회 변화가 일어나진 않았다. 물론 독일제국이 붕괴하고 바이마르공화국(1918~1933)이 성립되긴 했지만 정부 관료 조직과 군대, 문화는 거의 그대로였다.

1914년 이전의 강대국 중 가장 약체였던 러시아에서는 매우 다른 변화가 일어났다. 차르 체제는 전쟁 수행과 그에 따른 사회 부담에 대처하는 데 무능함을 드러냈다. 1917년이 되자 국민의 불만, 날로 심해지는 조직적 반발, 군대의 전투 의지 약화 등에 직면하여 정권이 급속도로 약화됐다. 그리고 단순히 정부의 능력뿐만 아니라 러시아 사회의 본질에까지 이의가 제기됐다. 1차 세계대전 발발 전에 이미 혁명가들은 러시아에서 전제군주제를 폐지하고 사회주의로 나아갈 것을 부르짖고 있었다. 그러나 그들은 소수였고, 심각하게 분열돼 있었으며, 정부의 탄압을 받았다. 1차 세계대전은 급진적 정치·사회 변혁을 주장하던 그들의 목소리에 힘을 실어주면서 지지 세력을 키워주는 역할을 했다.

만약 차르가 전쟁과 제위를 고집하지 않고 차르 편으로 구성된 과도정부가 러시아를 1차 세계대전으로부터 벗어나게 했다면 차르 체제가 어떻게든 유지됐을지 모른다. 하지만 그러지 않았기에 가장 강성이고 무자비하며 전술적으로 뛰어났던 혁명가에게 권력 쟁취의 기회를 주고 말았다. 만약 1차 혁명인 2월혁명이 발발했을 때 블라디미르 일리치 레닌(1870~1924)이 망명지인 스위스에 그대로 있었더라면 그는 20세기 역사에서 아주 사소한 인물로 남았을지 모른다. 독일군 최고사령부는 단기적인 이익에 눈이 멀어 종종 그랬던 것처럼[적국인 러시아의 후방을 교란할 목적으로] 레닌을 그 유명한 '봉인된 열차'에 태워서 독일 영토를 거쳐 러시아로 돌려보냈다. 레닌과 볼셰비키 당원들은 1917년 11월 쿠데타를 일으켜 새로운 체제를 수립했으며, 이는 러시아와 세계의 역사를 바꾸어놓았다. 그리고 우리는 여전히 그 영향 속에 살고 있다.

전쟁이 파괴와 창조를 함께 일으킨다는 것은 전쟁의 또 다른 불편한 진실이다. 과학기술에서의 많은 진보(예를 들면 제트 엔진, 트랜지스터, 컴퓨터)가 전쟁 중의 필요에 의해 이루어졌다.

수많은 생명을 구한 페니실린은 1928년 영국의 미생물학자 알렉산더 플레밍(1881~1955)이 발견했다. 그러나 2차 세계대전 전까지는 그것을 상용화하는 데 필요한 투자가 이루어지지 않았다[1941년에 대량 생산이 시작되어 전쟁 중에 수백만 명의 목숨을 구했다.].

1차 세계대전에도 참전했던 캐나다 흉부외과 의사 노먼 베순(1890~1939)은 스페인 내전(1936~1939)의 전쟁터에서 부상병들을 치료하기 위해 응급 채혈 및 이동 수혈법을 개발했다.

오늘날 병원 응급실에서 이용되는 환자 분류 시스템도 전쟁터에서 시작됐다. 이것의 기원은 나폴레옹 시대(1799~1815)까지 거

1917년 4월 블라디미르 일리치 레닌이 상트페테르부르크의 핀란츠키역에 도착했다. 1차 세계대전이 일어나지 않았다면 레닌과 그의 작은 혁명 조직 볼셰비키는 러시아에서 권력을 잡을 기회가 없었을 것이다. 예기치 못한 전쟁의 온갖 영향 속에서 구체제가 약화되고 국민의 신뢰를 잃으면서 거대한 정치적 변화가 일어났다.

슬러 올라간다. 1차 세계대전 때는 프랑스 군의관들이 '치료해도 가망 없는 환자', '즉각 치료하면 살아남을 환자', '기다리게 해도 될 환자'로 부상병을 분류했다.

부상 치료나 안면 재건 같은 외과 수술도 20세기 전쟁 중에 커다란 진보를 이뤘다. 시술할 환자들이 너무나 많았기 때문이다.

많은 나라에서 여성들은 전쟁에 참여한 결과로 직업, 교육, 권리와 가까워졌다. 영국에서는 1918년 1차 세계대전이 끝나기도 전에 국민대표법이 제정됐다. 이 법에 따라 전쟁 지원에 기여한 바가 인정되는 무산 계급 노동자와 30세 이상 여성[1928년에는 남성과 같이 21세 이상]으로까지 투표권이 확대됐다. 2차 세계대전 종전 무렵 영국에서 처음 복지국가 정책이 수립된 것도 비슷한 맥락이다.

냉전 시대에 드와이트 아이젠하워(1890~1969) 대통령과 린든 존슨 대통령 같은 미국의 정치 지도자들은 흑인에게 어떻게든 시민권을 부여해야 한다는 점은 인정했다. 그러나 그들이 그것의 정당성을 인정했기 때문은 아니었다. 소련과 미국이 서로 체제 우월성을 과시하는 긴긴 싸움에서 소련이 미국의 인종차별을 선전 무기로 곧잘 써먹었기 때문이다.

최근에 역사학자 발터 샤이델이나 경제학자 토마 피케티 같은 저명한 학자들이 대규모 전쟁은 빈부 격차를 줄일 수 있으며 그것은 양차 세계대전에 참전한 나라들의 사례로 입증된다는 주장을 설득력 있게 펼쳤다. 대규모 전쟁은 고용을 촉진한다. 노동력이 귀해져서 임금과 복리후생이 향상된다. 부자는 자발적으로 더 높은 세금을 부담하거나, 그런 세금 부담을 피할 수 없게 된다. 파괴적인 전쟁이 끝날 무렵에는 대규모 재건 사업과 사회 복지 정책에 대한 지지를 얻기가 쉬워진다. 베버리지 보고서를 통해 영국식 복지제도의 초석을 놓은 경제학자 윌리엄 베버리지(1879~1963)는 이렇게 말했다.

"전쟁이 모든 종류의 장애물을 제거해버린 지금이야말로 깨끗한 상태에서 경험을 활용할 기회이다. 세계 역사상 혁명적인 순간에 혁명을 해야지 땜질 처방이나 하고 있으면 안 된다."

전쟁이 사회적·경제적 평등화를 가져온다는 주장의 근거를 내세우는 이들도 있다. 남성 그리고 때로는 여성도 징집돼 그들이 기존에 교류하던 부류와 전혀 다른 사람들과 한데 섞였다. 1차 세계대전 때 영국의 젊은 장교들은 대부분 명문 사립학교 출신이었다. 그들은 부대원들이 집으로 부치는 편지를 검열했다. 그들은 부하 사병들이 자신들이 느끼는 것과 똑같은 종류의 사랑, 공포, 희망을 표현하는 것을 보고 놀라워했다.

나중에 소설 『플래시맨(*Flashman*)』 시리즈로 유명해진 영국 작가 조지 맥도널드 프레이저(1925~2008)는 2차 세계대전 당시 버마[미얀마] 전선에서 거칠고 무뚝뚝한 노동자 계급 출신인 잉글랜드 컴브리아주 사람들과 한 부대에 배속됐다. 교육받은 중산층 청년이었던 프레이저에게 그들은 매력적이지만 어쩐지 이질적으로 느껴졌다. 집에서 그에게 책 2권을 보냈는데, 하나는 통속 소설이고 다른 하나는 셰익스피어의 『헨리 5세(*Henry V*)』였다. (스스로를 '지적

속물'이라고 불렸던) 그는 부대원 중 아무도 셰익스피어의 희곡을 빌리지 않을 것이라 짐작했다. 십대 초반에 학교를 중퇴한 병장이 그 책을 집어갔을 때도 정말 읽지는 않을 것이라고 생각했다. 그런데 3일 후 병장은 책을 다 읽고 돌려주었으며 매우 감동한 기색을 보였다. 프레이저는 깨달음과 함께 부끄러움을 느꼈다. 병장은 프레이저에게, 셰익스피어가 군인으로 사는 것이 어떤 것인지 잘 아는 것으로 보아 틀림없이 군 복무 경험이 있을 것이라고 말했다.

2차 세계대전 때 영국의 한 중산층 젊은 여성은 자기와 비슷한 부류의 사람들과 어울릴 가능성이 높을 거라는 기대감에 육군이나 공군의 여성 지원군 대신 해군 여군에 입대했다. 하지만 그녀는 스코틀랜드 노동자 계급 여성들과 함께 정비병과에 배속됐다. 그녀는 나중에 이렇게 털어놓았다.

"전쟁은 나처럼 사립학교 교육을 받은 젊은 여성들에게 정말 많은 도움이 됐다. 정말 그랬다. 전쟁을 통해 나는 노동자 계급 사람들도 감정이 있고 똑똑하다는 걸 알게 됐다. 정말 똑똑했다. 그 여자애들 중 몇몇은 놀라울 정도로 총명했다. 이건 전혀 상상하지 못했던 일이다."

전쟁이 혜택을 가져올 뿐만 아니라 더 튼튼하고 심지어 더 공정한 사회를 건설하는 데 도움이 될 수 있다고 말하는 것은 전쟁을 옹호하기 위함이 아니다. 당연히 우리는 평화로운 상태에서 세상을 개선하고, 약자와 불우한 자를 돕고, 과학기술의 진보를 이루어내려고 한다. 하지만 평시에는 커다란 진보를 이루는 데 필요한 자원과 의지를 동원하기가 어렵다. 빈곤, 오피오이드 위기[opioid crisis, 미국 등 일부 국가의 심각한 마약성 진통제 오남용 문제], 기후 변화 등에 대해 획기적 조치를 취하기보다 차일피일 미루기 십상이다. 전쟁은 우리가 총력을 기울이게 하며, 좋건 싫건 인류 역사 내내 그러했다.

제2강

왜, 무엇을 위해 전쟁하는가?

어떤 전쟁도 발발하기 전까지는 불가피하지 않다.

A. J. P. 테일러의 『유럽의 패권 전쟁, 1848~1918』 중에서

심심한 신들이 인간을 가지고 놀기로 하여 일련의 사건을 일으킨다. 그래서,

한 남자가 다른 남자의 아내를 훔친다.

왕들이 작은 영토나 왕위 계승을 둘러싸고 분쟁을 벌인다.

어느 영국 선장의 귀가 잘려나간다.

어느 황제의 사절들이 프라하에서 창밖으로 내던져진다.

수도사들이 예루살렘의 사원에서 싸움을 벌인다.

미국 군함이 쿠바 아바나항에서 폭발한다.

보스니아 사라예보에서 오스트리아 대공이 살해된다.

베이징의 오래된 다리 근처에서 일본군들이 총격을 받는다.

그리하여 제각각의 전쟁이 일어난다. 군인들이 죽고, 배가 침몰하고, 도시와 마을이 약탈당하고, 민간인들은 언제나 당하기만 한다.

전쟁의 원인은 터무니없거나 하찮아 보일 수 있다. 그러나 그 원인의 이면에는 대개 커다란 갈등과 긴장이 있다. 이미 은은하게 타고 있던 장작더미가 작은 불꽃만으로도 활활 타오르는 경우가 드물지 않다.

고대인들은 신들의 왕인 제우스가 지상에 너무 많은 인간들이 사는 모습을 보고 서로 싸우고 죽이도록 부추기는 것을 그 해결책으로 떠올렸기 때문에 트로이 전쟁이 일어났다고 믿었다. 제우스의 허락하에 여신 아프로디테는 트로이 왕의 버려졌던 아들 파리

스에게 세상에서 가장 아름다운 여인을 아내로 맞게 해주겠다고 약속했다. 그래서 파리스는 헬레네와 사랑에 빠지지만, 그녀는 이미 스파르타의 왕 메넬라오스와 혼인한 사이였다. 헬레네는 상당량의 재물을 챙겨 파리스와 함께 배를 타고 트로이로 도망치는 것으로 자신의 역할을 다했다.

트로이 전쟁은 이렇게 시작됐다. 스파르타와 여러 동맹국의 그리스 군대가 소아시아의 나라 트로이로 쳐들어갔다. 그곳의 많은 사람들이 죽었고, 결국 트로이가 함락됐으며, 살아남은 트로이인들은 포로가 됐다.

정말 이런 일이 일어났을까? 그리고 신의 농간이 아니라면 누가 그 전쟁을 일으켰을까? 트로이 유적 곳곳에는 전투의 흔적들이 있고, 호메로스 이후의 사람들은 그곳에서 분명히 기나긴 전쟁이 치러졌다고 믿었다. 우리가 알기로, 당시 세상은 불안정하고 폭력적이었다. 작은 도시국가들이 땅, 가축, 귀금속, 여자를 전리품으로 차지하려고 싸웠다. 호메로스는 탐욕적인 폭력 집단 간에 벌어진 실제 전쟁을 장대한 예술로 탈바꿈시킨 것으로 보인다.

우리는 중세 왕조 간의 전쟁과 근대 초기 유럽의 전쟁에 대해 잘 알고 있다. 군주들은 영토를 사유물로 여겼고, 그것을 확장하는 것에 잘못된 점이 전혀 없다고 생각했다. 전쟁의 명분을 찾는 것은 언제나 가능했다. 모욕적인 사건이 빌미가 될 수도 있었고, 과거의 영유권을 되찾는 것일 수도 있었다.

유럽의 군주들은 거미줄처럼 얽히고설킨 혈연관계 때문에 왕위 계승이 항상 분쟁거리였다. 1328년 프랑스 왕[카페 왕조 마지막 왕인 샤를 4세]이 아들도 상속자도 없이 죽었다. 조카인 영국 왕[에드워드 3세]과 사촌[필리프 6세] 중 누가 왕위 계승권을 가졌는지 문제를 두고 프랑스와 영국은 100년간의 전쟁에 휘말렸다.

500년 후 이번에는 스페인에서 다른 왕[합스부르크 왕조 마지막 왕인 카를로스 2세]이 후사 없이 죽었다. 영국, 네덜란드, 프랑스는 왕위 계승 문제로 서로 다투며 유럽 전체를 전쟁의 도가니에 빠뜨렸고, 그 전쟁[스페인 왕위 계승 전쟁]은 1701년부터 1714년까지 13년간 지속됐다.

왕이나 국가에 대한 명예 훼손은 오랜 경쟁 상대를 정리하는 흔한 핑곗거리가 됐다. 1731년 영국 선장 로버트 젠킨스의 귀가 잘렸다. 그의 주장에 따르면 스페인 해군이 그를 밀수범으로 의심하여 저지른 일이었다. 그는 영국 왕에게 탄원했지만 아무 소용이 없었다. 1738년 영국 의회는 젠킨스가 스스로 소름 끼치는 유물이라고 부르는 것[잘린 귀]을 직접 들고나와 보여준 후 이 문제를 의제로 삼기로 결정했다.

이듬해 발발한 전쟁[일명 '젠킨스의 귀 전쟁']은 1748년까지 계속됐다. 그러나 전쟁의 실제 이유는 젠킨스의 귀가 아니라 서인도제도와 스페인령 아메리카에 노예까지 사고파는 수익성 좋은 무역을 나눠가지려는 영국의 야심에 있었다. 스페인도 당연히 독점을 빼앗기지 않으려고 필사적이었다.

옛날의 전쟁은 한 명의 지도자 또는 엘리트 집단에 의해 일어났지만 그들은 대중의 상당한 지지를 받았다. 그리스 도시국가의 시민들은 생존에 위협을 느끼자 함께 뭉쳐 페르시아에 맞서 싸웠다. 아라비아반도에서 서로 반목하던 아랍의 부족들은 632년에 선지자 무함마드가 죽은 후 우마이야[옴미아드] 칼리프와 종교에 의해 단단히 결속됐고 중동, 북아프리카, 유럽 일부를 휩쓸었다.

1618년 5월 23일에 일어난 일명 '프라하 창밖 투척 사건'의 이면에도 종교가 있었다. 보헤미아에서 강력한 세력을 형성하고 있던 프로테스탄트들은 오스트리아 황제가 보장한 자신들의 권리를 황제의 사절들이 침해했다고 여겨 그들을 프라하성 창밖으로 내던져버렸다. 황제의 칙사들이 죽지는 않았지만, 이 사건은 반란을 촉발했다. 오스트리아는 반란을 진압하기 위한 일련의 조치를 취했으며, 이어 유럽의 크고 작은 강대국들이 휘말리면서 종교, 사회, 민족, 왕조가 한데 얽히고설킨 길고 복잡다단한 전쟁이 이어졌다[30년 전쟁이 1648년까지 계속됐다.].

같은 종교인을 보호하려는 것도 매우 편의적인 전쟁 구실이 될 수 있다. 19세기 중반에 강대국들은 쇠락하는 오스만제국을 탐욕스러운 눈길로 주시하고 있었다. 영국과 프랑스는 모두 지중해 동쪽 끝 지역에 상당한 이해관계를 가지고 있어서 러시아가 콘스탄티노플[이스탄불]로 진출하는 것을 경계했다. 콘스탄티노플은 지중해로 통하는 해협이 위치한 전략적 요충지였다. 그리스정교회와 가톨릭의 수도사들이 예루살렘의 성묘교회에서 촛대와 십자가로 서로 머리를 때리며 싸움을 벌였을 때, 러시아 차르는 오스만제국에서 그리스정교회의 권리를 지키는 일을 자임하고 나섰고, 개신교 영국과 반교권주의 프랑스는 가톨릭 신자들과 오스만제국을 보호하겠다는 결의를 표명했다[그래서 1853~1856년의 크림 전쟁이 벌어졌다.].

19세기 말에 미국은 점점 커지는 힘을 국경 밖, 특히 주변국에 행사하기 시작했다. 비록 캐나다를 침략하려는 시도나, 캐나다 주민들에게 미국과의 합병에 찬성하도록 설득하려는 시도는 실패했지만, 남쪽에는 챙길 것이 많아 보였다. 미국은 이미 멕시코의 상당 부분을 잘라먹은 터라, 무역과 안보상의 이유를 들며 카리브해에 관심을 쏟았다. 파나마지협이나 니카라과를 관통하여 태평양과 대서양을 잇는 운하가 구상되고 있었기 때문에 미국의 관심은 그 지역에 집중됐다. 하지만 영국뿐만 아니라 쇠락한 스페인제국도 걸림돌이 되었다.

스페인의 여러 식민지 중 쿠바는 특히 풍요롭고 전략적으로 중요한 위치에 있었다. 미국 군함 메인호가 1898년 쿠바 아바나항에서 폭발하여 침몰하는 바람에 수백 명의 장병이 사망하자 이것은 미국 팽창주의자들에게 절호의 기회가 되었다. 당시 커다란 영향력을 행사하던 미디어 재벌 윌리엄 랜돌프 허스트(1863~1951)의 언론들은 스페인을 규탄하며 독자들에게 "메인호를 기억하라"고 부르짖고 정부에 보복을 촉구했다(메인호 참사의 원인은 구조상의 결함이나 승조원의 실수일 가능성이 높았다.). 하원은 못 이기는 척 그 합창에 동조하면서 대통령이 미국-스페인 전쟁을 개전하도록 밀어붙였다. 전쟁의 결과로 미국은 카리브해와 중앙아메리카에서 지배력을 획득했고, 거의 덤으로 필리핀까지 차지했다.

1914년 6월 28일 오스트리아헝가리제국 황태자가 단독으로 보스니아의 수도 사라예보를 방문하는 우를 범했다. 보스니아의 세르비아 민족주의자들은 스스로를 세르비아 국민이라 여기고 있었고, 더욱이 그날은 1389년 코소보 전투에서 세르비아 왕자 라자르가 침략국인 오스만제국의 손에 희생된 것을 되새기는 세르비아 국가 기념일이었다. 세르비아의 젊고 광신적인 민족주의자 집단과 암묵적 지지자들에게 오스트리아 대공은 절대 놓칠 수 없는 표적이었다. 그들 중 한 명이 순전히 운이 좋아 프란츠 페르디난트 대공 부부를 시해하는 데 성공했다. 오스트리아 황실과 정부는 그들의 죽음을 그다지 애석하게 여기지 않고 장례도 대충 치렀다. 대공은 그다지 인기가 없었고 그의 부인도 [황태자비가 아니라] 그저 백작 부인으로 무시당했다.

그런데 그들의 죽음은 세르비아를 무너뜨릴 완벽한 빌미를 오스트리아에 제공했다. 오스트리아로선 세르비아가 너무나 오랫동안 남쪽 국경의 골칫덩이였다. 독일은 유명한 '백지 수표'[무조건 무한 지지]를 건네며 오스트리아를 편들었다. 러시아는 도움을 청하는 약한 동맹국 세르비아가 망하는 것을 수수방관할 수 없었다. 그런데 독일의 전략은 벨기에를 거쳐 러시아의 동맹인 프랑스를 치는 것이었다. 영국은 프랑스와 벨기에를 지켜주기 위해 참전을 결정했다. 로마제국 멸망 이후 가장 평화로운 시기 가운데 하나를 누리던 유럽은 불과 5주 만에 전면전으로 끌려 들어갔다[즉 1차 세계대전이 일어났다.].

아시아에서도 편의적인 전쟁 구실이 생겨 2차 세계대전이 시작됐지만, 이 사건 역시 뿌리 깊은 배경이 있었다. 일본의 군국주의자들과 민족주의자들은 천연자원, 시장, 값싼 노동력, 대륙의 이주지를 확보하려고 아시아에 제국을 건설할 궁리를 하고 있었다. 그런데 일본은 자국 소유의 철도에 시의적절하게 폭발 사건이 일어남으로써[일본 관동군의 자작극인 류탸오후(柳條湖) 사건으로 시작된 만주 사변] 1931년에 이미 중국 만주의 풍요로운 지역을 점령했다.

1937년 7월 7일 일본군은 베이징에서 일상적인 군사 훈련을 실시했다. 19세기 말에 일어난 의화단의 난[의화단 운동]을 다국적 연합군이 진압한 후 설정된 일본군 주둔권에 따른 것이었다. 일본군이 야간 훈련을 실시하던 중 베이징의 오래된 다리, 즉 오래전 베네치아 여행가 마르코 폴로(1254~1324)가 베이징을 지나가면서 건넜다는 '마르코 폴로 다리' 부근에서 총성이 울렸다. 놀란 일본군이 점호를 실시하자 병사 한 명이 보이지 않았고 이것이 발단이 되어 일본군의 공격이 시작됐다[이 병사는 나중에 복귀했으나 더 이상 중요한 문제가 아니었다.]. 어쨌든 이 마르코 폴로 다리 사건[중일 전쟁의 발단이 된 루거우차오(蘆溝橋) 사건]은 일본이 만리장성 이남을 침략하여 홍콩 국경에까지 이르는 거대한 해안선 지대를 점령하는 전쟁을 정당화하는 데 좋은 구실이 됐다. 그리고 이 침략은 미국이 고립주의를 버리고 2차 세계대전 참전으로 선회하는 데 일조했다.

다양한 시간과 장소에 참으로 각양각색의 전쟁 이유가 있었다. 납치, 로맨스, 종교, 왕권 투쟁, 정복, 제국주의, 암살, 조작 등 등. 그런데 반복해서 나타나는 특정한 동기들이 있다. 탐욕, 자기 방어[자위], 감정, 이념이다.

남이 가진 것에 대한 탐욕은 항상 전쟁을 촉발했다. 그것은 생존을 위한 식량, 노예로 부리거나 후손을 생산하게 할 여성, 귀금속, 무역이나 영토 등에 대한 탐욕이었다. 토머스 홉스는 『리바이어던』에서 사람들이 "다른 사람의 인력, 부인, 아이, 가축의 주인이 되기 위해" 서로 싸운다고 말했다.

13세기에 몽골 기병들은 약탈을 하러 나섰다가 결과적으로 기존 제국들을 멸망시키고 새로운 제국을 건설했다.

16세기에 스페인의 에르난 코르테스(1485?~1547)와 프란시스코 피사로는 금을 찾으러 갔다가 아스테카왕국과 잉카제국을 무너뜨렸다.

18세기 말 프로이센, 오스트리아헝가리제국, 러시아의 통치자들은 각자의 영토를 늘리려고 폴란드를 나눠가졌다.

2차 세계대전 때 아돌프 히틀러는 독일 민족이 생존하려면 더 많은 땅과 자원이 필요하다고 믿었기 때문에 동유럽으로 침략 전쟁을 벌였다.

1990년 이라크 대통령 사담 후세인(1937~2006)은 석유를 차지하려고 쿠웨이트를 침공해서 점령했다.

기원전 5세기 그리스 역사가 투키디데스는 "강자는 할 수 있는 온갖 짓을 저지르고 약자는 강요당하는 온갖 것으로 고통받는다."고 말했다. 그런데 약자도 항복하기보다는 자기방어를 위해 싸움을 선택할 수 있다.

소국 핀란드는 대국 소련을 상대로 1939~1940년의 겨울 전쟁을 치렀다. 핀란드는 결국 항복하고 영토의 일부를 내주었지만 독립은 지켰다.

폴란드 국민들은 1939년에 나치 독일과 소련, 둘 모두를 상대로 싸웠다. 왜냐하면 다른 선택은 더 나빠 보였기 때문이다. 그리고 점령지 폴란드에서 독일과 소련이 저지른 짓을 보면, 그들이 잘못된 선택을 했다고 말하기 어렵다.

개인이든 집단이든 비록 공격당한 적이 없다 하더라도 임박한 위협이나 미래에 닥칠지 모를 위협에 대한 공포 때문에 싸운다. 또한 자신이 소중히 여기는 것들, 이를테면 재산, 조국, 가족 등을 지키기 위해 싸운다.

전쟁이 흔히 남성의 영역으로 여겨져 왔지만, 여성이 전쟁의 구실이 되기도 했다. 19세기 초에 독일의 국수주의 작가 에른스트 모리츠 아른트(1769~1860)는 프랑스인은 "비열하고 음탕하고 탐욕적이고 잔인해서" 독일 여성을 더럽히고 독일 남성의 명예를 짓밟았다고 말했다. 독일 남성들은 치욕을 씻기 위해 싸워야 했다.

1차 세계대전 때 영국의 인기 높은 엽서에는 한 여성의 얼굴 옆에 "밤에 참호 위에 빛나는 별"이라는 문구가 있었다. 징집 포스터 양면에는 야수 같은 적군들에게 겁박당하는 가련한 여성들이 그려져 있었다.

적군을 향한 심리전에서는 상대편 여성들이 기대만큼 그렇게 정숙하지 않으니 안심해서는 안 된다는 경고를 내보냈다. 2차 세계대전 때 일본군은 호주군을 향해 그들의 여성들이 호주에 주둔한 미군들과 놀아나고 있다는 경고 방송을 했다.

1939년 9월부터 1940년 4월까지 이른바 '가짜 전쟁' 기간[독일의 폴란드 침공으로 2차 세계대전이 시작되고 나서 독일이 프랑스를 공격하기 전까지 실제 전쟁이 거의 없었던 개전 후 정전 기간] 중에 독일군의 공격에 대비해 프랑스군이 전선을 지키고 있을 때 독일군이 거대한 게시판을 세웠다. 프랑스군 쪽에서 그 내용을 읽을 수 있었다.

"북부 지방 병사들아, 음탕한 영국군이 너희 마누라와 동침하고 딸들을 겁탈하고 있다!"

이에 프랑스군 부대가 화답했다.

"뭔 상관이야. 우리는 남부 출신이야!"

나치 선전부는 인종주의적 혐오까지 써먹었다. 프랑스와 영국의 여성들이 자국이나 미국의 흑인 병사들에게 홀려 농락당하고 있다고 했다.

때로는 실제가 아니라 예상되는 위협에 대비해 예방적 전쟁을 벌이는 것이 최선의 자기방어라는 주장이 펼쳐지기도 했다. 그리스 역사가 투키디데스에 따르면, 스파르타 시민들은 "아테네의 세력이 더 강해지는 것이 두렵고, 과거 그들이 그랬듯이 그리스의 대부분을 아테네가 이미 지배하고 있는 것을 목도하여" 전쟁에 찬성표를 던졌다고 한다.

기원전 2세기 그리스 역사가 폴리비오스에 따르면, 로마인들은 "카르타고가 시칠리아까지 차지해버리면 강력하고 위험한 이웃을 두게 될까 봐 너무나 불안해진 나머지" 자기들보다 강한 카르타고를 상대로 1차 포에니 전쟁을 벌였다.

1967년 이스라엘은 이웃 나라 이집트, 시리아, 요르단이 협공을 계획하고 있다는 첩보에 두려움을 느껴 선공을 취했다.

1914년 세계대전이 임박하자 독일군 최고사령부는 러시아가 급속히 현대화하고 있어 3년 뒤면 독일이 이길 수 없는 강한 상대가 될 것이라고 주장했다. 이런 분석은 전쟁 필요성에 힘을 실어주었다.

1941년 일본은 미국이 전쟁 준비를 서두르는 모습을 보고 똑같은 주장을 펼쳤다. 진주만 공격은 미국의 세계대전 참전 의지를 꺾고 기존의 모든 점령지를 지키는 동시에 더 많은 곳을 차지하려는 일본의 도박이었다.

냉전 시대에는 상대방이 선공의 이득을 취하려고 핵미사일을 먼저 발사할지 모른다며 양 진영이 서로 불안해했다.

그런가 하면 전쟁을 향한 압력을 가중시킨 또 다른 종류의 공포도 있었다. 1914년 이전의 유럽에서는 너무 과도한 평화가 사회를 유약하게 만들 것이라는 우려가 있었고, 숱한 쓸모있는 전쟁이 어떻게 국가의 기강을 바로잡고 젊은이들을 강인한 애국자로 키웠는지에 대한 다양한 논의가 있었다. 1938년 히틀러는 뮌헨회담으로 전쟁 가능성이 사라진 듯하자 독일 국민들이 환호하는 모습을 보고 충격을 받았다. 그는 독일 언론출판인들과의 만남에서(물론 그들 모두는 이미 나치 영향하에 있었다.) 그들이 독일 국민을 교육해서 "서서히 자발적으로 무력 사용을 간절히 바라도록" 만들라고 주문했다.

상대에 대한 의심과 두려움은 있지도 않은 위협 망상을 만들어낸다. 인류의 사촌인 침팬지도 그러하며, 라이벌 갱단부터 국가에 이르기까지 모두가 그러하다. 냉전 시대에 서방 국가들과 소연방 국가들 간의 상호 불신은 상대방의 말과 활동, 심지어 우연한 사고조차 최악의 경우를 상정하여 해석하게 만들었다. 미군 미사일 기지의 담장을 기어오르던 곰이 적군 침입자로 오인됐고, 미국과 캐나다의 방공망에 나타난 새떼가 항공기나 미사일로 보였으며, 구름 너머로 빛나는 태양이 소련 항공관제병에게는 공격해오는 적으로 보였다. 그래서 순간적으로 3차 세계대전이 임박한 듯했다.

한번은 북미방공사령부에서 미군 항공관제병이 컴퓨터에 훈련용 테이프를 잘못 넣는 바람에 갑자기 소련 미사일이 날아오고 있다는 경보가 울린 적이 있다. 조종사와 승무원이 폭격기로 달려가고 미군 미사일은 발사 대기 상태에 들어갔다. 다행스럽게도 큰일이 벌어지기 전에 실수였음이 밝혀졌다.

1983년 소련은 대한항공 여객기 KAL007을 격추한 후, 핵 공격이 임박했다는 시나리오를 만들기 위해 전혀 상관없는 일들을 끌어다 짜맞추었다. 예를 들면 나토(NATO)가 군사 훈련을 벌이고 있고, 영국 총리 마거릿 대처(1925~2013)와 미국 대통령 로널드 레이건(1911~2004) 사이에 비밀 전문이 증가했다고 주장했다.

오늘날 베이징과 워싱턴 D.C. 양쪽에는 중국과 미국의 전쟁은 불가피하다고 말하는 사람들이 있다. 물론 그들이 증거를 찾으려 한다면 찾아낼 수도 있을 것이다. 하버드 대학교의 한 연구 프로젝트에서는 소위 '투키디데스의 덫(Thucydides Trap)'이라 불리는 이론을 내세우고 있다. 그리스 고전인 『펠로폰네소스 전쟁사』의 저자로부터 이름을 따온 이 이론은 아테네의 성장과 그로 인한 스파르타의 두려움이 전쟁으로 이어졌다고 말하는 그의 유명한 문구를 따르고 있다. 연구진은 이 이론을 법칙으로 격상시켜, 지금까지 거의 늘 그러했다고, 즉 새롭게 부상하는 세력이 기존 세력을 위협하면 전쟁이 일어나기 마련이라고 주장한다. 이런 결론은 과거의 예들에 대한 선별적인 해석에 근거하기 때문에 전문가들에게 반박당할 여지가 상당히 많다.

인간은 또한 토머스 홉스가 일컬은 '사소한 것들'(한마디 말, 웃음, 다른 의견, 또는 직접적이든 간접적이든 자신, 친척, 친구, 국가, 직업, 명예에 대한 온갖 형태의 무시) 때문에 전쟁을 벌이기도 한다. 명예와 영광은 추상적인 개념이지만 목숨보다 중요해질 수 있다. 기원전 4세기 마케도니아의 왕 알렉산드로스는 베개 밑에 『일리아스』를 놓고 잤으며, 절대로 모욕을 참지 않았던 뛰어난 전사 아킬레우스를 닮고 싶어했다고 한다.

태양왕 루이 14세는 조국이 아니라 자신의 영광을 위해 수년간 유럽을 전쟁의 구렁텅이로 몰아넣고 프랑스를 빈털터리로 만들었다. 네덜란드와의 전쟁을 시작한 후 그는 "짐은 누구의 동의도 구하지 않는다."라고 말했다.

"야망을 가지고 영광을 추구하는 것은 군주에게 언제나 허용되는 일이다."

전투에서의 승리, 영토 획득, 왕의 친척에게 다른 유럽 국가 왕위를 주기 위한 원정 등은 모두 루이 14세의 영광을 위한 것이었다. 설령 그것들에 수반되는 전쟁이 프랑스에 전혀 도움이 되지 않더라도 말이다.

나폴레옹은 루이 14세보다 그의 숙적인 영국 말버러 공작[1650~1722, 존 처칠 장군]을 더 높이 평가한 듯하지만 자신의 영광을 추구한 면에서는 루이 14세와 같았다. 나폴레옹의 모델은 단연 알렉산드로스 대왕이었다. 나폴레옹은 알렉산드로스가 한 것처럼 동방에 제국을 건설하려고 이집트를 침략했다. 나폴레옹은 친구에게 보낸 편지에서 "짐이 꿈꿔온 바니라."라고 말했다.

"꿈속에서 짐은 과인의 요망에 맞춰 지은 새로운 『쿠란[코란]』을 한 손에 들고 머리에는 터번을 쓴 채 코끼리를 타고 아시아로 진군하며 종교를 세웠노라."

나폴레옹은 자신의 영광을 추구하다가 유럽을 혼란에 빠뜨렸으며 수십만 명의 목숨을 희생시켰다.

[17세기 실존 인물이면서 19세기 에드몽 로스탕의 희곡에 등장하는] 가공인물인 시라노 드베르주라크는 코에 대한 모욕을 참기보다는 필요한 경우 목숨을 걸고 결투를 벌인다. 역사 속에는 그와 비슷한 사람들이 많다. 실제든 상상이든 모욕과 상처에 대해 보복하거나 명예를 지키기 위한 많은 전쟁이 일어났다.

1914년 오스트리아헝가리제국이 프란츠 페르디난트 대공 암살 사건에 어떻게 대응할지 결정할 때 제국 수뇌부는 황제의 명예를 중요시했기 때문에 러시아와의 전쟁 위험을 감수하기로 했다. 당시 제국군 참모총장 프란츠 콘라트 폰 회첸도르프(1852~1925)는 자신의 연인에게 이렇게 전했다.

"승산 없는 싸움이 될 거요. 하지만 할 수밖에 없소. 이렇게 유서 깊은 황실이, 이토록 영광스러운 군대가 불명예스럽게 주저앉을 수야 없지 않겠소."

영국 외무장관 에드워드 그레이(1862~1933)는 그해 8월 3일 하원에서 정부가 앞으로 전개될 싸움에 참전하기로 결정했다고 알리면서 영국의 "명예에 대한 사명"을 거론했다. 굴욕을 당하느니 죽겠다는 요즘의 길거리 갱들과 동기 면에서 다를 게 있을까?

기원전 3세기에 카르타고의 귀족 통치자들은 로마와의 1차 포에니 전쟁에서 패하는 치욕을 겪었다. 역사가 폴리비오스에 따르면, 카르타고의 장군 하밀카르 바르카(BC 276~BC 228)는 성전에서 어린 아들의 손을 잡고 절대 로마와 친하게 지내지 않겠다는 맹세를 하도록 했다. 그 소년 한니발 바르카는 성장하여 아버지보다 더 뛰어난 장군이 됐고 2차 포에니 전쟁에서 로마를 거의 멸망 직전까지 몰아붙였다.

1871년 독일연방과의 전쟁[프로이센-프랑스 전쟁]에서 어이없이 패한 후 프랑스는 파리 시내 모든 조각상 위에 검은 천을 드리워놓았다. 잃어버린 두 지방 알자스와 로렌을 상징하는 것이었다. 1914년 1차 세계대전이 발발하자 프랑스인의 드높은 사기에 그 비통함이 일소됐다.

그러고 나서 1918년 1차 세계대전 패전 이후 이번에는 독일이 복수를 다짐했다. '받아쓰기'에 불과했던 베르사유 조약은 정파를 초월하여 모든 독일인에게 부당한 보복으로 여겨졌으며, 1920년대 독일의 온갖 문제의 원인으로 지목되었다. 한 영국 기자가 독일 노파 자매를 만났을 때, 그들은 더 이상 일주일에 한 번씩 세탁소에 빨래를 맡길 수 없게 된 것이 모두 그 조약 탓이라고 했다. 히틀러와 나치는 그 '족쇄'를 끊어버리겠다는 약속으로 권력을 거머쥐었다. 그리고 히틀러는 정말 그 족쇄를 끊었다. 배상금 지불 중지를 선언하고, 비무장 조항을 대놓고 위반하고, 비무장 지역인 라인란트로 군대를 이동시키고, 오스트리아를 독일에 합병했다.

언제나 히틀러의 목적은 베르사유 조약을 파기하거나 독일을 유럽에서 가장 강한 국가로 만드는 것 이상으로 원대했다. 그의 목적은 독일 국민(그의 생각에 따르면 아리안족)에게 지배자 민족의 위상에 걸맞은 광대한 영토를 안겨주고 궁극적으로 세계를 지배하는 것이었다.

역사를 통틀어 대규모 전쟁의 한복판에는 이상을 추구하는 것이든, 구세주를 좇는 것이든, 사악하거나 그냥 미친 것이든, 늘 이데올로기가 있었다. '민족주의'(한쪽 끝의 인종주의부터, 공통 역사와 문화에 가치를 두는 반대편 끝의 애국주의까지 광범위한 개념) 추종자들은 '민족'(또는 국가)이라는 이름으로 서로 싸우고 죽였으며, 지금도 여전히 그렇게 하고 있다.

미국의 애국주의 독립군 네이선 헤일은 [1776년 영국에서 스파이 혐의로 교수형을 당하기 전에] "나라를 위해 내놓을 목숨이 하나밖에 없어서 안타까울 뿐이다."라고 말했다.

정교회가 세르비아인과 러시아인에게 그러하듯, 종교는 민족주의와 결합할 수 있고 목숨을 바칠 명분을 주며 영생을 약속한다. 중세에 유럽 각지의 십자군들이 조국을 떠나 성지를 향한 길고 위험한 여정에 나선 것은 전리품과 땅을 챙기기 위해서가 아니었다. 조국과 가까운 곳에 더 좋은 것들이 훨씬 많았다. 그들은 한때 예수가 기독교를 위해 살았던 땅을 되찾아야 한다는 성스러운 소명에 이끌린 것이다. 많은 십자군들(영국의 사자왕 리처드 1세, 프랑스의 필리프 2세 같은 왕들과 많은 영주들)이 재산, 지위, 가족을 뒤로하고 떠났으며 그들 중 다수는 영영 돌아오지 못했다. 교황 그레고리우스 7세(1020~1085) 같은 종교 지도자들은 신자들에게 "피 흘리는 일에서 칼을 거두는 자는 저주를 받으리라."라는 「예레미야서」 구절을 상기시키며 전쟁을 부추겼다. 세뇌된 신자들은 이교도로 보이는 사람들을 마구잡이로 도륙했다. 1099년 예루살렘 학살 때 거리에 피가 흘러넘쳤으며 어떤 곳에서는 십자군 말의 무릎까지 피가 차올랐다고 한다. 당시 기록은 이렇게 전한다.

"단 한 명도 살려두지 않았다. 여자나 아이도 봐주는 법이 없었다."

종교적이든 정치적이든 이데올로기가 개입된 전쟁은 대개 극도로 잔혹하다. 천국이나 지상낙원이 이데올로기의 이름으로 행해지는 모든 것을 정당화하기 때문이다. 거기에는 걸림돌이 되는 인간을 제거하는 것도 포함된다. 그릇된 이념이나 신념을 고수하는 자들은 마치 병마가 퇴치돼야 하는 것과 마찬가지로 죽어 마땅하다는 것이다. 전 인류에게 이로울 꿈을 실현하는 과정에서 그들은 불가피한 제물일 뿐이다. 프로테스탄트 사상에 지대한 영향을 끼친 마르틴 루터(1483~1546)는 "[성전에서] 칼을 휘둘러 사람을 죽이는 손은 이미 인간의 손이 아니라 하느님의 손"이라고 말했다. 이런 태도는 당대의 잔혹한 종교 전쟁을 부채질했고, 나중에 30년 전쟁(1618~1648)에도 영향을 미쳤다. 혁명적 사회주의를 추구한

20세기의 전쟁들도 마찬가지였다. 다만 하느님의 손이 아니라 역사적 과업으로 여겼을 뿐이다.

물론 오늘날에도 종교 전쟁은 반복되고 있다. 역시나 최종 목적이 달성될 때까지 공격 대상에 제한을 두지 않는다. 유감스럽게도 전쟁 자체를 끝낼 목적으로 시작된 전쟁들조차 그런 무제한적 성격을 띤다. 전쟁이라는 저주를 영원히 없애는 것이 목적이라면 그런 명분으로 저질러지는 어떠한 만행도 정당화된다. 희생에 그만 한 가치가 확실히 있다고 여기기 때문이다.

30년 전쟁이 시작된 무렵, 프로테스탄트 중에서도 극단적인 부류인 급진 칼뱅교도들은 합스부르크 왕가가 어둠의 세력이므로 그들을 제거해야만 의로운 자들이 구원받을 수 있다고 믿었다.

프랑스 혁명기에 급진주의자들이 유럽에서 벌인 전쟁은 지상에서의 구원을 위한 것이었다. 1791년 어느 혁명가가 이렇게 말했다.

"내가 전쟁을 부르짖는 이유는 평화를 원하기 때문이다."

종교 전쟁에서 적이란 인류의 적 그 자체이므로 단순히 패배시키는 것이 아니라 완전히 말살해야 한다.

내전(內戰)이 십자군의 특성과 잔혹성을 띠는 경우는 너무나 흔하다. 왜냐하면 내전은 사회의 본질 자체와 관련있기 때문이다. 상대편은 공동의 가치와 비전에 대한 동의를 거부함으로써 공동체를 배신한 것으로 간주된다. 그래서 훼손된 정치 공동체를 회복하기 위한 극단적인 폭력과 잔학 행위가 용납되며, 심지어 반드시 필요한 것으로 여겨지기도 한다. 동류 집단에 속했던 사람들이 서로 등지게 되면 한때 사랑 또는 하다못해 관용이었던 것이 증오로 변하고, 상대를 전멸시키고 싶어하는 지경에까지 이르게 된다.

내전 중에 양측은 한때 공유했던 공간에서 정통성과 주도권을 두고 다툰다. 외적과의 싸움은 명료하고 납득할 수 있는 위협과의 전쟁이다. 반면에 내전은 상대편의 이해할 수 없는 배신에 상처받고 치를 떨며 치르는 전쟁이다. 내전이라는 개념을 처음 정립한 로마인들은 로마 안에서 버젓이 일어나는 싸움에 대해, 로마 문명 자체에 이의를 제기하는 심각한 도덕적 타락으로 보았다.

내전은 기존 사회를 결속해주던 유대가 산산조각난다는 점에서, 그리고 서로에 대한 무차별적 폭력이 횡행한다는 점에서 특히 공포스럽다. 아마 미국 내전인 남북 전쟁(1861~1865)에서의 사상자는 미국이 치른 다른 모든 외전(外戰)에서의 미국인 사상자를 합친 것보다 많을 것이다. 3,000만 명의 인구 중 300만 명이 참전했고, 최소한 60만 명이 전사하고 50만 명이 부상당했다. 민간인도 15만 명 정도가 직접적인 폭력이나 기아, 질병으로 사망했다.

2차 세계대전이 끝난 1945년 이후 국가 간의 외전은 드물어진 반면 내전은 늘었다. 그리스, 나이지리아, 수단, 아프가니스탄, 예멘, 시리아, 콩고, 북아일랜드, 유고슬라비아 등 그 목록은 길며 세계 도처에서 발생했다. 이런 전쟁에서 전사자 수를 추산하는 것은 불가능하진 않지만 무척이나 어렵다. 정확한 기록이 아예 없는 경우가 많고, 전쟁으로 인한 사망을 구분하기 어렵기 때문이다. 전투원이나 지원 병력만 세야 할까? 전쟁 때문에 질병이나 기아로 사망한 사람도 포함해야 할까? 그렇게 하면 1945년 이후 내전 사망자는 최대 2,500만 명, 혹은 그보다 적지만 역시나 놀라운 숫자일 것으로 추정된다. 그리고 폭력을 피해 떠난 수백만 명의 난민도 고려해야 한다.

내전 중에는 평시의 작은 미움이나 적대감이 확대돼 치명적인 것으로 변한다. 기원전 5세기 펠로폰네소스 전쟁 때 그리스 도시국가 케르키라에서 시민들 간에 싸움이 발생했다. 표면적으로는 민주주의 지지자와 그 적의 싸움이었다. 그러나 사실은 "사람들이 개인적인 원한이나 채무 관계 때문에 살해됐다."고 투키디데스는 전한다.

"죽음도 각양각색이었다. 그런 상황에서 종종 그러하듯 사람들은 미쳐 날뛰었다. 아들을 죽이는 아버지들이 있었다. 신전에서 사람들이 질질 끌려나오거나, 제단에서 도륙당했다. 어떤 사람들은 디오니시오스 신전에 갇혀 거기서 죽었다."

내전은 가족이나 친구가 서로 갈라서게 만든다. 때로는 영원히. 랠프 홉튼(1596~1652) 경과 윌리엄 월러(1597?~1668) 경은 17세기 영국 웨스트컨트리 지역의 지주였고 죽마고우 사이였다. 그들은 영국 사회를 양분하던 거대한 종교적 분열에서 둘 다 청교도로 같은 편에 섰고, 같은 교회를 다니고, 같이 의원직에 올랐다. 의회에서도 계속 같은 편으로 활동했다. 두 사람은 1641년 의회가 찰스 1세의 실정에 항의하며 제출한 대간의서(大諫議書)에 찬성표를 던졌다. 하지만 나중에 홉튼은 왕을 지지해야 한다고 느꼈다.

영국이 내전으로 치닫자 오랜 두 친구는 서로 다른 편에 서게 됐다. 1643년 왕당파와 의회주의자들이 웨스트컨트리에서 전투를 벌일 때 홉튼은 윌러에게 만남을 제안했다. 윌러의 답장은 진심 어리면서도 비통했다.

경에게,

자네와 함께한 귀한 경험과 행복했던 우정이 이제 우리 사이에 놓인 거대한 간극을 볼 때 오히려 계륵 같은 처지가 되었구려. 자네를 향한 나의 우정은 분명히 변할 수 없는 것이기에 적대감이 아무리 크다 한들 우리 우정을 해칠 수는 없겠지만, 그럼에도 불구하고 나는 여기서 내가 받드는 대의에 충실해야 함을 밝히는 바이네.

내 마음을 살피시는 위대한 하느님은 내가 얼마나 슬픈 심정으로 이 일을 하고 있으며, 적도 없는 이 전쟁을 얼마나 증오하고 있는지 잘 알고 계실 것이네. 그렇지만 나는 이 일을 하느님의 역사(役事)로 받들기에, 그 이유 하나만으로도 내 안의 모든 감정을 억누를 수 있다네. 때가 되면 평화의 신이 우리에게 평화를 선사하시겠지. 그때까지 우리는 이 비극 속에서 무대에 올라 각자에게 주어진 역할에 충실하세. 서로에게 사적인 미움 없이 명예롭게 그렇게 하세.

결과가 어떻게 판가름 나든, 나는 자네의 가장 절친한 친구라는 칭호를 절대 스스로 버리지는 않을 작정이라네.

그들은 다시 만나지 않았다. 왕당파가 패하고 나서 흡튼은 벨기에 브뤼주로 망명하여 1651년 그곳에서 생을 마감했다. 월러는 당시 수립된 공화정에 결국 환멸을 느껴 왕정복고를 위해 일하다가 1668년에 사망했다. 내전 중에 흡튼과 월러 같은 비극은 부지기수로 많았다.

내전은 평화가 도래해도 쉽게 잊히지 않는다. 최근까지 서로 적이었던 사람들이 다시 함께 살아야 하기 때문이다. 용서가 어려운 데다 패자는 패배를 받아들이기 어려우며 승자는 아량을 베풀기가 쉽지 않다.

내전 중에 저질러진 범죄에 대해 1660년 영국 의회가 통과시킨 사면법은 역사상 매우 드문 사례이다. 물론 오늘날 르완다, 콜롬비아, 북아일랜드, 남아프리카공화국 같은 곳에서는 평화와 화해를 위한 많은 체계적 노력이 이루어지고 있다.

하지만 스페인 프랑코 정권에서 벌어진 일들이 훨씬 일반적이다. 한 역사학자는 그것을 "케케묵은 미개한 평화"라고 불렀다. 프란시스코 프랑코(1892~1975)의 스페인이나 티토의 유고슬라비아에서처럼, 모종의 질서는 회복되지만 양측이 서로에게 가한 야만과 잔학 행위에 대한 쓰라린 기억은 그저 수면 아래 가라앉아 있을 뿐이다. 로마 시인 호라티우스(BC 65~BC 8)는 "잿더미 속에서 서서히 타오르는 불꽃"에 대해 경고했다.

과거사 논란은 지금도 여전히 스페인을 분열시키고 있다. 최근에는 '전몰자의 계곡'에 있는 프랑코 기념물의 처리를 두고 격론이 일기도 했다.

과거에 유고슬라비아에 속했던 지역에서는 아직도 내전의 기억이 생생하기 때문에 1990년대에 벌어진 일을 거론하는 것조차 쉽지 않다.

19세기 중반의 미국 남북 전쟁은 지난 150년 동안 긴 그림자를 드리워서 지금도 남부 연합 깃발 게양이나 남부군 장군 동상 존치 여부, 복잡한 인종차별 정치와 남부 백인들의 사무치는 원한 등으로 논란이 일고 있다.

재치있고 냉소적인 프랑스 총리 조르주 클레망소(1841~1929)는 "평화를 이루는 것은 전쟁을 벌이는 것보다 어렵다."고 말했다. 이는 거의 모든 전쟁에서 진실이다. 전쟁을 벌이는 나라들은 전쟁을 통해 각기 이루려는 바가 무엇이고 어떤 평화를 추구하는지 미리 신중하게 고민하지 않고 너무나 쉽게 적대행위를 시작한다.

독일 군대는 1914년 이전 수년 동안 이미 많은 자원을 동원하고 도상훈련을 거듭하여 상세한 공격 계획을 수립했다. 슐리펜 계획은 유럽 최고의 전략가들이 만든 최고의 작품이었지만, 한 가지 치명적인 결함을 안고 있었다. 그것은 독일이 이웃 프랑스와 러시아를 동시에 공격해야 한다는 것을 전제로 했다. 따라서 전선의 단일화, 방어전 같은 다른 모든 선택지는 배제됐다. 그리고 카를 폰 클라우제비츠가 "마찰"이라 부르고 미국인들이 "머피의 법칙"이라 부르는 요소 또한 고려하지 못했다. 즉 전쟁에서는 모든 것이 틀어질 수 있어서, 최고의 군대가 수행하는 최고의 계획도 빗나갈 수 있다. 무엇보다 위험했던 점은 그것이 전쟁에서의 승리에만 초점을 맞춘 군 수뇌부의 계획이었기에 국민들은 이후에 무슨 일이 벌어질지 거의 가늠할 수 없었다는 것이다.

전쟁에서의 그런 근시안은 생각보다 비일비재하다. 1914년의 독일은 만약 프랑스와 러시아가 강화 조약을 맺을 경우의 전쟁 목적이나 대응 방식을 전혀 준비하지 않았다.

1941년 9월 일본이 미국과의 전쟁으로 치닫던 시기에 일본 왕, 정부 각료, 군 지휘부, 원로 정치인이 참여한 어전회의(御前会議)가 열렸다. 정책을 주도하던 군부가 임박한 전쟁의 목적에 대해 너무나 애매모호한 문건을 제시했다.

"전쟁이 미국 내 여론의 급격한 변화로 인해 끝날 가능성을 배제할 수 없다.…… 어쨌든 우리는 절대 패하지 않을 태세를 갖출 수 있어야 하며…… 한편 우리는 전세의 향방을 돌려 전쟁을 매듭지을 수 있기를 바라 마지않는다."

일본 내각총리대신 도조 히데키(1884~1948, 나중에 전범으로 재판에 회부된 군국주의자)는 곧바로 그 판단에 대해, 눈감고 절벽에서 뛰어내리는 일에 비유했다.

"우리는 거사를 치르기 위한 용기를 발휘해야 할 시점에 있습니다."

아시아인들과 미국인, 일본 민간인은 이런 식의 만용 때문에 크나큰 희생을 치러야 했다.

전쟁을 결정하는 사람들은 대부분 승전하면 어떤 식으로든 마법처럼 모든 문제가 해결될 것이라 여긴다. 1998년 미군은 많은 시간을 들여 사담 후세인을 꺾기 위한 작전을 짰으며, 군사 훈련으로 작전을 검증했다. 그런데 중동 지역을 담당하는 미국 중부군사령부 사령관 앤서니 지니(1943~) 장군은 나중에 이렇게 말했다.

"우리에게 사담 후세인의 군대를 물리칠 작전은 있지만 이라크를 재건할 계획은 없다는 사실이 당시에 불현듯 떠올랐다."

1999년 자신이 기획한 군사 훈련을 지휘하고 나서 그는 이라크 침공군이 엄청난 문제에 봉착하리라는 결론을 내렸다. 이라크는 종파와 민족에 따라 분열하고, 경쟁 세력들이 권력을 두고 서로 싸우고, 미국은 점증하는 적대행위에 직면하리라는 것이었다.

2002년 미국이 이라크를 상대로 전쟁하는 쪽으로 기울면서 불특정 중동 세력을 물리칠 미군의 능력을 확인하는 대규모 최종 군사 훈련이 진행됐다. 훈련에서 미군 쪽은 첨단 전자 장비, 탱크, 비행기, 전함 등에서 분명한 우위를 점하고 있었다. 그런데 훨씬 약한 '적군'의 사령관은 상대의 허를 찔렀다. 그는 무전을 끄고 오토바이로 명령을 전달하도록 했다. 전자 감시 장비에 의존한 상대편은 그의 활동을 파악하기 어려웠다. 그는 고속 모터보트로 자살 폭탄 부대를 운용하여 미군 군함 16척을 '가상으로' 침몰시켰다. 미국 국방부는 훈련을 중지하고 작전을 변경했다. 그래서 침몰된 군함들이 기적처럼 복원됐고, '적군' 사령관은 방공 시스템을 끄고 주요 부대의 위치를 노출하라는 명령을 받았다. 그는 어이없어하며 자기 역할에서 물러났다.

약한 쪽이 강한 쪽을 변칙적인 수단으로 교란하며 대적할 수 있다는 사실을 확인한 이 비대칭 전쟁 훈련은 아프가니스탄이나 이라크에서 연합군에 닥칠 일들에 대한 경고였다. 실제로 연합군은 게릴라의 치고 빠지는 전술에 시달렸다. 게릴라는 안전한 무선 채널로 교신하고 값싼 사제 급조폭발물을 사용했다. 대개 포탄피나 각종 용기에 폭발물과 일반 못 같은 금속을 채워넣고 어린이 장난감 자동차 리모컨이나 차고문 개폐기같이 손쉽게 구할 수 있는 저렴한 장비로 제어했다. 두 나라에서 주둔군 사상자 중 다수는 이런 장치 때문에 발생했다.

게다가 점령군은 탈레반이나 사담 후세인을 몰아낸 후 뚜렷한 목표가 없었다. 그들은 어쩌다 보니 훈련받지도 못한 국가 재건 임무를 떠맡게 됐고, 그것에 대한 명확한 지침도 받지 못했다. 2003년 3월 이라크 침공 및 점령 작전이 개시되기 전에 워싱턴 D.C.에서 단 한 차례의 회의가 열렸을 뿐이다. 2월에 열린 회의도 너무 임박해서 아무 도움이 되지 않았다. 국무부, 국방부, 재무부, CIA 등 각 부처의 수장들이 모인 자리에서 전후 처리 문제가 논의됐다. 국무부에서 1년을 투자하여 방대한 연구를 진행했음에도 불구하고 국방부와 백악관은 그 연구 결과에 일절 관심이 없었으며, 미국의 주요 이라크 전문가들이 승전 후 일어난 일들에 대한 대응 방안을 전혀 알지 못하게 했다.

이라크에서 연합군이 경험한 바와 같이, 전쟁은 자체의 관성을 지녀서 시작하기보다 끝내기가 더 어렵다. 오늘날의 국가들은 '제한전(limited war)'[총력전의 반대 개념]이나 '치안전(police action)'[대게 릴라전]을 거론하며 거기에 그치기를 바란다. 그러나 한번 발을 들이면 헤어나기가 어렵다는 사실을 알게 된다.

승전국이 패전국에 일방적 평화를 강요할 수 있는 결정적 승리를 거두려면 어마어마한 비용이 들 수 있고, 어느 쪽도 원하는 모든 것을 충족하지 못하는 조약을 맺으려 하면 국민은 물론이고 지도층도 설득하기 어려울 수 있다. 아울러 전쟁의 목적은 전쟁 손실(사상자와 전쟁 비용)이 불어나고 복수욕이 불타오르면서 점점 확대되기 마련이다. 정치 지도자들이 정치·사회적 동요를 막기 위해 국민에게 특별한 보상을 약속하려 들기 때문이다.

1차 세계대전 당시 신속한 승리가 점점 가망 없는 것으로 드러나자 참전국 정부들은 외무부, 정치인, 로비 집단 등의 성화에 못 이겨 매우 치밀하고 야심찬 쇼핑 목록을 작성했다. 러시아는 오스만제국으로부터 지중해로 통하는 해협과 흑해를 넘겨받을 생각이었고, 영국과 프랑스는 자기들 몫으로 중동에서 오스만제국 영토를 나눠 가질 계획이었다.

1차 세계대전 개전 후 한 달 동안 치열한 전투에서 거둔 승리에 고무된 독일에서는 외교 전문가인 총리 비서와 테오발트 폰 베트만홀베크(1856~1921) 총리가 '9월 계획'을 작성했다. 그 계획에는 영국과 프랑스의 식민지까지 포함하는 아프리카에서의 거대한 독일제국을, 그리고 영국해협부터 우크라이나와 발칸반도까지 아우르는 유럽 대륙에서의 독일 경제 지배권을 그리는 구상이 담겼다. 1918년 3월 독일이 러시아의 신생 볼셰비키 정부와 체결한 브레스트-리토프스크 조약에서 명확히 알 수 있듯이, 독일의 전쟁 목적은 정치적 패권을 장악하는 것으로 확장됐다. 이 조약으로 러시아는 서부 지역의 거대한 영토를 잃었다. 또한 폴란드, 핀란드, 발트 3국, 우크라이나는 독일이나 오스트리아헝가리제국의 보호국이 됐다.

2002년 나토군은 탈레반 정부를 제거하기 위해 아프가니스탄으로 향했다. 그러나 소규모 지상전에 발목이 잡히면서 그들의 목적은 국가 재건부터 공중보건과 여성 교육에 이르기까지 광범위한 영역으로 확장됐다.

전쟁의 구실은 다양하지만 근본적인 원인은 여러 세기가 지나도 크게 변하지 않았다. 용어는 다를 수 있다. 과거에 명예를 운운하던 국가들이 지금은 위상과 신뢰를 말하는 경향이 있다. 하지만 탐욕, 자기방어, 감정, 이념은 여전히 전쟁의 산파이다.

전쟁의 포괄적 목적과 전략도 그 근본에 있어 크게 변하지 않았다. 육해공에서 상대의 전쟁 수행 능력을 떨어뜨리거나 완전히 파괴하려고 한다. 전략적 목표는 적을 지치게 하는 방어적인 것일 수도 있고, 적국에 쳐들어가 도시와 항구를 포위하거나 산업 기반을 파괴하는 공격적인 것일 수도 있다. 다만 전략적 목표를 성취하기 위한 전쟁 방법인 전술과, 군대가 필요한 물품을 공급받도록 하는 군수는 시대에 따라 변해 왔고 지역에 따라 달랐다. 왜냐하면 각 사회의 조직과 가치관이 변하고 진화할 뿐만 아니라 각 사회마다 가용한 자원과 기술이 다르기 때문이다.

무엇으로, 어떻게 싸우는가?

인간의 마음은 전쟁의 모든 문제가 일어나는 시발점이다.

루이 드 그랑메종 대령

병사 셋에 기관총 하나면 용맹한 군사 한 부대를 막을 수 있다.

1차 세계대전 중 어느 프랑스 장군

레너드 번스타인(1918~1990)의 뮤지컬 「웨스트 사이드 스토리 (West Side Story)」에서 뉴욕 갱단이 노래한다.

한번 제트파는
영원한 제트파라네.
첫 담배부터
마지막 죽는 그날까지.

그런가 하면, 셰익스피어의 희곡 『코리올라누스(*Coriolanus*)』에서 엄한 어머니인 볼룸니아는 전장에 나갔던 아들의 귀환을 축하한다. 그러고는 아들이 전사했더라도 똑같이 자랑스러웠을 것이라고 며느리 버질리아에게 강변한다.

그랬다면 내 아들은 명예롭게 죽은 거지. 나는 그걸 자랑스러워했을 테고. 내 말을 잘 들어보렴. 나는 아들이 열둘이 있었더라도 모두 똑같이 사랑했을 거야. 너와 나의 사랑스러운 마르키우스 [코리올라누스]에게 한 것과 똑같이, 나머지 열하나도 병역을 저버린 채 쾌락에 빠지지 않고 조국을 위해 고귀하게 죽도록 했을 거란 말이다.

어느 시대, 어느 지역에서나 존재했던 이런 사회에서 기성세대들은 젊은 사람들(거의 예외 없이 남자들)에게 규율, 용맹, 결사 의지 등의 가치를 소중히 여기도록 훈육했다. 그래서 그들에게 들려주는 서사시, 그들이 읽는 책과 부르는 노래, 그들이 보는 그림과 조각상을 통해 위대한 전사들을 본받게 했다.

호메로스의 서사시 『일리아스』에서 트로이의 동맹군인 사르페돈은 후세에 겁쟁이라는 소리를 듣지 않으려면 그리스를 공격할 때 최전방에 서라고 부하들에게 다그친다.

1차 세계대전에 참전한 젊은 영국 장교들은 고전을 읽으며 자랐다. 그래서 서부 전선에서 참호전의 실상을 접하기 전까지는 그리스와 로마의 영웅들처럼 싸우고 싶어했다.

중세 유럽에서 음유시인들의 찬가와 멋지게 윤색된 영웅담은 봉건 귀족의 기사도 문화를 형성했다. 『아서 왕과 원탁의 기사들』 같은 전설은 오랜 세월 동안 젊은이들의 피를 들끓게 했다. 란슬롯이나 갈라하드 같은 등장인물은 명예와 덕뿐만 아니라 무예로도 선망받았다.

중세 왕실과 귀족층의 여인들은 자신이 선택한 기사들에게 임명장을 수여하고 무훈을 보상함으로써 기사도 전쟁이라는 신화를 유지하는 데 한몫을 했다. 대체로 기사도는 가장 이기적인 목적을 위해 가장 잔인하게 벌어진 혈전의 실상에 영광과 숭고함이라는 치장을 입맛대로 덧씌우는 수단으로 이용됐다. 정교한 격식과 예의를 갖춰 진행된 마상시합은 전쟁 또는 실전 훈련이나 다름없었다. 1241년 라인강 서쪽 노이스 지방에서 펼쳐진 단 한 번의 마상시합에서만 80명의 기사가 사망했다고 한다. 역사 기록자들은 그 폭력을 옹호했다. 12세기 어느 연대기 기록자는 이렇게 적었다.

"자기 피가 흐르는 걸 보지 못한 사람, 자기 이가 상대의 가격에 부러지는 소리를 듣지 못한 사람, 자기 몸에 적의 온 체중이 실리는 것을 느껴보지 못한 사람은 전투에 적합하지 않다."

19~20세기 영국 명문 사립학교 럭비팀 코치들도 거의 비슷한 말을 했다.

한 나라가 전쟁을 하는 방식과 사용하는 무기는 그 나라의 가치관, 신념, 제도, 문화에 영향을 미치고 다시 영향을 받는다. 그리고 남성 못지않게 여성도 그런 문화를 강화하거나 다음 세대에 전달하는 역할을 한다.

독재적인 국가에서는 고위층이 전쟁 수행을 강제하는 반면, 민주적인 국가에서는 참전 의무가 모든 계층으로 넓게 분산된다. 둘은 전쟁 방식도 크게 다르다. 투키디데스에 따르면, 펠로폰네소스 전쟁 초기에 도시국가 코린토스는 스파르타에 아테네를 경계하라고 전하기 위해 사절단을 보냈다. 사절단은 스파르타인들에게 말했다.

"그대들은 보수적이어서 공격당하기 전까지 뒷짐 지고 기다리지요. 반면에 아테네인들은 과감해서 위험을 감수한답니다. 아테네인들은 승리하면 즉각 계속 밀어붙이고, 패배해도 거의 물러서는 법이 없지요."

그런데 그리스 도시국가들의 밀집대형 군대는 산보다 평지에서 싸우는 것을 선호했고, 싸움은 대개 하루 만에 한쪽이 항복하면서 끝났다.

15~16세기 아스테카인들은 미리 정한 날짜와 장소에서 규칙에 따라 싸우는 일명 '꽃 전쟁'을 벌였다. 전사들은 독특한 의상을 입고 정해진 무기만 사용했다.

18세기 전쟁에서 유럽의 지휘관들은 군대가 줄을 반듯하게 맞춰 싸우게 했고, 검증된 승리 공식을 따르려고 했다. 그 시대에 새로 생겨난 수학에 대한 신뢰가 반영된 풍조였다. 당대의 유능한 지휘관 중 한 명인 모리스 드 삭스(1696~1750)는 이렇게 적었다.

"그 무엇도 운에 맡기지 않고 전쟁을 치를 수 있어야 한다. 이것은 최고의 기량을 지닌 지휘관만이 가능하다."

나폴레옹이 적의 허를 찔러 당황하게 만들 수 있었던 이유 중하나는 그러한 공식을 따르지 않았기 때문이다. 이를테면 군대를 낮이 아니라 밤에 이동시켰고, 대열을 짓지 않고 무질서하게 전장으로 돌진했다.

전쟁을 벌이는 사회 집단은 국가일 수도 있고 민족일 수도 있으며 뉴욕 갱단만큼 아주 작은 집단일 수도 있다. 그중 가장 유명한 사회 집단의 이름은 이제 하나의 수식어가 되어 용기, 검약, 규율과 관련 있는 것에 스파르타식(spartan) 숙소, 스파르타식 생활, 스파르탄 레이스[고강도 장애물 경주] 등과 같이 사용된다. 19~20세기 영국 상류층은 아들을 강인하게 키우기 위해 찬물 샤워, 딱딱한 침상, 체벌, 부실한 급식, 과거 영웅들의 이야기 따위가 특징인 스파르타식 학교에 보내는 것을 자랑으로 여겼다.

고대 스파르타는 역사상 가장 군사화된 사회 중 하나였다. 부적격한 영유아 남자애는 살해됐고, 살아남은 아이는 7세부터 군사 훈련을 받기 위해 가족과 격리됐다. 결혼은 허락됐지만 국가에 대한 충성이 최우선이었고 그 부름에 언제든 응해야 했다. 스파르타 남성들은 죽지 않고 살아 있다면 60세까지 병역을 져야 했다. 스파르타 전사들에게는 전투에서 방패를 잃어버리는 것이 치욕이었기 때문에, 그들의 어머니는 항상 아들에게 방패를 들고 귀가하든가 아니면 죽어서 방패에 실려 오라고 말했다.

근대 초기 유럽에서 자체 선발된 한 명의 지휘관 아래 싸웠던 스위스 용병들과 19세기 미국 군대에 맞서 몸을 던졌던 원주민 수(Sioux)족 전사들은 시공간상 서로 멀리 떨어져 있었다. 하지만 그들 모두는 고난을 견디고 죽음을 두려워하지 않도록 키워졌으며, 선조들의 위용을 들으며 자랐다.

고대 로마인들에게는 용감하게 싸우다가 죽는 것을 숭모하는 전쟁 문화가 있었다. 그런 문화는 후세에 귀감이 됐다. 1세기 유대인 역사가인 플라비우스 요세푸스(37?~100?)는 로마인들에 대해 "그들은 손에 무기를 쥐고 태어난 것처럼 보인다."라고 말했다. 공화정 시대 초기 로마에서 남성 시민은 16년간 병역 의무를 졌으며 최소한 10년을 복무하지 않고서는 공직을 맡을 수 없었다. 전쟁에 용병이나 외국 동맹군을 더 많이 활용했던 제정 시대(BC 27~476)에도 군사적 상징과 언어는 로마 사회에 널리 확산됐다. 공무는 제복을 완벽하게 갖춰 입은 군인들이 대오를 맞춰 수행했다.

부유한 로마인들은 장례 때 전투 장면이 새겨진 석관을 골랐다. 개선장군의 승리를 축하할 때면 로마는 며칠간 완전히 멈추었다. 화려한 구경거리들(이를테면 군대의 행진, 트럼펫 소리, 전리품을 가득 실어 삐걱거리는 수레, 적군 포로, 그리고 당연히 의기양양한 장군)과 무료 축하 연회에 군중이 모여들었다. 포럼[광장]의 대리석판에는 전설적인 로마 건국의 아버지 로물루스와 함께 모든 승전자의 이름이 새겨졌다.

사분오열된 영토를 기적적으로 통합하여 강력한 세력으로 성장한 독일 국가 프로이센은 흔히 북유럽의 스파르타로 일컬어지곤 했다. 프로이센은 효율적인 군대와 군사화된 사회 덕분에 생존하고 번영할 수 있었다. 프로이센은 어쩌다 군대를 보유한 나라가 아니라 나라를 보유한 군대라는 우스갯소리도 있다. 그 군대는 융커(Junker)라는 지주 계급과 그들의 군사 문화에 따라 운영됐다. 융커는 용맹하고 하느님을 경외하고 왕에게 충성해야 했다. 가장 존경받는 직업은 군인이었고, 정부 관료나 법관은 한참 아래였다. 융커의 자녀들 또한 강하게 키워졌으며 불평 없이 고난을 견뎌야 했다. 이런 가문 출신으로 2차 세계대전 후 유명한 언론인이 된 한 여성은 어린 시절 팔이 부러졌는데 몇 주 동안 식구 중 아무도 그것을 눈치채지 못했다고 회상했다. 당시 그녀는 그것을 굳이 밝힐 생각조차 하지 못했다.

나의 대학 친구 중 한 명은 2차 세계대전 당시 동프로이센의

3세기경 로마 시대 석관에 새겨진 부조. 로마군이 무장이 허술한 야만인들을 상대로 승리를 거두는 장면을 담고 있다. 여기서 야만인이란 로마 문명의 일부로 편입되지 않은 사람들을 일컫는 말이다. 자신들의 승리는 군율과 군인 정신에서 비롯된다는 로마인의 보편적 관점이 드러나 있다. 다른 많은 나라들처럼 로마 또한 군인의 덕목과 승전을 추앙하였으므로 부유한 로마인들은 이러한 석관에 안치되는 풍조가 있었다.

가족 영지에서 자랐는데, 그와 어린 남자 사촌들은 할머니로부터 나이프와 포크를 어느 손으로든 자유자재로 사용할 수 있도록 교육받았다고 말한 적이 있다. 할머니는 그들이 자라 군인이 될 것이고 한쪽 팔을 잃게 되더라도 여전히 예의 바르게 식사할 수 있어야 하기 때문이라고 그 이유를 설명했다고 한다.

아일랜드 작가 몰리 킨(1904~1996)의 소설에 잘 묘사된 것처럼, 잉글랜드계 아일랜드 상류층도 신체적 용맹과 죽음을 불사하는 의지에 있어서는 그와 비슷했다. 영국군은 장교를 뽑을 때 그들을 높은 비율로 선발했다.

반면 고대 중국은 훌륭한 장수를 많이 배출하고 많은 전쟁을 치르고 많은 민족을 정복했지만 무(武)보다는 문(文)을 숭상했다(군인보다는 학자가 역사를 기록한 탓도 있는 듯하다.). 전쟁은 떠받들 만한 대단한 것이라기보다 질서와 평정이 무너진 결과로 여겨졌다. 그런 면에서 중국 문학에는 『일리아스』에 상응하는 작품이 없으며, 중국 젊은이들이 본받고자 한 영웅은 태평성대를 이룬 훌륭한 재상이나 현명한 군주였다. 오래전부터 공자(BC 551~BC 479)나 탁월한 군사 전략가인 손무[손자, BC 544?~BC 496?] 같은 중국 사상가들은 국가의 흥망이 덕치나 병법에 달려 있다는 점을 강조했다. 그리고 손무에 따르면, 훌륭한 장수는 싸우지 않고 책략이나 수완으로 전쟁을 승리로 이끄는 사람이다.

중국 사회에서 출세하려면 학자나 시인, 화가가 되는 편이 나았다. 당나라 때부터는 과거를 통해 관직에 나아가는 것이 출셋길로 여겨졌다. 공적이 뛰어난 장수들은 간혹 총애의 표시로 문관의 품계와 복식을 하사받았다. 많은 유럽 국가에서 공훈을 세운 민간 인에게 무공훈장을 수여한 것과 정반대이다.

물론 사회의 가치관은 세월에 따라 변한다. 한때 스웨덴은 군대로 유럽을 벌벌 떨게 만들었지만, 오늘날의 스웨덴은 노벨 평화 상과 국제 중재로 더 잘 알려져 있다. 심리학자 스티븐 핑커는 서구의 많은 국가들이 적어도 18세기부터는 폭력을 자연스럽거나 바람직한 것으로 받아들이지 않게 되었다고 주장한다.

당연한 일이지만, 무를 숭상하는 문화권은 자신들과 같은 가치와 덕목을 지니지 않은 적들을 얕잡아보는 경향이 있다. 그들은 또한 자신들이 지극히 멀리하는 특성을 적들이 지니고 있다며 멸시하기도 한다.

로마인들은 상대편의 용맹이 감탄할 만하더라도 그저 훈련이 부족하고 미개한 것으로 치부했다. 전쟁을 일으키기에는 턱도 없는 하수로 보았다. 먼 훗날 영국이 제국을 이뤘을 때 영국인들도 그러했다.

그리스가 페르시아와 싸울 때, 그리고 로마가 카르타고와 싸울 때, 그리스와 로마는 모두 적들을 무더운 기후에 살아서 게으르고 쾌락만 추구하는 자들로 무시했다. 그리스인들은 페르시아인들이 줏대없고 지나치게 감정적이라고 했다. 또한 로마인들은 아프리카인들이 더위 때문에 혈관에 피가 적어서 부상을 두려워하는 겁쟁이라고 생각했다. 특히 그들에게 골칫거리였던 카르타고인들은 탐욕스러운 거짓말쟁이로 여겼다. 카르타고의 남성들은 헐렁한 가운을 입어서 사내답지 못하고 여성들은 부도덕한 창부라고 말했다.

영국인들은 인도에서 이와 비슷한 전형을 보였다. 그들은 벵골인들이 어휘 선택으로 볼 때 여성처럼 유약하다고 생각했다. 반면 그들은 '호전적인 민족'을 높이 샀다. 구르카족, 파탄인, 쿠르그인 같은 사람들은 선선한 기후에 살아서 적절한 군인 기질을 지녔다는 것이다.

1차 세계대전 당시 호주, 캐나다, 뉴질랜드 등지에 정착한 영국인의 후손들은 지리의 영향으로 영국의 친족에 비해 더 강인해지고 더 냉혹해졌다고 여겨졌다. '덜 문명화'되어 전쟁 수행 능력이 떨어지는 자가 승리하면 그저 어쩌다 생긴 일로 치부됐다. 19세기 중반 뉴질랜드에서 마오리족이 영국군을 무찔렀을 때, 런던의 《타임스》는 "체스에서처럼 간혹 무모한 하수가 고수보다 무서울 수 있다."며 서둘러 해명을 내놓았다.

인간 집단들이 전쟁을 꾀하고 계획을 수립하는 방식에는 지리와 더불어 문화도 영향을 미친다. 섬나라나 해안선이 긴 나라들은 해군력을 잘 알아서 거기에 많은 투자를 했다. 영국의 경우 문자 그대로 상급 군(Senior Service)이라고 불리는 해군이 수세기 동안 육군보다 훨씬 많은 자원을 소모하고 더 높은 지위를 누렸다. 많은 회화와 문학, 영화, 역사서가 위대한 해전(살라미스 해전, 레판토 해전,

트라팔가르 해전, 미드웨이 해전 등)을 기렸다.

해군이 상대편을 무찌를 때 주된 전략적 목표는 바다를 장악하고 그 바다를 가로지르는 주요 해로를 통제해 적이 다니지 못하게 하는 것이다. 오늘날조차도 육로는 인위적이거나 자연적인 요인으로 차단되기 일쑤인데, 도로가 포장되고 철도가 놓이기 전의 옛날에는 얼마나 길이 잘 끊어졌겠는가? 인간이 물에 뜨는 운송 수단을 만들기 시작한 이후로 수로는 사람과 물자를 실어나르는 가장 신뢰할 수 있는 길이 되어 왔다.

해군은 국가, 영해, 국민, 해운을 보위하고 국력을 해외로 확장하기 위해 존재한다. 강력한 해군은 적이 육지나 바다에서 전쟁을 수행하기 어렵게 하거나 불가능하게 만든다. 그러기 위해 적의 해안에 군대를 상륙시키거나, 해상에서 이동하며 총포를 발사하거나, 최근에는 육상 목표물에 화력을 퍼부을 비행기를 싣고다니는 항공모함을 운용하기도 한다. 또한 적 또는 간혹 중립국 선박을 침몰시키거나 나포하고, 항구를 봉쇄하여 군대를 비롯한 필수 전쟁 자원의 이동을 차단함으로써 적의 전쟁 수행 능력을 무력화하기도 한다. 1차 세계대전 이전에 수많은 장교들을 가르친 영국의 유명한 해군 역사학자 줄리언 코벳(1854~1922)은 말했다.

"우리는 해상 국민의 목숨을 바쳐 육상 국민의 목숨을 지킨다. 우리를 필요로 하는 한 언제까지나."

기원전 5세기 아테네는 바다에서 스파르타보다 우위에 있었다. 에게해의 거의 모든 항구를 장악했으며, 함대의 규모가 크고 강해서 적의 선박이 에게해를 건너지 못하게 막을 수 있었다. 스파르타는 이를 잘 알고 페르시아에 해군력 증강을 지원해달라고 요청했다. 그런데 아테네가 시칠리아 원정에서 많은 함선과 병력을 잃은 기원전 415~413년에 이미 전쟁과 해상에서의 우위가 스파르타로 넘어가기 시작했다.

나폴레옹은 유럽 대륙에서는 최강이었지만 단 한 번도 영국 해군을 이긴 적이 없었다. 그 결과 영국은 동맹국에 계속 군수 물자와 지원군을 보낼 수 있었으며, 프랑스 선박을 침몰시키고 프랑스 항구를 봉쇄하여 프랑스 경제에 타격을 줄 수 있었다.

1차 세계대전 때 영국 해군은 독일 해상 봉쇄에 성공했다. 독일군 전쟁 물자로 쓰일 만한 물품은 중립국 선박으로 수송돼도 차단됐다. 봉쇄 효과는 아직도 논쟁거리지만, 어쨌든 독일군 고위 장교들은 그것을 패전의 원인으로 꼽았다. 1928~1943년에 독일 해군을 이끈 참모총장 에리히 레더(1876~1960)는 말했다.

"우리는 결국 해군력에서 패했다. 식량과 원자재를 빼앗겼으며, 봉쇄 때문에 서서히 목이 졸렸다."

미국은 섬나라가 아니다. 그러나 역사적으로 양쪽 대양에 의해 보호됐고 캐나다와 멕시코처럼 훨씬 약한 나라와 이웃해 있었다. 그래서 세계의 다른 강대국들과 동떨어져, 심지어 고립된 수준이었기 때문에 제한된 육군력만 갖춘 것이 나름 합당했다.

반면 20세기 독일의 군사 작전은 서쪽에 프랑스, 동쪽에 러시아(소련)라는 적이 있어 양쪽으로 전선이 형성될 가능성에 중점을 두었다. 이스라엘은 [1948년 건국 이후] 짧은 역사의 대부분 동안 적국들에 둘러싸여 있다는 두려움에 떨었다.

2차 세계대전 전에 영국은 비교적 안전한 섬나라 영토에서 독일의 기반 시설과 도시들을 향해 출격할 장거리 전폭기를 개발하는 데 집중 투자할 수 있었다. 반면 독일은 적들의 공격에 맞서 지상군을 지원할 방안을 마련해야 했다. 그래서 독일은 장거리보다 단거리에서 신속하게 기동해 적군에 폭격과 기총소사가 가능한 비행기를 선호했으며, 이는 2차 세계대전 개전기에 전격전(blitzkrieg)을 벌이는 데 큰 도움이 됐다.

과거의 전쟁 경험은 향후의 전쟁 계획뿐만 아니라 전쟁에 대한 사고방식도 변화시킬 수 있다. 17세기 30년 전쟁의 공포는 18세기 유럽인들에게 영향을 미쳐 전쟁을 가급적 자제하고 민간인들을 함부로 대하지 않게 했다. 그 전의 종교는 잔학 행위를 야기했지만 더 이상 그런 추동력으로 작용하지 않았다. 아울러 병사 한 명을 양성하는 데 드는 비용이 높아졌기 때문에 지휘관이 병사에게 위험을 부담시킬 때 더 신중해졌다. 1차 세계대전 이후 프랑스는 병사들을 더 이상 희생시켜서는 안 되겠다고 판단하여(프랑스는 세르비아를 제외한 참전국 중 징집 연령 남성의 희생 비율이 가장 높았다.) 마지노선 구축이라는 대규모 토목 공사로 대표되는 방어 전략을 수립했다. 그리고 프랑스와 영국 모두 인명 희생을 피하고자 하는 의지가 강했기 때문에 1930년대에 독재 국가들에 유화정책을 펼 수밖에 없었다.

오랫동안 서구에서 전부는 아니지만 상당수의 전쟁 전략이 적을 굴복시킬 결정적 승리 방안을 모색하는 데 있어 그리스가 페르시아를 물리친 예, 또는 포에니 전쟁 중 칸나에 전투의 예에 전거를 두었다. 한니발 장군이 로마군을 물리친 칸나에 전투는 가장 빈번하게 거론됐다. 하지만 그 전투는 잘못 해석되기 십상이었다. 한니발이 탁월한 포위 작전으로 전투에 이긴 것은 맞다. 하지만 카르타고군이 전쟁에서 패한 것은 결국 로마군이 더 오래 버텼기 때문이다. 그리고 나중에 카르타고가 치른 대가는 너무나 컸다. 로마군은 카르타고의 도시들을 파괴하고 밭에 소금을 뿌렸다.

1805년 넬슨 제독이 프랑스와 스페인의 연합 함대를 격파한 트라팔가르 해전의 기억은 수십 년간 영국 해군 전략을 지배했다. 그래서 해군의 기본 역할은 적 함대를 찾아내 격파하는 것이라는 생각이 미국의 군사 이론가 앨프리드 머핸(1840~1914) 제독이 주창한 유명한 해군 전략의 핵심이 되었다.

1942년 일본이 미국을 미드웨이 해전(결국 일본이 막대한 손실을 입으며 패한 전투)에 끌어들일 때, 그들은 1905년 대한해협에서 러시아를 상대로 거둔 대승을 재현하려고 애썼다.

나폴레옹은 유럽에서 자신의 패권을 공고히 해줄 결전을 향해 계속 진격했고, 그것은 워털루에서 최후의 패배를 당할 때까지 이어졌다. 하지만 설령 나폴레옹이 워털루 전투에서 승리했더라도 전쟁을 지속할 수는 없었다. 대(對)프랑스 동맹군이 프랑스를 녹초로 만들었기 때문이다.

1905~1906년 독일군은 일련의 전투로 프랑스군을 물리치고 40일 내에 파리를 포위한다는 슐리펜 계획을 수립했다. 당시 독일 정치 지도자들은 그 작전에 순순히 동조했다. [프로이센-프랑스 전쟁이 일어난] 1870년 독일이 스당에서 대승을 거둔 후에도 싸움을 멈추지 않았던 프랑스지만 이번에는 항복하리라 생각했다. 슐리펜 계획에 비판적이었던 몇 안 되는 독일군 장성 중 한 명은 "강대국의 군사력이 그리 손쉽게 제압될 리 없다."고 말했다.

기원전 6세기 중국의 손무는 최소한의 희생으로 상대를 정복하는 것이 좋다고 말했다.

"상대의 군대를 보전하는 것이 최선이고, 파괴하는 것은 차선이다."

그래서 손무 후대의 왕조들은 북방 기마 민족을 장벽과 회유로 막았고 군사력은 최후의 수단이었다. 19세기 영국은 1차 영국-아프가니스탄 전쟁(1839~1842)에서 충격적인 패배를 당하고 나서 그와 비슷한 전략이 아프가니스탄에 적합하다는 것을 깨달았다.

그리고 소모전으로 승리가 결정된 예들도 많다. 영국이 해군력으로 으레 그랬듯이 적의 보급선을 차단할 수도 있고, 나폴레옹이 스페인을 침공했을 당시 스페인 비정규군이 한 것처럼 전투를 피하면서 끊임없이 적을 괴롭힐 수도 있고, 러시아가 19세기 나폴레옹 전쟁과 20세기 독일의 침략에 맞서 한 것처럼 초토화 정책으로 적의 모든 유지 기반을 파괴할 수도 있다. 1차 세계대전 때 양 진영의 모든 군사 전략가들은 승부를 가를 결전을 학수고대했다.

하지만 그들에게 다가온 것은 서로 상대방이 쓰러질 때까지 공격을 가하는 악전고투의 연속이었다.

승부를 가르는 결전이 매력적이긴 하지만, 서구에서는 적의 전력을 소모시켜 이기기 위해 자연 장애물(이를테면 스위스의 산맥이나 네덜란드의 수로)이나 '하드리아누스의 방벽' 같은 장벽, 성, 요새 따위를 이용하거나 방어전을 벌여온 오랜 전통과 경험이 있다.

2차 포에니 전쟁 때 한니발과 맞서기 위해 로마는 파비우스 막시무스(BC 280?~BC 203) 장군을 출전시켰다. 그런데 파비우스는 전투를 피하면서, 본진과 떨어진 적군을 공격하고 보급선을 차단하여 카르타고군을 약화시켰다.

18세기의 탁월한 지휘관 모리스 드 삭스는 전투를 벌이는 것 못지않게 전투를 피하는 것으로도 유명했다. 예를 들면 1741년 그는 적 수비대가 무슨 일이 벌어지는지 알아차리기도 전에 야음을 틈타 프라하를 점령해버렸다.

나폴레옹의 가장 경제적인 대승 중 하나는 상대편의 허를 찔러 프랑스군 손실은 별로 없이 5~6만 명에 이르는 모든 오스트리아 적군을 사로잡은 1805년 울름 전투에서의 승리이다.

나폴레옹이 전쟁에서 승리에 이르는 공식을 찾기 위해 과거의 작전을 연구했듯이, 그의 작전은 이후에 계속 연구되어 왔다. 전쟁은 중차대한 일이고, 그로 인한 파급력 또한 너무나 크기 때문에 다양한 문화권에서 많은 위대한 사상가들이 승리를 위한 완벽한 법칙을 만들어내려고 골몰했다. 로마는 그리스의 전쟁을 연구했고, 르네상스 시대 유럽은 그리스와 로마의 전쟁을 재발견했으며, 마찬가지로 현대의 군사 대학들도 과거의 주요 전투를 계속 연구하고 있다.

4세기 로마의 군사 저술가 베게티우스의 『군사학 논고』는 율리우스 카이사르(BC 100~BC 44) 같은 위대한 로마 장군들의 저작을 참고하여 집필된 것으로, 지도력과 훈련, 전술 등에 대한 여러 조언으로 가득하다. 이 책은 지금은 거의 잊혔지만, 19세기에 카를 폰 클라우제비츠의 『전쟁론』(1832)이 그 자리를 대신하기 전까지 서구에서 가장 널리 읽힌 군사 연구서이다.

베게티우스를 철저히 연구했을뿐더러 전쟁에 대한 방대한 저작을 남긴 이탈리아 정치철학자 니콜로 마키아벨리(1469~1527)는 과거의 예를 참고하는 것이 얼마나 중요한지 밝혔다.

"군주는 역사를 알아야 한다. 위인들의 행적을 연구하여 그들이 전쟁 중에 어떻게 처신했는지 이해하고 그들이 승리하거나 패배한 요인을 알고 나면, 승리는 모방하고 패배는 피할 수 있다."

이렇듯 전쟁에서 승패를 결정하는 핵심 원리를 찾기 위해 과거를 샅샅이 살펴본 덕분에 유용한 조언을 얻기도 했지만, 그다지 쓸모없는 목록이 만들어지기도 했다. 19세기 후반 프랑스의 군사 전문가들은 그 핵심 원리가 24개인지 41개인지를 두고 논쟁을 벌이느라 시간과 노력을 허비했다.

중국의 유명한 고전 『손자병법』에서 손무는 몇 가지 준칙을 제시했으며, 이는 후세에 면밀히 연구되었다. 그중 유명한 항목으로 "적을 알고 나를 알면 백 번을 싸워도 위태롭지 않다.", "싸워야 할 때와 싸우지 말아야 할 때를 알면 승리한다." 등이 있다. 그는 또한 전쟁 계획 수립부터 유리한 전투 지형 선정에 이르기까지 전쟁의 다양한 단계별 구체적 조언을 제시했다. 거기에는 작전 유형과 환경, 핵심 고려 사항 등도 열거되어 있다.

『손자병법』은 진시황부터 마오쩌둥까지, 중국을 비롯한 아시아 지도자들에게 전쟁을 승리로 이끄는 안내서였다. 1950년대 프랑스와의 전쟁, 그리고 미국과의 10년간 전쟁을 모두 승리로 이끈 베트남 전략가 보응우옌잡(1911~2013)도 『손자병법』을 탐독했다. 마찬가지로 수많은 서구 비즈니스맨들은 『성공적인 비즈니스를 위한 손자병법 완벽 가이드: 고객을 사로잡고 경쟁에서 이기려면 손자병법의 고전 법칙을 활용하라』나, 『여성을 위한 손자병법: 직장에서의 성공을 위한 손무의 고전 전략과 지혜』 같은 책을 탐독한다. 그들은 "전쟁은 속임수다(兵者詭道也)."라는 주장이나, 승리를 위한 강한 리더십의 중요성을 말하는 구절에 매혹되는 듯하다. 『손자병법』은 분량이 많지 않을뿐더러 간결한 경구로 구성되어 있다는 점도 인기의 비결이다.

아무리 유능하고 강한 지도자라 하더라도 한정된 전쟁 수단과 자원밖에 활용할 수 없으며, 그 수단과 자원은 사회와 문화에 따라 다르다. 사회 변화와 기술 변화는 서로 너무나 얽혀 있어서 주종을 가릴 수 없지만, 어떤 사회는 발명과 혁신을 주도하는 반면 어떤 사회는 새로운 무기와 기술을 천천히 수용하거나 아예 받아들이지 않는다.

근대 초기 유럽의 과학기술 혁명 덕분에 서구 전체는 당시 쇠퇴하고 있던 세계 다른 지역보다 우위를 점하게 됐다. 인도, 중국, 오스만제국은 16세기까지만 해도 유럽에 뒤지지 않을 만큼 부강했으며 인쇄술부터 화약까지 앞선 기술을 보유했다. 하지만 그들은 이미 알고 있는 것에서 더 나아가지 못했다. 역사가들은 그 원인에 대해 계속 논쟁을 벌이고 있지만, 유럽이 기술적 우위 덕분에 세계의 다른 많은 지역까지 진출해서 점령할 수 있었다는 데에는 이견이 없다.

기술이 얼마나 많은 차이를 낳았는지는 그것이 어떻게 이용됐는지, 또는 그것이 이용됐는지 이용되지 않았는지 여부에 달려 있다. 영국은 탱크를 최초로 이용했다. 1차 세계대전 중에 보병의 공격을 지원하는 이동식 포대(砲臺)로 개발한 탱크를 실전에 배치했다. 그런데 탱크가 보병보다 앞서 나가면서 적의 대열에 구멍을 낼 수 있다는 사실은 좀더 나중에 깨달았다.

한 그리스인은 서기 1세기에 증기 터빈을 발명했다. 하지만 재미있는 장난감이었을 뿐, 그 이상의 활용으로 이어지지는 못했다. 노예를 포함하여 값싼 노동력이 널렸는데 뭐하러 굳이 증기 동력 기계를 만들겠는가?

어떤 발명품은 한동안 사용되다가 버려졌다. 네이팜탄의 효시라고 할 수 있는 무시무시한 '그리스의 불'이 그 예이다. 7세기 비잔틴제국에서 처음 사용된 그리스의 불은 긴 관에서 뿜어져나와 수면에서도 타올랐는데, 13세기경에 자취를 감추었다. 이 무기의 비밀은 철저히 지켜졌기 때문에 결국 사라지고 말았다.

예나 지금이나 전쟁에서의 기술 개발이란 새로운 장치나 발명품과 그에 대응하는 수단 간의 경합이다. 고대에 갑옷은 쇠창, 칼, 화살에 대응하여 개발됐다. 고대 국가들(유럽에서는 특히 그리스와 로마)은 기마병에 대한 대응으로 보병대와 방어 시설을 만들어냈다. 하지만 19세기까지도 기병과 보병은 엎치락뒤치락하며 서로 우위를 다퉜다. 한때는 전차[전투용 마차]를 탄 전사들이 파죽지세로 내달렸지만, 곧 전차에 대한 대응으로 궁수와 보병대를 활용하는 방법이 개발되었다. 20세기 초에 기관총과 연발 소총이 출현해 전 세계 군대가 수비전으로 돌아섰지만, 새로운 기술(이를테면 탱크, 비행기, 독가스 등)과 전술을 개발한 강대국들은 다시 공격전으로 전환했다. 오늘날 세계 각국은 사이버전 같은 새롭게 커져가는 위협에 대응할 방법을 찾느라 고심하고 있다.

과거 세대가 새로운 기술에 대응하려고 고생스러운 경험을 통해 터득한 것들이 사라진 경우에는 현 세대가 대응 기술과 전술을 다시 개발해야 한다. 창과 활로 무장한 기병은 등장하자마자 보병을 압도했다. 하지만 고대 그리스인들은 잘 훈련된 보병의 밀집대형으로 기병에 맞서는 법을 서서히 터득했다. 많은 창으로 무장한 여러 줄의 빽빽한 보병 집단은 돌진하던 말과 기병에게 치명적인 장애물이었다. 오랜 세월이 흐른 후 유럽의 군대는 갑옷 입은 기사들에 대응하여 보병과 궁수를 고대 그리스군과 유사한 대형으로 활용하는 법을 완전히 다시 익혀야 했다.

로마인들은 도로 건설에 매우 능했다. 지중해 주변에 무려 89,000킬로미터의 도로를 건설했다(그중 상당 부분은 아직도 남아 있다.). 유럽과 소아시아에서 그들의 후손은 길이 서서히 허물어지고 풀이 자라도 그 길을 계속 이용했다. 하지만 수세기가 흐르는 사이 후손들은 길을 새로 닦는 데 필요한 지식과 능력을 잃어버렸다.

그리스의 위대한 수학자 아르키메데스(BC 287?~BC 212?)는 로마 갤리선에서 800킬로그램짜리 바위를 발사할 수 있는 초대형 투석기를 발명했지만, 이후 몇 세기 동안 그와 유사한 기계가 만들어진 적이 없다.

로마인들도 요새를 짓거나 무너뜨렸다. 하지만 중세 유럽인들은 그 방법을 다시 터득해야 했다.

미군은 베트남 전쟁에서의 쓰라린 경험 이후 다시는 반군과의 내전에 개입하지 않기로 했다. 그래서 군사 교육 과정에서 게릴라전과 대응 전술에 관한 과목을 아예 빼버렸고, 그 주제에 관한 교과서는 절판됐다. 하지만 아프가니스탄 전쟁과 이라크 전쟁을 치르면서 미군은 모든 것을 다시 시작해야 했다.

과거에 기술과 전쟁에서의 변화는 느리게 단속적으로 진행됐다. 전술은 시대와 집단에 따라 달라졌지만 칼, 갑옷, 창, 활과 화살은 근대 초기까지 지상전에서의 주력 무기였다. 알렉산드로스 대왕이 입었던 갑옷은 수세기 전 트로이 전쟁에서도 사용됐고, 그리스군과 로마군이 사용한 무기는 중세 유럽의 군인들도 잘 사용했다. 고대 인도와 중국의 무기도 그러했다. 고대 그리스부터 베네치아공화국에 이르기까지 오랫동안 해군은 노를 동력으로 하는 갤리선에 의존했다.

1800년 이전의 역사에서 전쟁과 사회에 중대한 변화를 가져온 획기적인 것으로 3가지를 꼽을 수 있다. 석제 무기 대신 청동과 철로 만든 금속 무기의 사용, 전사의 기동력을 비약적으로 향상시킨 말의 가축화, 그리고 육지와 바다에서의 전쟁을 변화시킨 화약 무기의 사용(16세기에 유럽인들이 들여오기 전까지는 아메리카 대륙에 말이 없었고, 호주 대륙에서 금속 무기가 만들어진 적이 없었다. 모든 인간 사회가 동시에 변화를 겪은 것은 아니다.). 물론 3가지 각각과 관련하여 기술과 사회 모두에 다른 많은 일들이 함께 일어나고 있었다. 금속 무기 자체는 변화의 일부일 뿐이다. 사회는 그것을 활용할 군대와 기반 시설을 만들어야 했다. 말은 바퀴 달린 전차를 끌거나 무사를 태우고 달림으로써 더 가공할 무기가 됐다. 화약 사용에는 다른 중요한 발전도 따랐다. 이를테면, 총을 쏠 때 총열이 파열하지 않게 하는 야금술이 발전했고, 새로운 대포를 이용하기 위한 조선술과 항해술도 발달했다.

가장 오래된 무기는 창과 칼, 그리고 단단한 부싯돌 촉을 단 화살과 활이었으며, 인류의 무기 역사에서 처음 천 년 동안 거의 변화가 없었다. 이런 무기는 동물 사냥에는 물론이고 인간에게도 사용됐다. 그러다가 점점 인간은 서로를 죽이는 용도로만 사용하는 도구를 만들기 시작했다. 사회 집단마다 다양한 개량이 이루어졌다. 예를 들면 창은 찌르는 용도나 던지는 용도로 특화되었다. 하지만 기본 구조는 시대와 장소를 불문하고 거의 동일했다.

그런데 무기의 재료가 점차 변하면서 전쟁이 전례 없이 더 치명적인 단계로 접어들었다. 어느 순간, 아마도 기원전 2000년경으로 추정되는 시기에 어떤 집단이 목재 단일궁이 아닌 합성궁을 만드는 방법을 개발했다. 이제 궁수는 화살을 더 강하게 더 멀리쏠 수 있게 됐다. 이는 사회 집단별로 시간차를 두고 진척되었으며 (어떤 집단에서는 전혀 진척이 없었지만) 금속 무기의 출현과 더불어 전쟁의 치명성이 훨씬 심각한 수준에 이르렀다.

청동기 시대의 초기 금속 무기는 중동 지역에서 기원전 4000년경에 출현했다(인도, 중국, 유럽에서는 더 나중에 나타났다.). 그런데 청동이 점점 귀해지자 결국 기원전 2000년경에 더 단단한 철을 사용하게 됐다. 그 후 철은 어느 시기에 훨씬 더 효율적인 강철로 대체됐다.

말의 가축화는 금속 이용이 전쟁과 인간 사회에 끼친 영향만큼이나 중대한 것이었으며, 그 영향은 최근까지 이어졌다(마지막 기병대 출전은 아마 2001년 아프가니스탄에서 있었던 것으로 보인다.). 말은 통신, 사람과 물자의 이동, 전쟁 수행 등에서 완전히 새로운 수단이었다. 말은 전차를 끌거나 궁수와 무사를 태우고 다녔으며, 그로인해 군대나 국가의 세력과 영역이 확장됐다.

기원전 2000년경 가축화되어 중앙아시아에서 수레를 끌던 작은 말이 서쪽으로 전파됐다. 금속 무기와 합성궁으로 무장한 전사들이 탄 전차를 말이 끄는 이 신기술의 강점은 너무나 컸기 때문에 각국은 앞다투어 투자를 했고, 뒤처진 많은 나라들은 망할 수밖에 없었다. 아시리아와 이집트는 수천 대의 전차를 전쟁터에 동원할 수 있었다. 말은, 더 정확하게 말하자면 말의 효과적인 이용은 직업 전사 계급이 있는 강한 국가를 등장시켰고, 강력한 통치자들은 그들을 이용해 제국을 더욱 확장했다.

그런데 기원전 1200년경 전차는 갑자기 전쟁 도구로서의 위력을 상실했다. 일부 역사학자들은 보병이 새롭고 더 강한 금속 무기를 갖게 됐거나, 유라시아 대초원 이북 지역에서 기마 전사들이 전차를 압도했기 때문인 것으로 추측한다. 이후 서구에서 로마가 멸망할 때까지 오랫동안 유라시아 지역의 전쟁과 사회에서는 보병이 우위를 점하고 기병은 보조 역할을 했다. 그리스와 로마는 보병으로 어마어마한 전승을 거뒀다. 그러나 4세기 들어 로마가 무너질 무렵 로마의 정예 보병 군단은 서서히 사라지고 훈족 같은 외부 침략자나 지방 세력가들의 기병이 득세하기 시작했다.

말에 탄 사람이 두 발을 디딜 수 있게 안장 양쪽에 매단 등자[발걸이]는 사소해 보이지만 굉장한 혁신이어서 기병의 전력이 엄청나게 향상됐다. 초기 기병들처럼 등자 없이 말의 맨등에(또는 발걸이 없는 높은 의자에) 앉아 보면 다리가 얼마나 피곤한지 알 수 있다. 그러면 갑옷을 비롯해 몸에 지닐 수 있는 무게에도 한계가 생긴다. 등자가 개발됨으로써 처음에는 인도와 중국에서, 그리고 천

년 후인 8세기에는 유럽에서 오늘날 우리가 그림이나 소설, 영화에서 흔히 보는 멋진 갑옷을 입은 기마 전사가 나타날 수 있었다. 하지만 그들도 보병이 다시 득세하면서 곧 사라질 운명이었다.

넓은 의미의 문화와 기술은 전쟁과 너무나 상호의존적이어서 어느 것이 다른 것을 추동하는지 말하기가 어렵다. 전쟁이 일어나면 기술 개발을 강행하기도 하지만 이미 개발된 것을 응용하기도 한다. 고대인들은 와인과 올리브유를 짜는 데 지렛대를 이용했다. 로마인들은 그것을 투석기로 개조해 적의 군사, 배, 요새에 바위를 투척했다.

중세 기술자들은 교회 종을 주조하기 위해 고급 야금술을 터득했고, 그 기술은 총포를 개량하는 데 활용됐다.

스웨덴의 화학자 겸 기업가인 알프레드 노벨(1833~1896)은 광산에서 쓸 다이너마이트를 발명했다. 이것은 곧바로 전용되어 모든 총포의 성능을 크게 향상시켰다.

19세기 후반 미국의 농부들은 가축 우리를 만드는 데 철조망을 이용했다. 그런데 1차 세계대전 때 참호 앞에 쳐놓은 철조망은 방어력에 큰 기여를 했다.

1차 세계대전 때 서부 전선 진흙벌에서 이동할 수 있게 개량되어 처음 실전에 투입된 탱크는 둥근 바퀴 대신 트랙터용으로 개발된 무한궤도를 이용했다.

알베르트 아인슈타인(1879~1955)과 동료 물리학자들은 원자핵분열 이론을 정립하여, 핵분열이 일어나면 막대한 에너지가 방출

될 것임을 논문으로 증명했다. 하지만 그것은 실험으로 검증할 방법이 없어 2차 세계대전 전까지 가설에 머물렀다. 적들과의 역사적인 대결에서 승리를 거머쥘 방법을 모색하던 영국과 특히 미국은 막대한 자원을 동원해 우라늄을 정제하고 최초로 원자폭탄을 제작해 핵실험에 성공했다. 이 맨해튼 프로젝트에는 200억 달러 이상이 소요된 것으로 추정된다. 그것은 2차 세계대전 중에 미국이 소형 화기에 지출한 총비용과 맞먹는다.

기술 이용 방식은 일면 사회의 가치관과 조직에 따라 다른데, 그 가치관과 조직은 시간의 흐름에 따라 변한다. 희소한 역사 자료와 현대의 유사 사회 집단에 대한 관찰연구에서 나온 근거로 추정컨대, 고대 수렵채집인 조상들은 그다지 조직화되지 못하고 서로 대등하게 살면서 싸웠다. 농경이 시작되면서 나타난 더 강하고 복잡한 정치·사회 집단들은 특화된 장비, 훈련, 지휘 계통, 방어 시설 등으로 더욱 체계적인 형태의 전쟁을 벌였다. 기원전 8000년경 예리코[예루살렘 북동쪽 고대 도시]에 최초의 방벽이 세워졌다. 기원전 3000년경 수메르와 우르 같은 초기 문명 국가에서 군인들은 매우 조직적인 대형을 갖추고 청동 촉이 달린 무기로 전투를 벌였다.

권력을 중앙의 소수에게 집중시키고 그 힘을 이용하여 더 많은 권력, 영토, 전리품을 획득한 강한 국가는 아주 오래전부터 있었다. 아시리아제국은 기원전 7세기 전성기에 오늘날의 수단부터 튀르키예[터키]까지, 그리고 지중해부터 이란까지 걸쳐 있었다. 왕은 자신의 권력을 신으로부터 받은 것이라고 주장하며 전쟁에서의 승리를 그 증거로 내세웠다. 영국 시인 조지 고든 바이런(1788~824)이 "아시리아인들은 양떼를 덮치는 늑대처럼 들이닥쳤노니"라고 읊은 것은 전혀 상상 속의 이야기가 아니었다.

아시리아는 전쟁을 위해 잘 조직화된 국가였다. 아시리아는 보병부터 궁수와 기병까지 분화된 부대로 상비군을 두었다. 그들은 도로망 덕분에 신속하게 이동할 수 있었고, 제국 도처에 설치한 병참 기지로 군수를 지원했다. 또한 아시리아에는 국영 군수 공장에서 필수 장비를 생산하고 병참 기지에서 재고를 비축했다가 병력과 가축에 식량을 보급하는 것을 총괄하는 별도의 관리 부대도 있었다.

로마는 도로와 항구로 유명한데, 그것들은 군대와 장비를 적재적소에 보내는 탁월한 병참술의 토대가 되었다. 서기 73년 마사다 포위 작전 때 로마는 무려 15,000명이 몇 주 동안 물 없는 사막에서 지낼 수 있게 했다.

이러한 계급 사회에서 전쟁은 태양왕 루이 14세나 아우구스투스 황제 같은 단일 통치자 또는 상류 계급의 책무이자 특권이었으며 오늘날에도 마찬가지다. 셰익스피어의 희곡 『헨리 5세』에서 아쟁쿠르 전쟁을 앞두고 대화하는 병사들은 전쟁이 왕의 소관임을 알고 있다[4막 1장]. 한 병사가 이렇게 말한다.

"우리는 그냥 왕의 신하임을 알기만 하면 돼요. 그러면 설령 왕의 대의에 잘못이 있더라도, 왕에게 복종한 우리가 저지른 죄는

죄가 아니에요."

그런데 국가가 전쟁을 결정함에 있어 역시나 오래된 다른 방식도 있었다. 그리스의 도시국가에서는 전쟁을 벌일지 여부를 놓고 시민들이 투표를 했고, 로마 공화정에서는 원로원이 결정했다. 우리가 이해하는 방식의 민주주의적 결정은 아니었지만 최소한 일부 시민들의 참여가 있었다. 이는 다시 말해 시민들에게 국가를 방어할 의무가 있었음을 의미한다.

기원전 6세기 이후로 고대 그리스의 고도로 조직화된 각 도시국가에 속한 부농과 장인(匠人)은 재산을 보유한 자로서 국가 수호를 위해 싸울 의무가 있었으며, 기꺼이 그래야 한다고 생각했다. 그러나 다른 그리스 도시국가들에 비해 정치적 발전이 더뎠던 테살리아는 예외였다. 그곳에서는 봉건적 귀족들이 정치를 장악했으며 보병 전투보다는 마상 전투를 선호했다. 그리스의 전형적인 도시국가, 즉 폴리스(polis)는 어쨌든 자유민들의 공동체였으며 뜨거운 충성심으로 충만했다.

적어도 300년 동안 그리스의 전쟁에서는 청동 갑옷을 입고 창과 칼로 무장한 두 진영의 군사들이 밀집대형을 이뤄 서로를 향해 진격했다. 그리스 군사들은 일사불란한 움직임을 펼치기 위해 무수한 훈련과 연습을 했을 것이다(페르시아인들은 그것을 경멸조로 무용과 체조라고 불렀다.). 또한 거기에는 서로를 단결시키는 규율과 연대감도 중요한 역할을 했을 것이다. 중무장 보병은 자신뿐만 아니라 인접한 병사들을 위해서도 싸웠다. 같은 열에서 그들 각자가 왼손에 들었던 방패는 옆의 병사를 지켜주었다. 그리스 철학자 플루타르코스(46?~119?)는 『모랄리아』에서 말했다.

"전사는 자신을 위해 투구와 흉갑을 착용하고, 같은 대열의 전우를 위해 방패를 든다."

서로 적대 관계인 그리스 도시국가 군대들끼리 맞붙었을 때 그들은 한데 뒤엉켜 이전투구를 벌였다. 대개는 밀집대형이 깨지는 쪽이 도망치다가 죽임을 당해 큰 인명 피해를 입었다. 기원전 5세기에 대군을 이끌고 그리스를 침략했던 페르시아의 장군 마르도니우스(?~BC 479)는 왕인 크세르크세스 1세(BC 518?~BC 465)에게 그리스인들은 "괴상하고 멍청한 방식으로 우스꽝스럽게" 서로 싸운다고 험담했다고 한다. 페르시아는 그리스의 전쟁 방식이 적에게 어떤 피해를 입힐 수 있는지, 나중에 엄청난 대가를 치르고서야 알게 됐다. 기원전 490년 마라톤 결전에서 그리스군은 두 배나 되는 페르시아군과 맞서 싸웠다. 그리스군의 중무장 보병들은 페르시아군의 공격을 이겨내고 적의 전열을 무너뜨렸다. 그리스 역사가 헤로도토스(BC 484?~BC 425)의 주장에 따르면, 6,400여 구의 페르시아군 시신이 들판을 뒤덮었던 반면, 그리스군은 203명밖에 희생되지 않았다.

오랜 세월이 흐른 후 중세 기사들도 스위스의 밀집대형 보병과의 전투에서 비슷한 교훈을 얻었다. 스위스 보병도 고대 그리스 중무장 보병과 마찬가지로 자기 자신과 서로를 위해 싸웠다. 우리는 오늘날 다채로운 색상의 르네상스식 제복을 입고 바티칸에서 보초를 서는 스위스 출신 근위병을 멋진 특파 부대쯤으로 여긴다. 그리고 스위스를 평화롭고 전원적인 나라, 고급 초콜릿과 신뢰도 높은 은행의 나라, 또는 영화 「제3의 사나이(The Third Man)」(1949)에서 주인공 해리 라임이 비아냥거리듯 말한 뻐꾸기시계의 고향쯤으로 여긴다. 하지만 1515년 9월 마리냐노 전투에서 전열이 무너지며 참패하기 전까지 약 200년간, 무시무시한 석궁으로 무장한 궁수들의 엄호를 받으며 장창을 들고 빼곡히 늘어선 스위스 보병의 밀집대형은 유럽에서 공포 그 자체였다. 누구든 그들을 고용할 수 있다면 승리는 따 놓은 당상이었다. "돈 없으면 스위스도 없다"는 말도 있었다[스위스 용병은 보수를 받지 못하면 절대 싸우지 않았다.].

17세기에 30년 전쟁이 벌어진 유럽에서, 1990년대 유고슬라비아에서, 그리고 오늘날 이라크에서 그랬던 것처럼 강력한 중앙정부가 무너지면 권력이 아래로 흩어진다. 그래서 힘과 무자비함으로 추종자들을 끌어모으고 오로지 착취만 일삼는 자들의 손에 들어간다.

4세기에 서구의 로마제국이 몰락하면서 유럽의 권력은 점차 지방 세력가들에게 넘어갔다. 그들의 부와 지위는 땅과 그것을 지킬 능력에 달렸기 때문에 이웃 세력가들이나 침략자들에 대항하기 위해 무장 가신을 거느렸다.

그런 많은 사병(私兵) 중 기병의 숫자가 점점 늘어났으며 무사와 말을 보호하기 위해 갑옷을 이용했다. 하지만 로마의 도로 체계가 상당 부분 붕괴되어 물류가 원활하지 않고 무장 비용이 비쌌기 때문에 기병의 규모는 비교적 작을 수밖에 없었다. 기사 한 명을 무장시키고 유지하려면 1.2~1.8제곱킬로미터에 달하는 비옥한 농장이 필요했던 것으로 추정된다. 그런데 시간이 지나면서 기사와 말에 착용하는 갑옷이 더 화려하고 무거워지면서 기동력이 많이 떨어져 보병들의 새로운 무기와 전술에 매우 취약해졌다. 기사들은 낙마하면 마치 뒤집힌 거북처럼 버둥거렸다. 일부 역사가들은 중세 기사들을 20세기 대규모 전함이나 요즘의 항공모함에 비교한다. 엄청난 자원을 소모하지만 훨씬 값싼 무기에 파괴될 수 있기 때문이다.

군대의 충성심을 유지하고 거기에 드는 비용을 부담하기 위해 유럽의 통치자들(왕 또는 귀족)은 땅[토지 이용권]을 하사했다. 이는 전쟁을 이어가는 데 강한 동기부여가 됐다. 8세기 카롤루스(747~814, 샤를마뉴) 대제는 연전연승을 거듭하며 큰 왕국과 제국을 건설하는 데 성공했다. 그는 병역의 체계를 세우고 왕권을 강화하려 했다. 부유한 영주들은 봉토를 얻는 대가로 부름에 응하여 가신과 사병을 이끌고 출전했으며, 군소 영주들은 전쟁 물자를 갹출하여 보내고 대표자를 뽑아 참전시켰다. 카롤루스 대제의 제국은 간신히 한 세대를 버티다 산산조각이 났으며, 군사력과 정치력은 토지 귀족들에게 분산되어 이어졌다. 이윽고 보병력이 다시금 득세하면서 보병이 하나의 계급으로 성장했다.

12세기 이후 상인들이 지배하는 강력한 도시국가의 출현과 중앙집권적인 왕권의 성장은 둘 다 어느 정도 군사력을 기반으로

했는데, 이는 기사들에게 정치적으로 부담이 되었다. 아울러 스위스 용병 같은 정예 보병들이 등장하면서 기사들은 군사적으로도 난감한 상황에 처했다. 프랑스 왕 샤를 5세(1337~1380)는 스위스 용병에 대해 이렇게 혹평했다.

"스위스 것들은 천박하고 투박하고 저급한 농사꾼이어서, 덕성이나 고귀한 혈통이나 절제력이라곤 전혀 찾아볼 수 없다."

하지만 그들은 두 세기 동안 가히 무시무시한 존재였다. 스위스 용병의 무기가 어떻게 생겼는지 알고 싶다면 런던탑에 가보면 된다. 요먼 경비대의 주홍과 금색이 어우러진 화려한 제복에만 넋 놓지 말고 그들의 우아하고 긴 미늘창도 눈여겨보라. 그것은 마치 창, 도끼, 갈고리를 한데 합쳐놓은 것처럼 요상하게 생겼다. 전투 중에 미늘창의 창날은 기사와 말을 깊이 쑤셨고, 도끼는 머리를 부수며 파고들었고, 갈고리는 기사를 땅바닥에서 쉽게 죽일 수 있게 말에서 끌어내렸다.

유럽에 대포와 화약이 등장하기 전에 이미 새롭게 개량된 무기와 전술이 기사와 말에 입히는 갑옷의 이점을 무력화하기 시작했다. 석궁은 유럽보다 오래된 다른 여러 문명(중국과 인도, 그리고 고대 그리스와 로마 등지)에서 먼저 개발되었다. 석궁은 시위를 미리 당겨놓아 조준과 발사가 용이했다(단점은 재장전에 시간이 걸려서 먼저 발사한 쪽이 위험에 노출되는 것이었다.). 12세기에 유럽은 석궁의 가치를 재발견하여 이후 200년간 꾸준히 개량했다. 이탈리아 용병은 석궁 명사수로 유명했다.

비록 기병의 시대가 저물고 있었지만, 적합한 환경에서 그들은 여전히 위력적이었다. 13세기 칭기즈칸(1162?~1227)은 서로 반목하던 몽골 부족들을 통합하여 강고한 중앙집권 국가를 세웠다. 그들은 한동안 무적의 군대로 중국과 페르시아의 여러 나라를 휩쓸었다. 몽골 전사들은 기동력이 탁월하여, 안정된 제국들의 군대에 밀리면 중앙아시아의 광막한 공간으로 철수했다.

몽골군의 성공 비결 중 하나는 등자처럼 단순한 기술의 산물이었다. 몽골군은 비단 속옷을 입었는데 화살에 맞으면 비단이 화살촉을 감쌌다. 그래서 화살을 뽑기가 쉬웠을 뿐만 아니라 감염 위험도 매우 낮았다. 근대까지만 해도 전사자보다 감염되어 죽는 군인이 훨씬 많았다.

몽골군은 칭기즈칸 후계자들의 지휘하에 서쪽으로 중앙아시아와 러시아를 거쳐 흑해 연안까지 다다르며 앞에 있는 것은 무엇이든 취하고 뒤에는 죽음과 폐허만 남겨놓았다. 아무도 그들에게 대적하지 못했다. 1241년 그들은 헝가리, 폴란드, 그리고 현재의 루마니아와 오스트리아까지 넘봤다. 당시 약하고 분열됐던 유럽은 상당 부분이 몽골제국에 편입될 듯 보였다(만약 그렇게 됐다면 역사는 얼마나 달라졌을지 상상해보라.). 그런데 1242년 몽골군은 갑자기 진격을 멈추고 철수했다. 수천 킬로미터 동쪽에서 오고타이칸 (1186~1241)의 부음이 날아왔기 때문일 수 있다. 그러나 최근 역사가들은 궂은 날씨에 땅이 진창으로 변하고 마초가 상해버렸기 때문이었을 것으로 추측했다.

당시 유럽의 반대편 끝자락인 웨일스의 시골에서는 새로운 가공할 인마살상용 무기가 완성되고 있었다. 12세기 잉글랜드의 왕들은 웨일스에서 벌인 전쟁에서 웨일스 궁수들이 자기 키보다 긴 약 1.8미터(6피트)짜리 장궁으로 화살을 쏘는 것을 목격하고 그 성능을 간파했다. 장궁에서 발사된 화살은 여러 겹의 사슬 갑옷, 나무 안장, 그리고 병사의 몸을 뚫을 수 있었다.

영국과 프랑스 간의 100년 전쟁이 벌어지고 있던 1346년에 에드워드 3세(1312~1377)는 웨일스 궁수들을 프랑스로 데려갔다. 프랑스 북부 크레시에서 훨씬 약체였던 영국군이 추격당하다가 갑자기 돌아서서 프랑스군에 맞섰다[크레시 전투]. 프랑스군은 수적으로 세 배나 우위였다. 유럽 최정예 기병대가 있었고, 6,000명의 제노바공화국 석궁 궁수 부대, 20,000명의 보병대가 있었다. 영국군 보병은 5,000명에 불과했다. 그러나 영국군 쪽에는 장궁으로 무장한 11,000명의 궁수들이 포진하고 있었다.

프랑스군의 제노바 궁수들이 먼저 화살을 날렸지만 영국군에 별다른 타격을 입히지 못했다. 제노바 궁수들이 재장전으로 분주할 때 공을 세우지 못해 안달이 난 프랑스군 기병들이 갑자기 돌진하며 자기편을 뒤에서 짓밟았다. 그때 영국군의 웨일스 궁수들이 엄청난 화살비를 퍼부었다. 한 목격자에 따르면,

"모든 화살이 말과 사람에 꽂혔다. 머리, 팔, 다리를 꿰뚫었다. 말들은 미친 듯이 날뛰었다."

프랑스군 기병들이 연거푸 쇄도하는 동안에도 웨일스 궁수

들은 차분히 화살을 메겨 발사를 이어갔다. 해질녘 들판은 죽거나 죽어가는 인마로 뒤덮였다. 프랑스군은 1,500여 명의 기사와 10,000명의 병사를 잃었다. 영국군은 2명의 기사와 40명의 병사, 그리고 수십 명의 웨일스인을 잃었다. 전장에서 무적을 뽐내던 기사의 위명도 그곳에서 함께 죽었다.

높지만 얇은 영지 성벽에 구멍을 낼 수 있는 보병포와 공성포가 출현하면서 기사의 관뚜껑에 더 많은 못이 박혔다. 강력한 왕이 신무기로 무장한 친위대를 증강하면서 사병과 기사의 세력이 사라지고 중앙집권적 절대주의 국가가 나타났다. 일단 국가가 무력과 관련 조직을 독점하자 인력이든 무장 수단이든 국가를 지키는 데 필요한 자원을 더 많이 동원하고 유지할 수 있게 되었다. 그리고 당시의 군비 경쟁에서 이웃 국가의 군사력 증강이란 그들을 따라잡지 않으면 정복당할 위험을 감수해야 한다는 것을 의미했다. 군대의 규모가 급속도로 커졌다. 1500년과 1700년 사이에만 무려 열 배로 확장됐다. 그것은 곧 국가 권력과 사회 통제력의 강화였으며 이후 더욱 박차가 가해졌다.

크레시 전투 이후 300년간 유럽에서는 전쟁과 사회, 그리고 둘 간의 관계에 일대 전환이 일어났다. 그 변화가 워낙 커서 일부 역사가들은 그것을 "군사 혁명"이라고 일컫는다. 그 중심에는 화약이 있었다. 원래 중국에서 고대 연단술사들이 영생의 비법을 찾는 과정에서 개발된 화약이 일찍이 금속이나 말이 전쟁에 끼친 영향만큼이나 엄청난 변화를 가져왔다. 유럽에서 과학이 발달하면서 화약과 총포의 성능과 신뢰도가 향상됐다. 중세의 성들은 새로운 대포 앞에 모래성처럼 무너져내렸다. 결국 유럽 국가들은 성벽을 낮고 두껍게 쌓게 되었고 공격해오는 적을 물리칠 교차사격 지대를 구축했다. 야금술의 발달과 화기 구조 개선에 힘입어 총포가 더 가벼워지고 성능이 향상됐다. 다루기 힘든 아르케부스 소총은 가벼운 머스킷 소총으로 대체됐다.

초기 머스킷은 적뿐만 아니라 사수나 주변 사람들에게도 매우 위험한 무기였다. 사수가 장약에 불을 댕기기 위해 휴대하는 화승 심지에 닿아 화약 주머니 전체가 폭발하는 일이 빈번했다. 초기 머스킷은 명중률이 너무나 낮았으며, 재장전이 어려워 1분에 고작 1번밖에 쏠 수 없었다. 그러다가 누군지 알 수 없지만 금속에 부딪히면 불꽃을 튕기는 부싯돌을 머스킷에 장착하는 기발한 아이디어를 냈다. 17세기 후반에 대부분의 유럽 군대는 개량된 머스킷으로 바꿨다. 이렇듯 단순한 아이디어지만 큰 차이를 불러온 또 다른 예가 있다. 17세기 스웨덴의 어느 철기 제조업자가 성능 저하 없이 대포의 포신을 반으로 줄이는 방법을 개발해냈다. 그래서 포병대가 작고 가벼워진 대포를 마차에 싣고 전장을 따라 이동할 수 있었다.

근대 유럽의 전쟁에서는 이 밖의 다른 변화들도 일어났다. 병사와 지휘관이 신기술을 받아들이고 이용 방법을 익히는 데에는 (그리고 국가가 거기에 드는 비용을 부담하게 되기까지는) 수십 년이 걸렸다. 사고방식과 조직의 변화가 없었다면 전쟁에서의 화약 혁명은 아예 일어나지 않았거나, 일어났어도 그 영향이 자못 미미했을 것이다. 처음에는 군대에서 경량 대포의 사용을 거부했다. 초기 모델들은 포신이 폭발하는 불행한 사고가 잦았던 데다 18세기 후반까지 포병대의 주목적으로 여겨진 공성전에서 성능이 기대에 미치지 못했기 때문이다.

머스킷을 도입하게 되자 적이 사거리 안에 들어올 때까지 기다릴 수 있게 병사들을 훈련시켜야 했다. 머스킷의 사거리가 겨우 45미터에 불과하여 너무 일찍(당시 표현으로 '적 눈동자의 흰자위가 보이기 전에') 발사하면 적에게 거의 피해를 입힐 수 없었기 때문이다. 성급하게 발사한 쪽은 재장전으로 분주했기 때문에(장전에서 발사까지 거의 50개에 달하는 개별 동작이 필요했기 때문에) 그러면서 자리를 지켜야 했던 병사들은 적의 손쉬운 표적이 되거나 기병대의 공격을 받을 수 있었다.

17세기 황금시대에 렘브란트(1606~1669)의 작품부터 현미경 발명까지 수많은 창조를 일군 네덜란드는 전쟁에서도 혁신을 이루었다. 1585년에 총독이 된 마우리츠 판오라녀(1567~1625)는 네덜란드 북부 지방을 스페인의 통치로부터 해방했다. 그가 개발한 효과적인 전술이 한몫을 했다. 그는 전장에서 병사들을 최대 열 줄까지 여러 줄로 늘어세우는 정교한 전투 대형을 고안해냈다. 첫째 줄이 총을 발사하고 뒤로 돌아 빠지면 다음 줄이 발사할 수 있도록 공간을 열어주는 식으로 차례대로 계속하는 것이었다. 군인들이 동요하지 않고 자리를 지키다가(이것이 관건이었다!) 명령에 따라 일사불란하게 움직이면 발사 속도가 월등히 높아졌다. 엄혹한 규율과 반복적인 훈련을 통해 일사불란하게 명령에 복종하는 것이 전쟁터에서의 제2의 천성으로 받아들여지지 않았다면 군인들은 신무기를 효과적으로 사용할 수 없었을 것이다.

왕이 직접 고용하는 용병이나, 지방 봉신에게 소집을 명령했다가 작전 완료 후에 해산시키는 구식 군대에는 새로운 전술과 훈련이 먹히지 않았다. 이것은 국가가 상비군을 만드는 데 강한 동기가 되었으며, 당연하게도 나중에는 상비군이 국가의 권력을 강화시켜 주었다.

프랑스의 태양왕 루이 14세는 군사 훈련에 열성을 기울였다. 그는 훈련을 전쟁 승리의 열쇠로 보았고 훈련과 작전을 즐겼다. 그래서 종종 여가에 군대를 조련하기도 했다.

"짐은 끊임없이 심혈을 기울여 친위대를 훈련시킨다. 그래야 짐을 본받아 각급 부대장들도 휘하의 군사들에게 똑같이 신경쓰지 않겠는가."

이 시대를 잘 아는 전문가들의 추정에 따르면, 정예 보병 연대를 만드는 데 보통 5~6년이 소요됐다. 스웨덴의 왕 구스타부스 아돌푸스(1594~1632)는 마우리츠 판오라녀의 개혁 업적을 본받아 이른바 스웨덴 군율로 알려진 군법을 제정했다. 이를테면 약탈 같은 중범죄에 대한 사형, 전투 중 탈영 부대에 대한 선별[10명 중 1명 제비뽑기] 처형, 기도 의례 준수 등이다.

인쇄술이 보급되자 새로운 훈련법을 삽화로 설명하는 교본이 유럽 각지로 퍼져나갔다. 이 대목에서 전쟁이 민간에 미친 영향을 알 수 있는 한 예로 춤 동작을 들 수 있다. 이것 역시 삽화로 설명하는 교본을 통해 전파됐는데, 춤 동작이 점점 더 절제되고 정형화됐다.

군사사학자들은 유럽 군대가 아시아나 아프리카 사람들과의 전쟁에서 그렇게 무시무시한 위력을 발휘할 수 있었던 이유는 무기 못지않게 엄격하고 효율적인 조직 덕분이라고 주장했다. 그리고 새로운 범선이 개발되어 유럽인들은 전 세계 어디든 갈 수 있는 수단을 확보했다.

풍력이 인력을 대신하면서 해상에서의 전쟁도 확연히 달라졌다. 1571년 기독교 국가들의 동맹인 신성동맹과 오스만제국 간에 벌어진 레판토 전투는 갤리선으로 치러진 마지막 대규모 해전이었다. 초기 범선은 원시적이고 조종이 어려웠다. 그런데 선미재 타[키]라는 새로운 기술 장치 덕분에 조타가 쉬워졌다. 13세기경 중국에서 들어온 나침반, 그리고 한참 뒤에 발명된 육분의와 항해용 크로노미터 덕분에 항해사는 배의 위치와 항행 방향을 정확히 알 수 있게 되었다. 이로써 항해는 더 쉬워지고 신뢰도가 높아졌으며 유럽 해군의 세력권이 확장되었다.

그리고 마침내 상선에 쓰인 기술을 응용해 만든 방수 포문이 등장했다. 이것은 항해 중에는 닫아놓았다가 하역 작업 등을 할 때 개방할 수 있는 문의 구조를 본뜬 것인데, [배 옆면에] 이 포문을 만듦으로써 대포를 배에 좀 더 낮게 설치할 수 있었다(대포를 흘수선에서 먼 높은 위치에 두면 배가 전도될 위험이 있었으며, 간간이 그런 사고가 발생했다.). 그 결과, 기존에는 배끼리 최대한 근접해 서로 들이받으며 육박전을 벌였지만 이제는 원거리에서 포격을 주고받으며 싸우게 되었다.

오늘날의 일반적인 군대 편성과 운영 방식의 대부분은 16~18세기 유럽에서 윤곽이 그려졌다. 이를테면 육군을 기병[현 기갑병], 보병, 포병으로 나누었고, 해군이든 육군이든 장교 육성을 위한 전문학교를 설치했다. 당시 군대에서는 점점 전문직화가 진행되었다. 군인들은 병영에서 살면서 제복을 입었다. 왕이 재정을 댔으므로 육군과 해군의 병사들은 예전처럼 지휘관의 사유재산이 아니라 군주나 국가의 피고용인으로 여겨졌다. 바다에서는 사나포선[私拿捕船, 적선을 공격하고 나포할 권리를 국가로부터 인정받은 무장 민간 선박]이 사라지고 해군이 그 자리를 차지했다. 용병은 중요성이 감소하기는 했지만 완전히 사라지지는 않았다. 대신 국가는 군대에 대한 책임을 늘렸다. 의식주를 제공했고 무엇보다 정기 급여를 지급했다. 1676년 프랑스 정부는 앵발리드에 군인 병원을 세웠고, 1690년 영국도 첼시에 왕립 병원을 건립했다.

18세기에도 물론 전쟁은 벌어졌지만 17세기에 비해 현저히 폭력성이 덜하고 억제되었다. 17세기에는 종교적, 사회적 혁명의 대혼돈 속에서 전장에서의 대량 학살과 무고한 민간인에 대한 잔학 행위가 만연했다. 18세기 계몽 시대가 되어 미신과 종교가 과학과 이성에 자리를 내주는 듯하자, 유럽인들은 적어도 유럽에서

만이라도 인류가 보다 평화로워지고 격정을 다스리는 법을 알게
되리라 잠시 희망을 품었다. 사람들은 전쟁이 덜 잔인해지고 있다
고 믿었다. 유명한 국제법 초기 이론가 에메르 드 바텔(1714~1767)
은 말했다.

"유럽 국가들은 거의 항상 대단한 인내와 관용을 발휘하며 전
쟁을 수행한다."

사람들은 전쟁이 전쟁 규칙을 충실히 지키면서 직업 군인들
간에 벌이는 싸움으로 문명화되기를 바랐다. 18세기의 전쟁은 이
후의 전쟁이나 기존의 종교 전쟁들과 대조적으로 명백하고 제한
된 목적을 위해 수행됐으며, 중단하는 것도 비교적 쉬웠고 조약이
나 협정으로 깔끔하게 마무리되는 이른바 내각 전쟁(cabinet war)이
었다.

어떤 기술이 언제 채택될지는 해당 기술의 필요성, 관련 지식
의 전파 정도, 변화에 대한 특정 사회의 수용성 같은 다양한 요소
에 따라 결정된다. 중국은 유럽보다 먼저 화약과 대포를 개발했고
15세기까지 앞서갔지만 그 후로는 뒤처졌다. 아마 대체로 북쪽의
적들과 싸운 그들에게 총은 장전이 느리고 대포는 옮기기 무거워
기마 전사를 상대로 한 싸움에 적합하지 않았기 때문일 것이다. 새
로운 기술은 충분한 이점이 있어야 채택되는 법이다.

칭기즈칸은 기마 전사에 의존했지만 도시를 공격하면서 화약
과 공성 장비를 사용하는 법을 배웠다.

일본은 1868년에 메이지 유신을 단행하면서 나라를 근대 산업 및 군사 대국으로 탈바꿈하기 위해 서양 기술을 활용하고 개량했다.

16세기에 스페인 사람들이 아메리카 대륙에 말을 처음 들여왔을 때 원주민들이 워낙 열렬히 받아들였기 때문에, 오늘날 블랙풋, 수, 코만치 같은 대평원 부족들을 언급하면 으레 당시의 또 다른 신기술인 총을 들고 말을 탄 채 사냥과 전투를 벌이는 그들의 모습이 떠오른다.

사회 전체 또는 일부 구성원들이 거부감, 타성, 옛것에 대한 향수, 윤리적 반감 때문에 신기술을 거부하는 경우도 있다. 오늘날 [무인기 신기술이 등장해] 더 이상 조종석에 앉을 필요가 없게 됐다고 한탄하는 공군 조종사들은 스파르타 지도자들에게서 전례를 찾아볼 수 있다. 투석기에서 사람 키를 넘겨 발사되는 바위를 보고 그들은 외쳤다.

"오, 헤라클레스여, 인간의 용맹은 끝났나이다!"

유럽의 군대는 위압적인 장거리 포격이 쏟아지는 전쟁터에서 더 이상 기마 부대로 작전을 수행할 수 없다는 사실이 명확해진 이후에도 오랫동안 기마병에 집착했다. 어려서부터 말을 타며 자란 영주 계급 출신 장교들에게 말은 탱크나 장갑차가 가질 수 없는 매력을 품고 있었다.

기관총은 군대에서 기본 화기로 채택되고 나서도 처음에는 장교들 사이에서 거의 인기가 없었다. 프랑스에 있었던 영국기관총

학교의 초대 교장에 따르면, 1차 세계대전 개전 당시 신무기인 기관총에 대한 영국 대대장들의 일반적인 반응은 "그 망할 물건 좀 안 보이게 저리 치워버려!"였다.

19세기 초 영국 해군에서 처음 장갑함에 대해 논의할 때, 많은 해군 장교들은 그것의 가치에 회의적이었다.

그리고 증기 기관이 선박에 쓰이기 시작한 1828년의 영국 해군성 의사록은 다음과 같이 전한다.

"각하들은 증기선 도입 저지를 위해 최선을 다하는 것을 절대적 사명으로 여기셨다. 그분들은 증기선을 도입하는 것이 제국의 해상 패권에 치명타가 될 것으로 예측하셨기 때문이다."

이렇게 수십 년 동안 증기선 대신 범선을 고집한 사람들이 있었다.

12세기에 교황 인노켄티우스 2세(?~1143)는 석궁은 "하느님에 대한 불손이고 기독교인에게 어울리지 않는다."고 말했다. 하지만 나중에 교회는 어차피 지옥에 떨어질 불신자들에게 석궁을 쏘는 것은 괜찮다고 결정했다.

불편한 보병용 초기 소총이었던 아르케부스나 머스킷은 불신자들이 만든 악마의 발명품으로 여겨졌다. 그래서 신무기 발명자들은 자기가 한 일을 스스로 부끄러워하거나 후회하기도 했다.

영국의 뛰어난 철학자 겸 과학자인 로저 베이컨(1219?~1292?)은 이미 중국이나 아랍에서는 알려진 기술인 화약 제조 비법을 13세기 중엽에 독자적으로 발견했다고 한다. 정말 그랬다면 그는 그 기술을 무덤 속으로 가지고 간 것이다.

레오나르도 다빈치(1452~1519)는 잠수함을 설계했지만 전부를 공개하지는 않겠다고 말했다. "인간의 사악한 본성 때문에, 누군가 암살 목적으로 바닷속에서 배의 밑바닥을 부숴 무고한 수병들까지 함께 수장시킬 우려"가 있었기 때문이다.

일본의 지배 계급은 1543년 포르투갈인 여행자들이 초기 모델 총을 가져왔을 때 처음에는 환영했으나 다음 세기에는 등을 돌렸다. 일본은 총 제조법을 습득했을 뿐만 아니라 기술적인 개량도 진척시키고 있었지만, 17세기 중엽에 더 이상의 기술 개발을 하지 않기로 결정한 것으로 보인다.

이것은 과연 사람들이 더 치명적인 신무기 개발을 자발적으로 포기한 고무적인 선례로서 오늘날에도 귀감이 될 수 있을까? 유감스럽게도 그렇지 않다. 강력한 전사 계급인 사무라이의 관점에서 보면 총은 그들이 고급 강철검으로 완성도를 높인 정교한 전투 방식을 무용지물로 만들어 버렸다. 그래서 총을 채택할 동기가 거의 없었다. 또한 내전을 거치면서 국가가 질서를 확립해 놓았기 때문에 평화를 유지하는 데 굳이 총이 필요하지 않았던 것도 마찬가지로 중요한 이유였다. 다만 일본의 입장에서 아쉬웠던 점은 이 때문에 19세기 중반 미국의 매슈 캘브레이스 페리(1794~1858) 제독이 거칠게 개항을 요구하며 침범했을 때 맞서 싸울 마땅한 수단이 없었다는 것이다.

총포, 갑옷, 강철 무기 등에서 한동안 기술적 우위를 점한 서구는 세계의 다른 많은 지역을 지배할 수 있게 되었고, 지배당한 사람들이 맞서 싸울 방법을 터득하기까지는 시간이 걸렸다. 아메리카 대륙에서는 유럽인들이 낯선 질병을 전파한 것이 한몫을 하기도 했다. 제각기 스페인 원정대를 이끈 에르난 코르테스와 프란시스코 피사로는 각각 소수의 병력만으로, 수백만의 백성과 대군을 거느린 멕시코와 페루의 제국들을 무너뜨렸다. 승산을 따지기 민망할 정도로 수적 열세였지만 스페인 원정대는 그들이 옮긴 병원체[바이러스]의 덕을 보았다. 바이러스는 그들보다 앞서 내륙 깊숙이 퍼지면서 홍역이나 천연두에 대한 면역력이 없었던 원주민들을 초토화했다. 더욱이 스페인 원정대는 원주민 보병에 맞서 기병을 앞세웠고, 솜을 누빈 천 갑옷을 입은 채 청동이나 나무로 만든 무기를 든 원주민과 달리 강철 갑옷을 입고 강철 무기와 총으로 무장을 했다.

재러드 다이아몬드는 『총, 균, 쇠(*Guns, Germs, and Steel*)』(1997)에서 원정대장 피사로가 168명의 스페인 병사들과 함께 잉카 황제와 수천의 수행 병력을 급습했을 때 무슨 일이 일어났는지 생생하게 묘사하고 있다[제3장].

대장이 칸디아에게 신호를 보내자 그는 사격을 개시했다. 동시에 나팔 소리가 울려 퍼지고 갑옷을 입은 스페인 기병과 보병이 일제히 매복 장소에서 뛰쳐나와 벌판에 모여 있던 비무장 인디언 무리를 향해 스페인 전투 구호 '산티아고!'를 외치며 돌격했다. 우리는 인디언들을 겁주려고 말에 딸랑이를 달아놓았다. 총성, 나팔 소리, 딸랑이 소리에 인디언들은 혼비백산했다. 스페인군은 달려들어 그들을 도륙했다. 인디언들은 당황한 나머지 넘어지고 짓밟히며 층층이 올라타서 질식해 죽었다. 그들은 비무장 상태였기 때문에 우리 기독교인들에게 아무런 위협을 가하지 못하고 공격당하기만 했다. 기병들은 그들을 말로 짓밟아 죽이거나 부상을 입히면서 추격했다. 보병들은 나머지 인디언들에 대한 공격 역할을 충실히 하여 곧장 그들 대부분을 칼로 벴다.

스페인 원정대의 승리는 단지 말과 무기를 이용했기 때문이 아니다. 그들이 잉카의 황제를 사로잡았기 때문이다. 이는 잉카 사회의 신성한 법칙을 유린한 것일 뿐 아니라 엄격한 계급 질서 속에 살던 백성들을 지도자 없이 표류하게 만들었다.

이런 비극을 1839~1842년 1차 아편 전쟁 때 중국도 일부 경험했다. 중국도 비슷한 기술적, 조직적 격차를 실감했다. 중국은 자국에서 수백 년간 널리 쓰인 구조에 대포를 갖춘 정크(戎克) 범선을 출격시켰다. 그러나 상대인 영국은 더 발달된 범선과 무기 그리고 네메시스(강적)라는 이름에 걸맞은 초기 증기 기관 전함을 보유하고 있었다. 이는 보다 포괄적이고 가공할 형태로의 전쟁 변화를 알리는 서막에 불과했다. 경제와 기술과 과학에 광범위한 변화를 일으킨 19세기 산업혁명 덕분에, 서구 국가들은 물론이고 1868년 메이지 유신으로 구질서를 무너뜨린 후 선진국으로부터 배울 준비가 된 일본 같은 나라들도 성능이 더 뛰어난 무기를 대량으로 생산하여 훨씬 더 큰 규모의 전쟁을 치를 수 있게 됐다.

이후 변화의 속도와 무기의 치명도 상승은 점점 가속화되었다. 1차 세계대전이 시작된 1914년에 첫 비행을 시작한 단발 엔진의 허술한 비무장 비행기를 생각해보라. 그리고 불과 4년 후인 1918년에 더 빠르고 더 강력해진 모습으로 등장해 기관총을 쏠 수 있고 적진에 대량의 폭탄도 투하할 수 있었던 전투기와 그것을 비교해보라. 2차 세계대전이 끝날 무렵 비행기는 더 높이 더 빨리 더 멀리 날았으며 적재 중량도 훨씬 더 늘어났고 제트 엔진이 프로펠러를 대체하기 시작했다. 1945년에는 미국의 원자폭탄이 일본의 히로시마와 나가사키에 투하되자 생소하고 무시무시한 핵무기 시대의 막이 올랐다. 요즘에는 새로 개발된 전투기나 항공모함이 한창 운용 중에 구식이 돼 버리는 경우도 흔하다.

전 세계의 무기 양은 어마어마하다. 소화기[小火器]만 따져도 10억 정이 넘을 것으로 추정된다. 핵무기도 인류를 여러 차례 절멸시키고 남을 만큼 많다. 게다가 무기 감축 조치는 과거보다 진행이 지지부진하다. 그럼에도 불구하고 국가 지도자들을 비롯한 많은 사람들이 여전히 전쟁을 '합리적이고 쉽게 통제할 수 있는 수단'으로 거론하고 있다.

근현대 전쟁의 놀랍고 무서운 변화

바로 여기서,

바로 오늘부터,

세계 역사의 새로운 시대가 열리나니,

그대들 모두는 그 시작을 함께했다고 말할 수 있노라.

독일의 괴테가 발미 전투에 참전했다가 프랑스의 승리를 인정하며 남긴 말

프랑스 혁명이 일어난 지 3년째가 되던 해인 1792년에 프랑스는 유럽의 전통적인 강대국들인 오스트리아, 프로이센과 전쟁을 벌이고 있었다. 프랑스가 이길 가능성은 전혀 없어 보였다. 기존[혁명 전] 군대의 장교들은 상당수가 해외로 도망쳐버렸고 남은 군대는 프랑스의 정치만큼이나 혼돈 상태에 있었다. 정말 그랬다. 혁명가들은 기존 장교들의 자리를 차지하긴 했지만, 과거 자신들을 향해 돌격하던 군대와 달리 훈련을 받지 못했고 전쟁 경험도 없었으며 군율에도 무지했다.

그해 늦여름에 프로이센군이 프랑스 북동쪽으로 진입하여 몇몇 요충지를 점령했지만 프랑스군의 저항은 거의 없었다. 프로이센군이 시시각각 파리로 진격해 오고 있었지만 혁명가들은 자중지란에 빠졌다. 혁명 정부와 거리의 지지자들은 공황 상태에서 내부 반역자 색출 작업을 벌였다. 인도적인 처형을 위해 고안된 단두대는 이제 압제의 도구가 됐다. 그 와중에 정신을 차렸는지 혁명 정부는 군 지원병들에게 프랑스와 혁명을 수호해 달라고 호소하기도 했다.

9월 20일 베르됭 서쪽의 마을 발미 근처에서 무장이 허술하고 전열도 흐트러진 프랑스군이 적과 마주쳤다. 프로이센군은 여전히 강했지만 이질로 이미 수천 명을 잃은 상태였다. 밤새 내내 찬비가 내려 대지는 [나중에 1차 세계대전 때도 그랬듯이] 진창이 되어 있었다. 날이 밝자 양측은 오랫동안 격렬한 포격을 주고받았다. 프로이센군이 두어 차례 프랑스군 진영으로 돌격을 시도했지만 프랑스군이 버텨냈다. 석양 무렵 프로이센군은 퇴각을 결정하고 질서 정연하게 물러났다. 프로이센군은 34,000명 중 180명의 사상자 를 냈고, 프랑스군은 32,000명 중 300명을 잃었다. 이것은 영광스 러운 승리도 패배도 아니었다.

그런데 왜 프로이센군으로 참전했던 시인 요한 볼프강 폰 괴 테(1749~1832)는 "바로 여기서, 바로 오늘부터, 세계 역사의 새로 운 시대가 열리나니, 그대들 모두는 그 시작을 함께했다고 말할 수 있노라."라고 단언했을까?

발미 전투의 의의 중 하나는 프랑스군이 적을 놀라게 해서 불 안하게 만드는 새로운 전술을 부지불식간에 터득하는 계기가 되 었다는 점이다. 프랑스군은 다른 여느 군대와 같지 않았다. 그들은 전투가 한창일 때도 혁명가를 불렀고, 불필요한 위험을 감수했으 며, 패배라고는 모르는 것처럼 보였다. 이듬해에 더 커진 반프랑스 동맹군과 프랑스 혁명군 간의 전투에서 한 목격자는 프랑스군의 전투 방식에 대해 혀를 찼다.

"5만 명의 야만적인 짐승들이 식인종처럼 입에 거품을 물고 전속력으로 몸을 내던졌다."

발미 전투는 중요한 상징적 의미를 지닌다. 전통적인 스타일 의 18세기 직업 군인들이, 지휘관에 대한 두려움 때문이 아니라 자신들이 열정을 바치는 대의를 위해 싸우는 새로운 스타일의 민 간인들에게 패한 것이다.

그리하여 '민족주의'(국민을 '민족'이라는 것의 일부로 일체화하는 사상)가 역사에 폭발적으로 등장했다. 게다가 19세기가 진행되는 동안 두 가지의 더 큰 변화가 이 첫 번째 변화와 함께 작용하여 전쟁이 더 폭력적이고 잔혹하고 파괴적으로 변했다.

[18세기 후반에 시작된] 산업혁명은 생산 수단과 과학기술 그리고 국가 경제력에 엄청난 변화를 가져왔다. 나폴레옹 전쟁이 끝난 세기[19세기]에 먼저 유럽을 뒤바꾼 데 이어 세계의 다른 대부분 지역들까지 완전히 탈바꿈시켰다. 그리고 민족주의 및 산업혁명과 서로 영향을 주고받은 또 다른 변화가 있었으니, 그것은 바로 도시화부터 인간 본성에 대한 새로운 사상까지 망라하는 광범한 사회적, 정치적, 지적 변화였다.

민족주의는 이념에 의해, 지식인·소설가·민족지 학자·역사가의 저작에 의해 배양되었지만, 대중의 식자율 향상, 저렴한 서적의 보급, 빨라진 통신 수단 덕분에 사회의 저변으로 그리고 유럽을 거쳐 전 세계로 영향력을 확장해 나갔다. 산업혁명은 기술 혁신과 대량 생산을 가능케 했고 사회 변화를 촉진했다. 중산층과 노동자 계급은 규모가 커지면서 마침내 권력을 갖게 된 반면, 구시대 지주 엘리트들은 부의 원천과 영향력이 줄어드는 것을 관망해야 했다. 선거권이 확대되고 입헌 정치로 전환되면서 대중은 자국의 외교 정책과 군사 정책에 대해 다양한 관점을 피력할 수 있게 되었다. 한때 소수의 소관이었던 전쟁과 평화가 이제 다수의 문제가 되었다. 민족주의는 전쟁에 대한 열광을, 산업혁명은 전쟁 수단을, 그리고 사회 변화는 전쟁 주체뿐만 아니라 전시 동원에 대한 국민의 지지까지 만들어냈다.

근대 전쟁은 과거보다 오래 지속되고, 더 많은 비용이 들고, 사회의 자원을 더 많이 필요로 했다. 1차 세계대전 때 양 진영의 군대에 약 7000만 명이 동원됐으며, 프랑스와 독일에서는 남성 인구의 40퍼센트가 참전했다. 이것은 참전국들에 어떤 영향을 끼쳤을까?

거의 모든 국민이 주변에 전쟁터 나간 사람들이 있었고 돌아오지 못한 이들의 죽음을 비통해했다. 또한 일상 전반에 크고 작은 변화들이 일어났다. 상점에서 소비재가 동났고 식량과 연료가 부족해졌다. 세금이 오르고 공장이 밤낮없이 돌아가서 어마어마한 양의 군량, 수백만 켤레의 군화, 산더미 같은 포탄, 피복, 연료를 전쟁터에 공급했다.

스탠퍼드 대학교 역사학자 발터 샤이델에 따르면, 2차 세계대전 때 "주요 참전국들이 탱크 286,000대, 전투기 557,000대, 군함 11,000척, 소총 4,000만 정, 그리고 여타 수많은 무기"를 생산했다고 한다. 20세기의 두 차례 거대한 세계 전쟁을 일컫기 위해 '총력전'이라는 새로운 용어가 만들어졌다.

1812년 나폴레옹이 러시아를 침략할 때 이끈 군사는 60만 명이었다. 1870년 독일연방이 프랑스와 전쟁을 벌일 때의 병력은 그 두 배였다. 1914년 [1차 세계대전에] 독일은 300만 명 넘게 동원했다. 그리고 1944년 [2차 세계대전 중에] 스탈린은 동부 전선의 추축국을 상대로 650만 명의 병력을 투입했다. 근현대 전쟁은 산업 전쟁이어서 육군, 해군, 공군을 대규모로 생산해냈다. 양차 세계대전까지도 육군은 말과 노새를 여전히 운송 수단으로 사용하기는 했지만 대규모 원거리 운송이 가능했던 것은 역시 철도, 증기선, 그리고 내연 기관 덕분이었다. 그리고 일부 무기들(예를 들면 대검과 단도)은 이전 시대를 떠올리게 했지만, 성능이 월등히 개선된 총포나 완전히 새로운 무기인 비행기, 잠수함, 장갑차, 그리고 핵무기는 전쟁의 새로운 시대를 대표했다. 마치 금속 무기, 말, 화약의 사용이 각 시대를 대표했던 것처럼.

과거에도 그랬듯 기술과 전술의 진보는 그에 대한 대응책을 모색하게 만들었다. 보병 제식 화기는 사거리가 19세기에만 10배로 늘었고 더 빨리 더 많이 발사할 수 있게 발전했다. 1800년대 야포는 전쟁터에서 유효 사거리가 약 2.4킬로미터였다. 그런데 1차 세계대전 때는 그 거리가 적어도 8배로 늘었다. 독일은 110킬로미터 밖에서 파리에 포탄을 떨어뜨릴 수 있는 거대한 포를 만들었다. 그래서 세계의 군대는 더 나은 방어 시설 또한 개발해 왔다. 전장은 철조망으로 둘러쳐지고 훨씬 정교한 참호가 만들어졌다. 철사 절단기와 야전삽이 보병의 기본 장비가 됐다. 미국 남북 전쟁때 윌리엄 셔먼(1820~1891) 장군의 북부군 부대가 남부군에 항복을 압박하기 위해 조지아주로 진군해 들어갈 때, 그들은 대검은 두고 야전삽을 가져갔다.

군복도 변했다. 18세기부터 19세기 초까지의 전투에서는 흑색 화약이 사용됐기 때문에 전장에 연기가 자욱했다. 그래서 눈에 띄는 표식을 단 밝은 색상의 군복이 피아를 구분하기에 좋았다. 하지만 19세기 말부터는 거의 모든 군대가 무연 화약을 사용했으므로 강렬한 원색 코트, 반짝이는 단추와 금빛 수술은 사거리가 길어지고 정확도가 향상된 소총에 환영받는 표적이 됐다. 그리고 후장식 총기의 등장으로 군인들은 엎드려서도 총을 장전할 수 있었기 때문에 몸을 숨기기가 용이해졌다.

1899~1902년 보어 전쟁(요즘은 남아프리카 전쟁으로 더 많이 알려진 전쟁) 때 빨간 코트를 입은 채 먼지 날리는 남아프리카 초원 지대를 행군하던 영국군은 값비싼 교훈을 얻었다. 아프리카너[아프리칸스어를 사용하는 네덜란드계 남아프리카공화국인, 즉 보어인] 농부들은 대체로 사격에 능했는데, 흙먼지와 비슷한 색깔의 작업복을 입고 바닥에 엎드려 영국군을 저격했다. 1899년 콜렌소 전투 이후 영국군이 세 차례 심각한 패배를 당한 '검은 주간(Black Week)'에 한 장군이 볼멘소리를 했다.

"나는 전투가 끝날 때까지 하루 종일 보어인을 단 한 명도 보지 못했고 희생된 건 아군뿐이었다."

영국 정부는 결국 군인들에게 카키색 군복을 입혔다.

1914년 프랑스군 보병은 새빨간 바지를 입고 1차 세계대전 전선으로 진군했다. 당시 전쟁부 장관과 많은 군 인사들이 이구동성으로 강변했다.

"프랑스군은 빨간 바지여야 해!"

하지만 사상자 명단은 점점 길어져만 갔다.

19세기 대부분의 기간과 20세기 초에는 기술 발전 덕분에 방어하는 쪽이 유리했다. 화력이 세지면서 살상 지대가 확장됐으므로 공격하는 쪽이 그만큼 물러나 거리를 두어야 했다. 1차 세계대전에서의 상황을 머릿속에 그려볼 수 있다. 보이지 않는 적이 1킬로미터 밖에서 자신을 저격할 수 있다는 사실을 알면서도, 무거운 군장을 멘 채 참호에서 기어올라와 곳곳이 포탄 구덩이로 패여 울퉁불퉁하고 철조망이 뒤엉켜 있는 지역을 지나 질퍽한 진창을 고되게 통과해야 하는 병사의 모습을.

1861~1865년 미국 남북 전쟁, 1870~1871년 프로이센-프랑스 전쟁, 1877~1878년 러시아-튀르키예 전쟁, 1904~1905년 러일 전쟁, 1912~1913년 발칸 전쟁, 이 모든 전쟁은 전쟁의 방향이 바뀌고 있다는 경고를 울렸다. 방어 진지를 잘 구축하면 훨씬 큰 적을 물리쳐 어마어마한 손실을 입힐 수 있다는 것을 보여주었다. 프로이센-프랑스 전쟁 초기에 48,000명의 독일군은 131,000명의 프랑스 공격군에 맞서 35킬로미터에 달하는 방어선을 지켜냈다. 1877년 러시아-튀르키예 전쟁 중 플레브나 전투에서 러시아군은 튀르키예군보다 3배나 많았지만 그들을 제압하지 못했다(튀르키예군의 군수 물자가 떨어지고 나서야 비로소 러시아군이 승리했다. 병참의 중요성이 점점 커지고 있음을 의미했다.). 다른 근거가 더 필요하다면 수천수백만 명이 희생된 1차 세계대전을 들 수 있다.

그런데 전환점이 된 전쟁들 가운데 하나인 1차 세계대전 말엽에 양 진영에서 독가스, 화염방사기, 야전 박격포, 탱크, 항공기 같은 새롭고 혁신적인 대응 수단을 만들어내면서 방어력이 이미 밀려나기 시작했다. 2차 세계대전에서는 공격이 유리한 쪽으로 되돌아갔다. 독일의 전격전에서는 탱크와 장갑차는 물론이고 단순한 오토바이까지 동원한 육군이 급강하 폭격기와 전투기의 지원을 받으며 적의 방어선을 우회하거나 장악하거나 무너뜨려 통과했다. 다른 나라들의 육군도 금세 보고 배웠다. 물론 새로운 무기와 공격 방법에 맞서 대공포, 대전차포, 지뢰와 기뢰 같은 대응 수단도 마련됐다. 전쟁은 공중과 해저라는 새로운 공간으로 확대됐다. 변화의 속도도 과거와 비교할 수 없이 빨랐다.

그리하여 전쟁은 규모가 확장됐다. 사회의 동력이 전쟁에 동원돼야 했기 때문이다. 과거에 군대와 정치 지도자들은 개전 초기의 군수품이 종전까지 충분할 것이라 예상했다. 그러나 근현대 전쟁은 몰록[기독교 성경에서 어린이를 제물로 받는 신]과 같아서 인명과 자원을 끊임없이 제물로 요구했다. 1914년 1차 세계대전 초기에 양 진영의 군대는 전쟁이 끝날 때까지 쓰려던 주요 군수 물자가 빠르게 소진되는 것에 놀라고 당황했다. 프랑스군은 한 달도 채 안되는 기간에 탄약 재고의 절반을 써버렸다. 독일군 포병대는 개전 초 6주 만에 포탄을 모두 소진했다.

교전국들은 전쟁에 자국 경제를 활용하지 못하면 전쟁을 지속할 수 없었다. 그래서 합법적 공격 대상과 불법적 공격 대상의 경계가 흐려져 양자를 거의 구분하지 않게 됐다. 전장에서 싸울 수 있는 적의 능력에 타격을 주기 위한 온갖 수단 중 하나로 철도, 연료 저장소, 군수 공장, 댐까지 폭격하거나 포격하게 됐다. 거기서 더 나아가 적국민의 사기를 떨어뜨리기 위해 민간인의 집, 교회, 병원, 학교를 파괴하고 민간인을 무차별적으로 살상하기도 했다. 20세기에 이런 일이 흔해지긴 했지만, 19세기에도 이미 일어났다. 프로이센-프랑스 전쟁 때 독일군은 프랑스의 항복을 받아내려고 파리의 민간 지역을 고의로 포격했다. 프로이센 황태자는 일기에 이렇게 적었다.

"논의의 핵심은 전쟁 원인에 책임이 있는 사악한 일부 무리를 처단하는 것이다."

1차 세계대전에서는 국내 전선(home front, 후방 전선)이라는 신조어도 생겨났다. 이제 민간인들이 자신의 의사와 무관하게 전쟁터의 일부로 편입된 것이다.

근현대 전쟁에서의 거대한 비극 중 하나는 국가가 조직, 산업, 과학, 자원 면에서 지닌 역량을 활용해 매우 유능한 살인 집단으로 변할 수 있다는 것이다. 국가는 며칠이 아니라 수개월 또는 수년간의 오랜 전쟁을 지속할 수 있고 수많은 적을 죽일 수 있다. 사망자, 부상자, 실종자를 망라한 사상자나 포로의 정확한 수를 알아내기는 지극히 어렵다. 그래서 심리학자 스티븐 핑커 같은 저자들이 지적했듯, 그 숫자는 항상 전체 인구에 대한 비율로 따져봐야 한다.

예를 들어 만약 몽골이 13세기가 아니라 20세기에 전쟁을 벌였다고 가정한다면 전사자는 4000만 명이 아니라 2억 7800만 명에 달한다. 전쟁에서는 인명 희생이 불가피하다고 하지만 19세기 초 나폴레옹 전쟁부터 1945년 2차 세계대전 종전까지의 사상자 수와 그 가파른 증가세에는 소름이 끼칠 따름이다. 나폴레옹 전쟁 중 가장 컸던 전투인 1813년 라이프치히 전투에서, 무기류의 혁신이 있기 훨씬 전이었음에도 불구하고 양측 병력 50만 명 중 사상자가 15만 명이나 됐다. 라이프치히 전투는 불과 4일간 치러졌다. 1차 세계대전 중 1916년 솜 전투는 4개월 반 동안 지속됐고 100만 명이 넘는 사상자가 발생했다. 1861~1865년의 미국 남북전쟁에서는 미국 인구가 3900만 명일 때 300만 명이 싸워서 60만 명이 죽었다. 오늘날의 인구로 따지면 약 500만 명이 죽은 셈이다. 1904~1905년 러일 전쟁에서 양측의 전사자는 13만~17만 명에 달했는데, 이는 예고편에 불과했다. 최종 집계된 1차 세계대전 전사자 수는 대략 900만 명이었고, 2차 세계대전에서의 전사자 수는 적어도 그 두 배는 됐다.

교전국들이 적 후방에 파괴적인 무기를 사용할 수 있는 능력이 증대되면서 민간인 사상자도 급격히 늘었다. 2차 세계대전 동안 5000만 명가량의 민간인이 대량 학살과 폭격, 또는 전쟁으로 인한 기아와 질병으로 사망했다. 1945년 일본 히로시마에 투하된 원자폭탄 하나에 6만~8만 명이 즉사했고, 나중에 그보다 훨씬 더 많은 사람들이 방사선 중독으로 죽었다. 누군가가 20세기를 묘사하는 말로 '피의 홍수(hemoclysm)'를 만들어낸 것도 전혀 놀라운 일이 아니다.

그런데 같은 시기에 전쟁 기술과 그 대응책 간의 경쟁이 이루어지면서 민방위가 강화되고 의료가 발달하기도 했다. 19세기 이전 전쟁에서는 전쟁터에서 죽은 군인도 많지만 그보다 훨씬 많은 군인이 질병이나 부상 때문에 죽었다. 오늘날에는 부상병들이 대체로 살아남을뿐더러 다시 싸우러 가는 일도 흔하다.

나폴레옹 전쟁 당시 작가이자 정치인인 프랑수아 르네드 샤토브리앙(1768~1848)은 대규모이고 총동원되는 새로운 전쟁에 대해 개탄했다.

"과거의 문명적 전쟁에서는 민간인들은 제자리를 지키게 하고 그보다 적은 수의 군인들만 제 임무를 수행했다."

민족주의가 득세하면서 새로운 양상의 전쟁에 민간인들이 대규모로 동원됐다. 국가는 시간을 초월하여 존재하는 유기체이고 구성원들에게 충성을 요구할 수 있다는 사상은 흔히 프랑스 혁명에서 비롯됐다고 하지만, 사실 그 뿌리는 루소 같은 철학자들의 저작과, 1775년 미국 독립 혁명 같은 정치적 사건에서 찾을 수 있다. 『사회계약론』을 펴낸 루소는 국민들이 서로 자유롭게 연대할 수 있는 권리를 이야기했다. 그런데 "모든 시민은 직업이 아니라 의무로 군인이 돼야 한다."고 적었다.

「미국 독립 선언문」(1776)에서는 국민은 "양도할 수 없는 권리"를 부여받고, "국민의 동의로 정당한 권력을 갖는" 정부는 국민의 권리를 보호하기 위해 존재한다고 선언했다. 정부가 국민의 바람과 요구를 충족하지 못할 경우 국민은 정부를 해산할 수 있는 권리가 있었다. 다시 말해 국민은 이제 선거로 뽑지 않은 통치자의 백성이 아니라 자신의 국가에서 결정권을 지닌 시민으로 여겨지기 시작했다. 하지만 거기에는 통상 남성으로 상정되는 시민이 권리에 상응하는 의무로 자신의 국가를 방어하러 나서야 한다는 의미가 숨어 있었다. 이는 몇 년 후 프랑스 혁명에서 분명해졌다.

1792년 프랑스 혁명에 반대하는 보수적인 적대국들이 동맹을 맺었을 때, 새 입법 의회에서는 모든 프랑스 남성들에게 조국을 수호하라고 요구했다. 이듬해 프랑스 정부는 '국민개병(levée en masse)' 제도를 포고했다. 과거에 없었던 대규모 동원령이었다. 또한 거기에는 여자도 예외가 아니었다.

지금부터 적들을 공화국 영토에서 완전히 몰아낼 때까지 모든 프랑스 국민은 상비군으로 징집된다. 미혼 남성은 전선으로 가고, 기혼 남성은 무기를 만들고 군수 물자를 운반하며, 여성은 막사와 피복을 만들고, 어린이는 낡은 리넨을 잘라 붕대를 만든다. 노년 남성은 광장에 나가 군인의 사기를 북돋우고, 아울러 과거 왕들의 악덕과 새로운 공화국의 통합에 대해 가르친다.

1792년에 시작해 나폴레옹 전쟁(1803~1815)으로 이어진 이 프랑스 혁명 전쟁은 원래 프랑스라는 국가와 혁명을 수호하기 위한 것이었지만 나중에 더 큰 의미를 지니게 됐다. 프랑스인들은 열정적인 사명감을 품고 유럽 전역으로 뻗어나갔다. 부정한 독재 정권들을 무너뜨려 같은 유럽인들을 해방하는 것을 자신들의 신성한 의무로 여겼다. 이런 목표는 적어도 프랑스인들에게 전쟁을 정당화시켜 주었을 뿐만 아니라 전쟁 수행 방식에 대한 무제한 자유 면허를 준 것이나 다름없었다. 정치가 막시밀리앙 로베스피에르 (1758~1794)의 말에 따르면, 프랑스의 적들은 더 나은 세상으로 나아가는 길에 놓인 걸림돌이면서 "보통의 적이 아니라 암살자이자 반역 도당"이므로 그들을 공격하는 것은 지당했다. 이것은 1793년 공화파가 왕당파와 가톨릭 반란군을 진압할 당시 방데에서 공화파 민간인 남성과 여성, 어린이에게 자행된 무차별적 대규모 학살에서 비롯된 적대감이었다.

열정은 혁명군을 잔인하게 만들었다. 하지만 그것이 바로 연전연승의 비결이었으며, 천재 군인 나폴레옹이 혁명군을 지휘하게 되자 프랑스는 한동안 무적이 됐다. 프랑스군은 적들처럼 완벽한 대오로 진군하지는 못했을 수 있지만 전장에 억지로 끌려나온 군인들은 아니었다. 주력 부대가 공격하기 전에 믿음직한 척후병들이 적진을 살피러 달려갔다. 프랑스군은 밤에도 진군할 수 있었기 때문에 예상보다 훨씬 빨리 엄습해서 적을 놀라게 하는 경우가 많았다. 구식 군대인 적들은 밤에 진을 치고 보초를 세워 탈영을 막아야 했다.

프랑스군 장군이자 군사 저술가인 자크 앙투안 이폴리트 콩트 드 기베르(1743~1790)는 1772년 저작 『전술 총론(*Essai général de la*

Tactique)』에서 선견지명을 보였다.

그런데 만약 유럽에서 강건한 정부와 열정적 기풍과 활발한 지략을 지닌 국민이 일어선다면, 절제의 미덕을 지닌 국민과 국가 민병대가 영토 확장을 위해 일치단결한다면, 한시도 목표를 잊지 않을뿐더러 적은 희생으로 전쟁을 치르는 방법과 승리를 이어나가는 방법을 알고 또한 먹고살기 힘들다고 함부로 무기를 내려놓지 않는 강인한 자가 있다면, 우리는 북풍이 연약한 갈대를 뒤흔들듯 그 국민이 이웃 나라들을 복속시켜 나약한 체제를 뒤엎는 것을 목도하게 될 것이다.

하지만 결국 프랑스인들은 그들에게 패권을 가져다준 바로 그 감정, 즉 열정을 다른 나라 국민들에게도 일깨워주어 패배하게 됐다. 프랑스의 침략을 경험한 스페인과 프로이센, 러시아는 프랑스의 칼끝으로 선사된 자유를 달가워하지 않았다. 그래서 프랑스는 깨어나는 제각각의 민족주의와 민족 저항 전쟁에 직면하게 됐다.

나폴레옹 전쟁이 막을 내린 이후에는 새로워진 민족주의가 프랑스 국민들을 굳게 결속시켰다. 그 전까지 프랑스 국민들은 스스로를, 문화와 언어, 역사와 종교, 관습 같은 특징은 물론이고 극단에 인종주의가 만연한 생물학적 특징까지 공유하는 '민족'의 구성원으로 여기는 데 익숙하지 않았다. 교육과 교류 수단이 발달하면서 민족어[국어]의 사용이 확산했다. 18세기에 프랑스 국경 안의 대다수 사람들은 브르타뉴어, 랑그도크어, 또는 지역별 방언을 사용했지만, 19세기 말에는 대부분 프랑스어로 말했다. 민족사[국사]는 유럽의 모든 학교에서 국가별로 가르쳤으며, 민족의 흥망성쇠가 담긴 이야기와 신화가 만들어졌다.

민족주의는 언어와 종교적 상징으로 스스로를 미화했다. 폴란드 민족이나 세르비아 민족은 예수가 십자가에 못박혔다가 부활했듯 다시 일어설 것이라고 했다. 현재의 희생이 장차 지상에 천국을 가져올 것이라고 했다. 이에 화답하여 종교 집단들(예를 들면 세르비아 정교회나 폴란드 가톨릭 교단)은 민족을 열렬히 지지했다. 1차 세계대전 중에는 기독교부터 이슬람교까지 모든 민족의 모든 종교가 전쟁에 관여하여 제각각의 민족을 도와달라고 제각각의 신에게 빌었다. 1차 세계대전이 일어난 1914년에 런던 주교가 전한 복음은 "독일인들을 죽여야 하느니라."였다.

"그냥 죽여야 하기 때문이 아니라 세상을 구하기 위해 그들을 죽여야 하느니라. 선한 자, 악한 자 가릴 것 없이, 젊은이, 늙은이 가릴 것 없이 죽여야 하느니라."

전쟁은 민족을 창출하는 데 필수불가결한 요소였을 뿐만 아니라 민족의 존재를 정당화하기도 했다. 그래서 군대는 민족의 수호자이자 구원자로서 특별한 후광을 입었다. 민족주의자들의 봉기가 한창 유럽을 휩쓸던 1848년[1848년 혁명]에 열린 독일 '프랑크푸르트 의회'에서 한 의원이 말했다.

"단지 존재한다고 해서 민족이 정치적 독립을 이루지는 못한다. 필히 다른 민족들 속에서 스스로가 국가임을 납득시킬 힘이 있어야 한다."

1차 세계대전 전에 대중 강연과 저작으로 인기가 매우 높았던 독일의 역사가 하인리히 폰 트라이치케(1834~1896)는 전쟁이 사람들을 공동 목표로 한데 결속시켜(전쟁 중에는 산산조각 난 쇠붙이처럼 서로 뭉치지 않는 편이 나을 수도 있지만) 국가뿐만 아니라 민족까지 만들어낸다고 주장했다. 독재 정권은 공동의 외적에 맞서 국민을 단합시키는 수단으로 전쟁을 이용하곤 했다. 그들은 또한 전쟁이 반대 세력과 위험한 혁명론자들을 탄압하는 데 써먹기 좋은 구실이라는 것도 알았다.

독일제국의 마지막 황제인 빌헬름 2세(1859~1941)를 비롯한 보수파들은 불안한 나머지 사회주의 정당[사회민주당]의 의석이 증가세를 보이는 제국 의회를 해산하고 관련 헌법 조항을 완전히 삭제할 심산이었다. 하지만 1914년 독일이 1차 세계대전을 시작함에 따라 총리[테오발트 폰 베트만홀베크]는 빌헬름 2세와 그의 추종자들이 사회주의를 불법화하는 것을 막기 위해 중재에 나서야 했다. 그것은 결과적으로 현명한 판단이었다. 의회에서 가장 큰 단일당이었던 사회주의 정당의 의원들이 전쟁에 찬성표를 던졌을 뿐만 아니라, 노동자 계급이 전쟁 지원에 발 벗고 나서며 독일 전체가 일치단결하여 전쟁에 뛰어들었기 때문이다.

많은 민족주의자들에게 전쟁이란 민족의 산파였으며, 민족에 생명과 활력을 불어넣었다. 이탈리아의 극단적 민족주의자 베니

172

토 무솔리니(1883~1945)는 전쟁은 "인간의 모든 에너지를 최고조로 끌어올릴 뿐만 아니라, 전쟁과 마주할 용기를 지닌 사람들을 숭고하게 만든다."고 말했다. 미상불, 자기 존재를 위해 싸울 각오가 되지 않은 국민은 존재할 가치가 없다는 주장이 제기도 했다. 1차 세계대전을 앞두고 영국의 선도적인 군사 잡지에 실린 기사에서는 이렇게 물었다.

"타락하고 나약하거나 유해한 국가들이 문명화된 국가들의 공동 작전으로 소멸되어 유익한 영향력을 미치는 강하고 활기찬 문명국들로 흡수되는 자연의 원대한 계획, 그것이 전쟁 아닌가?"

그래서 19세기에는 전쟁에서의 패배가 흔히(지금도 여전히 그러하지만) 거세를 의미하는 표현으로 묘사되곤 했다.

프랑스 혁명가들이 국민은 국가와 민족에 대해 의무를 진다는 '국민개병' 제도로 세운 기본 전제가 1945년 [패망 직전의] 독일에서는 극단으로 치달았다. 나치 고위 지도부는 독일 국민의 생명을 구할 어떤 조치도 취하지 않았다. 국제적십자위원회가 베를린 시민들이 임박한 전투를 피해 모일 수 있는 피란처를 마련하자고 제안했을 때 독일군 참모총장은 코웃음을 치며 거절했다. 그에게 그 제안은 독일 국민의 저항 의지를 시험하려는 수작이었을 뿐이다.

"[제안에] 동의했다가는 이내 사기가 꺾이고 말 것이다."

그 결과 군인과 민간인을 합해 수십만 명이 더 희생됐다. 히틀러는 벙커에서 독일 민족이 자신을 저버렸다며 미친 듯이 원망하다가 자살했다. 국가는 더 이상 국민의 것이 아니었고, 오히려 그 반대였다.

　민족주의는 전쟁을 부추기고, 1793년 방데 전쟁에서처럼 군인이든 민간인이든 막론하고 적을 악마화한다. 그래서 적은 정의로운 대의에 대한 현실적인 위협으로 간주됐으며 민족의 대의 실현을 가로막는 장애물로 여겨졌다. [미국 남북 전쟁 중이던] 1864년에 윌리엄 셔먼 장군은 '바다로의 진군' 작전을 펼쳐 나아가면서 모든 것을 초토화했다.

　"우리는 적대적인 군대가 아니라 적대적인 국민과 싸웠으므로 그들의 군대는 물론이고 남녀노소, 부자와 빈자를 가리지 않고 모든 이에게 전쟁의 쓴맛을 느끼게 해주어야 했다."

　프로이센-프랑스 전쟁 당시 독일군[프로이센군]은 침략에 대항해 무기를 드는 모든 프랑스 민간인을 기본권이 없는 자들로 취급됐다. 나아가 그러한 지역 집단 전체를 처벌하기도 했다. 프로이센의 육군 참모총장 헬무트 폰 몰트케(1800~1891)는 "이런 상황에 대처하는 가장 효과적인 방법은 당사자의 가옥을, 그리고 가담자가 많을 때는 마을 전체를 파괴하는 것이다."라고 하며 명령을 내렸다. 프랑스인들의 저항이 계속된 1870년 겨울에 어느 독일군 장교는 프랑스인과 독일인 간의 상호 적대와, 그로 인해 자기 부대원들이 입은 피해를 보고 충격을 받았다.

　"잔인한 공격은 잔인한 공격으로 앙갚음당했다. 나는 30년 전쟁을 떠올렸다."

　몰트케의 본부를 [국빈 자격의 전쟁 참관인으로] 방문한 미국 장군

필립 셰리든(1831~1888, 남북 전쟁 때 섀넌도어 계곡 지역을 초토화한 지휘관)은 일단 적군을 끝장내고 나면 민간인들에게 극도의 고통을 가해서 그들이 자국 정부에 강화(講和)를 간청하도록 만들 필요가 있다고 조언했다.

"전쟁 때문에 눈물을 쏟을 두 눈 말고는 민간인들에게 아무것도 남겨두어서는 안 됩니다."

민간인이 군인보다 훨씬 더 호전적인 경우도 흔했다. 프로이센의 위대한 총리 오토 폰 비스마르크(1815~1898)의 아내는 점잖은 독일 주부였지만 프랑스인들에 대해서는 "갓난아기까지 총으로 쏘고 칼로 찔러 죽여야 한다."고 외쳤다. 몰트케는 말년의 대중 연설에서 자신이 그 출현에 일조한 새로운 종류의 전쟁에 대해 경고했다. 그는 '내각 전쟁'(제한된 목적을 위해 통치자가 결정하는 전쟁)의 시대는 끝났다고 말했다.

"이제부터 모든 전쟁은 국민의 전쟁입니다. 무릇 신중한 국가라면 헤아릴 수 없이 심각한 결과를 초래할 이런 성격의 전쟁을 벌이는 데 주저할 것입니다."

이어서 그는 강대국들이 전쟁을 끝내거나 패배를 인정하기가 쉽지 않을 것이라고 말했다.

"여러분, 그것은 7년 전쟁일 수도 있고 30년 전쟁일 수도 있습니다. 유럽을 불바다로 만드는 자, 화약고의 심지에 불을 댕기는 자는 절대 화를 면치 못할 것입니다!"

민족주의는 화약고에 점화 동기를 부여하고, 산업혁명은 점

화 수단을 제공했다. 생활 환경이 개선돼 인구가 증가함으로써 잠
재적 군인의 수도 훨씬 늘어났다. 새로운 공장에서는 군화부터 총
검까지 그 군인들에게 필요한 것을 수백만 개씩 만들어낼 수 있었
다. 과거의 무기 생산은 숙련된 기술자들이 손으로 만들었기 때문
에 수량이 제한적이었다. 하지만 이제는 교체할 수 있게 규격화된
부품과 기계화된 생산 공정 덕분에, 늘어난 중산층의 거실을 장식
한 저렴한 피아노처럼, 대규모로 총포를 만들어 쓸 수 있게 되었
다. 군사사학자인 홀거 허위그(1941~)에 따르면, 19세기 전반에 프
로이센에서 가장 큰 무기 제조업체의 기계공들이 당시 32만 명이
던 프로이센 군인에게 필요한 총을 만드는 데 30년이 걸린 반면,
1860년 프랑스의 한 무기 제조업체는 100만 정의 총을 만드는 데
4년밖에 걸리지 않았다.

　1860년 영국 윔블던코먼 공원의 조용하고 탁 트인 공간에서
빅토리아 여왕이 줄을 잡아당겨 신형 휘트워스 소총을 발사하자
국립총기협회가 출범했다. 여왕은 365미터 떨어진 표적의 정중앙
을 명중시켰다. 강선 총열을 지닌 소화기[小火器]나 대포는 정확도
가 뛰어났다. 그리고 야금술의 발달 덕분에 훨씬 더 강력한 장약을
사용할 수 있어서 탄환과 포탄을 더 먼 거리까지 더 강하게 날려보
낼 수 있었다. 또한 카트리지[cartridge, 탄피 안에 뇌관, 장약, 탄환이 장
착된 실탄] 구조의 총알과 포탄이 개발되어, 수세기 동안 사용된 분
리형 구조의 발사체와 화약, 장약 마개[장약의 폭발 가스가 포탄과 포
열 사이의 틈으로 새나가지 않게 막아주는 밀폐물]를 대체함에 따라 소총

과 야포를 더 빨리 장전하여 더 많이 발사할 수 있게 되었다. 따라서 군인들에게 사격 훈련을 많이 시킬 필요도 없어졌다.

1860년대 말에 프랑스군은 샤스포(chassepot, 고대 샤냥 용어가 아니라 개발자 앙투안 알퐁스 샤스포의 이름) 소총으로 무장했다. 이 총의 사거리는 최대 1,460미터였으며, 총알을 단발로 장전할 경우 1분에 6발을 발사할 수 있었다. 총알을 미리 장착하는 탄창을 사용하면 발사 속도가 더욱 빨라졌다. 미국 남북 전쟁 때 상당히 숙달된 병사는 소총과 탄창으로 1분에 16발을 쏠 수 있었다. 19세기 말에는 분당 수백 발을 발사할 수 있는 기관총이 출현했다. 어느 역사가의 기록에 따르면, 1차 세계대전 때 오랫동안 질질 끌던 베르됭 전투를 마친 후 프랑스의 한 장군이 "병사 셋에 기관총 하나면 용맹한 군사 한 부대를 막을 수 있다."고 말했다고 한다. 오늘날 유명한 칼라시니코프 소총은 분당 600발을 발사할 수 있고 사거리가 1킬로미터가 넘는다.

19세기에 일어난 전쟁의 또 다른 큰 변화는 군대가 이동할 때 과거처럼 행군하지 않고 기계화된 운송 수단을 이용했다는 점이다(하지만 철도 종점에서 내려 차량을 이용할 수 없을 때는 여전히 행군해야 했다.). 산업혁명 전의 군대는 마치 눈앞의 모든 것을 먹어치우고 나면 이동해야 하는 메뚜기떼 같았다. 나폴레옹의 군대도 알렉산드로스 대왕이나 프리드리히 대왕(1712~1786)의 군대처럼, 식량부터 탄약에 이르기까지 운반하거나 구할 수 있는 군수 물자에 따라 규모가 제한됐다. 나폴레옹은 거대한 병력의 대부분을 러시아에서 잃었다. 병사들은 굶거나 얼어 죽었다. 하지만 19세기에는 군대가 기차나 증기선을 이용하여 원거리를 훨씬 빠르게 이동할 수 있었으며, 새로 만들어진 군수 물자가 계속 보급됐으므로 전장을 더 오래 지킬 수 있었다.

전쟁의 변화는 바다에서도 컸다. 영국 해군은 증기선을 처음 도입했을 때 만약의 경우를 대비해 범선을 계속 보유하긴 했지만, 증기 동력과 신형 터빈 덕분에 함선이 더 안정적이면서 빠르고 조종이 쉬워졌다. 석탄, 세계 도처의 급탄항, 그리고 나중에는 석유가 중요한 전략적 자산이자 목표가 됐다. 새로운 기술 덕분에 배에 철갑을 두르고(처음에는 나무 위에 철갑을 덧댔지만) 훨씬 무거운 대포도 실을 수 있었다. 360도 회전하는 포탑이 개발되자 이제 함선에서 배의 전장(全長)이 적의 대응 사격에 노출되는 현측[뱃전] 일제 사격을 할 필요가 없어졌고 이물이나 고물 너머로도 발포할 수 있게 되었다.

처음에는 일부 해군 장교들이 배 전체를 쇠붙이로 만들면 침몰할 것이라고 확신하긴 했지만, 19세기 말이 되자 세계의 모든 해군이 철선을 건조했다. 1906년 영국 포츠머스조선소에서 5만의 군중이 지켜보는 가운데 에드워드 7세(1841~1910)는 이전에 해상에서 볼 수 없었던 가장 큰 군함인 드레드노트의 진수식을 거행했다. 《데일리 메일》의 기자는 이렇게 전했다.

"거대한 쇳덩어리가 소리도 없이 부드럽게 바다로 미끄러져

들어갔다. 그 속도가 너무나 일정해서 마치 우아한 새가 둥지로 내려앉는 듯했다."

드레드노트는 조선 수준이 영국과 매우 비슷한 독일을 비롯한 다른 나라의 해군이 보유한 어떤 배보다도 크고 빨랐다(그런데 유럽의 경제는 서로 긴밀히 연결돼 있었기 때문에, 드레드노트는 독일 기업 크루프가 생산하는 최고 품질의 철로 건조됐다.). 5,000톤의 두꺼운 철갑을 두른 이 배는 12인치(약 30센티미터. 매우 큰 포탄을 발사할 수 있는 포구경) 함포 10문과 많은 소구경 대포로 무장했다. 드레드노트가 등장하자 다른 나라 해군의 군함은 구시대의 유물이 돼버렸다. 그래서 다른 강대국들도 어쩔 수 없이 영국을 따라 각국에 맞는 새로운 군함을 건조했다.

함포의 사거리 또한 길어져서, 1차 세계대전 때는 최대 16킬로미터였으나 2차 세계대전 때는 29킬로미터에 이르렀다. 이는 해군이 서로 보이지 않아도 교전할 수 있다는 것을 의미했다. 불가피하게 각국 해군은 대응책 마련에 부심하여, 무겁고 느린 함정을 사냥하기 위한 고속 구축함과 어뢰정부터 기뢰까지 앞다투어 개발했다.

지상에서와 마찬가지로 바다에서의 전쟁도 새로운 공간으로 옮겨갔다. 잠수함의 등장으로 해전은 점점 수중전이 늘어났고, 적함뿐만 아니라 민간 선박도 표적이 됐다. 1차 세계대전이 끝날 무렵 전술가들은 적함을 발견하고 격침하는 방법으로 비행기에 주목했다. 그래서 1920년대에 최초의 항공모함이 탄생했다.

산업혁명에서 비롯된 이러한 변화는 하루아침에 뚝딱 이루어진 것이 아니다. 각국의 군대와 사회가 새로운 전쟁 자원을 이용하고 체계화하는 법을 익히는 과정에서 많은 불상사가 발생했다. 1859년 나폴레옹 황제의 조카인 나폴레옹 3세는 오스트리아와 싸우기 위해 이탈리아에 기차로 대군을 파병했다. 그런데 병력은 도착했지만 담요, 식량, 탄약이 없었다. 그는 "본말이 완전히 전도됐다."며 개탄했다. 러시아도 1904~1905년 러일 전쟁 때 같은 어려움을 겪었다. 엉성한 수송 계획으로 시베리아 횡단 철도는 혼란 그 자체였다. 주요 군수 물자들이 [철로가 부실해 운송되지 못하고 곳곳의] 철로변에 쓸모없이 방치됐다.

그런데 1914년 여름 독일은 병력 200만 명, 말 1,189,000필, 그리고 여타 군사 장비를 2만 번의 기차 운행으로 벨기에와 프랑스 북부의 서부 전선으로 차질 없이 보낼 수 있었다. 8월 첫 2주간 54량의 독일 열차가 매 10분마다 쾰른의 호엔촐레른 다리를 이용해 라인강을 건너 프랑스 전선으로 향했다. 독일은 군대의 요청에 따라 병력과 군수 물자를 신속하게 전선으로 이동할 수 있도록 프로이센 시대인 1871년부터 꾸준히 철도를 건설했다. 또한 독일은 신설되는 철도가 기존 철도와 제대로 통합되어야만 쓸모가 있다는 사실을 가장 먼저 간파했다.

독일은 새로 만든 대군 조직을 운용하는 데 꼭 필요한 두뇌, 즉 참모본부를 최초로 설치했다. 유럽에는 다섯 가지 완벽한 것이 있다는 19세기 농담이 있다. 로마 가톨릭교회 교황청, 영국 의회,

러시아 발레, 프랑스 오페라, 그리고 독일의 참모본부이다. 처음에는 프로이센이 나폴레옹을 상대하기 위해 시험 삼아 급조한 참모본부가 똑똑하고 의욕적인 장교들이 배속되면서 1905년에는 800명의 탄탄한 전문가 집단으로 성장했다. 그리고 중요한 철도 부서에는 80명이 배치됐다. 1914년 부서장을 맡았던 빌헬름 그뢰너(1867~1939) 장군은 철도 노선과 분기점에 너무 몰두한 나머지 신혼여행을 가서도 신부와 함께 철도 시간표를 짰다고 한다.

참모본부의 역할은 적에 대한 정보를 수집하고, 무엇보다 승리를 위한 작전을 수립하는 것이었다. 참모본부 장교들은 모든 것을 연구했다. 진지를 분석하여 아군의 강점과 약점을 파악했을 뿐만 아니라, 미국 서커스단을 조사하여 많은 인원과 동물 그리고 장비를 어떻게 멀리 운반하는지 알아내기도 했다. 그렇게 해서 수립된 작전은 검증과 수정 과정을 수년간 반복해서 거쳤다.

근대 전쟁에서 국가는 혼연일체가 되어 전쟁 자원을 최대한 동원하고 필사즉생의 각오를 해야 했다. 러시아에서 1917년 차르 체제가 붕괴된 주요 원인은 전선의 군대에 군수 물자를 제대로 보내지 못하고 국민들에게 식량을 공급하지 못했기 때문이라고 할 수 있다. 17세기 영국의 행정가 새뮤얼 피프스는 근대 행정 조직 발달의 선구자였다. 그 덕분에 영국 정부는 평시에도 전쟁 준비를 염두에 두고 꾸준히 사회에 대한 통제를 확대했다.

발달한 행정 조직에서는 통계 자료를 수집하고 기록을 지속적으로 갱신했다. 정부에 필요한 재정, 자원, 인력을 찾아낼 방법을 알아야 하고 그것들을 동원할 수단도 필요했기 때문이다. 19세기 대부분의 나라가 도입한 센서스[인구 총조사]는 온갖 유용한 인구 정보, 특히 징병 연령 남성 수를 제공했다. 오늘날 우리는 국적과 신분증을 당연히 있어야 하는 것으로 여기지만, 19세기만 해도 각국 정부는 국민의 수가 얼마인지, 나라를 위해 싸울 의무가 누구누구에게 있는지 정확히 알지 못했다. 그래서 새로운 법과 규칙을 만들어 거기에 누가 해당하고 누가 해당하지 않는지 정했다. 1842년부터 프로이센의 징병 연령 남성은 정부의 허가 없이 해외로 이주할 수 없었다.

프랑스의 시골 마을에서는 징병을 소중한 노동력을 부당하게 앗아가는 행위로 보았다. 그래서 세대주가 젊은이들의 이름을 인구 조사 용지에 기재하지 않는 경우가 허다했기 때문에 관리가 일일이 찾아다니며 머릿수를 세야 했다. 징병 대상자가 소집에 불응하는 경우에는 누군가가 책임지고 사라진 사람을 찾아내야 하는 일도 왕왕 있었다. 아울러 건강하고 적격한 신병을 확보해야 할 필요성 때문에 공중보건, 식생활, 주거 환경, 교육 등의 개선이 이루어졌다.

1960년대 영국에서 학생으로 있을 때 나는 왜 모든 술집이 오후에는 문을 닫는지 몰랐다. 1915년 영국 정부는 공장 노동자들이 술을 너무 많이 마시거나 오후 근무를 빼먹지 않도록 영업 시간 제한제를 도입했다. 영국인들은 면허법이 개정된 1980년대 말까지 그 법률의 효력하에 살았다.

근현대 전쟁은 일단 발발하면 사회에 대한 정부의 통제력이 급속도로 확대됐다. 공장은 징발되고, 천연자원은 긴급한 곳으로 배당되고, 광업 같은 주요 산업의 숙련 노동자는 허가 없이 전직하거나 입대할 수 없었다. 전쟁에서 과학자의 역할이 중요하지 않은 적은 없었다(아르키메데스나 레오나르도 다빈치가 한 일을 생각해보라.). 그런데 근대 국가들은 점점 더 많이 과학을 전쟁에 활용했다. 특수 연구소를 설립하고, 산업 보조금을 주거나 대학에 연구비를 지급했다.

히틀러의 여러 착오 중 하나는 독일이 한때 세계를 주도했던 분야인 과학의 가치를 과소평가한 것이다. 나치는 기초 과학을 등한시했다. 우수한 과학자들이 징집되어 각자의 전문성을 발휘하지 못하거나 전장에서 희생되는 경우도 많았다. 나치는 또한 유대인 과학자들을 추방했다. 알베르트 아인슈타인도 그중 한 명이었다. 그 결과 망명 과학자들은 독일의 적들에게 자신의 재능을 제공하게 되었다. 망명 과학자들의 역할이 없었다면 연합국이 그렇게 빨리 원자폭탄을 개발할 수 없었을 것이다. 소름 끼치는 가정이긴 하지만, 만약 히틀러가 인종 정책을 실시하지 않았다면 원자폭탄을 먼저 수중에 넣었을지도 모른다.

원자폭탄을 개발한 맨해튼 프로젝트는 과학이 군사적 목적으로 전용된 가장 대표적인 예이다. 전쟁은 광범하게 신무기와 기술의 개발을 촉진했다. 영국과 특히 미국은 수백 명의 과학자를 레이

더부터 로켓에 이르는 다양한 것들을 개발하는 프로젝트에 투입했다. 특정 장치나 전략의 효율성과 비용편익을 분석하기 위해 경영 과학(operational research)으로 알려진 기법이 최초로 이용됐다.

영국 식품부가 개발한 계란 분무 건조기는 강력한 신무기에 비하면 얼핏 별것 아닌 것처럼 보일 수 있다. 그리고 1차 세계대전 때 동맹국 측의 이용을 막기 위해 영국 기술자들이 대담하게 루마니아 유정을 폭파한 사건은 전쟁의 역사에서 흥밋거리 각주에 불과할 수 있다. 하지만 두 예에서 근현대 전쟁의 또 다른 중요한 특징을 알 수 있다. 전자는 국민의 생활 유지나 전시 동원에 필요한 물자 공급이고, 후자는 사보타주나 직접적인 공격 또는 봉쇄를 통한 상대편의 물자 이용 차단이다.

2차 세계대전 때 독일군 장군 에르빈 로멜(1891~1944)은 "군대가 전투의 중압감을 견딜 수 있도록 만드는 첫 번째 기본 조건은 충분한 양의 무기, 기름, 탄환이다. 사실 전투는 총성이 울리기 전에 병참 장교에 의해 이미 시작되고 판가름 난다."고 말했다.

나폴레옹은 영국의 적대 행위를 차단하기 위해 유럽 대륙과 영국 간의 교역을 막으려 했다. 이에 영국은 자국에 유리한 전략인 해상 봉쇄로 맞섰다.

영국은 1차 세계대전 때 독일에 맞서 이 전략을 다시 구사했다. 독일 경제는 더 이상 전쟁을 지속하기 어려울 정도로 타격을 입었다. 비료 생산에 중요한 천연 인산염이나 식량 같은 핵심 전쟁 자원이 부족해졌다. 이에 독일은 무제한 잠수함 작전으로 대응했고, 2차 세계대전 때 이 작전을 재차 써먹었다. 즉 영국 항구를 이용하는 영국과 중립국의 선박을 무차별 공격했다. 독일은 점령지 벨기에를 약탈하고 1918년에 러시아와 평화 조약을 맺어 우크라이나의 밀과 광물을 확보함으로써 부족분을 어느 정도 만회하기는 했지만, 자원 면에서 협상국들에 상대가 되지 못했다.

1941년 태평양 전쟁 발발 전, 미국은 일본에 대해 금속 및 유류 금수 조치를 단행했다. 일본은 그것들 대부분을 수입에 의존하고 있었다. 일본은 전쟁을 택하고 한동안 파죽지세를 몰아가는 듯했다. 하지만 미국이 폭격기, 구축함, 잠수함으로 일본의 선박들을 신규 선박 건조 속도보다 훨씬 빠르게 격침함에 따라 결국 장기전에서 일본의 자원이 바닥나고 말았다.

자원 전쟁에서 식량은 항상 최우선 순위였다. 포위 공격을 하는 군대는 굶주림이라는 원군의 지원을 받아 적 주둔군에 항복을 압박했다. 나폴레옹의 말처럼 군대는 뱃심으로 진군하기에, 식량 공급 차단은 오래된 전술이다. 로마 장군 파비우스 막시무스는 보급선을 끊어서 한니발의 군대를 약화시켰다. 러시아는 나폴레옹부터 히틀러에 이르는 침략군들에 대응해 자국의 농작물과 가축을 말살하는 초토화 정책을 펼쳤다.

전쟁의 사정권이 확대되면서 '국내 전선'에 식량을 공급하는 일이 전쟁을 지속하는 데 중대한 요소가 됐다. 1차 세계대전 말에 많은 독일인들, 특히 도시 빈민 계급들이 굶주렸다. 그래서 절박한 상황에 처한 주부들이 빈 솥과 팬을 두드리며 가두시위를 벌였다. 나중에 독일군 최고사령부는 이것을 두고 독일군의 전쟁 수행을 불가능하게 하는 '등에 칼을 꽂는 행위'[배후중상설]의 하나로 규정했다.

식량난은 영국의 봉쇄 전략 때문이었지만, 독일 정부의 비효율적인 식량 계획과 실효성 없는 배급 제도에도 원인이 있었다. 양차 세계대전 중에 영국은 훨씬 성공적으로 식량을 증산하고 공정하게 분배했다. 2차 세계대전 때 영국은 목초지와 공원을 갈아엎어 경작지를 두 배로 늘렸다. 축산 대신 밀과 감자 같은 작물에 집중하여 영국인의 식생활에서 텃밭 재배 식품의 비율을 끌어올렸다. 정부의 엄격한 통제에 따라, 화물선은 설탕, 견과류, 제철 과일보다는 육류와 치즈 같은 고열량 식품의 운송에 우선 배정됐다.

2차 세계대전 당시 캐나다 해군에서 복무한 나의 아버지는 처음 영국에 입항해 처가 친지들을 만날 때 파나마 운하를 지나면서 준비한 커다란 바나나 보따리를 선물로 가져갔는데, 아버지와 함께 기차를 타고 가던 승객들이 모두 눈이 휘둥그레져서 냄새라도 좀 맡아보게 해달라며 졸랐다고 한다. 2차 세계대전 내내 대부분의 영국인들은 바나나나 오렌지는 구경조차 못 했고 설탕이나 버터는 최소한으로만 사용해서 맛이 상당히 이상한 음식을 먹긴 했지만, 어쨌든 그들은 건강을 유지할 만큼 충분히 먹었다.

전쟁, 특히 대규모 장기전에는 많은 것들이 필요하다. 그래서 감당할 수 없을 만큼 어마어마한 비용이 든다. 실제로 1차 세계대전이 발발했을 때 유럽의 참전국들을 포함한 세계의 많은 나라들은 돈과 자원이 바닥남에 따라 전쟁이 단기전으로 끝날 것이라고 예측했다. 그런데 참전국들은 국가의 부를 예상보다 훨씬 더 큰 규모로 동원하고 운용하는 방법을 재빨리 터득했다.

역사학자 발터 샤이델은 1차 세계대전 때 프랑스, 독일, 영국 같은 참전 강대국들이 GDP[국내총생산]에서 전쟁 비용이 차지하는 비율을 4배 내지 8배까지 늘린 것으로 추산했다. 2차 세계대전 중반까지 독일은 GNP[국민총생산]의 73퍼센트를 전쟁에 쏟아부었다. 평화가 찾아왔을 때도 각국 정부는 전시에 움켜쥔 모든 권력 수단을 내려놓지 않았고 사회에서 자원을 동원하는 방법도 버리지 않았다. 세금은 전쟁 전의 수준으로 절대 되돌아가지 않았다. 사실인즉, 소비에트연방이 된 1917년 이후의 러시아에서는 레닌과 그의 후계자 스탈린이 '통제 경제'[계획 경제]를 수립하고 운영하며 여전히 전쟁 중인 것처럼 자원을 배당하고 노동력을 배치했다.

산업과 기술이 발달하고 사회의 조직화가 강화되면서 평시에도 자원을 동원하는 것이 가능해졌기 때문에, 유럽 국가들은 끊임없이 군사력을 증강하지 않으면 주변국들에 뒤처질 수밖에 없다는 강박에 시달렸다. 그래서 19세기 말에는, 바다로 둘러싸인 데다 세계에서 가장 강한 해군을 보유하고 있었던 영국을 제외한 모든 강대국이 평시 징병 제도를 시행했다. 징병 연령의 남성은 군에 입대해 정해진 기간 복무하고 다시 일정 기간 예비군에 편성됐다. 이는 국가가 상시 대규모 군대를 보유하고 있다가 유사시에 더 큰 병력을 동원할 수 있음을 의미했다.

하지만 보수주의자들은 징병 제도를 잠재적 위험으로 보았다. 하층 계급 출신 남성들에게 군사 훈련을 시키는 것은 혁명가에게 무기를 쥐어주는 꼴이 될 수 있었기 때문이다. 그리고 도시 출신 남성들은 건장한 촌사람들에 비해 약골이고 힘든 생활과 규율도 잘 견디지 못할 것이라는 의견이 지배적이었다. 또 다른 문제는 군대의 규모가 커지면 장교도 더 많이 필요하다는 점이었다. 이는 수세기 동안 장교 계급을 독점해온 지주와 귀족 외의 신분으로 확대해서 신입 장교를 선발해야 함을 의미했다. 안락한 부르주아의 삶에 익숙한 중산층 남성들은 예술적, 지적 감수성은 뛰어날지 몰라도 야외 스포츠[사냥, 승마, 낚시 따위]로 체력이 단련되지는 못했다. 그래서 기존 장교들은 중산층 남성들이 왕과 조국을 위해 봉사하고 죽을 각오가 돼 있거나 타인과 가치관을 공유할 것이라 기대하기 어렵다고 말했다. 그러나 이런 걱정은 기우였음이 드러났다.

1914년 프랑스 정부는 예비군 동원령을 내리면서 20퍼센트 정도는 입영을 기피할 것이라고 예상했는데 의외로 소집 불응자가 1퍼센트 미만에 불과했다. 중산층 남성들은 장교 집단의 물을 흐리기는커녕 귀족적 가치를 받아들였으며, 일반 사병들은 병역을 통해 대체로 더 애국적인 사람이 되었다.

1차 세계대전이 일어나기 전에 어느 독일군 장군은 자신의 부관들에게 부하들을 충성스러운 신민으로 개조하라고 명령했다. 그는 사회주의 사상은 일종의 질병이므로 군사 훈련이 좋은 치료제가 될 것이라고 말했다. 만약 그가, 나중에 볼셰비키의 붉은군대를 창설한 혁명가 레온 트로츠키(1879~1940)도 군사 훈련에 대해 자기와 같은 가치관을 가졌다는 사실을 알았다면 썩 유쾌하지만은 않았을 것이다. 트로츠키는 군대란 "당이 강고한 윤리 의식, 희생정신, 규율을 심어줄 수 있는 학교"라고 말했다.

계급 조직에서는 변화가 쉽지 않다. 군은 징병제 같은 혁신적인 변화를 항상 의심스러운 눈초리로 보았다. 영국 육군은 유럽 대륙 대부분의 군대가 비효율적이라서 폐지한 이후에도 오랫동안 젊은이들이 돈으로 계급을 사는 관습을 유지했다. 이 제도는 정부가 자금을 확보하고 군대가 나름 '양호한' 병력을 확보하는 데 편리했다(다만 영국 해군은, 당연한 이야기지만, 어리바리한 부잣집 멍청이에게 비싼 배를 맡길 하등의 이유가 없었다.). 그런 관습은 1871년에 비로소 폐지됐다. 왜냐하면 크림 전쟁(1853~1856) 때 허무하게 큰 사상자를 내서 악명 높았던 '경기병 여단의 돌격'[영국 장교들 간의 감정적인 문제로 의사소통이 원활하지 않아 무모하게 러시아 포병대를 공격한 기병 부대가 대패한 사건]처럼, 무능한 장교들이 초래한 재앙이 대중의 커다란 공분을 사서 그냥 내버려둘 수 없었기 때문이다.

신무기 또한 환영받는 만큼이나 의심의 눈초리를 받곤 했다. 갑옷 입은 기사들이 석궁, 장궁, 총 때문에 자신들이 구시대의 유물이 됐다는 사실을 애써 외면했듯이, 19세기의 많은 장교들도 처음에는 새로운 무기와 전술을 깔보고 대응책 마련을 등한시했다. 이를테면 육군 원수 가넷 월슬리(1833~1913) 경은 대영제국 곳곳의 전쟁터를 누빈 추앙받는 영국계 아일랜드인으로 1895년부터 1901년까지 영국군 사령관을 역임했지만, 병사들이 참호 밖으로 나와 공격할 엄두를 내기 어려운 참호전에는 반대해 그것에 대비하지 않았다.

1903년 당시 프랑스 전쟁 대학의 강사였던 젊은 페르디낭 포슈(1851~1929) 대령은 공격하는 2개 대대가 방어하는 1개 대대에 비해 2배의 총탄을 발사할 수 있으므로 승리를 위해 필요한 것은 바로 공격수를 수비수의 2배로 늘리는 것임을 간명하게 수학으로 증명했다. 그런데 1차 세계대전 때 협상국 총사령관이 된 그는 전쟁에 항공기를 이용하는 것에 매우 회의적이었다.

"죄다 가당치 않은 일이지."

1차 세계대전 전에(종전 후에도 오랫동안) 많은 군인들은 여전히 기병을 전투의 한 축으로 보았다. 1907년 영국 기병대 교범에는 "소총이 아무리 쓸모가 있어도 말의 속도, 진취적인 돌격, 검날의 공포에서 비롯되는 전과를 대체할 수 없음을 원칙으로 삼아야 한다."고 적혀 있었다. 1890년대 영국 기병대 감찰관은 비관론자들의 일반적 견해와 달리 무연 화약이 기병대 돌격에 유리하다는 주장을 펼쳤다. 새로운 화약이 연기를 내지 않아 적의 위치를 파악하기가 더 어려워진 것은 사실이지만, 한때 전장을 뒤덮었던 자욱한 연기가 이제 없기 때문에 말 위에서 위압적으로 노려보는 기병의 시선에 적의 간담이 서늘해질 것이라는 주장이었다.

또한 상류 지주 계급 출신이 압도적으로 많았던 기병 장교들은 그들 눈에 단순 기술자로 보이는 이들을 무시하기도 했다. 오스트리아군에서 기병은 포병 장교를 "화약쟁이 유대인"이라고 하며 깔봤다. 포병 장교들 내에서조차 말 타는 이들은 기술 전문가보다 더 중요하게 여겨졌다. 기병들이 말을 버리고 그들이 얕잡아보던 신무기인 탱크와 장갑차를 택하기까지는 무수한 인마가 죽어야 했다.

반지성적인 것에 자부심을 느끼는 군 내부의 풍토에도 문제가 있었다. 영국 육군 참모대학은 19세기 중반에 군 고위부의 반대에도 불구하고 설립됐으나 초기에는 입학생이 소수에 지나지 않았다. 주로 부유층으로 이루어진 육군 연대의 한 장교가 참모대학 지원을 고려하자, 동료 장교가 말했다.

"내가 충고 한마디 하지. 이 건에 대해 다른 장교들한테 입도 뻥긋하지 말게. 그러지 않으면 다들 자네를 무척 싫어할걸세."

1차 세계대전 때 유능한 영국 장군이었던 호러스 스미스도리언(1858~1930)은 참모대학 시절이 오히려 즐거웠다고 회상했다.

"나는 2년 동안 그곳에서 매분 매초를 즐겼다. 참모대학에서 가르친 내용을 우리가 모두 공부한 것 같지는 않지만, 그래도 운동은 많이 했고 과제도 그리 많지 않았다."

그는 도서관에 한 번도 가본 적이 없지만 졸업 시험은 통과했다고 말했다.

그런데 이런 허세를 부리면서도 유럽의 군대는 주변 세상과 전쟁이 변하고 있다는 사실에 내심 불안해했다. 그들은 유럽과 세계 곳곳의 주요 전쟁에 장교 참관단을 파견했기 때문에 새로운 방어전의 위력을 알 수 있었다. 그들은 신기술에는 저항했지만 새롭게 떠오르는 과학 분야인 심리학의 개념에는 개방적이었다. 한편으로는 심리학이 물리적인 것들에서 야기되는 문제에 대한 해법이었기 때문이고, 다른 한편으로는 교육 수준이 높아진 신병들을 과거의 문맹인 촌사람들과 다르게 대해야 했기 때문이다. 병사들의 사기를 어떻게 진작시킬 것인가라는 문제는 전쟁 자체만큼이나 오래됐지만, 그것에 대한 체계적인 연구가 이루어진 것은 근래 2세기에 불과하다. 군대는 최적의 신병을 선발하는 방법, 훈련과 전투로 그들의 전력을 평가하는 방법, 인간이 스트레스 상황에서 행동하는 방식 등을 알아내기 위해 심리학자들에게 자문했다.

그런데 어이없게도 1차 세계대전 전에 전장의 화력이 증가하고 있는데도 심리학적 방법과 동기부여로 거기에 대응할 수 있을 거라 생각했다. 그 시기 프랑스의 탁월한 군사 이론가인 루이 드 그랑메종(1861~1915) 대령은 보병 훈련을 다룬 고전적 저서에서 말했다.

"우리는 전투에서 심리적 요소가 가장 중요하다는 말을 자주 듣는다. 옳은 말이지만 완벽하지는 않다. 보다 정확히 말하자면, 심리적 요소 외에 다른 요소란 없다. 왜냐하면 다른 모든 것들(무기, 작전 등)은 심리적 반응을 촉발함으로써 단지 간접적으로만 영향을 주기 때문이다.…… 인간의 마음은 전쟁의 모든 문제가 시작되는 출발점이다."

병사들은 적군과 맞닥뜨릴 경우 제대로 대응할 수 있을 거라 믿으며 전시 총검 사용법을 훈련받았다. 그런데 막상 1차 세계대전의 살육장에서 기관총과 독가스를 만나자 병사들의 대응력과 용기는 부족하기만 했다.

근대의 군대들은 나름대로의 계급 사회를 계속 유지하고 싶었을 수 있지만, 국가별 광범한 정치·사회적 변화를 고려하지 않을 수 없었다. 전쟁이나 전쟁 준비는 국가에 엄청난 부담을 주고 변화를 강제했다. 하지만 이는 절대로 일방적인 과정이 아니었다. 국민은 어떤 강력한 손이 모양을 빚어주기를 기다리는 무력한 반죽 같은 존재가 아니었다. 그들은 신념과 가치관이 있었으며, 또한 군대의 발전 방향이나 군과 사회의 관계를 정하기도 했다. 19~20세기에 본 것처럼, 민족주의는 전쟁을 촉발하고 국민에게 조국을 구할 의무를 지웠지만, 국민은 정부의 정책과 결정에 더 큰 관심을 가져서 그것들의 구현이나 변화에 권리를 주장하기 시작했다.

남성에게 먼저 주어진 선거권(독일에서는 통일 국가가 성립된 1871년부터 보장된 남성의 보통선거권)은 꾸준히 확대되어 1차 세계대전 후에 대부분의 여성에게까지 주어져 유권자들이 정부가 하려는 일에 관심을 갖게 됐다. 무상 공교육, 낮아진 문맹률, 대량으로 발행되는 값싼 신문의 출현으로 대중은 이제 국경 너머의 소식도 쉽게 알 수 있었다. 그리고 전신(電信)이 발명됨으로써(1837) 외국의 전쟁이나 국제적 위기 같은 사건을 금방 알 수 있게 됐다. [1차 세계대전이 발발한] 1914년에는 오늘날의 인터넷처럼 세상이 전신으로 한데 엮여 있었다.

1853~1856년 크림 전쟁 때는 새로운 종류의 언론인, 즉 종군 기자가 등장했다. 특히 영국《더 타임스》의 윌리엄 하워드 러셀(1820~1907) 기자는 거의 실시간으로 영국 대중을 들었다 났다 했다. 영국 국민들은 처음으로 자국의 군대가 얼마나 무능할 수 있는지, 장병들이 얼마나 열악한 부상 치료를 받고 있는지 알게 됐다. 그래서 여론이 들끓은 덕분에, 요원했던 변화를 군에 주문할 수 있게 됐고, 플로렌스 나이팅게일(1820~1910)과 그녀의 동료들은 군 병원 개선과 장병 보건 증진에 팔을 걷고 나설 수 있게 됐다.

신문사와 출판사는 전쟁이 장사하기 좋은 기회임을 알아차렸다. 이를테면 프로이센-프랑스 전쟁 중에《데일리 뉴스》의 판매 부수가 3배로 뛰었다. 세기의 전환기에 스물네 살의 야심만만한 청년 윈스턴 처칠(1874~1965)은 보어 전쟁[남아프리카 전쟁]을 보도하면서 명성을 얻고 큰돈을 벌었다. 어니스트 헤밍웨이(1899~1961), 에드워드 R. 머로(1908~1965), 마이클 허(1940~2016), 마리 콜빈(1956~2012) 같은 종군 기자와 로버트 카파(1913~1954) 같은 종군 사진가는 현대의 영웅이 됐다. 전쟁의 참상이 보이는 것은 후방에 엄청난 영향을 미칠 수 있으며, 텔레비전과 영화 그리고 요즘의 소셜 미디어는 그 기회를 엄청나게 늘렸다.

미국 정부는 베트남 전쟁 중에 여론 전투에서 패했다. 방송망의 저녁 뉴스와 인쇄 매체가 대중에게 베트남 전쟁은 부당하고 불명예스러운 일이라고 설파했기 때문이다. 종전 후 미국의 유명한 군사 이론가인 해리 서머스(1932~1999) 대령이 베트남 수도 하노이를 방문했다. 북베트남[베트민, 월맹] 대령과의 대화에서 그는 지적했다.

"아시다시피 당신들은 전쟁에서 우리를 이기지 못했습니다."

잠시 후 북베트남인이 대답했다.

"그럴 수도 있지만, 그렇지 않을 수도 있습니다."

지도자가 항상 다음 선거를 의식하는 민주주의 국가에서 인기 없는 전쟁을 지속하기란 무척이나 어려운 일이다. 프랑스도 인도차이나 전쟁에서 그러했다. 심지어 독재 국가인 소련조차도 1980년대에 아프가니스탄에서 지리멸렬하고 인기 없는 전쟁으로 크나큰 정치적 곤욕을 치렀다.

여론은 반대로 작용할 수도 있다. 정부에 압력을 가해 원치 않는 입장을 취하게 하고 전쟁을 하도록 몰아붙일 수 있다. 민간 단체인 해군연맹과 육군연맹, 재향군인회, 방위산업체 등은 대중을 부추겨서 국방 지출을 늘리는 데 탁월한 솜씨를 발휘했다. 아이젠하워 대통령은 1961년 퇴임 연설에서(장군 출신이라서 자신이 무슨 말을 하는지 잘 알았기에) "정부의 모든 부처에서 우리는 원하든 원하지 않든 군산복합체가 부당한 영향력을 미치는 것을 경계해야 합니다."라고 경고했다. 1890년대 영국과 독일은 양국 외교관과 정치지도자끼리 서로 타협할 의향이 있었지만, 여론에 떠밀려 어쩔 수 없이 남태평양의 사모아섬을 두고 전쟁을 벌였다. 한 독일 외교관

북베트남 군인들이 버려진 미군 군사 장비들을 지나치고 있다. 1960년대의 베트남 전쟁은 주로 북베트남과 그들에 동조하는 남베트남 세력이 미국과 벌인 싸움이었으며, 1973년에 휴전으로 막을 내렸다. 미국은 군사적으로는 패하지 않았지만 국내외에서의 정치적 싸움에서 졌다. 1975년 북베트남은 남베트남을 점령했다.

이 불만을 토로했다.

"우리의 삼류 정치인들 가운데 대다수는 사모아가 생선인지 닭인지, 외국 여왕인지조차 모른다. 그들은 그게 뭐든 독일 것이어야 하고 영원히 독일 것으로 남아야 한다고 고래고래 소리를 질러댔다."

1884년 영국 정부는 찰스 조지 고든(1833~1885) 장군을 이집트 하르툼으로 파병했다. 마디[이슬람교의 구세주]를 추종하는 수단인들이 이집트의 무단 통치에 저항하여 일으킨 반란 때문에 하르툼에 고립된 이집트군을 구출하기 위해서였다. 윌리엄 유어트 글래드스턴(1809~1898) 총리는 별로 개입하고 싶지 않았지만, 괴팍하고 제정신이 아닌 듯한 고든 장군을 영웅으로 떠받드는 여론의 압력 때문에 어쩔 수 없었다.

고든 장군은 임무가 완수되는 대로 복귀하라는 엄중한 명령을 받았지만 불복하고 하르툼에 머물며 수단인들을 진압하려는 허영심에 찬 공격을 계속했다. 그 결과 그와 그의 소규모 부대는 하르툼에서 적에게 포위당했다. 우직해 보이는 모습에다 자신의 신앙심을 과시하고, 무단 통치든 이슬람이든 아니면 둘 다든 그것들로부터 수단을 구하기 위해 하느님이 자신을 보냈다고 확신한 고든 장군은 (마디 추종군이 통신선을 절단하기 전까지) 하르툼에서 전신으로 띄운 속보를 이용해 교묘하게 영국 여론을 자기편으로 돌렸다.

고든 장군에게 격노한 글래드스턴 총리는 비용이 많이 드는 구원군 파견을 차일피일 미뤘다. 그러나 전국에서 목사들이 고든 장군을 위해 기도하고, 언론이 영국의 수치를 들먹이며 그것이 '고든이냐 글래드스턴이냐'를 묻고, 빅토리아 여왕까지 친히 나서자(여왕이 전쟁부 장관에게 "고든 장군이 위험에 처했어요. 귀하는 그를 구하려 노력할 의무가 있지요."라고 말했다.) 글래드스턴 총리는 물러설 수밖에 없었다. 마침내 구원군이 파견됐지만 고든 장군이 사망하고 나서 이틀 후에 도착했다. 1896년 보수당 정부는 고든 장군의 복수를 결의하며 원정군을 파병했다. 수천 명의 수단인이 죽었고, 영국은 수단을 지배하게 됐다.

그래서 각국 정부와 군대는 여론을 조작하는 법도 터득했다. 양차 세계대전 당시 양쪽 진영 모두 너무 사실적인 전투 사진이 보도되어 대중의 사기가 꺾이는 일이 없도록 종군 기자들을 엄격하게 관리했다. 미군은 베트남 전쟁 때 기자들에게 자유로운 취재를 허용했다. 하지만 그것은 다시는 그런 실수를 해서는 안 된다는 결론을 내리게 했다. 그래서 이라크와의 두 차례 전쟁 때는 언론이 엄격하게 통제되고 관리됐다. 미국은 영국의 1982년 포클랜드 전쟁에서 많은 것을 배운 듯하다. 당시 영국 국방부는 남대서양에서 오는 뉴스는 아주 별것 아닌 것까지도 모두 통제하려고 애썼다.

관함식, 열병식, 군악대 공연, 에어쇼 등은 오랫동안 대중을 즐겁게 해주었다. 이런 행사는 자국 군대에 대한 자부심을 고취하고 군대를 위해 기꺼이 비용을 부담하도록 만드는 효과가 있었다. 대부분의 민주주의 국가는 이제 이런 군사 쇼를 덜 하는 반면, 러시아, 중국, 이란 같은 나라들은 여전히 군사력을 과시하고 대중의 지지를 조장한다.

알프레트 폰 티르피츠(1849~1930) 독일 해군 제독이 1차 세계대전 전에 대규모 함대 구축[티르피츠 계획]에 착수했을 때 제일 먼저 한 일은 뉴스 및 의회 관련 업무 전담 부서를 설치한 것이다. 이후 수십 년간 그 부서는 독일 의회에 로비하고, 많은 대중 강연을 개최하고, 수천 종의 팸플릿을 배포하고, 새로운 군함이 진수될 때마다 대중이 환호하게 만들었다.

독일의 해군력 증강에 영국이 드레드노트 전함 건조로 맞설 당시 영국 해군도 필요한 예산에 대한 대중의 지지를 호소하는 활동을 했다. 1909년 해군 군비와 사회보장에 지출이 증가해 재정 위기가 닥치자, 영국 해군은 런던의 템스강으로 함정을 끌고와 불꽃놀이, 모의 전투, 어린이 특별 프로그램 같은 쇼를 일주일 동안 진행하며 400만 명의 관중을 모았다.

최근 인도와 파키스탄 양국 군인들이 그랜드 트렁크 로드(방글라데시부터 인도, 파키스탄을 거쳐 아프가니스탄까지 이어진 오래된 도로)를 가로지르는 국경에서 저녁마다 로봇처럼 절도 있는 동작으로 벌이는 국기 하강식이 우스꽝스러운 볼거리로 유튜브에서 인기를 끌었다. 다리를 높이 들어 저벅저벅 걷는 그들이 하늘을 향해 발을 차올리거나 제자리에서 발을 구르거나 춤추듯 빙글빙글 돌면서 식을 진행하는 동안 양측의 많은 군중이 크게 환호한다. 이것은 정말 적의 없는 즐길 거리다. 그렇지 않은가?

그런데 양국은 핵보유국이고 오랜 갈등의 역사가 있으며 서로 불신한다. 그리고 군국주의는 그것이 의미하는 바가, 군대를 사회에서 가장 높고 좋은 지위로 격상시키는 것이든, 아니면 군기나 복종 같은 군대식 가치관을 민간 세상에 주입하는 것이든, 민주주의 사회를 위태롭게 만들 수 있다. 특히 파키스탄의 경우 군대가 국가의 수호자이자 보루로서 민간의 통제와 감시에서 상당히 벗어나 있다. 악명 높은 파키스탄 정보부는 인도, 카슈미르 분쟁 지역, 아프가니스탄과 중앙아시아 등지의 테러 집단을 지원하며 자금줄 역할을 해왔다. 이것은 그 나라들에도, 파키스탄에도 좋은 일이 아니다. 파키스탄의 일부 장군들이 북한에 핵 기술을 팔았다는 것은 널리 인정되고 있는 사실이다. 군부를 통제하려고 했던 정치 지도자들은 하루아침에 축출됐고 운이 좋으면 망명길에 올랐다. 인도나 파키스탄 양국의 민간 통치는 모두 군사적 색채를 띠고 있다. 일부 정당은 준군사 조직을 지원한다. 제복을 입은 조직원들이 반대 세력을 위협할 진압봉을 차고 깃발을 앞세운 채 대오를 맞춰 행진한다. 반면 인도인민당의 경우에는 민족봉사단[힌두교 민족주의 우파 단체]의 지원을 받고 있는 듯하다.

1차 세계대전은 유럽 사회에 심대한 영향을 남겼다. 특히 전쟁이 끝난 후 오랫동안 전시의 가치관과 조직이 유지됐다는 점에서 그렇다. 전직 군인들이 준군사 조직을 결성했다. 발트해 지역의 독일 자유군단(Freikorps)과 아일랜드의 블랙 앤드 탠스(Black and Tans) 같은 경우 1920년대까지 소규모 전쟁에 계속 참전해서 유럽을 불안에 떨게 만들었다. 독일의 우익 정치 세력들은 독일이 모든 차이를 일소하고 하나의 대의로 뭉쳤다고 여겨지는 '1914년의 정신'에 깊은 향수를 느꼈다. 퇴역 군인들은 군복을 입고 거리를 행진했고, 새로 등장한 파시스트 조직과 공산주의 조직도 나름의 제복과 대오를 갖추고 지도자에게 절대복종하며 적들을 물리치는 실력 행사에 나섰다. 이탈리아의 한 파시스트는 "우리에게 전쟁은 결코 끝난 게 아니다. 외부의 적이 내부의 적으로 바뀌었을 뿐"이라고 말했다.

전쟁은 사회에 군국주의의 흔적을 남길 수 있고, 군국주의는 전쟁으로 이어질 수 있다. 19세기 유럽의 예를 보면, 군대가 스스로를 사회보다 우월한 존재, 즉 국가를 수호할 특별한, 심지어 신이 부여한 사명을 지닌 가장 우수하고 용맹한 사회 구성원이라고 여기게 되거나, 군대식 가치관이 국민적 가치관을 압도할 경우, 평화가 오래 지속되는 중에도 전쟁이 일어날 수 있다는 사실을 알 수 있다.

독일에서는 빌헬름 보크트(1849~1922)라는 간 큰 사기꾼이 의도치 않게 군국주의가 독일 사회에 미치는 악영향을 드러내 군국주의자들을 조롱거리로 만든 적이 있다. 베를린에서 그는 조잡한 군복을 입고 한 무리의 병사들을 지휘했다. 병사들을 이끌고 베를린 근교의 소도시 쾨페니크로 간 그는 시 공무원을 체포하고 많은 돈을 챙기며 즐거운 시간을 보냈다. 결국 발각돼 감옥에 갔지만 이 '쾨페니크의 대위'는 많은 반군국주의 독일인들 사이에서 민중의 영웅이 됐고, 독일의 적국들에서도 인기가 높았다. 나중에 그는 자기 경험에 대해 강연하며 풍족하게 살았다.

어쨌든 이 이야기는 독일 군대가 차지하고 있었던 특별한 지위를 보여준다. 군대는 오직 황제하고만 통했고, 황제와 군 장교들은 의회의 이의 제기에는 무엇이든 불쾌해했다. 군대가 슐리펜 계획을 실행해[즉 1914년 1차 세계대전을 일으켜] 독일이 프랑스와 러시아를 상대로 동시에 두 개의 전선을 형성하게 되고 벨기에를 침공했지만(원래 독일은 벨기에의 중립국 지위를 존중하기로 했었다.) 테오발트 폰 베트만홀베크 총리는 1912년에야 처음으로 [이미 1905~1906년에 수립된] 슐리펜 계획의 존재를 알았다. 그의 반응은 고작, 군대에 그 전략이 꼭 필요하다면 자신은 외교적으로 도울 수 있는 일들을 하겠다는 것이었다.

군대를 이토록 떠받들었던 그는 총리로서 처음 의회에 출석할 때 자신의 대령 군복을 입고 갔다. 물론 당시 유럽의 모든 나라에서는 왕과 그 후계자들이 군복 입은 모습을 자주 보였다. 독일 황제 빌헬름 2세는 다양한 군복을 즐겼는데, 묘하게도 영국 해군 제독 군복에 특별한 애착을 보였다. 대부분의 국가에서 남자아이들은 군복 스타일의 교복을 입고 제식 훈련을 받았으며 여자아이들은 해군복을 본뜬 점퍼스커트를 입었다. 아이들은 크면서 영국 보이 스카우트 같은 조직에 가입할 수 있었고, 이런 조직의 목적은 소년을 황제와 조국에 헌신하도록 가르치는 것이었다. 소녀들에게는 현모양처나 간호사로 육성하는 것을 목적으로 하는 영국 걸

가이드 같은 조직이 있었다.

당시 군대는 독자적으로 행사할 수 있는 상당한 재량권을 가졌다. 다른 대부분의 나라에 비해 민간의 감시와 통제를 많이 받은 영국군조차도 상당히 독립적이어서, 프랑스가 만약 독일과 전쟁하게 된다면 프랑스를 도우러 가겠다는 의사를 [정부와 협의 없이] 프랑스와의 회담에서 독자적으로 표명했다.

드레퓌스 사건은 프랑스 참모본부에서 유일한 유대인이었던 알프레드 드레퓌스(1859~1935) 대령이 프랑스의 기밀을 독일에 팔아넘겼다는 누명을 써 유죄 판결을 받은 사건이다. 당시 군대는 10년간이나 재심을 거부했다.

1913년 독일군이 알자스 지방의 마을 자베른[현 사베른]에서 법을 어기며 주민들에게 행패를 부렸다. 황제의 전폭적인 지지를 등에 업은 육군 사령부는 어떤 비위도 일어난 적이 없다며 발뺌했다. 베트만홀베크 총리는 사건의 전모를 알고 있었음에도 불구하고 의회에 출석해 군을 비호했다.

영국에서는 19세기 중반부터 결투가 금지됐지만, 유럽 대륙에서는 심지어 공화국인 프랑스에서조차도 군부가 결투를 옹호했다. 결투가 장교들에게 상무 정신을 함양한다는 것이 그 이유였다. 1차 세계대전 발발 전날 독일 전쟁부 장관 에리히 폰 팔켄하인(1861~1922)은 [개전에 주저하는] 베트만홀베크 총리에게 항변했다.

"결투는 명예 규약에 뿌리를 두고 발전했습니다. 명예 규약은 고귀한 것이며, 장교단에겐 무엇과도 바꿀 수 없는 보물입니다."

전쟁은 흔히 대규모 결투로 인식되어 명예나 치욕이라는 언어가 국가에도 사용됐다. 결투는 명예로웠고 항복은 치욕스러웠다. 치욕은 또 다른 전쟁으로만 씻을 수 있었다.

'전쟁은 자연스러운 것일 뿐만 아니라 사회에 필수적인 것이며 인간과 그들의 국가에 대한 시험이다'라는 생각에는 오랜 전통이 있다. 예를 들면 로마인들은 공동의 적이 자신들에게 이롭다고 생각했다. 로마의 역사가 가이우스 살루스티우스 크리스푸스(BC 86~BC 35)는 카르타고에 맞선 로마의 싸움을 말하면서 "영광을 위한 것이든 권력을 위한 것이든 시민들 간의 모든 다툼이 사라졌다. 적에 대한 공포가 나라의 공서양속을 지켜냈다."고 말했다.

오늘날의 로마[미국]에서도 여전히 이런 태도가 보인다. 2006년 인터뷰에서 조지 W. 부시 대통령은 말했다.

"전쟁은 끔찍합니다. 하지만 아시다시피 어떤 의미에서 전쟁은 자신의 영혼을 지키기 위해 자진해서 싸우러 나가는 미국인들의 정수를 일깨워줍니다."

19세기에는 전쟁이 가져올 수 있는 이로움을 설명하기 위해 과학까지 동원했는데, 특히 찰스 다윈(1809~1882)의 진화론을 변용하기도 했다. 소위 사회진화론은 각각의 인간 사회가 마치 다양한 별개의 종처럼 진화해 왔으며 그 과정에서 전쟁은 핵심은 아니더라도 중요한 역할을 했다고 주장했다. 이는 다윈을 오독한 것이고 실제로 과학적이지도 않다. 그러나 적자생존의 법칙이 인간 사

회의 운명을 지배한다거나 각 사회는 천적이 있을 수 있다는 사고
는 엄청난 영향력을 발휘하여, 히틀러와 나치를 비롯한 많은 사람
들에게 영향을 미쳤으며, 지금도 급진적인 편향론자들에게 영향
을 주고 있다.

위대한 군인 영웅의 모습이 인쇄된 수집용 담뱃갑 카드부터
소년 잡지에 이르기까지 대중 문화는 전쟁과 군대의 특별한 매력
과 위상을 드높이고 강한 국가를 만드는 데 필요한 군사적 가치
의 중요성을 부각시키는 데 이바지했다. 1913년 영국에서 창간된
《보이스 저널(The Boy's Journal)》의 편집자는 "씩씩한 소년을 사나이
로 만들어주는 명실상부한 잡지"라고 자랑스럽게 소개했다. 그는
또한 잡지에 게재된 작가들의 작품은 "당연히 고귀한 이상들로 가
득하다. 가족과 조국에 대한 사랑, 우리 제국의 위대함에 대한 자
긍심, 애국심과 진실한 동지애, 몸과 마음의 정화, 육체적·정신적
용기, 거짓·소심·천박·잔인함에 대한 경멸을 담고 있다."라고 말
했다.

단체 놀이는 목적에 걸맞은 남성적이고 집체적인 가치관을 심
어주었다. 보이 스카우트의 창설자 로버트 베이든파월(1857~1941)
은 보이 스카우트가 지도력과 신속한 판단력도 가르친다고 자신
했다. 그는 아마 베트남 전쟁 시절에 학생에게 체육 수업을 열심히
받아야 할 필요가 있다고 말한 미국 고등학교 체육 교사와 생각이
같았을지 모른다.

"네가 여기서 받는 훈련이 너를 베트남 국[gook, 아시아인에 대한

멸칭]보다 뛰어나게 만들어줄 게다."

실제로 빅토리아 시대(1837~1901)에는 전쟁이 수준 높은 형태의 스포츠로 여겨지곤 했다. 에드워드 시대(1901~1919)의 문필가이자 유력한 편집자인 헨리 뉴볼트(1862~1938) 경의 시 「생명의 횃불(Vitaï Lampada)」은 크리켓 경기장에서 어린 타자가 팀의 승리를 위해 최선을 다하라는 응원을 받는 장면으로 시작해 수단 사막 위의 유혈 장면으로 끝난다. 그 마지막 장면에서, 어느덧 소년이 장교가 되어 부하들을 응원한다.

"힘내라! 힘내라! 싸워라!(Play up! play up! and play the game!)"

한때 개, 거지와 마찬가지로 여관에서 숙박을 거절당했던 군인이 이러한 시대에 들어 이제 어느 정도 대접을 받게 됐다. 하지만 평범한 영국 군인들의 목소리를 새겨들었던 작가 러디어드 키플링(1865~1936)은 단 한 번도 육군이 존중받은 적이 없는 영국에서 그런 변화가 과연 얼마나 실현됐는지에 대해 회의적이었다.

맥주 한잔하러 술집에 들어갔지.

술집 주인이 다가와 말하네, "여긴 빨간 코트 안 받아."

바 뒤 아가씨들이 숨넘어갈 듯 낄낄거리며 웃네.

다시 거리로 나와 혼잣말로 중얼거리지.

오, 여기도 토미, 저기도 토미, "토미, 꺼져 버려."

하지만 군악대가 연주를 시작하면 "고마워요 앳킨스 씨"라고
　　들 하지.

군악대가 연주를 시작하네, 나의 전우들, 군악대가 연주를 시
　　작하네,
군악대가 연주를 시작하면 "고마워요 앳킨스 씨"라고들 하지.
　　[1892년에 발표된 시집 『막사의 담시(Barrack-Room Ballads)』에 실
　　린 「토미(Tommy)」의 첫째 연. '빨간 코트'는 영국 군인을 일컫던
　　별칭. '토미'와 '앳킨스'는 영국 육군 병사를 얕잡아 부르던 멸칭.]

　영국에서 존경받는 존재는 국가의 방패인 해군이었다. 뉴볼
트 경의 유명한 다음 시는 엘리자베스 시대(1558~1603)의 해군 제
독 프랜시스 드레이크(1540~1596) 경을 노래하고 있다. 시의 마지
막 구절에서 기약하듯, 많은 사람들은 유사시에 드레이크 같은 존
재가 다시 나타나 영국을 구하리라 믿었다.

드레이크 그는 스페인 무적함대가 나타날 때까지 해먹에 누워,
(함장님, 갑판 아래 거기서 주무시고 있습니까?)
포환 더미 사이에 매달린 채, 북소리 찾아 귀를 세우네,
플리머스 언덕에서의 그 시절을 꿈꾸며.
먼바다에 가거든 그를 불러라, 플리머스 해협을 향해 그를 불
　　러라,
항해하다 적들을 만나거든 그를 불러라.
유구한 상선이 오가며 유구한 깃발을 휘날리는 곳에서
그들은 그가 깨어나는 것을 볼 것이다, 먼 옛날 보았던 것처럼!

[1897년에 발표된 시집 『모든 제독들이시여(*Admirals All and Other Verses*)』에 실린 「드레이크의 북(Drake's Drum)」의 마지막 연.]

승리를 장담하고 애국심에 호소해도 그 속 어딘가에는 두려움이 있었다. 과거에도 분명히 그러했다. 전쟁이라는 시련이 닥치면 사회는 두려움을 이겨내지 못했다. 요즘도 그러하지만, 19세기 말 선진국에서는 현대인이 조상들보다 육체적, 정신적으로 나약해졌다고 걱정했다. 영국이 보어 전쟁 참전 지원병을 모집했을 때 당국과 영국 대중은 신병들의 낮은 평점에 충격을 받았다. 도시화 때문인지, 너무 편해서인지, 질 낮은 음식을 먹어서인지, 공기가 나쁜 탓인지, 아니면 교육이 부실해서인지, 아무튼 그럼에도 과연 현대 국가들이 자국을 수호할 군인을 제대로 양성하고 있는지 의문이 들었다.

독일의 유명한 전술 교본 저자인 빌리암 발크(1858~1924) 장군은 현대인의 체력과 정신력이 약해지고 있는 것이 분명하다고 단언했다.

"생활 수준이 지속적으로 향상되어 자기 보호 본능은 강화되고 희생정신은 줄어드는 경향이 있다."

영국의 교육가 겸 보수당원인 엘리엇 에번스 밀스(1881~1956)는 1905년에 『대영제국의 쇠망(*The Decline and Fall of the British Empire*)』이라는 논쟁적인 소책자를 펴냈다. 여기서 그가 다룬 주제로는 "전원생활 대비 도시 생활의 확산과 그것이 영국 국민의 신앙과 보건에 미치는 악영향", "과도한 세금과 지자체의 재정 낭비", "자신과 조국을 지키는 데 무능한 영국인" 등이 있다. 그는 로마제국의 쇠락을 빈번하게 언급했다. 일본인들은 학교에서 사용하려고 특별판을 구입했다[밀스는 속표지에 "일본 초등학교 지정 도서"라고 표시하고 머리말에서 "초등학교 고학년 수업에 사용할 목적"이라고 밝히면서 끝에 "2005년, 도쿄에서"라고 적었다.].

영국 육군 원수 가넷 월슬리 경은 참호전에 반대했던 것만큼이나 영국 사회의 변화도 못마땅해했다. 그는 발레 무용수나 오페라 가수가 선망되는 것을 좋지 않은 징조로 여겼다. 남성은 남성스러움이, 여성은 여성스러움이 줄어들고 있는 것으로 보았다.

프랑스에서는 출산율 저하에 대한 우려가 확산했다. 그런 상황에서 독일의 어느 유명한 지식인이 프랑스 기자에게 눈치없이 말했다.

"남자는 군인이 되기 싫어하고 여자는 아이를 낳지 않으려는 민족은 활력을 잃었습니다. 그들은 더 활기차고 생동하는 민족에게 지배되어야 할 운명입니다."

1914년 이전의 군대들이 단기간의 결전을 계획했던 이유 중 하나는 군대와 정치 지도자들 모두 장기전을 치르다 나라가 망할까 봐 두려웠기 때문이다.

사실 그런 두려움은 대체로 근거 없는 것이었다. 1차 세계대전의 미스터리 중 하나는 군인과 민간인이 어떻게 그렇게 장기간 버틸 수 있었는가이다. 강대국 중 가장 약체였던 러시아는 1917

년까지 버텼고, 나머지 국가들은 1918년까지 겨우겨우 견뎌냈다. 그랬다. 반란과 개별 항명이 있긴 했지만, 유럽의 육군과 해군은 버텨냈다.

이에 대해 한 가지 가능한 설명은, 군대식 가치관이 민간 사회에 서서히 스며들어 많은 유럽인들이 심리적으로 전쟁에 대비할 수 있었다는 것이다. 아울러, 돌이켜보면 터무니없는 소리이긴 하지만, 유럽인들은 전쟁이 위대한 해결사가 되어 더 평화로운 시대를 열어주기를 기대했다. 폭풍이 닥쳐와서 무겁게 가라앉은 하늘, 갑작스럽게 내리치는 번개, 세상을 가르는 우렛소리, 그리고 잠시간의 강렬한 빗줄기가 지나고 나면 상쾌한 공기와 파란 하늘이 나타나길 바랐다.

제5강

전사는 어떻게 만들어지는가?

진정으로 용감한 사람은

인생에서 달콤한 것과 쓰디쓴 것의 의미를 누구보다 잘 알아서

다가올 일들에 물러서지 않고 맞서는 자이다.

페리클레스

서로 다른 두 전투가 있었다. 하나는 유럽 영국에서, 다른 하나는 미국에서 벌어져 공간이 달랐고, 시간은 무려 400년이나 차이가 났다. 전자에서는 크기를 불문하고 어떤 종류의 총도 아직 거의 없다시피 했지만, 후자에서는 군인들이 개인 화기를 소지했고 야포도 있었다. 두 전투 모두에서 군인은 장검과 단도를 지녔고, 기마병이 있었다. 둘 다 내전의 일부였으며, 각각의 결과에 따라 역사에 변화가 있었다. 그리고 둘 다 높은 사상자 기록을 세웠다.

두 전투 각각의 양측은 어쩌다 이렇게 직접 맞붙어 싸우는 지경에 이르게 됐을까? 싸우는 자(대부분 남자)들은 어떻게 그런 물리적 충돌을 벌일 수 있었을까? 어떻게 죽음을 무릅쓰며 전장에서 기나긴 시간을 견딜 수 있었을까? 때로는 멀리서 화살이나 총으로, 대개는 코앞에서 육박전으로, 어떻게 타인을 죽일 수 있었을까?

1461년 3월 29일 종려 주일[부활절 직전 일요일]에 영국의 오래된 도시 요크로부터 남동쪽으로 16킬로미터 떨어진 작은 마을 타우턴의 외곽에서 눈보라가 몰아치는 가운데 두 군대가 맞닥뜨렸다. 이 전투는 '장미 전쟁'이라고 알려진, 복잡한 왕위 계승 다툼과 정쟁이 얽힌 일련의 싸움 중 하나였다. 장미 전쟁은 요크가와 랭커스터가 중 어느 왕가가 영국을 통치할지를 놓고 벌인 전쟁이다. 하지만 무릇 전쟁이 그러하듯, 이 전쟁에는 영국 백성들의 원성과, 어떤 부류의 정부가 들어서야 하는가에 대한 국론 분열 등 다른 많은 요인까지 함께 작용했다.

그날 궁수, 보병, 기병을 합해 약 5만 명이 싸웠고, 기록에 따르면, 강이 피로 붉게 물들었다고 한다. 종국에는 요크군 지원 부대가 도착하자 랭커스터군이 무너져 패주했다. 나중에 '피의 초원'으로 알려질 곳에서 많은 랭커스터군이 기세등등한 요크군에게 참살당했다. 혼비백산하여 도망가다가 전우를 밟아죽였는가 하면, 근처 강물에 빠져 죽은 자도 허다했다.

셰익스피어는 자신의 영국 사극들 중 하나에서, 싸움에 지고 있던 헨리 6세[랭커스터가]가 이 전투를 자연의 섭리에 비유하는 장면을 묘사했다[『헨리 6세』 제3부 2막 5장].

이 전투는 새벽의 전쟁처럼 흘러가는구나,

걷히는 어둠이 밝아오는 빛과 겨루고,

목동이 입김으로 손끝을 녹이는 시간이니,

아직 낮이라 할 수 없고 밤이라고도 할 수 없구나.

이제 전세가 이쪽으로 기우는구나,

조류를 타고 바람과 맞서 싸우는 거대한 바다처럼.

이제 전세가 저쪽으로 기우는구나,

격렬한 바람에 밀려 물러나는 거대한 바다처럼.

한때 조류가 득세하면, 다음엔 바람이 득세하니,

지금 한쪽이 우세하면, 다음엔 다른 쪽이 우세하구나.

둘 다 승자가 되려고 다투며 접전을 벌이지만,

누구도 아직 승자도 패자도 아니구나.

이 잔혹한 전쟁의 백중지세가 이러하구나.

헨리 6세는 프랑스로 도망쳤고 승리한 에드워드 4세[요크가]가 왕위에 올랐다. 그런데 전세가 다시 바뀌어 헨리 6세가 1470년 잠시 복귀했다.

오늘날 대부분의 사람들은 장미 전쟁을 자세하게 기억하지 못하지만, 타우턴 전투는 영국에서 치러진 가장 크고 가장 피비린내 나는 전투로 여전히 주목받고 있다. 28,000명가량이 전장에서 죽었고 그보다 수천 명 더 많은 사람들이 부상당하거나 전투 후에 처형된 것으로 추정된다. 당시 영국 인구가 200만 명 정도였던 점을 감안하면 오늘날 5600만 명을 기준으로 할 때 사망자가 무려 784,000명에 달한 셈이다.

4세기 후인 1862년 9월 17일 온화한 가을날, 영국 타우턴으로부터 멀리 떨어진 아메리카 대륙에 있는 메릴랜드주 앤티텀 크리크 근처에서 다른 5만 명의 군인들이 전투를 벌였다. 남부 연합군은 8월부터 공세를 펼쳐 연승을 거듭하며 버지니아주로 진격해 갔다. 북부 연방군은 수세에 몰렸고 지도자들은 영토를 방어할 능력이 없어 보였다. 로버트 에드워드 리(1807~1870) 장군은 9월 초부터 특유의 대담한 전술로 자신의 남부군을 메릴랜드주로 북진시켜 남동쪽으로는 워싱턴 D.C., 북쪽으로는 펜실베이니아주를 위협했다.

그런데 북부군이 그를 저지하기 위해 완만한 구릉과 숲, 강을 지나 아름다운 메릴랜드 시골에 속속 집결하면서 리 장군이 수적으로 열세에 처했다. 87,000명 대 55,000명이었다. 하지만 리 장군은 전술에서 확실히 우위였다. 상대편의 조심성과 실수 덕분에 리 장군은 거의 승리할 뻔했다.

전투는 남북으로 펼쳐진 넓은 전선에서 동틀 무렵 개시됐다. 영국의 타우턴 전투와 달리, 그날에 대한 직접적인 목격담이 남아 있다. 제6 위스콘신 지원 보병 연대 소속 북부군 소령이 옥수수밭에서 일어난 남부군과의 첫 교전을 기록으로 남겼다.

"우리는 방책을 뛰어넘어 돌격했다. 전진하면서 총을 장전하고, 쏘고, 함성을 질렀다. 일부는 광적인 흥분에 휩싸여 진격에만 열을 올린 나머지 승리 말고는 아무것도, 목숨도 안중에 없었다."

그가 반란군이라고 부른 자들은 목숨을 부지하려 도망쳤다.

"도로변의 높은 방책을 넘다가 수많은 자들이 총에 맞았다."

그런가 하면 개울 모양 저지대 도로에서 4시간을 결사 항전하던 남부군에게 북부군이 총탄 세례를 내리퍼붓기도 했다. 생존자들의 말에 따르면, 교전이 끝날 무렵 '피의 도로'는 강물처럼 흐르는 피와 시신으로 뒤덮였다.

번사이드 다리에서는 조지아주 출신 저격병 분대가 많은 수의 북부군을 저지했다. 그 저격병들의 탄약이 떨어지고 나서야 북부군은 총검을 앞세우고 돌격했다. 그런데 북부군 장군은 과감하기보다 신중한 편이라 예비 병력을 후방에 남겨두었다. 그 덕분에 리 장군과 그의 병력은 그날의 전투가 끝난 후 대오를 정비해 퇴각할 수 있었다.

남부군은 1,500~2,700명이 전사하고 7,700~9,000명이 부상당한 것으로 추정됐다. 북부군은 2,000명가량이 전사하고 거의 10,000명이 부상당했다. 북부군의 조지프 후커(1814~1879) 장군은 전투가 끝난 후 옥수수밭 교전에 대해 적었다.

"내가 적고 있는 이 시간, 옥수수밭의 북쪽 절반 이상에서 모든 옥수수 줄기가 칼에 베이듯 잘려나가고 없다."

그는 이어서, 시신들이 "불과 몇 분 전 대열을 맞춰 서 있었던 것처럼 줄지어 쓰러져 있다. 이보다 더 피비린내 나고 참담한 전장은 본 적이 없다."고 기록했다.

이 앤티텀 전투는 남북 전쟁뿐만 아니라 미국에서 일어난 모든 전쟁 중에서 가장 참혹한 혈투였다. 비록 북부군이 완벽한 승리를 거두지는 못했지만, 메릴랜드주와 워싱턴 D.C.까지 차지하려던 남부군의 계획을 좌절시키는 데 기여했다. 이 전투에서의 승리에 힘입어 에이브러햄 링컨(1809~1865) 대통령은 1863년 「노예 해방 선언」을 발표했고, 영국도 남부 연합을 인정하지 않게 됐다.

앤티텀 전투 이후 남부 전체는 비탄에 잠긴 분위기였다. 남부 연합 대통령 제퍼슨 데이비스(1808~1889)는 "우리는 최대 전력을 동원했는데, 적은 이제 막 힘을 모으기 시작했다."고 말했다. 그럼에도 남부 연합은 2년 반 동안 싸움을 더 지속했다. 앞의 영국 내전[장미 전쟁]은 남북 전쟁보다 24년이나 더 오래 지속됐다[장미 전쟁은 1455~1485년, 남북 전쟁은 1861~1865년].

전쟁에서 으레 남자들을 동원하지만 간혹 여자들까지 싸움에 끌어들여서, 패전하거나 대의명분이 사라져도 싸움을 지속하게 되는 이유는 무엇일까? 그리고 전쟁이 인간 본성의 가장 야만적인 면과 가장 장엄한 면을 함께 드러낼 수 있는 이유는 무엇일까? 우리가 한편으로는 전쟁을 혐오하면서 다른 한편으로는 전쟁에 매혹되기도 하는 것처럼, 우리는 전쟁을 하는 사람들, 즉 전사들에게도 똑같은 감정을 느낀다. 우리는 그들을 우러러보면서 동시에 두려워한다. 그리고 그들이 하는 것을 과연 우리도 할 수 있을지 의문을 품는다. 무엇이 전사를 용감하게 만드는지도 궁금하다.

2차 세계대전 때 중국에 있었던 한 일본군이 말했다.

"나는 중국인들의 시신을 뚫어져라 바라봤지만, 더 이상 견딜 수 없을 때까지 억지로 보려고 애를 썼지만, 아무 '깨달음'도 얻지 못했다. 나는 실전에서의 용기가 심장 속 어디에서 나오는지 여전히 알 수 없었다."

그리스 아테네의 정치가이자 군인인 페리클레스(BC 495?~BC. 429)는 펠로폰네소스 전쟁에서 전사한 아테네인들을 기리는 유명한 추도사에서 이렇게 말했다.

"사람은 모르면 용감할 수 있다. 그래서 멈추어 생각하면 두려움을 느끼기 시작한다. 하지만 진정으로 용감한 사람은 인생에서 달콤한 것과 쓰디쓴 것의 의미를 누구보다 잘 알아서 다가올 일들에 물러서지 않고 맞서는 자이다."

전쟁의 많은 아이러니 중 하나는, 삶의 이유가 죽음의 이유가 될 수도 있다는 점이다.

개인이 용감하게든 아니든 싸우는 이유는 대략 몇 가지로 나눌 수 있다. 이 분류는 국가를 비롯한 모든 사회 집단에 똑같이 적용된다. 이득이나 자기방어를 위해, 또는 이념이나 감정 때문에. 이를 더 세분할 수도 있다. 절대 완전한 목록이 될 수는 없겠지만, 사람들이 서로 싸운 이유를 열거해본다.

다른 선택의 여지가 없어서, 사랑하는 사람이나 조국을 지키기 위해, 공명심에 사로잡혀서, 지휘관이 무서워서, 존경하는 사람들로부터 인정받기 위해, 잘난 척하려고, 자신을 시험해보려고, 강간이나 약탈 또는 전리품 노획을 하려고, 영광이나 대의를 위해, 전우를 위해, 출세하려고 등등.

평시에 입대하는 사람은 전쟁은 전혀 생각지 않고 세상 견문을 넓히거나 쓸모 있는 직능을 익히는 것이 목적일 수 있다. 영국군은 모병 포스터에 열대 해변이나 스키장 또는 교실의 풍경만 싣고 자원병이 전투에 나갔다가 목숨이 위태로울 수 있다는 사실을 표시하지 않아 큰 비난을 산 적이 있다. 최근 캐나다에 난민 지위를 신청한 미국인 탈영병이 있었다. 그는 미국에서 군대에 가면 전쟁터에 나갈 수도 있다는 사실을 몰랐다고 주장했다.

강대국(일부 국가는 군사력만으로 강대국)들은 국민이 국가 소유이므로 병역 의무를 회피하려는 모든 시도는 반역에 준하는 행위로 단정하는 경향이 있었다. 프로이센의 프리드리히 대왕(1712~1786)의 아버지 프리드리히 빌헬름 1세는 자신이 아끼던 '포츠담 거인 친위대'를 구성할 장신 병사를 찾아서 잡아오기 위해 전국 각지에 징용대를 파견했다.

그런가 하면, 많은 국가에서 노예나 전쟁 포로에게 병역이 강요됐다. 자유민만 군대에 갈 수 있었던 스파르타에서는 절대로 노예를 신뢰하지 않았다. 펠로폰네소스 전쟁 때 스파르타는 노예들에게 병역에 지원하면 그 대가로 자유를 주겠다는 제안을 했다. 그리고 제안에 응한 노예들을 모두 즉결 처형했다. 화근을 미리 제거하기 위해서였다.

16세기 오스만제국에서는 기독교도 노예들이 거대한 함대의 노를 저었고, 가족으로부터 강제로 분리돼 이슬람교로 개종당한 기독교도 소년들은 엘리트 친위대인 예니체리에 배속됐다. 과거 로마의 친위대처럼 예니체리도 통치자 폐립에 관여하다가 최후를 맞고 말았다. 1826년 술탄 마흐무드 2세가 신무기로 무장한 신식 군대를 이용해 그들을 제거했다.

국가 전체가 동원되고 교육받은 군인이 필요해진 근대 전쟁이 시작되기 전까지 유럽의 강대국들은 가장 천대받는 사회 구성원들로 군대를 채웠다. 셰익스피어의 작품에 등장하는 악한 팔스타프는 '할' 왕자[어린 헨리 5세]의 지시로 보병대 지휘를 맡아 오합지졸인 신병 부대를 행진시킨다[『헨리 4세』 1부 4막 2장]. 왕자는 혀를 내두른다.

"저렇게 한심해 보이는 녀석들은 생전 처음이네."

팔스타프는 부끄러운 기색이 없다.

"쯧쯧, 내다버리기에 적당하죠. 총알받이, 총알받이로 말입니다. 더 나은 녀석들 못지않게 무덤을 잘 채울 겁니다. 쩝, 인간이죠, 어차피 죽을 인간들, 어차피 죽을 녀석들입니다."

18세기 유럽에서는 대개 범죄자, 심지어 살인자에게도 선택권을 주었다. 진정한 선택권은 절대 아니었다. 처형 아니면 입대였다. 가난하고 연줄 없는 개인들은 모조리 강제징용대에 잡혀가 육군이나 해군에서 복무했다. 또는 영국의 극작가 조지 파커(1677~1707)가 희곡 「징병관(The Recruiting Officer)」에서 보여주듯이, 간혹 젊은 남자들은 술대접을 받고 지원서에 서명하기도 했다. 사실인지 모르겠지만 전해오는 이야기에 따르면, 당시 영국 술집에서는 바닥이 투명한 유리인 큰 맥주잔을 사용했는데, 그 이유는 누군가가 술잔에 몰래 집어넣은 동전이 있는지 없는지 확인할 수 있게 하려고 했기 때문이다. '왕의 실링'[징병관이 입대 계약의 증거로 신병에게 준 1실링짜리 경화]을 받는 것은 입대 계약서에 서명한 것과 같은 효력이 있었다.

유능한 농부나 숙련된 기술자는 통치자들에게 큰 가치가 있었다[그래서 징용되지 않았다.]. 프리드리히 대왕은 자신의 사병들이 사회의 쓰레기라고 말했다.

"게으름뱅이, 난봉꾼, 탕아, 주정뱅이, 후레자식, 그런 놈들."

영국의 웰링턴(1769~1852, 제1대 웰링턴 공작 아서 웰즐리) 장군은 자기 병사들을 "세상의 인간 쓰레기들"이라고 불렀다. 그들은 프랑스 혁명 이후지만 기존 방식으로 모집됐다. 그래서 그들은 흙으로 돌아가도 묘비조차 없었다. 나폴레옹 전쟁이 끝나고 평화가 찾아오자 많은 영국인들은 자랑스럽게 '워털루 이빨'(시체 도둑이 전사자에게서 떼어낸 치아)로 만들어진 틀니를 착용했다.

1822년 런던의 한 신문은 나폴레옹 전쟁이 벌어진 전쟁터에서 사람 뼈, 동물 뼈 가릴 것 없이 온갖 뼈가 어떤 식으로 샅샅이 수거됐는지 전했다. 수백만 부셸[1부셸은 약 36리터]의 뼈가 배에 실려 헐[킹스턴어폰헐, 잉글랜드 북동부 도시]로 운송됐고, 다시 요크셔의 뼈 분쇄소로 보내졌다. 뼈는 강력한 증기 기관으로 돌아가는 기계에서 분말이 됐고 "그 상태로 농부들에게 팔려 땅에 거름으로 뿌려졌다."

그런데 일편 최악의 전쟁조차도 그들에게는 해방구가 될 수 있었다. 프랑스 외인부대는 지원자의 과거를 묻지 않고 실명을 요구하지 않는 것으로 유명했다. 2차 세계대전 후에는 독일 억양이나 이탈리아 억양으로 프랑스어를 구사하면서 군사에 밝은 프랑스 이름 소지자들이 외인부대에 많이 채용됐다.

가난은 예나 지금이나 입대의 큰 동기이다. 오늘날 미군의 모병은 시골과 도시의 가난한 지역에서 많이 이루어지고 있다. 근대 초기 유럽 용병들 중에 스코틀랜드, 스위스, 아일랜드 같은 가난한 지역 출신이 많았던 것은 우연이 아니다. 군 복무로 그들은 다소간의 고정급과 식량을 받을 수 있었고, 돈부터 여자까지 능력껏 취할 기회도 있었다. 심지어 의지력이 강하고 운이 좋은 자들에게는 전쟁이 출세의 발판이 되기도 했다.

17세기의 30년 전쟁에서 가장 악명 높았던 인물 중 하나는 독일 백작의 사생아인 에른스트 폰 만스펠트(1580?~1626)이다. 그는 처음에 합스부르크 왕가와 그들의 신성로마제국을 위한 싸움에서 두각을 드러내 황제의 명으로 적자의 지위를 얻는 보상까지 받았다. 그는 가톨릭교도임에도 프로테스탄트의 대의에 합류했다. 한편으로는 합스부르크 왕가가 자신을 제대로 대우해주지 않는다고 느꼈기 때문이고, 다른 한편으로는 돈과 땅을 더 많이 가질 수 있을 것 같았기 때문이다.

한 세기 후 스코틀랜드 중부 파이프 지역 출신인 새뮤얼 그리그(1735~1788)는 평범한 수병으로 시작해 해전에서의 용맹과 승리에 힘입어 러시아 예카테리나 대제[1729~1796, 예카테리나 2세]의 총애를 받는 해군 제독의 자리에 올랐다. 탈린 성당[현 에스토니아 성모 성당]에 있는 그의 아름다운 묘는 여제가 특별히 [이탈리아 건축가 자코모 쿠아렝기에게] 의뢰해 조성되었다.

전쟁은 또 다른 종류의 해방구가 되기도 했다. 그것은 지루한 일상으로부터의 탈출이었다. 르네상스 시대 유럽에서 상류층 젊은이들은 이 군대, 저 군대에서 재미로 복무했다. 영국의 한 젊은이가 으스대며 말했다.

"난 항상 내 돈을 들여서 모험 삼아 복무했지."

그는 자유롭게 내키는 대로 부대에 드나들 수 있기를 바랐기 때문에 절대로 부대의 명령에 따르거나 보수를 받지 않았다.

　나폴레옹 전쟁 때 보병 소총수로 싸웠던 영국의 벤저민 랜들 해리스(1781~1858)는 런던에서 가게 주인으로 말년을 보냈다. 그는 자신의 유명한 회고록 『소총수 해리스의 추상록(*The Recollections of Rifleman Harris*)』에서 "나로서는 현역으로 복무한 시절이 이후의 삶보다 더 즐거웠다고 말할 수밖에 없다. 소호 리치먼드 거리의 내 가게에 앉아 일하면서 돌이켜보니 이베리아반도 전쟁(1807~1814)의 전쟁터에서 보낸 시간이 가장 기억에 남는다."고 적었다.

　1차 세계대전 전에 영국 자유당 의원을 지낸 조지 피보디 구치(1873~1968)는 "전쟁 상황으로부터 오랫동안 벗어나 있다 보니 우리의 상상력이 무디어졌다. 우리는 라틴 민족[고대 로마인] 못지않게 전율을 즐긴다. 우리의 삶은 따분하다. 승리란 별 볼 일 없는 사람들이 더 만끽하는 법이다."라고 적었다. 유럽의 많은 젊은이들이 그런 강한 전율을 즐겼다.

　프랑스의 아프리카 식민지에서 위험한 모험으로 영웅이 된 프랑스 청년 에르네스트 프시샤리(1883~1914)는 평화주의를 혐오했다. 그는 평화주의가 프랑스를 약화시키고 있다고 생각했다. 이미 유럽에 전운이 고조되어 1차 세계대전이 발발하기 직전인 1913년에 펴낸 군사 소설 『전투 태세(*L'Appel des armes*)』에서 그는 스스로 "형언할 수 없는 은총이 우리를 빠져들게 하고 황홀하게 하는 군대에서 거두는 풍요로운 결실"이라고 묘사한 것을 열망했다. 그는 이듬해 8월 [서부 전선 국경 전투에서] 전사했다.

영국의 촉망받던 젊은 시인 루퍼트 브룩(1887~1915)은 "모종의 격정"을 갈망한다고 말했다. 그는 전쟁이 나자 서둘러 자원입대했고, 1915년 [중동파견군 병원선에서] 사망하기 전에 쓴 작품들 중 하나에서 그는 환호했다.

> 이제, 하느님께 감사드리오니 우리를 당신의 시간에 맞추시고,
>
> 우리의 젊음을 붙들어 잠에서 깨우시고,
>
> 그 손길로 눈을 맑게, 힘을 날카롭게 하시니,
>
> 수영하는 이들이 맑은 물에 뛰어들 듯 조준하면,
>
> 낡고 차갑고 지친 세상에서 벗어난 기쁨에,
>
> 명예에 감흥하지 못하는 병든 심장과 작별하나이다,
>
> 사내답지 못한 자들과도, 그들의 저속하고 따분한 노래와도,
>
> 그리고 모든 시답잖고 공허한 사랑과도!
>
> [1915년에 출판된 시집 『1914(*1914 & Other Poems*)』에 실린 5편의 소네트 연작시 가운데 첫 번째인 「평화(Peace)」의 전반부]

평시에도 군대는 안전한 세계가 가능할 것 같은 유혹을 느끼게 한다. 그 세계에서는 규칙이 명확하고 결정이 상명하복식으로 내려진다. 그리고 순회 서커스단이나 유랑 극단처럼 군대는 나름의 가치관이 있으며, 대개 그것은 일반 사회의 가치관과 매우 상충한다.

르네상스 시대 네덜란드의 위대한 철학자 데시데리위스 에라

스뮈스(1466~1536)는 "군인의 사악한 삶"을 비난했다. 그는 『대화
(*Colloquia*)』(1518)에서 군인과 대화를 나누는 수도사를 묘사했다. 수
도사는 가족을 버리고 군인이 돼 다른 기독교인들을 도륙하는 남
자를 타이른다. 그리고 나서 수도사는 군인에게 왜 그렇게 가난하
냐고 묻는다. 군인이 대답한다.

"왜냐고요? 내가 급여, 전리품, 성물 절취, 도둑질, 약탈로 챙
긴 모든 것을 술과 창녀, 도박에 탕진해 버렸거든요."

르네상스 시대 군인들은 턱수염과 머리를 기르고, 크고 화려
한 모자를 쓰고, 번듯하고 폼 나는 옷을 입고, 큼직한 샅보대를 차
서 민간인과의 차별성을 부각시켰다(현대에도 비슷한 예를, 이를테면
아프리카 내전에서 찾아볼 수 있다.). 마키아벨리는 남자가 군인이 되면
"복장이 바뀔 뿐만 아니라 민간인의 삶과 완전히 다른 태도와 예
절, 화법, 처신술을 취한다."고 말했다.

미국 독립 전쟁(1775~1783) 당시 뉴욕 주민들은 헤시언[영국군
이 고용한 독일 병사] 용병들이 급여를 받는 시기에 벌어지는 일들에
대해 영국 정부에 민원을 제기했다.

"그들은 사흘 동안 고주망태가 돼 버립니다. 힘들고 괴로워서
그냥 모르는 척할 수가 없습니다. 싸움박질에다 북 치고 나팔 불
고, 밤새도록 춤추고 도박하고, 바로 우리 집 앞에서 차마 눈 뜨고
못 볼 온갖 짓들을 해댑니다."

가난 때문이든 형벌 때문이든 해방구가 필요해서 어쩔 수 없

이 군대에 가는 사람들이 있는가 하면, 각자의 문화에서 부추겨 심지어 전투가 벌어지는 중에 자원입대하는 사람들도 있다. 종교나 민족주의를 포함한 이념과 가치관은 국가에 전쟁 동기를 부여하듯 개인에게도 전쟁 동기를 부여한다. 종교는 전장에서 죽은 사람들에 대한 사후 보상이나 영생을 약속한다.

1980년대에 벌어진 이란과 이라크 간의 오랜 전쟁 때, 수천 명의 이란 자원병들이 지뢰밭을 가로질러 진군했다. 그들은 죽으면 천국으로 바로 갈 것이라고 믿었다. 왜냐하면 아야톨라(이란 이슬람교 시아파 고위 성직자)들이 그들에게 그렇게 말했기 때문이다. 일부 병사들은 천국에 더 빨리 갈 수 있게 해준다는 열쇠를 지급받아 품고 다녔다.

벨라루스의 뛰어난 작가 스베틀라나 알렉시예비치가 인터뷰한 소련 여성들은 모두 2차 세계대전 때 조국이 침공당해서 [민족과 조국을 지키기 위해] 자원병이 되지 않을 수 없었다고 말했다.

설교, 책, 팸플릿, 연극과 회화, 그리고 나중에 등장한 라디오, 영화, TV 등은 사람들에게 강력한 영향을 미쳐서 그들이 전쟁에 나서도록 몰아댔다. 프랑스 혁명 때는 전쟁 영웅의 표상을 보여주는 이미지와 각종 행사가 넘쳐났다. 1789년부터 1799년까지 3,000여 곡의 혁명가가 등장했다. 1차 세계대전과 2차 세계대전 때는 대량 제작된 포스터들이 "조국은 그대가 필요합니다!" 또는 "미국 육군에 지원하세요!" 같은 문구로 남자들에게 입대를, 여타 민간인들에게는 전쟁 지원을 강력히 촉구했다.

남자들에게 전쟁은 동년배뿐만 아니라 윗세대들과도 견주어 자신을 시험해 볼 수 있는 기회가 되었다. 1914년 이전의 독일 젊은이들은 윗세대들이 국가를 건설하기 위한 통일 전쟁에서 얼마나 고생하고 희생했는지에 대해 귀에 못이 박이도록 들었다. 그래서 젊은이들은 똑같이 할 수 있는 기회가 오기를 열망했고, 대체로 그렇게 하겠다고 화답했다. 반면 독일의 적국인 영국과 프랑스의 젊은이들은 조국을 영웅적으로 수호하는 것을 꿈꿨다. 특히 프랑스 젊은이들은 1870~1871년 프로이센-프랑스 전쟁의 패배를 설욕하고 싶어했다.

전쟁에 가장 먼저 동원되거나 자원입대하는 사람은 언제나 젊은이들이었다. 그들은 연장자들보다 신체적으로 더 튼튼하고 회복력도 뛰어났다. 또한 목숨 거는 일을 주저하게 할 가족이나 공동체와의 연이 아직 많이 형성되지 않았다.

전사는 남자여야 한다는 생각은 거의 모든 시대와 문화에서 보편적이었던 것으로 보인다. 비록 여자 전사의 예들이 있기는 하지만 싸움에 나선 전사의 압도적 다수는 남자였다. 그래서 많은 국가들에서 전쟁 규정이 만들어질 때 여자는 노인과 어린이, 그리고 간혹 성직자와 함께 비전투원으로 분류됐다.

대체로 남자들이 싸움을 하고 여자들은 그렇게 하지 않는 이유는 전쟁의 기원만큼이나 커다란 논쟁거리이며, 생물학적 이유부터 문화적 이유까지 설명의 범주 또한 다양하다. 평균적인 성차(gender differences)로 보면, 남자가 체력과 체격 면에서 우월하고 더 공격적일 수 있지만, 남자에 버금가거나 남자를 능가할 정도로 크고 강한 여자도 많다. 남자가 여자보다 테스토스테론[남성 호르몬]을 더 많이 분비한다는 사실로 남자의 공격적 성향을 설명할 수는 있지만(과학자들의 일치된 견해는 아니다.) 천성이 온화하여 싸움을 싫어하는 남자도 많다. 만약 남자의 대다수가 타고난 킬러라면 스파르타 같은 군국주의 국가나 모든 시대의 군대가 '적절한' 호전성을 주입하기 위해 훈련에 그렇게 많은 시간을 보낼 필요가 없었을 것이다. 싸우기로 결심하거나 어쩔 수 없이 싸워야 할 경우 여자도 남자만큼 사나워질 수 있다.

중국에는 손무가 오나라 왕[합려]에게 어떤 식으로 전쟁 조언을 했는지에 관한 이야기가 전해온다. 왕은 손무의 책을 읽고 그가 자기 후궁들을 군사로 조련할 수 있는지 물었다. 손무는 할 수 있다고 답하고 후궁들에게 훈련 용어를 가르쳤다. 그러고 나서 그들을 두 편으로 나누고 창을 쥐여준 후 행진하게 했다. 그가 방향 전환을 명령하자 후궁들이 웃음을 터뜨렸다. 손무는 참으며 자신의 명령이 제대로 전달되지 않은 것은 지휘관 탓이라고 말했다. 그는 계속해서 여러 차례 훈련을 진행했고 후궁들은 행진했다. 손무가 북소리를 울려 방향 전환 신호를 보냈지만 후궁들은 거듭 명령대로 하지 못하고 킥킥거렸다. 여러 번 시도한 후 마침내 손무는 지휘관의 명령이 제대로 전달됐는데도 병사들이 명령을 따르지 못한 것은 편장 탓이라고 말했다.

그는 각 편을 책임지고 있던 후궁들의 목을 베라고 명령했다.

그런데 두 편장은 왕이 총애하는 후궁들이어서 왕이 나서서 말렸다. 손무는 꿈쩍도 하지 않았다. 그는 군대를 조련하는 임무를 맡았으므로 후궁들을 살려주라는 명을 받들 수 없다고 답했다. 두 후궁이 처형되고 새로 편장들이 임명됐다. 후궁들은 훈련을 조용히 완벽하게 소화해냈다.

제각각의 문화에 존재하는 아슈타르테[이슈타르], 아테나[미네르바], 칼리[인도 힌두교], 발키리[북유럽 신화] 같은 전쟁의 여신이나 팔미라제국의 제노비아 여제 같은 전사에 관한 전설은 여전사의 가능성에 대한 인정이라 할 수 있다. 물론 그 가능성은 여신이나 비범한 여성에 한정된 것일 수도 있다. 흔히 전차에 올라탄 모습으로 묘사되는 1세기 영국 여왕 부디카[보아디케아]부터 1857년 세포이 항쟁 때 영국에 대항해 군대를 이끌었던 잔시왕국의 라니 락슈미바이 여왕[자칭 '잔시의 라니']까지, 많은 문화권에 전설 또는 사실을 바탕으로 한 여전사 이야기가 있다.

일부는 여자로 싸우기도 했지만 다수는 남자로 변장했는데, 미국 독립 전쟁 때의 데버라 샘프슨이나 미국 남북 전쟁 때의 리지 콤프턴과 프랜시스 훅이 그러했다. 리지 콤프턴과 프랜시스 훅은 정체가 탄로나서 쫓겨나면 계속 재입대했다. 그러나 그들은 영화 「와호장룡」, 「원더우먼」, 「킬빌」에 나오는 여전사들처럼, 전쟁은 남자의 영역이라는 일반적인 인식에서 벗어난 예외에 불과했다.

소아시아[튀르키예 일대] 어딘가에 살았다는 고대 그리스의 기록에도 불구하고 [그리스 신화 속 여전사인] 아마존은 전설로만 여겨져왔다. 그리스인은 그런 비범한 여자들에 관한 이야기에 한편으론 매혹되고 다른 한편으론 공포심을 느꼈다. 아마존들은 활을 당길 때 방해가 되지 않도록 젖가슴을 도려내고 자식이라도 아들이면 죽이거나 불구로 만들어버린 것으로 유명하다. 그들은 남자들을 상대로 연승을 거두다가 마침내 올바른 질서가 회복되자 패배했다고 전해진다. 최근의 고고학적 증거를 보면, 아마존은 고대 그리스인들이 믿었던 신화 속 존재가 아니다. 요즘은 고고학자들이 뼈로 성별을 구분할 수 있기 때문에, 남자 전사의 것으로 여겨졌던 많은 뼈가 여전사의 것으로 재분류됐다.

그리스인들이 스키타이인이라고 불렀던 초원 지대 유목 민족의 기마 전사들은 여자와 남자의 숫자가 비슷했던 것으로 보인다. 심지어 싸움에 참여한 숫자도 그러했으며, 전사하면 각자의 무기와 함께 묻혔다. 스키타이인 무덤 중 37퍼센트가량이 여전사의 것이다. 그들보다 오랜 세월 후인 중세에 활동한 바이킹 여전사의 무덤도 계속 발견되어 왔다.

아프리카 서안 다호메이왕국[현 베냉공화국]에 근대판 아마존이 있었다. 이 나라는 부와 권력의 원천이 노예 무역이었으며 고도로 군국화된 사회였다. 빅토리아 시대의 여행가 리처드 프랜시스 버턴(1821~1890)은 1863년에 그곳을 방문했는데, 엘리트 여전사 부대에 놀라서 이 나라를 "흑인들의 작은 스파르타"로 묘사했다.

그곳에 전해오는 이야기로는 1700년대 초 군대에 남자가 부족하여 왕이 적을 속이기 위해 여자들을 모아놓고 군복을 입혔다고 한다. 그런데 그 여자들이 왕실 수비대 겸 전투 부대로 탁월한 능력을 보이자 왕의 위장 전술이 실제로 시행됐다. 왕의 군대 가운데 3분의 1이 여자들로 구성됐다. 그들은 신체가 강인하고 규율을 잘 따랐으며, 처음에는 머스킷 소총, 나중에는 강선 소총으로 무장했다. 그들은 용맹하고 물러설 줄 모르고 남자들보다 훨씬 잘 싸운 것으로 평판이 자자했다. 19세기 후반 다호메이왕국의 마지막 전투에서 여전사들은 분전하다가 최후를 맞았다. 그들은 "놀라울 만큼 용맹"했으며 프랑스군의 총검을 향해 "한 치의 두려움도 없이" 달려들었다고 프랑스 해병은 말했다. 이런 여전사들은 역사 속에서 매우 드물기 때문에 사람들에게 기억된다.

과거에 전쟁에 적극적으로 가담한 여자는 대개 남자 군인이 동반하는 아내나 애인, 간호사나 요리사, 또는 식품 조달자나 섹스 제공자였다. 16세기 네덜란드에 주둔한 스페인군에는 400명의 기병 매춘부와 400명의 보병 매춘부가 있었다. 미국 남북 전쟁 당시 조지프 후커 장군의 포토맥 북부군은 매춘부를 일컫는 새로운 단어의 진원지가 됐다[영어 hook에 '매춘하다'라는 의미가 있는데, 포토맥군이 군인들의 사기 진작을 위해 매춘부를 이용한 탓에 사령관 이름 Hooker가 매춘부를 일컫는 말로 연상되어 굳어졌다.].

앵글로색슨계 군대[영국군]는 사회적 압력을 의식하기도 해서 공창을 꺼렸다. 반면 인도군은 공창을 은밀하게 운영했다. 프랑스군은 오랫동안 공창을 당연하게 여겼다. 1953년 인도차이나반도 디엔비엔푸[베트남 북서부 도시]에서 프랑스군이 베트남 민족주의자들, 즉 북베트남군에 포위당했을 때 알제리와 모로코 출신 여성들로 구성된 2개의 이동 야전 공창대도 궁지에 몰려 결국 병사들을 간호하는 일을 분담했다. 일제 치하에 있었던 한국과 중국에서는 흔히 완곡하게 '위안부'로 불린 여성들이 공창을 강요당했다.

근대 초기 유럽의 전쟁에서는 종군 민간인들이 소규모 부대에도 긴 장사진을 이루며 따라다녔다. 1622년 네덜란드의 도시 베르헌옵좀을 포위한 스페인군은, 지역민의 말에 따르면, "작은 군대에 굉장히 많은 수레, 짐말, 조랑말, 종군 상인, 하인, 여자, 아이, 그리고 온갖 어중이떠중이들이 따라다녀서 그 수가 군인보다 훨씬 많았다."고 한다. 그래서 대개 당국에서 그 수를 제한하려 했지만, 군대가 자체적으로 군수 물자를 조달할 수 없는 경우에는 민간 조달자들을 허용할 수밖에 없었다. 게다가 필사적으로 따라다니는 여자들을 떼어내기란 거의 불가능했다. 만약 남자들이 그들을 버릴 경우 그들과 아이들은 굶어죽기 십상이었다. 남자가 전사하거나 질병으로 죽으면 여자는 최대한 빨리 다른 남편이나 보호자를 구해야 했다.

영국의 웰링턴 장군이 스페인에서 전쟁 중이던 시기에[이베리아반도 전쟁] 대다수의 종군 민간인들과는 다른 계급 출신인 스페인 소녀 후아나 마리아 스미스(1798~1872)가 장차 남편이 될 해리 스미스(1787~1860)를 처음 만났다. 그런데 당시 그녀는 열네 살이었고 무일푼이었으며 연약한 존재였다. 후아나의 집안은 스페인 귀족 가문이었지만 프랑스의 침략과 연이은 전쟁 때문에 몰락했다.

언니가 한 명 있었지만 후아나는 전쟁고아였다.

영국 육군 장교인 해리는 전투에서만큼이나 격렬하게 그녀와 광적인 사랑에 빠졌다. 후아나는 해리 스미스와 결혼함으로써 최소한 그가 살아 있는 동안(당시 젊은 장교들은 이 기간이 그리 길지 않았다.) 보호자를 갖게 됐다. 하지만 그녀는 프로테스탄트와 결혼했기 때문에 [가톨릭교도인] 동포들과의 인연을 끊어야 했다.

결혼 생활은 예상과 달리 오래 지속됐고 굉장히 행복했다. 후아나는 남편을 따라 스페인 곳곳을 옮겨다니며 전쟁의 고난을 함께했다. 웰링턴의 군대가 나폴레옹의 군대를 북쪽으로 밀어붙이자 후아나는 비토리아[스페인 북부 도시]에서, 그리고 이어 워털루에서 총성이 멎기만 하면 전장을 샅샅이 뒤져 남편을 찾았다. 후아나는 남편이 인도에서 싸울 때도, 그리고 남아프리카공화국에서 싸울 때도 동행했다. 남아프리카공화국에는 후아나의 이름을 딴 도시 레이디스미스도 있다.

20세기 들어 기존의 남성 영역에 여성들이 진입하긴 했지만, 군대는 여성을 남성과 동등하게 받아들이고 전투에 활용하는 데 더딘 진척을 보였다. 이런 꺼림, 더 정확히 말하자면 저항은 여러 가지 주장을 근거로 삼는다. 이를테면, 여성은 타고난 양육자이지 전사가 아니다, 또는 전쟁터에 여자들이 있으면 같은 부대 남자들이 여자들을 보호하려 들 것이므로 군율이 흐트러진다, 또는 여자는 신체적으로나 기질적으로나 혹독한 전쟁을 감당하기에 적합하지 않다, 또는 정말 중요한 이유에 해당하는데, 남자들은 여자들이 군대에 들어오면 자기들만의 편한 조직이 사라질까 봐 걱정한다 등등.

어느 여성 장교의 이야기에 따르면, 미국 남성 해병들은 여성이 같이 있을 경우 더 이상 "방귀 뀌고, 트림하고, 야한 농담을 주고받고, 벌거벗고 돌아다니고, 섹스 이야기를 나누고, 몸으로 부대껴 힘을 겨루고, 그냥 젊은 남자들끼리만 함께 있는" 것들을 더 이상 하지 못하게 될 거라 생각한다. 미국 특수 작전 부대의 남자 대원이 여자 동료에게 물었다.

"왜 당신네 여자들은 우리 남자들한테 남은 마지막 좋은 걸 망가뜨리려는 거지?"

최근 몇 십 년간 대부분의 서구 군대들은 여성을 정규군에 서서히 편입시켜 왔다. 하지만 케케묵은 사고방식은 변하기 어려운 법이다. 1990년대 러시아 해군의 한 장교는 해군사관학교 입학 허가를 받은 첫 여성 사관생도에게 이런 환영의 인사를 건넸다.

"여자애 하나 있다고 해군이 망할 리 있나."

모든 군대 중 가장 힘들다는 해병대에 들어간 미국 여성들은 적대와 여성 혐오, 심지어 성적 학대까지 당했다. 그리고 대체로 사회 전반에서도 강한 반감을 보였다. 모순되게도 군복 입은 여성은 성적 매력이 전혀 없어 보이거나, 아니면 철철 넘쳐 보였다.

1차 세계대전 때 영국은 여성 군복에서 가슴 호주머니를 없앴다. 호주머니 아래 신체 부위에 신경이 쓰일까 봐 우려했기 때문이다. 2차 세계대전 때 미국 여군(WAC)의 부대원들은 매춘부나 다름

없다는 중상모략이 횡행했다.

작가 스베틀라나 알렉시예비치가 만난 많은 여전사들은 고향에 돌아왔을 때 참전하지 않은 여성들로부터 남자를 쫓아 전선에 갔다는 비아냥거림을 당했다고 한다.

"우리는 네가 거기서 한 짓을 알고 있어!"

여전사들은 또한 그들이 남자 전사들보다 나약하다는 인식과 싸워 왔다. [이 책의 바탕이 된] 전쟁에 관한 나의 리스 강연(Reith Lectures, 'BBC 라디오 4' 연례 강연 프로그램)에서 영국 요크 시에 사는 젊은 여성 장교가 매우 인상적인 이야기를 들려주었다. 그 장교는 자신이 어린 두 아이의 엄마지만 아프가니스탄에 배치됐을 때 아이들을 신경쓰지 않기로 다짐했다고 말했다. 그곳에서 그녀의 부대는 탄저균 위협을 받아 부대원 전원이 탄저 예방 주사를 맞았는데, 그 주사가 여성에게 불임을 야기할 수 있다는 경고도 들었다. 그 장교는 그런 경고 따위는 신경쓰이지도 않았다고 말했다. 강당에 적막이 흘렀다.

20세기의 전쟁은 규모가 커지면서 여성의 입대를 허용하지 않을 수 없었다. 그러나 여성은 보통 간호, 행정, 운전, 항공 수송 같은 비전투 임무에 배치됐다. 영국군은 여성 입대자들이 항공 사진 판독 같은 번거로운 작업에 능하다는 사실을 알아냈다. 한 장교는 여성들이 섬세한 바느질 경험이 있기 때문일 거라고 말했다. 여성의 고유한 영역으로 '아이, 부엌, 교회(Kinder, Küche, Kirche)'를 역설했던 나치조차도 2차 세계대전 중에 여성을 징집하지 않을 수 없었다. 1945년 50만 명의 여성이 독일군에서 지원 임무를 수행했다.

소련군 여성의 숫자는 아마 그 두 배였을 것이다. 소련군 당국은 평시에도 항상 남녀평등을 강조했는데(비록 현실은 상당히 달랐지만) 독일군의 침공으로 남성 병력의 손실이 너무나 커지자 여성들이 입대할 수밖에 없었고, 그들 중 상당수는 자원자였다. 소련군 여성들은 전선에서 의무병뿐만 아니라 전투병, 대공포 사수, 독일군 적진 파르티잔[빨치산], 보병, 전차병, 비행기 조종사로도 활약했다. 소련 공군에는 여군으로만 편제된 3개의 부대가 있었는데, 그중 가장 유명한 부대는 독일군이 "밤의 마녀들"이라는 별명으로 부른 폭격기 연대였다.

소련군 남성들은 처음에는 여성의 존재가 불편했다. 많은 여성이 너무 젊고, 또한 그들이 고향 생각이 나게 했기 때문이다. 스베틀라나 알렉시예비치가 인터뷰한 여성 의무보조병 올가는 이렇게 회상했다.

"한번은 밤에 참호에 앉아 나지막이 노래를 불렀어요. 모두 잠들어서 아무도 내 노래를 듣지 못할 줄 알았는데, 다음날 아침 부대장이 '우리는 한숨도 못 잤다. 어떤 여자의 목소리가 계속 맴돌아서 말이지.'라고 말했어요."

어느 대공포 연대의 남성 지휘관은 처음에 여자는 이 병과에 적합하지 않다고 말했다.

"군사(軍事)는 태곳적부터 남자의 일로 여겨져왔다. 게다가 포

독일군이 "밤의 마녀들"이라는 별명으로 부른 소련군 제5880야간폭격연대의 여성 조종사들. 전쟁사를 통틀어 전투원의 압도적 다수는 남성들이었지만 고대 그리스부터 지금까지 여전사들도 적지 않았다. 2차 세계대전 중에 소련군 여성들은 저격수, 포병, 파르티잔으로 싸우기도 했다.

탄은 너무 무거워서 여자들이 옮길 수 없다. 같은 참호에 여자들이 섞여 있으면 남자들에게 신경이 쓰일 수 있다. 금속으로 된 조종석에 장시간 계속 앉아 있으면 여성에게 좋지 않다는 사실은 누구나 알고 있다. 그리고 마지막으로, 여자들이 어디서 머리를 감고 말릴 것인가?"

하지만 병력이 부족한 그 대공포 연대에서는 여성과 남성이 함께 적응할 수밖에 없었다. 한 여군은 "우리는 생사고락을 함께 했어요."라고 말했다.

독일군은 소련군 여성 포로에게 특히 잔인했다. 행진을 시켜서 그들이 얼마나 괴물 같은지 보라고 놀리거나, 명령 불복시 즉결 처형했다. 소련군 여성들은 총알 2개를 여분으로 소지했다. 하나는 독일군 손에 죽기 전에 자결하기 위해, 다른 하나는 첫 번째 총알이 불발일 경우를 대비해서.

27,000명에 달하는 소련군 여성이 게릴라로 독일군과 싸웠다. 이탈리아에서는 2차 세계대전 중에 35,000명의 여성이 파르티잔으로 활동했는데 상당수가 전사했다고 한다. 유고슬라비아, 그리스, 폴란드, 덴마크에서도 여성들이 싸웠고, 전사했다.

프랑스 레지스탕스에서는 대체로 여성의 배속을 지원 부대로 제한했다. 드골파의 자유프랑스[2차 세계대전 중 독일군의 프랑스 점령에 맞서 샤를 드골이 영국 런던에 세운 망명 정부]가 여성에 대한 총기 지급을 허락하지 않았기 때문이다. 또한 어느 남성 레지스탕스가 영국군에게 말한 것처럼, "꼭 여성을 활용해야 한다면, 나이 든 여성이 낫다.…… [남성] 동지들에게 유혹이 될 소지도 적으니."도 한 이유였다. 1943년부터 프랑스 남동부 산악 지대에서 전투를 개시하며 용맹을 떨친 마퀴 유격대에서는 여성을 완전히 배제했다.

1945년[2차 세계대전 종전] 이후로도 외국 점령군이나 자국 정부를 상대로 한 여성들의 게릴라 전투는 계속됐다. 하지만 싸움이 끝나고 나면 그들의 헌신은 폄하되거나 역사에 기록되지 못하기 일쑤였다. 1979년 니카라과에서 산디니스타[민족해방전선 혁명군]가 승리했을 때[소모사 친미 독재 정권을 무너뜨린 혁명], 대부분의 여전사들은 강제 제대를 당하거나, 여성으로만 구성된 부대로 전출됐다. 알제리 독립 전쟁(1954~1962)에서 싸운 여성들은 유공자 연금을 받지 못했다.

생물학은 오랫동안 지속돼온 성차(gender differences)를 명료하게 충분히 설명하지 못한다. 성차는 요즘 들어서야 가뭄에 콩 나듯 변화를 보이기 시작했다. 전쟁과 사회가 서로 주고받는 심대한 영향을 고려할 때, 전쟁이 남성다움과 여성다움에 대한 우리의 인식에 영향을 미치는 방식을 간과할 수 없다. 사회에서 소중히 여겨지면서 사회를 결속하는 가치관과 신념이라는 광의에서 볼 때, 문화는 생물학적 요소만큼이나 또는 그 이상으로 인간에게 영향을 미친다. 우리는 아이들에게 그런 문화적 기대를 가져서 우리의 방식대로 아이들을 교육한다.

전쟁과 남성성은 인류 역사에서 길고 밀접한 관계를 맺었으며, 여성의 역할은 집과 가족에 국한된 것으로 보는 경향이 있었다. 『일리아스』에서 헥토르는 그리스군과 싸우러 출정하면서 아내 안드로마케와 작별 인사를 나눈다[제6권].

> 그러니 부디 집에 가서 물레 가락이며 베틀이며
> 당신의 일을 돌보시오.
> 그 여자들도 열심히 일하게 하시오.
> 싸움이야 남자들에게 맡기시오.
> 트로이에서 태어난 모든 남자들 말이오.
> 한데 개중 내가 으뜸이잖소.

이탈리아의 무솔리니는 "모성은 여성의 몫이듯 전쟁은 남성의 몫"이라고 단언했다. 파시스트들은 전통적인 성역할(gender role)에 깊이 사로잡혀 있었다.

프랑스의 괴뢰 정권 비시프랑스[1940년 6월 프랑스가 독일에 항복한 후 비시에 세워진 친독 정권]는 '어머니의 날'을 중요한 축제일로 정하고 훌륭한 어머니들에게 상훈을 수여했다.

나치 독일의 선전부 장관 요제프 괴벨스는 "남자는 전사가 되도록 가르쳐야 하고 여자는 전사를 재생산하도록 가르쳐야 한다."고 주장했다[니체의 말을 인용한 것이다.]. 재생산에 관해 말하자면, 그는 이 신조를 자기 삶에서 실천했다[비록 자살 전에 모두 죽이긴 했지만 그는 아내를 통해 자식을 6명이나 낳았다.]. 그는 입바른 척하며 이런 말도 했다.

"여성을 모든 공적 생활에서 배제한다면, 그것은 여성을 무시하려는 것이 아니라 여성의 명예를 회복시켜 주기 위함이다."

당시 독일보다 자유로운 국가에서도 이런 사고방식은 사라지지 않았다.

여성을 전사로 보는 남성의 관점이 양가적이라면, 여성의 관점 또한 그러하다. 연속적인 물결[19세기부터 최근까지 4차례의 큰 운동 흐름]을 이루어온 페미니즘의 입장에서는 여성의 참전에 관한 논의가 불편했다. 전쟁을 남성의 전유물로 보는 관점을 선호했기 때문이다. 성역할과 전쟁을 심도 있게 연구한 철학자 진 베스키 엘시테인(1941~2013)은 《여성학 국제 포럼(*Women's Studies International Forum*)》 특별호를 보고 깜짝 놀랐다. 이 학술지는 이름에서 알 수 있듯, 페미니즘 연구를 촉진하기 위해 존재한다. 그런데 "남성의 전쟁과 여성"이라는 제목의 기사에서 여성들에게 참전을 거부하라고 촉구했다.

"전쟁은 남성의 것이다. 남성은 조직화된 폭력의 역사적 장본인이다. 그렇다. 여성은 끌려들어갔다. 그래서 관심을 쏟고, 고통을 감내하고, 애도하고, 명예로워하고, 떠받들고, 들러리가 되고, 노동을 하도록 요구받았다. 그런데 남성들이 전쟁을 '기술'하고 '규정'했으므로 여성들은 그로 인한 '악영향'을 받아 왔다. 이에 여성들은 '대부분 반발하고' 있다."

전쟁이 여성에게 미치는 영향에 대한 많은 연구가 있었지만, 전사로서의 여성에 관한, 또는 성(gender)과 전쟁이라는 광범한 주제에 관한 연구는 비교적 적었다.

예나 지금이나 많은 사회에서는 아직도 남자아이들이 사나이가 되라는 말을 듣는다. 그 말에는 전사를 연상시키는 품성이 일부 담겨 있다. 남자아이들은 성장하면서 대개 힘겨운 통과의례를 견뎌냄으로써 남성성을 갖추게 된다. 어릴 때 남자아이들은 장난감 무기, 군복 스타일의 아동복, 전쟁 놀잇감 따위를 받는다.

19세기 유럽의 징병 제도는 흔히 "사나이 수업"으로 불렸다. 남자들은 겁쟁이가 되는 것을 경계해야 한다는 말을 여자들보다 훨씬 더 많이 듣는다. 계집애처럼 군다는 비난에는 감상적이고 나약하다는 의미가 들어 있다. 현대 국가들의 군사 훈련소에서조차 훈련관들이 신병을 '겁쟁이' 또는 '계집애'라고 부르며 모욕한다. 그러므로 남성과 똑같이 싸우는 여성들은 사내다움이라는 개념을 격하하려고 든다. 미국 해군의 엘리트 특수 부대인 네이비실(이들의 모토는 "좋은 시절 다 갔다"이다.)의 하사관이 말했다.

"여기 사내들은 계집애들이 나약하고 열등하다고 여기도록, 그리고 자기가 하는 일에 자신의 모든 정체성과 사내다움을 발휘하도록 교육받았습니다. 그러니 이 사내들이 야전에서 여군을 보게 된다면 충격을 받아서 '헐, 너네 땜에 난 뭐가 되냐?'라고 생각할 겁니다."

여성은 남성을 전사로 만드는 데 일조했다. 2차 세계대전 중에 미국의 한 여성이 말하기를, 격렬한 전투 중에 울음을 터뜨렸다고 고백하는 남자 친구의 편지를 받고 보니 자신이 겁쟁이를 사랑한 게 틀림없었다고 했다.

"다시는 그에게 편지하지 않았어요."

고대 그리스 도시국가 스파르타의 어머니들처럼, 또는 1차 세계대전 때 징병 연령이지만 군복을 입지 않은 남자들에게 하얀 깃털[겁쟁이의 상징]을 건넨 영국 여자들처럼, 여자들은 남자들에게 싸울 것을 강하게 요구했고, 거부하는 남자들에게는 수치심을 느끼게 했다. 다른 문화권에서는 여자들이 자신의 나체를 보이거나 성기를 드러내서 남자들을 조롱하기도 했다. 겁쟁이 남자가 할 수 없는 행위를 흉내내서 놀린 것이다.

칠레가 살바도르 아옌데(1908~1973)의 좌파 정부하에 있을 때 (1970~1973) 일부 보수주의 반대편 여성들은 군대를 향해 옥수수를 던졌다. 군대가 아옌데 대통령 축출하기를 두려워하는 '겁쟁이'라고 놀린 것이다[1973년 9월 군부 쿠데타가 일어났고 아옌데 대통령은 관저에서 항전하다가 사망했다.].

간혹 여성들은 자신들이 생명을 만들어내는 사람이지 없애는 사람이 아니라며 전쟁에 반대했다. 그런데 여성들은 전쟁 치어리더가 되기도 했다. 20세기 초 불가리아의 한 어머니는 말했다.

"내가 맏아들과 둘째를 잃어서 운다고 생각하지 마세요. 내가 우는 이유는 남은 두 아들이 아직 너무 어려서 전쟁터에 나가 튀르키예군을 몰아내는 걸 도울 수 없기 때문이에요."

19세기 프로이센의 애국적인 여성들은 전함 건조를 위한 모금 운동을 벌이기도 했다.

[실제로 폭발물을 이용해 '참정권 폭파 및 방화 작전'을 펼친] 영국의 '전투적' 여성 참정권론자들인 에멀라인 팽크허스트(1858~1928)와 [그녀의 딸] 크리스타벨 팽크허스트(1880~1958)는 1914년경에 자신들의 활동을, 여성 참정권 요구에서 벗어나 남성 징병을 비롯한 전시 동원을 전폭적으로 지지하는 쪽으로 변경했다.

1차 세계대전 중인 1916년 8월에 자신을 "평범한 엄마"라고 소개하는 여성의 "평화주의자들에게 보내는 메시지"가 영국의 유력 일간지 《모닝 포스트》에 실렸다. 그리고 소책자로 출판돼 1주일 만에 7만 부가 판매됐다. 그녀는 기고문에서, 영국 여성들은 대영제국의 명예와 전통을 수호하기 위해 싸우고 있는 남자들의 어머니로서 평화[반전] 요구를 용인하지 않을 것이라고 했다.

"영국 민족 여성들에게는 오직 한 가지 온도만 있습니다. 그것은 바로 백열[白熱, 최고조에 달한 뜨거운 열정]입니다. 우리 여성들은 그 온도까지 열을 끌어올리기 위해 '외아들'이라는 무기를 내놓아야 합니다."[그녀는 자신도 훈련소에서 자대 배치를 기다리는 외아들이 있다고 했다.]

또한 여성들이 "온순하게 길러지고" "겁이 많아서" 전쟁을 원하지 않지만 자신의 책임을 다하기 위해 나섰다고 했다.

"우리는 학교에서 아들을 데리고 와서 학생 모자를 벗겨내고⋯⋯."

만약 아들들이 돌아오지 못한다면 영국 여성들은 그들에 대한 영광스러운 기억을 갖게 될 것이라고, 그녀는 위풍당당하게 말을 맺었다. 마치 버지니아 울프(1882~1941)가 『자기만의 방(*A Room of One's Own*)』에서 쓴 것처럼.

여자는 지금껏 오랜 세월 동안 남자를 원래 크기의 두 배로 비추어주는 흡족한 마력을 지닌 거울 노릇을 했지요. 그 마력이 없었다면 아마 지구는 여전히 늪과 정글이었을 거예요. 우리가 모든 전쟁에서 거둔 영광은 있지도 않았을 거예요. 우리는 여전히 양고기를 발라먹고 남은 뼈에다 사슴의 윤곽을 긁어서 그리고, 부싯돌을 양가죽이라든가 우리의 촌스러운 취향을 사로잡는 보잘것없는 장신구 따위와 교환하고 있었을 거예요. 초인과 '운명의 손가락'은 절대 존재하지 않았을 거예요. 차르와 카이저는 왕관을 쓸 일도 빼앗길 일도 없었을 거예요. 문명 사회에서 그 용도가 무엇이든 거울은 모든 폭력 행위와 영웅 행위에 꼭 필요해요. 그렇기 때문에 나폴레옹과 무솔리니가 둘 다 여자의 열등함을 그렇게 강하게 우긴 거예요. 여자가 열등하지 않다면 남자의 모습을 확대해주는 일을 그만둘 테니까요. 이러면 여자가 남자에게 그렇게 많이 필요한 이유가 일부나마 설명이 돼요.

[위의 인용문에서 '초인'은 니체의 『차라투스트라는 이렇게 말했다』에 나오는 초월적 존재이고. '운명의 손가락'은 찰스 레이먼드 감독의 1914년 영화 「운명의 손가락(The Finger of Destiny)」를 의미한다. '차르'는 러시아의 마지막 차르 니콜라이 2세이며 1917년 혁명 때 폐위되어 이듬해 가족과 함께 처형됐다. '카이저'는 독일 황제 빌헬름 2세

이며 1차 세계대전 종전 후 폐위됐지만 네덜란드로 망명하여 풍족하고 편안한 여생을 보냈다.]

서구에서 위대한 전사의 전형인 아킬레우스는 어려서부터 무엇보다 최고의 살인 기계가 되도록 훈련받았다. 그런데 그리스의 트로이 정벌군 사령관 아가멤논에게 모욕당하자 고통과 분노에 휩싸여 어머니이자 바다의 여신인 테티스에게 도움을 청했다. 여신은 아들에게 복수를 약속하고 특별한 전투 장비 한 벌을 준다.

현실에서 아킬레우스와 같은 예들이 많았다. 시인 줄리언 그렌펠(1888~1915)은 영국의 유서 깊은 귀족 가문 출신이었다. 1차 세계대전 전에 그는 남동생 빌리, 그리고 사촌 둘과 함께 대저택에서 자랐다. 그 저택에는 총리와 유명한 작가, 왕족, 고위 장교들이 드나들었다. 그렌펠 가문은 싸움과 사냥에 능했다. 사냥은 옛날식이긴 하지만 그 자체가 전쟁 준비였다. 이 가문의 가계도에는 제독과 장군이 여럿 있고 육군 원수도 한 명 있었다. 그렌펠가 사람들은 무공훈장을 받았고 세계 도처의 영국 전쟁터에서 용감하게 싸우다 전사했다.

1차 세계대전이 발발했을 때 줄리언은 남아프리카공화국에 파병돼 있었고, 유럽으로 돌아가 참전하고 싶어서 안달이었다. 그는 어머니인 에티 그렌펠(1867~1952, 일명 데스버러 여사. 당대 최고위급 사교 모임 운영자)에게 편지를 보냈다.

"이런 시기에 여기 처박혀 있는 건 끔찍해요. 지금 영국은 꿩장하겠네요!"

1차 세계대전에 참전해서 서부 전선의 참호에 도달한 그는 어머니에게 매우 솔직한 편지를 써서 직접 겪은 군 생활, 겁쟁이가 될까 봐 느끼는 두려움과 전투의 전율에 대해 들려주었다. 어머니는 아들의 편지를 자랑스럽게 친구들과 돌려읽었고 일간지《더 타임스》의 편집자를 설득해 익명으로 게재했다.

웰링턴 장군에게 가장 중요한 것은 예하 장교들이 독도법을 익히거나 총기 작동법을 이해하는 것이 아니었다. 그것은 바로 그들이 용감해야 한다는 것이었다. 1914년 이전의 영국 명문 사립학교나 가족이나 친구들은 그렌펠과 그의 사촌 같은 중상류층 소년들에게 그런 훈계를 했다. 소년들은 의연하게 견디는 법과 감정을 통제하는 법을 배워야 했다. 죽음이 엄습해오더라도 용감하게 맞서야 했다. 양차 세계대전 같은 대규모 전쟁 때는 주변의 모든 남자들이 자원입대하고 군복 입지 않은 징병 연령 남자들이 따가운 시선을 받으므로 입대하지 않는 것을 거의 생각조차 할 수 없었다. 한 영국 남자는 1차 세계대전 때 자신을 프랑스 전선으로 이끈 것은 호연지기나 우러난 애국심이 아니라고 말했다.

"반대로 나는 세계적 대사건의 파도에 휩쓸려 갔다. 그게 전부다. 그것은 나약함이었다. 시대의 흐름에 저항할 수 없는 무력함이었다. 아니, 그건 나약함이 아니었다. 그건 객기였다."

문화는 영웅을 필요로 하며 우리가 가장 생생하게 떠올리는 영웅은 전사다. 헥토르, 아킬레우스, 칭기즈칸, 란슬롯[원탁의 기사],

로버트 1세(1274~1329, 스코틀랜드 독립 왕), 율리우스 카이사르, 바부르(1482~1530, 인도 무굴제국 시조), 프리드리히 대왕, 나폴레옹, 만프레트 폰 리히트호펜(1892~1918, 1차 세계대전 때 활약한 독일 전투기 조종사), 제로니모(1829~1909, 인디언 아파치족 추장), 사자왕 리처드 1세, 살라딘(1137~1193, 이슬람 아이유브 왕조 시조) 등.『구약 성경』도 위대한 전사들의 이야기로 가득하다. 여호수아, 기드온, 다윗 등.

각 사회마다 다른 전사 목록이 있다. 그런데 영웅들은 문화적 경계를 뛰어넘는다. 알렉산드로스 대왕은 아킬레우스의 무덤으로 여겨지는 곳에 화환을 바치며 아시아 원정을 개시했다. 나폴레옹은 이집트를 침공하면서 알렉산드로스를 꿈꾸었고, 그의 불운한 조카 나폴레옹 3세는 프로이센-프랑스 전쟁에서 자신의 군대를 진두지휘하며 위대한 삼촌을 흉내내려 했지만 스당에서 참패를 초래하고 말았다.

19세기 유럽은 중세를 재발견하여, 자신의 명예와 자신의 숙녀[레이디]를 위해 목숨을 걸고 싸우는 갑옷 입은 고결한 기사들의 이미지에 매혹됐다. 1889년 오스트리아 육군 편람에는 "군인의 명예를 엄격하게 구현하면 장교단 전체의 품격이 올라가서 기사적 품성을 지니게 된다."고 적혀 있었다.

1914년 헌틀리 고든(1879~1956, 캐나다 영화배우)이라는 젊은 군인이 프랑스로 향하는 배 위 난간에 기대 있는데, 그의 전우가 셰익스피어의 희곡『헨리 5세』에 나오는 구절을 읊조렸다[2막 2장].

자, 경들, 프랑스로 갑시다.

이번 공격은 짐 못지않게

그대들에게도 영광스러울 것이오.

1914년에 전쟁터로 떠난 젊은이들은 유럽의 대도시 출신이든 캐나다나 호주의 벽지 출신이든, 고대 신화와 서사시, 위대한 문학 작품, 기나긴 시리즈로 이어지는 소년 모험담이나 『삼총사(*Les Trois Mousquetaires*)』 같은 대중소설을 읽으며 자랐다.

전쟁에서는 모험을 할 수 있다. 또한 전쟁에서는 돈벌이도 할 수 있는데, 대체로 매우 수지맞는 돈벌이다. 용병, 프리랜스[소속 없이 자유로운 중세 창기병 같은 부류], 살인 청부업자는 불명예스러운 일로 점철된 오랜 역사를 지니고 있다.

13~14세기에 무장한 무리들이 이탈리아를 떠돌다가 부유한 도시국가들에 고용되어 인접국 간 전쟁에 참전했다. 일부는 현지인들이었지만 알프스산맥을 넘어 내려온 사람도 많았다. 그들은 십자군 전쟁이나 왕조 간 전쟁에서 싸운 참전 용사들이며, 싸움 외에 별다른 전술 능력은 없었다. 용병단 대장(condottiero)들은 특정 인원의 군사를 제공하기로 약정하는 계약서(condotta)에 서명했다. 용병들은 무기와 갑옷을 가지고 가서 보수가 지급되는 동안만 싸웠다. 어떤 이유에서든 보수를 받지 못하면 그들은 전쟁 기간 중, 심지어 전투 중에도 전장에서 싸움을 멈췄고, 때로는 고용주를 포

로로 잡아 몸값을 요구하기도 했다. 대개 건조한 여름 몇 달 동안 벌어지는 전쟁이 끝나면, 용병들은 시골을 돌아다니면서 만만한 것들은 뭐든지 수중에 넣었다. 요즘 문신을 자랑하는 갱단 두목처럼, 어느 용병 대장은 흉갑에다 "신의 적, 신앙심의 적, 평화의 적"이라는 모토를 의기양양하게 새기고 다녔다.

마키아벨리는 용병을 정치체에 기생하는 위험한 기생충으로 여겨 혐오했다. 그는 이탈리아 통치자들에게 민병대를 조직하라고 촉구했다. 민병대는 바람직한 덕목이 고취되고 자신의 도시국가에 대한 투철한 충성심을 지녀야 하며, 그에 못지않게 규율을 잘 따르고 훈련도 잘 되어 있어야 했다. 하지만 마키아벨리도 익히 통감했듯이, 농부, 구두공, 사무원, 교사 같은 민간인들을 데려다가 그들이 명령에 복종하고 고난을 견디고 사람을 죽이고 스스로 죽을 각오를 하게 준비시켜서 결속된 하나의 군인 집단으로 만드는 것은 예부터 줄곧 해결하기 어려운 문제였다.

다른 많은 동시대인들처럼 마키아벨리도 고전에서 답을 구했다. 로마의 유명한 군사 저술가 베게티우스는 말했다.

"전쟁에서의 승리는 숫자나 용기에 좌우되는 것이 아니다. 전쟁 기술과 군기만이 승리를 보장한다."

그는 이어서, 로마는 끊임없이 군대를 훈련하고 강한 규율을 유지하고 전쟁 기술을 중요하게 여긴 덕분에 세계를 정복할 수 있었다고 말했다.

이것들이 없었다면, 로마 소군이 갈리아 대군에 맞서 무슨 승산이 있었겠는가? 또한 로마 소인들이 게르만 거인들을 상대로 무슨 승리를 거두었겠는가? 스페인군은 숫자뿐만 아니라 체력 또한 우세했다. 우리는 늘 아프리카인[카르타고인]보다 부유하지 못했고 속임수와 책략에서도 비견하지 못했다. 그리고 그리스인은 명백히 예술적 기교와 모든 종류의 지식에서 우리보다 훨씬 뛰어났다.

로마 같은 국가에서는 주류 문화가 젊은 남자들을 군인으로 만드는 데 일조했다. 그런데 그 외의 다른 시대와 다른 지역에서는 신병에 대한 민간 사회의 영향을 상징적으로든 실질적으로든 철저히 차단해야 바람직한 군인이 만들어질 수 있었다.

사복을 벗고 군복을 입는 것과, 규정에 맞게 두발을 자르고 막사에서 생활하는 것은 한 세계에서 다른 세계로 넘어갔음을 의미한다. 또한 가족, 동지, 공동체에 대한 이전의 충성심이 부대, 함대, 비행대에 대한 새로운 충성심으로 바뀌어야 한다. 부대 상징물(이를테면 로마 군단이 깃발처럼 긴 봉 위에 달아서 앞세우고 다녔던 청동제 또는 은제 독수리 조형물)이나 깃발, 과거의 승리담이나 패배담 등은 새롭게 공유되는 정체성을 구성한다.

아우구스투스(BC 63~AD 14) 황제는 파르티아 제국군에게 빼앗긴 로마군 독수리 상징물 2개를 되찾았을 때 그것을 안치할 신전을 짓고 기념주화를 발행했다.

16세기 독일의 유명한 용병단 란츠크네히트는 신병을 맞이할 때 복잡해 보이는 종교 의식 같은 것을 시행했다. 신병은 우선 미늘창과 장창을 맞대 세운 아치 아래를 통과한 다음 명부에 이름을 기입하고 첫 번째 급료를 받음으로써 가입이 됐다. 그러고 나서 살벌한 규율 조항을 듣고 그것을 지키겠다는 맹세를 했다. 용병단에서는 신병이 규율을 똑똑히 기억하게 하려고 실물이든 그림이든 교수대로 으름장을 놓았으며, 교수대를 실제로 사용하기도 했다.

모든 군대 규율에서는 외출 금지부터 사형에 이르는 처벌에 대한 두려움을 이용했다. 고대 그리스부터 이로쿼이족[북아메리카 원주민 부족]까지 군대에서는 처벌에 태형을 이용했다. 두 줄로 선 사람들 사이로 처벌 대상자가 지나가면 양쪽에서 매질을 가했다. 프로이센 장교들은 부하를 칼 옆면으로 때렸고, 스페인군은 머스킷의 꽂을대를 매로 이용했다. 수세기 동안 영국 육군과 해군에서는 '아홉 가닥 채찍'을 사용했는데, 맞는 사람의 등이 벗겨질 수도 있었다. 나중에 해군 제독이 된 13세 사관 후보생 잭 아버스넛 피셔(1841~1920)는 처음 태형을 목격하고 기절했다고 한다.

군인이 죄를 추궁당할 수 있는 군기 위반의 종류가 변하긴 했지만(신성 모독이 여전히 군기 위반이긴 하지만 대부분의 서구 군대는 묵인한다.) 일부는 시공간을 초월해 거의 변하지 않았다. 명령 불복, 개인 무기 분실, 탈영은 질서와 단결을 해치며, 전투 중에 특히 위험하다. 프리드리히 대왕은 말했다.

"군인은 자신의 상관을 적보다 더 두려워해야 한다."

그와 아주 다른 시대의 아주 다른 인물인 러시아 혁명가 레온 트로츠키도 상당히 비슷한 말을 했다.

"군인은 전진해서 죽을 가능성과 후퇴해서 확실하게 죽는 것 가운데 하나를 선택해야 한다."

2차 세계대전 때 소련군이 그러했고 그 전과 그 후로도 많은 군대가 그러했듯, 트로츠키의 붉은군대는 전쟁터에서 즉결 처형을 집행했다.

1941년 미국 청년 윌리엄 맥닐(1917~2016)은 수백만 명의 다른 젊은이들과 같이 징집되어 군대가 민간인을 군인으로 만드는 또 다른 고전적 방식을 경험했다. 건조해서 먼지가 날리는 텍사스 평원에서 그는 "무식한 부사관"이 질러대는 명령에 따라 끝없는 훈련을 받아야 했다.

"그것보다 쓸데없는 훈련은 상상하기 힘들다."

나중에 저명한 역사학자가 된 맥닐은 당시로부터 몇 년 뒤 자신이 그 훈련을 기억하며 향수를 느낀다는 것을 깨달았다.

"훈련의 일환으로 오랜 시간 일사불란하게 움직이면서 느낀 감정은 말로 형언하기 힘들다."

그는 동료 군인들과 어우러져 집체 훈련을 받으며 행복과 기쁨을 느꼈다고 회상했다. 행진 그 자체가 목적이 됐다.

"구령에 맞춰 씩씩하게 움직이는 것만으로도 우리는 자부심을 느꼈고, 함께 동작을 취하는 것이 만족스러웠고, 온 세상이 마냥 좋았다."

개인주의적인 현대 사회에 사는 우리는 다리를 곧게 편 채 차

올리듯 걸으며 군사 퍼레이드를 펼치는 군인들이나 북한 평양의 집단 체조를 보면서 인간을 로봇처럼 만들었다고 비웃거나 개탄한다. 하지만 8명이 노를 저어 물 위를 미끄러지듯 나아가는 조정 경기나 발레 무용수들이 무대 위에서 추는 군무를 보며 팀워크에 찬사를 보내기도 한다.

훗날 맥닐은 자신이 칭한 "신체적 결속"의 중요성에 관한 책을 쓰기도 했다. 잘 훈련된 운동선수나 무용수처럼 극한의 환경에서도 공동 임무를 수행하고 명령에 복종할 전사를 양성해내려면 훈련과 규율이 함께 필요하다.

웰링턴 장군은 자신의 '인간 쓰레기' 병사들에 대해 말했다.

"우리가 저들을 데리고 이만큼이나 해낼 수 있었다는 것은 참으로 놀라운 일이다."

우리는 인간을 거대한 기계의 부속으로 바꾸고 근육이 저절로 작동하게 만드는 훈련이라는 개념 자체가 굉장히 못마땅할 수도 있다. 그러나 인간이 전투에서 제 임무를 수행하자면 훈련은 필수다. 이를테면 수병이 함선에서 그러하듯, 자신의 임무가 분명해야 우왕좌왕하지 않는다. 또한 훈련과 규율은 군인이 자신의 목숨을 위태롭게 하거나 타인의 목숨을 빼앗는 비정상적인 일을 할 수 있게 만든다. 훈련과 규율이 부실하고 결속력이 약해지면 적에게 위협이 되지 못할뿐더러 적의 공격에 취약해진다.

미국 남북 전쟁 때 북부군 제16 코네티컷 보병 연대는 편성된 지 겨우 한 달밖에 안 돼 사실상 훈련을 거의 받지 못하고 앤티텀 전투에 투입됐다. 병사들은 자신의 총포를 발사하는 방법만 겨우 알았고, 게다가 재장전하는 방법은 전투 전날에야 배웠다. 그들은 행진하는 법이나 대열을 유지한 채 방향 전환 하는 법도 몰랐다. 이것이 비전투시에도 어려웠으니 전쟁터에서는 오죽했겠는가! 장교들은 부하들을 통솔할 권위도 지식도 없었다. 그들은 옥수수가 우거진 밭에서 노련한 남부군에게 측면을 공격당했을 때 완전히 혼란에 빠졌다. 장교들도 부하들만큼이나 경험이 없어서 어찌해야 할지 몰랐다. 한 병사가 대령에게 절박하게 말했다.

"저희가 어떻게 해야 할지 말씀해 주십시오. 명령에 따르겠습니다."

병사들은 혼비백산하여 삼십육계 줄행랑을 놓았다. 어느 남부군 병사는 수많은 북부군 병사들이 겁에 질린 채 경사로 밑에 "대열도 없이 쭈그리고 있는" 상황에 대해 나중에 이렇게 기술했다.

"우리는 그들에게 쇄도했다. 연이은 일제 사격으로 그것은 그야말로 잔인한 처형이었다."

그날 이 보병 연대는 병력의 25퍼센트를 잃었다.

군대의 엄격한 계급 구조, 강한 결속력, 높은 사기는 위험한 것이 될 수도 있다. 1943년 10월에 한 독일군 장교가 자신의 부하들에게 말했다.

"너희 대부분은 100구의 시체가 한데 있을 때, 500구가 한데 있을 때, 또는 1,000구가 한데 있을 때, 그게 어떤 건지 알게 될 것이다. 그리고 그것을 똑똑히 지켜보고도 평정심을 잃지 않음으로써 우리는 강해질 것이고 전무후무한 영광의 한 페이지를 장식하게 될 것이다."

연설자는 하인리히 힘러(1900~1945)였다. 그는 히틀러의 충직한 부관이자, 최악의 잔학 행위를 저지른 나치 군사 조직인 친위대(SS)의 수장이었다. 청중은 독일이 점령한 폴란드에 있던 친위대 장교들이었고 그가 말한 영광의 한 페이지란 유럽 유대인 말살이었다. 일부 군인들은 비무장 희생자들을 고문하고 죽이면서 가학적 쾌감을 즐기기도 했지만, 다른 많은 군인들은 그것을 그냥 해야 할 일로 여겼다.

명령에 대한 자발적 복종과 강한 전우애는 군인들이 함께 싸우고 견뎌내게 하지만, 의도적이고 조직적인 잔학 행위와 악행을 야기하기도 한다. 미국의 역사학자 크리스토퍼 브라우닝(1944~)은 폴란드에서 유대인을 학살한 독일 경찰대대에 대한 연구에 『평범한 사람들(Ordinary Men)』이라는 제목을 붙였다. 그들 중 일부는 반유대주의자였지만 대부분은 그저 명령을 따랐을 뿐이다. 그 임무를 수행하기 어려운 병사는 전출을 요청할 수도 있었다. 그러나 500명 중 떠난 인원은 12명도 안 됐다.

1944년 나치 친위대는 프랑스의 작은 마을 오라두르쉬르글란에 가서 남자, 여자, 아이 할 것 없이 그들이 찾을 수 있는 모든 사람을 죽였다. 그리고 나서 나중에 한 변명은 그 마을이 레지스탕스와 깊은 관련이 있었기 때문이라고 했다. 친위대는 레지스탕스

활동의 증거를 아무것도 발견하지 못했지만 무려 642명이나 죽였다. 그 친위대 살인자들 중 한 명이 나중에 다른 독일 퇴역 군인에게 말했다.

"친위대 출신으로서 하는 말인데, 뮐러 씨, 그건 아무것도 아니에요. 러시아에 있을 때 우린 매일 그런 짓을 했어요."

폐허가 된 그 마을은, 어둠의 시대를 기억하기 위해, 아직도 텅 빈 상태로 남겨져 있다.

우리는 그 경찰대대나 친위대의 '평범한 사람들'이 나치였다는 사실 때문에 안심할 수가 없다. 확고한 자유주의적 가치를 지닌 선량한 민주주의 체제의 군대도 잔학 행위를 저지를 수 있다. 이런 악의적인 폭력을 규탄하는 국가들조차 직면한 난제 중 하나는 군대를 살인 집단으로 만들되 통제하는 일이다. 신병을 훈련시켜서 살인에 대한 평범한 사람의 금기 의식을 넘어서게 하는 것(이러지 않으면 그들은 전투에 쓸모가 없다.)과 그들이 도를 넘지 않게 통제하는 것 사이에서 미묘한 균형을 맞추어야 한다.

전쟁에는 나름의 법이 있다. 그중 가장 오래되고 변치 않는 법은 어디서든 가급적 항복한 자와 민간인은 살려주어야 한다는 것이다. 하지만 우리 모두는 점령지 도시에서의 약탈, 전쟁 포로 처형, 피란민들로 가득한 교회에 대한 포격, 민가에 대한 고의 방화 같은 이야기를 듣거나 현장 사진을 보았다. 그리고 우리는 오라두르쉬르글란, 운디드니[1890년 백인들이 인디언들을 학살한 미국 사우스

258

다코타주 남서부의 마을], 난징[1937년 중일 전쟁 때 일본군이 대규모 학살을 저지른 당시 중국의 수도] 같은 지명을 기억한다.

베트남 전쟁 시절을 살았던 미국인이라면 누구나 '미라이 학살'(평범한 미군의 대표격인 집단이 베트남의 한 마을을 초토화한 사건)이 그 전쟁의 야만성을 대표하는 사건으로 떠오른다. 베트남군도 잔학 행위를 저질렀다. 그러나 베트남은 그것을 인정하는 데 오랜 시간이 걸렸다.

1968년 베트남의 미국 종군 기자들은 미군 정찰대가 남녀노소를 불문하고 무려 500명에 달하는 마을 주민을 냉혹하게 살해한 사건에 대한 제보를 들었다. 마을에 있던 용감한 헬리콥터 조종사가 베트남인들을 구하려고 노력했고, 나중에 상부에 보고서를 제출했다. 하지만 상부에서는 아무것도 하지 않았다. 베트남과 워싱턴 D.C.의 고위 장교들은 사건을 은폐하려고 했다.

1969년 미국의 유명한 언론인 마이크 월리스(1918~2012)가 민간인 학살을 저지른 병사들 중 한 명인 폴 메들로를 인터뷰했다. 그는 비무장 민간인들에게 근거리 사격을 했다고 순순히 시인했다. 월리스가 물었다.

"그럼, 몇 명이나 죽였습니까?"

매들로는 몇 명인지 말하기 어렵다고 대답했다. 자동 소총으로 총알을 난사했기 때문이다. 그는 열이나 열다섯 명쯤 될 거라고 덧붙였다.

"남자, 여자, 어린이도요?"라는 물음에 메들로는 "예."라고 답했다. "그럼 갓난아기도요?"라고 월리스가 묻자 "예, 갓난아기도요."라고 답했다.

이 사건을 최초로 보도한 시모어 허시(1937~) 기자와 인터뷰한 메들로의 어머니는 아들에 대해 이렇게 말했다.

"나는 그들에게 선량한 아들을 내주었는데 그들은 내게 살인자를 돌려보냈어요."

전쟁터에서는 무슨 일이 일어나는가?

전투의 느낌을 실제와 똑같이 담아낼 수 있는 사람은 아무도 없었다.

많은 책이 쓰여지고, 수많은 영화가 제작되고, 무수한 발언이 쏟아졌지만,

그 모든 것들이 무시무시한 실제 상황, 끔찍한 소리, 냄새,

그리고 벌떡 일어나 가슴속에 억눌려 있던 공포를 비명으로 내지르게 만드는

두려움을 전하지는 못했다. 그런데 전투에는 정말 아름다운 뭔가가 있다.

2차 세계대전 중 태평양 전쟁에 참가한 어느 미군의 일기 중에서

전쟁은 전장에서 싸우는 사람이든 참전하지 않은 사람이든 모두에게 미스터리다. 그래서 전쟁은 난감하면서 당혹스러운 미스터리다. 전쟁은 분명 혐오스러운 것이지만, 전쟁에 홀려서 그로 인한 이득에 매혹되는 경우도 너무나 흔하다. 전쟁은 영광을 약속하면서 그 대가로 고통과 죽음을 제시한다. 비전투원인 사람들은 대개 전사들을 두려워하지만 그들을 추앙하거나 심지어 흠모하기도 한다. 그리고 누구든 유사시 그들처럼 싸울 수 있는 같은 부류의 존재가 아닌 척할 수 없다.

1차 세계대전을 다룬 훌륭한 소설 『운명의 한가운데(*The Middle Parts of Fortune*)』에서 호주 작가 프레더릭 매닝(1882~1935)이 한 말은 옳다.

"전쟁은 인간이 벌인다. 짐승이나 신은 전쟁을 벌이지 않는다. 인간만의 독특한 행위이다. 전쟁을 인간에 대한 범죄라고만 하면 전쟁의 의미를 적어도 절반은 간과하게 된다. 전쟁은 그 범죄에 대한 단죄이기도 하다."

원시 시대 동굴 벽화에서부터 인간은 전쟁을 묘사하려고 했고, 전쟁의 복잡한 본질을 예술, 일기, 편지, 회고록, 시, 역사서, 소설, 영화 등을 통해 이해하려고 노력해 왔다. 하지만 그런 것들이 얼마나 믿을 만할까? 기억은 틀리기 십상이다. 사건이 복잡하고 강렬할수록 실제 일어난 대로 기억하기가 더 어렵다. 게다가 세대마다 전쟁을 어떻게 표현해야 하는지에 관한 나름의 강한 통념이 있어서 각 세대는 다른 세대보다 전쟁의 몇몇 부분에 더 많이 주목한다.

누가 전쟁을 이야기하는지도 중요하다. 장군이나 제독은 전투를 전체적으로 볼 수 있지만, 일반 보병이나 수병의 시야는 자기 임무에 국한된다. 그리고 공중이나 수중에 있는 것은 지상에 있는 것과 매우 다르다.

아울러 대부분의 역사 기록은 읽고 쓸 줄 아는 소수가 만들고 관리했다. 우리는 중세의 말 탄 기사나 군함 선미루 갑판 위의 선장이 무슨 생각을 하고 무엇을 느꼈는지는 알지만, 평범한 보병이나 수병에 대해서는 알지 못한다. 1차 세계대전은 이후의 다른 많은 전쟁들과 마찬가지로, 전투원 대다수가 읽고 쓸 줄 알았다는 점에서 획기적이었다. 그 결과, 우리가 전투 경험에 대해 아는 것의 상당 부분이 4년간의 1차 세계대전 전투에서 나왔다. 하지만 1차 세계대전 관련 출판물 작가의 대부분은 교육받은 중상류층 출신이었다. 하류층의 목소리를 되살리는 것은 어려웠다. 비록 장교가 부하의 편지를 검열하면서 남긴 기록들을 들여다봄으로써 간접적으로나마 그들의 목소리를 복원할 수 있었기에 그렇게 해왔지만 말이다.

그리고 소수의 이야기가 전쟁에서의 온갖 다양한 경험들을 모두 대변하는 듯 보이는 것에 경계해야 한다. 1차 세계대전 이후 서부 전선은 진창, 이, 쥐, 죽음, 무용한 공격, 무신경하고 무능한 장군 같은 이미지를 띠었고, 이것은 특히 서유럽의 기억을 장악했다.

참전자들이 쓴 수백 종의 소설, 회고록, 시 중에서 몇 안 되는 작품들이, 예를 들면 영국 작가 로버트 그레이브스(1895~1985)와 시그프리드 서순(1886~1967)의 회고록이나, 윌프레드 오언(1893~1918)과 서순의 시, 프랑스 작가 앙리 바르뷔스(1873~1935)의 소설, 독일 작가 에리히 마리아 레마르크(1898~1970)의 세계적 베스트셀러 『서부 전선 이상 없다(*Im Westen nichts Neues*)』(1928) 등이 1차 세계대전에 대한 지배적인 특정 관점을 형성했다.

그런데 다른 많은 전쟁에서도 그러하듯, 1차 세계대전 중에 상당수의 군인은 전투에 참여한 적이 없거나 교전없는 한적한 전선에 있었다. 1차 세계대전 중에는 다양한 종류의 수많은 전쟁터가 있었다. 기나긴 동부 전선, 발칸반도, 중동, 아프리카, 아시아, 바다 등지에서 수많은 상이한 전쟁 경험이 있었고, 그것을 묘사하는 방식도 다양했다. 그러므로 이 책에서 말하는 것들도 전쟁에서 실제 있었던 일과, 전쟁 경험에 대해 이야기할 수 있는 것 중 극히 일부에 지나지 않는다.

여기서 다루는 예들은 주로 지상전에서 온 것이다. 해전이나 공중전은 참전 당사자에게는 강렬한 경험이었겠지만, 관련없는 일반인들이 조종사나 수병의 경험에 공감하기란 쉽지 않다. 하늘의 전쟁터에 가볼 수 없고, 잠수부가 아니면 대규모 해전의 유적을 살펴볼 수도 없으며, 바다에 수장된 수군들을 찾아가 참배할 수도 없다.

과거 갤리선 시대는 물론이고 초기 범선 시대에도 수군들은 서로 맞붙어 치고받고 싸웠지만, 조향 기술이 발달하고 증기 기관이 출현하면서 해전은 함선끼리 서로 침몰시키려고 다투는 싸움이 되었다. 20세기에 들어서는, 공격해오는 적함이 수평선 너머에 있어서 보이지 않는 경우가 많았다.

1차 세계대전 때 뛰어난 조종사들은 공중에서 전투 중에 서로의 얼굴을 알아보기도 했는데, 심지어 상대의 이름을 아는 경우도 있었다. 저 아래 지상에서 대규모 전쟁을 치르는 군대들이 그들을 올려다보았기에, 그들은 스스로를 갑옷 입은 현대판 기사로 여기며 전쟁을 여전히 인간들 간의 싸움으로 보았다. 그러나 공중전 기술이 급속도로 발전하여 그런 조종사는 이제 밀려나고 있고 미래의 공중전은 기계들 간의 싸움이 될 전망이다.

우리가 기억하는 전쟁 영웅과 우리가 아는 전쟁 이야기는 대부분 지상전에서 왔다. 2018년 스미스소니언박물관이 펴낸 베스트셀러 『역사를 바꾼 전투(*Battles That Changed History*)』는 17세기 초 전투부터 1941년 진주만 공격까지 42개의 전투를 싣고 있는데 그중 해전은 5개뿐이다.

[전투 경험이 없는] 우리는 한 인간이 다른 인간들과 함께 또 다른 인간들을 상대로 전투를 하는 것이 과연 어떤 것인지 제대로 이해하거나 공감할 수 있을까? 전장의 냄새와 소리, 전투 중에 드는 느낌, 눈앞의 공포와 죽음, 공격하는 병사에게 서리는 광기, 패자들의 혼비백산 등을. 그것이 비록 어려운 일일지라도 우리는 계속

시도한다. 왜냐하면 전쟁은 인간의 본질과 역사와 문명 발달에서 차지하는 비중이 너무나 크기 때문이다. 그리고 어쩌면 수많은 시대와 수많은 장소에서 울려퍼진 불협화음 속에서 전쟁의 본질을 드러내는 뭔가를 찾아낼지도 모르기 때문이다.

전쟁에서 늘 발생하기 마련인 죽음부터 살펴보자. 각 문화권마다 전사의 죽음을 대하는 방식이 달랐다. 고대 그리스인들은 전투의 무시무시함을 직접 경험해서 잘 알았으며, 당대 필자들은 그 무시무시함을 냉철하게 기술했다. 치고받아 생긴 상처를 냉정히 평가하고 인명 손실을 거의 애석해하지 않았다. 죽음은 전사들에게 으레 일어나는 일이었다. 서사시 『일리아스』에서, 창과 화살이 배나 눈이나 가슴이나 사타구니를 뚫고 들어가면 전사들은 고통스러워하며 죽는다. 호메로스는 한 전사의 죽음에 대해 이렇게 적었다[제8권].

> 땅바닥에 온몸을 비틀어대며 마지막 숨을 거둔 그는
> 죽어서 축 늘어진 지렁이와 같고, 피는 웅덩이를 이루어
> 대지를 진홍색으로 물들이고……

[고대 그리스 문화에서는] 죽은 그들을 위로하기 위해 기다리는 천국이란 없다. 그들은 암흑 속으로 사라져갈 뿐이다. 반면 기독교나 이슬람교에서는 지상에서의 고난과 희생에 대한 보상으로 영생을 약속한다.

당황과 혼란 또한 늘 존재해온 전쟁의 한 특성이다. 전투는 인간의 가장 조직화된 활동 중 하나이면서 가장 그르치기 쉬운 것이기도 하다. 19세기 프로이센-프랑스 전쟁에서 프로이센의 승리를 이끈 헬무트 폰 몰트케 장군은 말했다.

"적과의 첫 교전에서 변경되지 않는 작전은 없다."

『전쟁과 평화』속의 피에르 베주호프는 보로디노 전장에서 혼란에 빠져 갈팡질팡했다. 전황이 어떻게 돌아가고 있는지, 러시아와 프랑스 중 어디가 이기거나 지고 있는지 도무지 알 수가 없었다. 작가 레프 톨스토이(1828~1910)가 묘사한 바와 같이 베주호프가 만나는 장교나 병사도 마찬가지였다. 심지어 양측의 장군들도 그러했다.

전투가 끝난 뒤 장군들이 쓴 회고록에서는 원대한 전략이 계획대로 술술 펼쳐진 것처럼 이야기될 수 있다. 그러나 실상은 혼란스럽기 그지없다. 심지어 탁월한 지휘관들조차, 이를테면 전쟁터 전체를 한눈에 조망할 수 있는 탑이나 언덕을 찾아다닌 나폴레옹도, 1차 걸프 전쟁에서 지상을 인공위성 전자 눈으로 내려다본 다국적군 사령관 노먼 슈워츠코프(1934~2012) 장군도 혼란스러운 전장을 유심히 살피며 전투가 어디서 벌어지고 있는지 파악하려 노력했을 뿐이다.

전투가 한창일 때는 명령이 너무 늦게 전달되거나, 명령 수행이 불가능하거나, 명령이 아예 전달되지 못하거나, 수령자가 명령을 잘못 이해하거나 명령에 불복할 수도 있다. 크림 전쟁에서 '경기병 여단의 돌격'은 영국 기병대가 러시아군의 총부리를 향해 진격해서 벌어진 참사였다. 이는 개인적 영광에 눈이 먼 카디건 백작 제임스 브루드널(1797~1868)의 무모한 지휘와 사령부의 불명확한 명령 때문이었다.

영국군이 수적으로 압도적 열세였던 1346년 크레시 전투에서 프랑스 왕은 돌격하는 기병들을 제지할 수 없었다. 기병들은 아군 궁수들을 짓밟고 서로 뒤엉켰다. 연대기 기록자는 이렇게 전한다.

"후열은 전열을 따라잡을 때까지 멈추지 않았다. 그리고 전열은 쫓아오는 후열을 보고 계속 내달렸다. 결국 공명심 때문에 참사가 발생했다. 아군끼리 서로가 서로를 이기려고 했다."

근대 초기부터 19세기 후반까지 군인들에게 전쟁은 말 그대로 오리무중(五里霧中)이었고 비유적으로도 그렇게 표현됐다. 앞에서 언급한 영국 시인 줄리언 그렌펠은 1914년 말에 처음 프랑스에 도착해 어머니에게 편지를 썼다. 그때는 1차 세계대전이 참호전으로 굳어지기 전이라서 그의 부대는 멀리서 울리는 포성을 들으며 전진과 후퇴를 거듭했고 아무도 전황을 모르는 듯했다.

미국 작가 팀 오브라이언(1946~)은 베트남 전쟁 소설 『그들이 가지고 다닌 것들(The Things They Carried)』에서 이렇게 썼다.

"평범한 군인들에게 전쟁이란, 짙어서 절대 걷히지 않는, 유령 같은 거대한 안개의 신령스러운 느낌일 수 있다."

나중에 유명한 전쟁 역사학자가 된 영국의 젊은 장교 마이클 하워드(1922~2019)의 부대는 1943년 가을에 부츠 모양 이탈리아반도의 중간쯤인 나폴리 동남부에 위치한 살레르노에 상륙했다[살레르노 상륙 작전]. 그는 야간에 고지를 점령하러 출격했다가 적군인 독일군과 첫 교전을 치렀다. 그가 이끄는 소대는 어둠 속에서 길을 잃어 헤매다가 예정보다 늦게 도착했고, 출발지에서 약간의 혼선이 있어 그들을 엄호하기 위해 계획된 일제 사격이 이미 시작돼 버렸다. 그의 소대는 돌담 뒤에 몸을 숨겼고 독일군의 총탄이 머리 위로 휙휙 지나갔다. 그는 자신이 B급 영화에서 용맹스러운 소대장 역을 연기하는 듯한 기분이었다고 회상했다.

"'좋아, 내가 데이비드 나이번(1910~1983, 영국 배우) 역으로 캐스팅된 거라면 데이비드 나이번처럼 행동해야겠지'라고 생각했다. 그래서 나는 외쳤다. '자, 나를 따르라!'"

영국군은 어둠 속에서 나무 사이를 지나고 담을 넘어 경사지를 비틀대며 내려갔다. 마이클 하워드는 이렇게 썼다.

"그 다음엔 모든 게 너무나 혼란스러웠기 때문에 뭔가 두서 있는 이야기를 하기가 어렵다."

그렇지만 자신이 미친 듯이 소리 지른 것과, 독일군의 수류탄과 총포에서 터져나오는 섬광과 굉음은 기억했다. 영국군이 전투에서 승리해 독일군이 퇴각했다. 다음 날 아침 영국군은 독일군의 시체를 묻었다. "짜부라진 불쌍한 인형들"이었다.

많은 참전자들은 혼란스러운 죽음의 공포, 명령에 계속 복종해야 할지 드는 고민, 전투 중에 솟구치는 낯선 고양감 등이 뒤섞인 강렬한 경험과 각자가 느낀 중압감을 묘사하려고 노력하기도 했다. 뉴욕 출신의 이등병 데이비드 톰슨은 1862년 앤티텀 전투에서 자신의 경험을 전하려고 애썼다.

"실상은 이러하다. 총탄이 나무둥치를 강타하고 포탄이 머리통을 달걀 껍데기처럼 박살낼 때 평범한 병사의 마음은 온통 도망쳐야겠다는 생각뿐이다."

그렇지만 명령이 떨어지자 그는 일어서서 전진했다.

"순식간에 하늘은 총탄이 빗발치는 소리로 가득 차고 포도탄[발사되면 흩어지도록 작은 쇠공 여러 개를 한데 엮은 포탄]이 사방으로 날아다녔다. 정신적 긴장이 너무나 심해지자, 괴테도 인생의 비슷한 상황에서 느꼈다고 한 것 같은 독특한 현상이 순간적으로 눈앞에 펼쳐졌다. 온 세상이 일순간 약간 빨갛게 변해 보였다."

1916년 서부 전선 솜 전투에서의 경험을 바탕으로 쓴 소설에서 프레더릭 매닝은 "전투 중의 눈부시고 강렬한 일순간"에 대해 말했다. 스베틀라나 알렉시예비치가 인터뷰한 어느 소련 여전사는 이렇게 말했다.

"가장 끔찍한 것은 물론 첫 번째 전투였어요. 왜냐하면 아직 아무것도 몰랐으니까.…… 하늘이 쿵쿵거리고, 땅이 쾅쾅거리고, 심장이 터질 것만 같고, 살갗은 금방이라도 갈라질 것 같았어요. 나는 땅이 갈라질 줄은 몰랐어요. 모든 게 산산조각이 나고, 모든 게 요동쳤어요."

군인들은 간혹 전투 중에 기묘한 고요의 순간을 겪기도 한다. 이탈리아 작가 에밀리오 루수(1890~1975)는 유명한 1차 세계대전 회고록 『고원에서 보낸 일 년(*Un anno sull'Altipiano*)』에서 오스트리아 군을 상대로 한 많은 무용한 공격들 중 하나를 회상했다. 이탈리아 군은 탁 트인 언덕을 오스트리아군의 기관총 세례를 받으며 내려왔다. 그는 말했다.

1분 남짓 나는 정신 마비 상태에 빠졌다. 온몸이 무겁고 둔했다. 아마 부상을 당했을 것이라 생각했다. 하지만 부상을 입지 않은 것을 느낄 수 있었다. 기관총 총알이 지나가는 소리와 뒤에서 밀려오는 부대원들의 소란에 정신이 들었다. 즉시 나의 상태를 제정신으로 알아차렸다. 싸울 때와 같은 분노나 적개심은 없었다. 완전한 고요, 모종의 무한한 나른함 같은 것이 이제 명료해진 정신을 감쌌다. 그러다가 그 나른함이 사그라지자 나는 다시 빠르게 달리고 있었다.

참전자들의 많은 경험담에서 공통적으로 보이는 것 중 한 가지는 두려움이다. 부상이나 죽임을 당할까 봐 두려울 수 있고, 군인으로서 전쟁이라는 시험을 통과하지 못할까 봐, 또는 공포에 굴복하여 그릇된 행동을 할까 봐 두려울 수도 있다.

베트남 전쟁에서 직접 전투를 경험한 작가 팀 오브라이언은 이렇게 적었다.

"군인들이 부끄럽지 않게 살려다가 죽거나 죽임을 당했다. 애초에 그들을 전쟁터로 이끈 것은 긍정적인 어떤 것이 아니었으며 영광이나 명예에 대한 꿈도 아니었다. 그것은 그저 낯부끄러워 얼굴 붉히는 일이 없도록 하기 위함일 뿐이었다."

스스로 전쟁을 즐긴다고 으스댔던 시인 줄리언 그렌펠도 두려움을 느꼈다. 프랑스에서 첫 번째 전투 이후 어머니에게 쓴 편지에서 인정했다.

"그러나 그건 끔찍했어요. 잠시 마음속으로 내가 그걸 좋아하는 척해 보았지만 소용없었어요. 그냥 경솔하고 멍청하고 이기적인 생각일 뿐이었어요. 그런데 그게 끔찍하다고 스스로 인정하고 나면 안정과 냉정을 되찾게 돼요."

누구누구가 전시에 용감할지 그렇지 않을지를 평시에 예측하기는 어렵지만, 훈련과 규율 그리고 경우에 따라 통솔력을 잘 이용하면 전사들이 절체절명의 전투를 헤쳐나가도록 도울 수 있다.

미국 남북 전쟁의 분수령인 1863년 게티즈버그 전투에서 중요한 고지인 리틀라운드톱이 거의 남부군에 넘어갈 뻔했다. 그런데 수적으로 열세였지만 대학 교수 출신의 열정적인 장교 조슈아 체임벌린(1828~1914)이 지휘한 작은 부대 덕분에 북부군이 승리할 수 있었다. [많은 사상자가 발생하고 탄약마저 바닥나] 전혀 가망이 없어 보이는 상황에서 북부군은 [체임벌린의 지휘에 따라] 총검을 앞세우고 돌격하여 남부군을 무찔렀다.

역사학자 마이클 하워드가 회고한 것처럼, 군인 배역을 소화해내 듯함으로써 자신은 물론이고 다른 전우들의 사기까지 높인 경우도 있었다. 앞에서 언급한 야간 공격과 다른 주간 공격에서,

하워드는 젊은 동료 장교와 함께 참호 안에 몸을 숨기고 있었다.

"이건 저질 미국 영화 같네."

하워드의 말에 동료가 대답했다

"맞아, 그런데 그렇게 재밌지도 않네."

베트남 전쟁에서 팀 오브라이언의 부하들은 입이 거칠었다.

"그들은 험한 어휘로 완곡어법을 구사했다. 뒈졌다, 골로 갔다, 밥숟갈 놨다 등등. 그것은 무자비한 야만성이 아니라 무대에서 보이는 침착성과 같았다."

군인들은 죽음에 맞서려고 죽음을 희화화하곤 했다. 예를 들면 양차 세계대전 중에 군인들은 적의 시체를 괴어 세워놓고 손가락에 담배를 끼워주었다.

1982년 영국과 아르헨티나가 포클랜드 전쟁을 치를 때 영국의 구축함 앤트림이 아르헨티나 전투기에 공격당해서 연료가 새는 바람에 화재 위험이 있었다. 버저와 비상벨이 긴박하게 울리고 모두가 우왕좌왕하고 있을 때 갑자기 기관병이 나타나 소리쳤다.

"동작 그만!"

장교부터 사병까지 모두가 동작을 멈췄다. 기관병은 복도를 가리키며 "줄루족이다! 수천 명이다!"라고 외치고 사라졌다. 19세기 남아프리카에서 벌어진 줄루 전쟁을 다룬 영화는 극중에서 비록 줄루족의 선전이 돋보이긴 했지만 영국 군인들이 매우 좋아했다[1879년 앵글로-줄루 전쟁 중 이산들와나 전투를 재현한 1964년 영화 「줄루」에 나오는 대사를 기관병이 외친 것이다.]. 훗날 해군 소장이 된 젊은 장교 크리스 패리(1953~)는 당시를 '과도한 긴장이 완화된 순간'으로 기억했다.

다양한 문화에서 오랫동안 종교 의식이나 제례 의식이 전투에 이용되어 왔다. 전사들은 전투 준비를 하면서 춤을 추거나 제사를 지내거나 기도를 했으며, 무사 귀환을 위해 부적을 소지하거나 여타 미신을 따랐다. 이를테면 19세기 말 청나라에 반기를 들고 외국인들을 공격했던 의화단은 무예 수련을 하면 총알을 막아낼 수 있다고 믿었다.

제례 의식은 전투를 마친 후 정화하는 기능을 할 수도 있다. [베르길리우스의 『아이네이스』 제2권에서] 아이네아스는 아버지에게 트로이에서 탈출해야 한다고 설득하면서 자신들의 가장 신성한 물건을 가져가달라고 부탁한다.

"아버님, 우리 가문신의 성물을 아버님이 모셔주십시오. 저는 치열한 전투에서 살육을 저지르고 방금 돌아왔으니, 흐르는 물에 몸을 씻지 않고 성물에 손을 대면 죄를 짓게 될 것입니다."

제례 의식과 마찬가지로 술과 약물도 전사가 전투 태세를 갖추거나 전투 후유증을 다스리는 데 도움이 될 수 있다. 영국군도 유럽 대륙의 군대처럼 자국 군인들에게 브랜디나 럼을 넉넉하게 제공했다. 베트남 전쟁에서 미군은 두려움을 무디게 하려고 마약을 사용했다.

1차 세계대전을 회상하면서 작가 에밀리오 루수는 이탈리아군이 공격할 때 오스트리아군으로부터 끊임없이 날아오는 브랜디 냄새가 얼마나 지독했는지 묘사했다. 루수의 동료 장교들도 광기로 가득한 전쟁을 견뎌내려고 일부러 취했다. 루수는 한 이탈리아군 장교가 자신의 권총으로 자기 머리를 겨누고 철모에다 방아쇠를 당기려고 하는 것을 보았다. 다른 장교가 그 장교에게 말했다.

"나는 술로 나를 지킨다네. 그러지 않았으면 벌써 정신병원에 갔을 거야."

이탈리아군과 오스트리아군 양측은 서로를 볼 수 없으면서 끊임없이 서로를 죽일 궁리를 했다.

"정말 끔찍해! 이러니까 저쪽이나 우리나 늘 취해 있는 거야."

오늘날의 현대식 군대들이 더 나은 스트레스 대처법을 개발해 내긴 했지만 전투 중의 스트레스는 피하지 못하고 있다.

전장에서 일부 군인들은 죽으려고 작정하기도 한다. 비잔틴제국의 마지막 황제 콘스탄티노스 11세(1405~1453)는 1453년에 성벽이 뚫리자 오스만제국군 정복자들의 손에 죽어도 여한이 없다며 곳곳을 휘젓고다녔다[그가 전사했다는 설과 행방불명되었다는 설이 있다.]. 그러나 대부분의 군인들은 적극적으로 죽음을 피하려 애쓰며 남들은 죽어도 자신만은 살아남기를 원한다.

전투 중의 죽음은 느닷없이 무작위로 닥친다. 에밀리오 루수의 부대는 이탈리아와 오스트리아헝가리제국 그리고 오늘날의 슬로베니아 사이에 위치한 고산 지대에 있었다. 이탈리아군은 군비와 지휘가 부실한 상태에서 오스트리아군과의 전투에 손실 큰 공

1차 세계대전 중에 이탈리아 전선에 있는 오스트리아군 병사. 흔히 전쟁터 하면 개활지를 떠올리지만, 전쟁은 밀림부터 설산까지 다양한 지형에서 벌어진다. 1915년부터 1918년까지 이탈리아군과 오스트리아군이 치른 전쟁은 주로 고산 지대에서 벌어졌기 때문에 병력 이동과 군비 수송에 많은 어려움이 있었다.

격을 반복해야만 했다. 그는 다음 공격 명령을 기다리며 대학 친구인 전우와 앉아 있던 일을 회상했다.

두 사람은 담배와 브랜디를 나누며 호메로스의 작품을 이야기했다. 만약 트로이군의 위대한 전사 헥토르에게 브랜디가 있었다면 그리스군의 강력한 숙적 아킬레우스를 대적할 수 있었을지 갑론을박했다. 루수는 이렇게 썼다.

"나는 그 전쟁에 대한 많은 것을 잊어버렸다. 그러나 그 순간은 절대로 잊지 못한다. 나는 친구가 담배를 뻐끔거리며 웃는 모습을 지켜보고 있었다. 그때 적의 참호에서 한 방의 총성이 울렸다. 친구는 담배를 입에 문 채 고개를 떨구었고, 이마에 새로 생긴 빨간 점에서 가느다랗게 피가 흘러내렸다. 그는 천천히 몸이 접히더니 내 신발 위로 쓰러졌다. 나는 그를 일으켜세웠다. 이미 죽어 있었다."

전투 중인 군인들은 전우의 죽음을 슬퍼하긴 하지만 상실감에 빠져 지체할 시간이 없다. 프레더릭 매닝은 "누군가는 인간에 대한 억누를 수 없는 인간적 연민으로 대신 아파하고" 누군가는 빨리 잊어 자신이 아직 살아 있음에 안도한다고 적었다.

"마음은 눈길만큼이나 잘 돌아간다. 처음에는 '저건 나야!'라고 하며 절망적인 절규를 하다가 이내 스스로 안도한다.…… 아냐, 저건 내가 아냐. 나는 저렇게 되지 않을 거야."

죽음을 알면 삶이 훨씬 더 소중하게 여겨진다. 전쟁 회고록의 고전인 『강철 폭풍(In Stahlgewittern)』을 쓴 독일 작가 에른스트 윙거

(1895~1998)는 1917년 자신의 부대가 서부 전선 전투에서 많은 손실을 입고 물러나 숙영한 마을이, 살아남아 재회의 기쁨을 나누는 군인들의 소리로 떠들썩했다고 썼다.

"전투를 무사히 견뎌낸 후의 그 해방감은 아마 참전 군인이 가질 수 있는 최고의 추억일 것이다. 열두 명 중 열 명이 죽더라도 살아남은 두 명은 해방된 첫날 저녁에 술잔을 기울일 것이다. 죽은 전우들을 기리는 침묵의 건배를 나누고, 함께한 경험들을 농담처럼 이야기할 것이다."

2차 세계대전 때 버마 전투에 참전한 영국 작가 조지 맥도널드 프레이저는 전투 중에 아군 한 명이 전사하고 나서 같은 분대원들이 아무도 그 일이나 전사자에 대해 거의 언급하지 않는 것을 보고 적잖은 충격을 받았다.

"그들은 비통해하지도, 분노하지도, 크게 안도하지도 않았다. 정말 아무 감정도 보이지 않았다. 충격이나 동요의 기미도 전혀 없었고, 불안해하거나 초조해하는 기색도 없었다. 그들은 여느 저녁 때보다 한가했는데도, 왠지 몹시 지친 듯 맥이 풀려 있었다."

그런데 그들이 잠자리에 들기 전 막사 방수포를 펴고 거기에 전사자의 소지품들을 늘어놓은 후 하나씩 챙기는 광경을 본 그는 다시 깜짝 놀랐다. 프레이저는 그것이 전사자를 추모하고 기리는 한 방식임을 깨달았다.

물론 전쟁터에는 두려움, 죽음, 작전 같은 것만 있는 게 아니다. 거기에는 기약 없는 기다림, 지루함, 그리고 음식이나 이, 쥐, 날씨, 상관 등에 대한 불평도 있다. 로마 군인들은 전선에서 불만으로 가득한 편지를 집으로 부쳤는데, 운이 없어서 잉글랜드 북부 하드리아누스의 방벽에 파견된 군인들은 따뜻한 옷을 보내달라고 요청하기도 했다. 그로부터 약 2,000년 후 중국을 침략한 일본 군인들은 가족들에게 양말과 팬티 좀 보내달라고 부탁했다. 이집트에서 발견된 파피루스 조각에서는 예나 지금이나 똑같은 불만을 품은 로마 병사가 보인다.

"그런데 당신은 건강이 어떤지, 어떻게 지내는지 궁금해하는 나한테 편지 한 통 쓰지 않는구려. 당신이 걱정되오. 내 편지들을 받았을 텐데 답장을 하지 않으니, 당신이 어떻게 지내는지 알 도리가 없어서……"

1차 세계대전 때 참호에 있었던 군인들은 자신에게 일어난 일을 기록하면서 현실에 대처하는 방법이나 도피처를 찾을 수 있었다(서부 전선의 군인들은 대다수가 글을 읽고 쓸 줄 알았다.). 입대 전에 양철공이었던 프랑스 작가 롤랑 도르줄레스(1885~1973)는 민간인의 삶에서 벗어나 군인이 되는 것에 심취해 정신을 차리지 못했다고 말했다.

"나는 정반대인 세계의 미지의 길을 걷고 있다고 믿었다. 입대한 그날부터 나는 이미 전쟁 작가가 돼 있었다."

문방구 제조업자들은 전선에서의 삶을 기록할 수 있는 특수 펜과 작은 수첩을 광고했고, 군인이 만들어 군인이 읽는 신문에서는 그들의 글이 실릴 지면을 제공했다. 미국의 군사 일간지 《스타스 앤드 스트라이프스(Stars and Stripes)》[미국 국기 '성조기'를 의미한다.]는 미국이 1차 세계대전에 참전한 짧은 기간에 미군들이 쓴 시를 무려 10만 줄이나 게재했다.

전쟁터에서 싸우고 있는 군인들에게 고향은 멀기만 하다. 단지 지리적 거리만 말하는 것이 아니다. 평시의 군대 생활과 달리 전쟁은 평균 여명이나 시간과 공간 개념을 뒤엎을 수 있다. 1812년 러시아 정복에 나선 나폴레옹이나 2차 세계대전 때 소련을 공격한 독일군에게는 겨울이 적이었다. 하지만 조국을 지키는 러시아군[소련군]에게는 겨울이 아군이었다. 시간은 전투가 벌어지기 전에는 참을 수 없이 느려 보일 수 있지만, 전투 중에는 너무나 빨라서 몇 분이 몇 초처럼 느껴진다.

조지 맥도널드 프레이저는 버마의 작은 절 근처에서 일본군과 벌인 첫 교전이 1분밖에 안 걸린 듯했다. 하지만 그는 그 현장과 그 느낌을 평생 생생하게 기억했다.

"초조한 긴장이 끊이지 않는 가운데 분노, 공포, 패기, 안도, 경악 같은 감정들이 섬광처럼 불쑥불쑥 번뜩였다."

1차 세계대전 때 벨기에 몽스에서 싸운 어느 영국 병사는 "전투 중에는 엄청난 긴장이 지속된다."라고 말했다. 당시 상대편인 독일군의 한 병사는 돌격하면서 "승리의 함성, 격렬하고 기묘한 노랫소리가 내 안에서 터져나오며 나에게 용기와 자신감을 불어넣어 나의 모든 감각이 벅차올랐다. 나는 두려움을 극복했다. 나는 필멸하는 육체적 자아를 넘어서는" 경험을 했다.

전쟁은 우리가 자연 질서나 사회 도덕이라고 여기는 것들을 전복한다. 전쟁 중에는 사회를 존속시키는 기반 시설, 즉 건물이나 다리, 철로를 폭파하는 것, 다른 사람을 죽이거나 다치게 하는 것이 정당하기도 하고 실제로 필요한 일이다. 평시에 기괴하거나 끔찍한 것들(이를테면 시체 냄새, 진흙, 들쥐, 이, 더러운 물, 상한 음식)이 전시에는 평범한 것들이 된다. 평시에 우리가 소중히 여기는 소유물들(이를테면 유행하는 옷이나 스포츠 용품)이 전시에는 가치를 잃고 우리가 별로 신경쓰지 않았던 것들(이를테면 철사 절단기나 발 파우더)이 굉장히 중요해진다. 『그들이 가지고 다닌 것들』에서 팀 오브라이언은 그 목록을 제시한다. 군인마다 다르지만 꼭 포함하는 것으로 철모, 부상에 대비한 압박 붕대, 모기 기피제, 전투 식량과 물 등이 있다.

1919년 여름 캐나다 화가 데이비드 밀른(1882~1953)이 캐나다 군이 싸웠던 서부 전선으로 파견되어 이제는 적막해진 전쟁터들을 그림으로 기록했다. 친구에게 보낸 편지에서 그는 한 개의 포탄 구덩이 안에 있던 물건들을 열거했다. 통조림, 포탄, 수류탄, 수통, 탄띠, 방독면, 철모, 옷가지. 밀른이 "거대한 쓰레기 더미"라고 부른 것들은 불과 1년 전만 해도 군인들의 필수품이었다.

전쟁은 일상의 패턴을 변화시켜 혼란을 야기하기도 한다. 1차 세계대전 때 서부 전선은 밤에 안전하고 낮에는 위험했다. 낮에 군인들은 햇빛 때문에 상대편 감시병의 눈에 띄었다. 그래서 낮에는 쉬고, 밤에 일했다. 밤에 군수품을 나르고, 참호를 보수하거나 새로 만들고, 굴을 파거나 무인지대 공략에 나섰다. 보름달은 우러러볼 대상이 아니었다. 그것은 적이었다. 하늘의 빛은 축제용이 아니라 죽음과 파괴의 안내자였다.

풍경의 의미도 바뀌었다. 강과 운하는 더 이상 운송과 관개에 쓰이지 않고 방어에 이용되거나 공격의 장애물이었다. 산, 숲, 언덕, 계곡은 작전의 일부여서, 점령하거나 사수해야 할 전술적 목표였다. 프랑스 북부의 비미능선은 아래쪽 평지에 비해 7미터 높이에 불과하지만 1917년 독일군으로부터 탈환하느라 발생한 캐나다군 사상자가 1만 명에 달했다. 평야와 농장은 새로운 생명을 만들어내지 못하고 죽음과 총포를 수확했다. 오늘날에도 여전히 그러해서, 인명을 앗아갈 수 있는 불발탄들이 겨울에 동상(凍上) 현상 때문에 밀려올라와 서부 전선 지표면으로 드러나고 있다.

평시에 용납되지 않을 수 있는 행위들(이를테면 욕설이나 신성 모독)이 전시에는 일반적인 것이 되기도 한다. 평시에는 도둑질로 불릴 만한 슬쩍하는 행위도 마찬가지다. 조지 맥도널드 프레이저의 분대가 공중 투하된 보급품을 수습하는 임무에 투입됐을 때 그는 분대원들을 대표해 불쾌함을 표했다. 부대장이 자신들을 의심의 눈초리로 봤고 아무것도 빼돌리지 말라고 경고했기 때문이다. 그런데 놀랍게도 분대원들은 전혀 개의치 않고 무더위 속에서 군말 없이 장시간 작업에 몰두했다. 작업이 끝나자 부대장은 분대원들의 성실과 정직을 치하하며 담배 몇 갑을 포상으로 주었다. 막사로 돌아오자 분대원들은 막사 방수포를 바닥에 폈다. 프레이저는 그들이 수통에서 설탕을 쏟아내고 옷과 모자에서 차, 담배, 통조림 따위를 꺼내놓는 것을 보고 놀라면서 다른 한편으로 감탄했다.

"그들이 모두 꺼내놓고 나자 방수포가 백화점 식품관처럼 보였다."

전시에는 성 규범 또한 변한다. 우리는 단호히 강간을 강압적이고 파괴적인 행위로 생각한다. 그런데 전시에는 섹스가 살아 있음의 재확인이 될 수 있어서, 곧 죽을지 모른다는 사실을 깨닫게 되면 평시의 금기나 제약이 무의미해진다. 2차 세계대전 중에 어느 미군 병사가 말했다.

"대부분의 사람들이 지닌 기준으로 보면 우리는 비도덕적이었다. 그러나 우리는 젊었고 내일 죽을 수도 있었다."

그들은 매춘을 통해서라도 다른 인간과의 감정적 교류가 절실했다. 1차 세계대전 중에 미국 남부 루이지애나주 뉴올리언스가 미군들로 북적이던 시기에 그곳에서 매춘 시설을 운영한 여성이 말했다.

"전쟁과 죽음에 골몰하다 보면 사람이 어떻게 음탕하게 변하는지, 나는 전부터 이미 알고 있었어요."

그녀는 그런 섹스가 쾌락만을 위한 것이 아니라고 말했다.

"그건 일종의 신경 쇠약이고, 여자와 싸움박질로만 치료할 수 있죠."

프레더릭 매닝이 쓴 소설의 주인공 본은 자신에게 저녁을 대접한 프랑스 농가의 처녀로부터 낯선 감동을 받는다. 그녀가 그의 도덕성과 고독을 일깨웠기 때문이다.

"사람이 소름 끼치는 죽음의 공포에 사로잡히면 온전하게 살아 있음을 다시금 확인시켜 줄 것 같은 행위인 사랑에 본능적으로 기대게 된다."

본은 전선에 있을 때는 여자 생각이 나지 않는다고 적는다.

여러 전문가들의 의견처럼, 남자나 여자나 전선에 가까이 있을수록 섹스가 덜 중요해진다. 그들은 생존에 집중해서 너무 바쁘고, 무섭고, 몹시 피로하기 때문이다.

모든 종류의 금기를 깨는 것과, 전쟁이 야기하는 무지막지한 파괴에서는 기묘한 쾌감이 느껴질 수도 있다. 1917년 7월 서부 전선에서 스코틀랜드군의 젊은 포병 장교 헌틀리 스트라선 고든 (1898~1982)은 폐허가 된 벨기에 도시 이프르를 밤에 다녀오고 나서 어머니에게 편지를 썼다. 도시는 그 직전에 또 한 번 독일의 맹폭격을 받았다. 그는 가옥 몇 채가 아직 서 있는 황량한 거리에서 "기묘한 아름다움"을 발견했다고 적었다. 어느 집은 전면이 뜯겨나가 방들이 노출됐는데 가구 몇 개가 그대로 있고 그림 한두 점이 비스듬히 걸려 있어 마치 거대한 인형의 집을 보는 것 같았다. 그는 메닝문(Menin Gate) 쪽으로 향하면서 고딕 양식의 걸작인 거대한 직물회관의 일부가 남아 있는 대광장을 가로질렀다.

"달빛이 비끼는 인도 타지마할에 대해 들은 적이 있어요. 그런데 제 생각에는 그것이 이 폐허만큼 감명 깊지는 못할 거예요. 석

벽은 백설처럼 빛났고 육중한 탑은 제자리를 지키고 있었어요. 그 위의 첨탑은 거대한 빙산 같은 밤하늘을 향해 삐쭉삐쭉 솟아 있었고요."

서둘러 광장을 지나가던 그는 가로등 옆에 고꾸라져 있는 군인의 시체를 얼핏 보았다.

2차 세계대전 때는 장거리 폭격기가 등장하여 점점 더 많은 민간인들이 전선 범위 안에 들게 됐다. 그래서 그들 또한 파괴의 전율을 겪어야 했다. 젊은 캐나다 외교관 찰스 리치(1906~1995)는 1940년 10월에 독일의 맹렬한 영국 공습이 벌어진 직후 런던 중심가에 있는 극장에서 나왔다. 그는 일기에 적었다.

"피커딜리 광장 전체가 불타오르는 것 같았다. 화염이 런던 파빌리온 꼭대기까지 혓바닥을 날름거렸다. 우리는 폭탄과 파편을 헤치며 도체스터 쪽으로 차를 몰았다. 사방이 불바다였다."

그와 동료는 "애들처럼 흥분하고" 들떴다.

"이런 파괴의 도가니와 위험에는 흥분이 동반된다. 다음 날이면 광분이 지나간 아침이 밝는다. 나는 삽으로 유리를 치우는 소리에 잠이 깼다."

1945년 8월 6일 일본 역사학자 도요후미 오구라(1899~1996)는 히로시마로 향하고 있었다. 갑자기 엄청난 섬광이 번쩍였다. 거대한 버섯구름이 솟구쳐 퍼지는 것을 보고 그는 못 박힌 듯 그 자리에 서 있었다. 그는 그 광경을 어떻게 형언해야 할지 몰랐다고 회상했다.

"창공의 그 무시무시하고 어마어마한 구름과 빛을 묘사하는데에는 옛사람들이 머릿속에 떠올린 단순한 관념이나 공상은 전혀 도움이 되지 않았다."

그는 그 파괴를 직접 봐야겠다는 충동에 이끌려 도시를 향해 계속 걸었다. 그 파괴는 "인류가 겪은 가장 큰 규모"라고 나중에 그는 적었다.

전쟁터에 있는 것이 어떤 것인지 설명하기란 절대 쉽지 않다. 적절한 말이나 이미지를 찾기도 어렵다. 후방에 있는 사람들이 전쟁터 생활의 실상을 별로 알고 싶어하지 않더라도[대충 설명하더라도] 설명이 어렵기는 마찬가지다. 스코틀랜드군의 젊은 장교 헌틀리 스트라선 고든은 에든버러에 있는 집에서 휴가를 보내고 있을 때 끊임없이 찾아오는 손님들이 전선에서의 실제 삶에 대해 '인사치레로' 던지는 질문에 마음이 편치 않았다고 회고록에 적었다. 그가 할 수 있는 대답은 "괜찮아요. 고마워요. 정말 괜찮아요."가 전부였다.

"무슨 말을 더 할 수 있었겠는가? 그들이 어떻게 이해할 수 있었겠는가? 우리는 그냥 서로 다른 세계에 있었다."

근현대 전쟁은 이런 서로 다른 세계 간의 차이를 훨씬 더 극명하게 만들었다. 오늘날 군인은 전쟁터에서 차출돼 세계 어디로든 보내질 수 있다. 심지어 1차 세계대전 때도 오늘 참호에 있던 군인이 내일 고국의 집에 도착하는 것이 가능했다.

전쟁터에 있는 군인들을 어이없게 만들 수 있는 또 한 가지는 후방의 많은 사람들이 전쟁으로 이득을 챙기고 있다는 느낌이다. 프레더릭 매닝의 소설이나 조지 맥도널드 프레이저의 회고록을 보면, 광산 노동자 같은 사람들이 너무 높은 임금을 받고 있다거나, 군수 산업이 호황을 맞았다거나, 제조업체들이 큰 수익을 올리고 있다거나, 아니면 민간인들이 즐겁게 지내고 있다거나 하는 것에 대한 불만을 평범한 군인들이 계속 토로한다.

스코틀랜드군의 젊은 장교 존 리스(1889~1971, 나중에 리스 경이 됐고 BBC 제1대 사장을 10년간 역임한 인물[이 책의 바탕이 된 강연의 명칭이 그를 기린 '리스 강연'이다.])는 1차 세계대전 중 첫 휴가의 일부를 런던에서 보냈다. 그는 형과 저녁 만찬을 가졌는데 고급 음식과 화려한 분위기가 몹시 어색했다. 그리고 얼마나 많은 남자가 군복을 입지 않았는지 그의 눈에 들어왔다.

"어쨌든 모든 게 기분 나빴다. 나는 이런 생활에서 멀어져버렸고, 그래서 화가 치밀었다."

1930년대 후반에 일본이 중국을 침략했을 때 어느 일본군은 "백전백승하는 일본군이라고 생각하며 환호하는 고국의 국민들이 그 승리에 수반되는 끝없는 고통을 알기나 하는지 모르겠다."고 적었다.

에리히 마리아 레마르크의 『서부 전선 이상 없다』는 비록 소설이지만, 저자가 독일 병사로서 한 경험에 기초하고 있다. 그리고 주인공 파울 보이머가 전쟁의 실상이 어떤 것인지 설명하려고 애쓰는 장면은 1차 세계대전의 무수한 편지와 회고록에서 똑같이 반복됐다.

집으로 휴가를 간 보이머는 지인이나 가족과는 전쟁의 실상에 대해 아무것도 교감할 수 없음을 깨닫는다. 그는 암으로 죽어가는 어머니나 아버지에게 걱정을 끼치고 싶지 않다. 다른 사람들은 영웅적 행위나 다가올 승리 따위의 이야기를 듣고 싶어하지만 그가 해줄 말은 없다. 그는 집으로 휴가 나오지 말았어야 했다며 씁쓸해한다.

전방과 후방 사이의 간극을 벌리는 또 다른 차이는 대개 민간인들이 전쟁터의 군인들보다 더 적을 증오한다는 사실이다. 2차 세계대전 때 영국의 연구 결과에 따르면, 독일의 공습을 받지 않은 시골 사람들이 실제로 심각한 타격을 입은 도시 사람들보다 더 독일 도시들에 대한 보복 폭격을 원했다. 미군을 상대로 한 조사에서는 아직 전쟁터로 떠나지 않은 군인들이 태평양에 배치된 군인들보다 일본군을 '전멸'시켜야 한다는 의견에 더 많이 동의한 것으로 나타났다. 독일 작가 에른스트 윙거가 말한 것처럼, "광포한 분노에 사로잡힌 채" 전투에 뛰어들어 적을 죽이고 싶어 안달하는 군인은 2차 세계대전 때 다음과 같이 말한 영국 장교보다 드물다.

"사실 우리는 그들을 용감한 군인으로 존경했다. 그렇지만 우리의 임무는 그들을 물리쳐 전쟁에서 이기는 것이었다."

『일리아스』에서 아킬레우스가 자신이 곧 죽일 트로이군을 "전우"라고 부르는 것은 둘 다 자신이 해야 할 일을 하고 있는 전사임을 인정하기 때문이다.

1차 세계대전 때 헌틀리 스트라선 고든은 독일군에 대해 "그들이 자신을 지키기 위해 우리에게 포격하는 것을 탓할 수 없다."고 적었다. 그는 그들을 증오할 수 없었다. 그는 그들에게 일종의 연민을 느끼고 있음을 깨달았다. 왜냐하면 그들은 영국군보다 더 힘든 시간을 보내고 있었을 것이기 때문이다. 서부 전선의 크리스마스 휴전(전선에서 자발적으로 실시됐으며 군 지휘부가 중단시키기 전까지 계속됐다.)과 비공식 상호 불가침 조약(예를 들면 서로 안전하게 전사자 시신을 수습하는 것)은 서로의 고충과 인간애가 전선을 넘어 공감됐음을 의미한다.

1차 세계대전 회고록으로는 드물게 사병이 기록한 『노병은 죽지 않는다(*Old Soldiers Never Die*)』의 저자 프랭크 리처즈(1883~1961)도 1914년에 그런 휴전을 경험했다. 사병들이 먼저 시작했고 장교들도 동참했다. 독일군은 영국군 참호로 맥주 한 통을 보냈고 영국군은 자두 푸딩을 답례로 보냈다. 그는 이렇게 적었다.

"우리는 온종일 서로 노닥거렸다. 그들 중 영어를 할 줄 아는 사람이 자기는 브라이튼[영국 남동부 해변 휴양 도시]에서 몇 년간 일했고 망할 놈의 전쟁에 진절머리가 났으며 전쟁이 빨리 끝났으면 좋겠다고 말했다. 우리는 전쟁에 진절머리가 난 사람은 당신 혼자만이 아니라고 말해주었다."

이런 동류의식은 다른 시기, 다른 장소에서도 마찬가지였다. 1930년대 말 중국에 있던 일본군 병사는 부상당한 중국 군인들을 심문하고 나서 죽이라는 지휘관의 명령을 받고 슬픔을 느꼈다.

"그들은 비록 우리의 적이지만 이 세상의 다른 모든 생명과 마찬가지로 영혼을 가진 인간이다. 무력한 그들을 칼날 성능 시험에 이용하는 것은 정말 잔인한 짓이다."

2차 세계대전 중 기마 연대의 의무보조병이었던 소련군 여성은 독일군 2명을 사살했을 때 느낀 회한을 떠올렸다.

"한 사람은 매우 잘생긴 독일 젊은이였어요. 비록 파시스트였지만 그를 죽인 건 안타까운 일이에요.…… 그 감정은 오랫동안 나를 괴롭혔어요. 나는 죽이고 싶지 않았어요. 물론 내 마음속에는 증오가 컸어요. 왜 그들은 우리나라에 쳐들어왔을까요? 그렇지만 직접 사람을 죽이는 건, 그건 정말 무서운 일이에요.……"

2차 세계대전에 참전한 미군에 대한 유명한 연구에 따르면, 겨우 15~25퍼센트의 미군만 적을 조준하여 사격했다. 나머지는 아예 쏘지 않거나 대충 쐈다. 전투를 치른 독일군과 일본군을 대상으로 한 비슷한 연구에서도 거의 같은 결과가 나왔다. 당연하게도 이런 결과는 (이후에 계속 반론이 제기되기는 했지만) 신병을 전투에서 위축되지 않는 유능한 살인자로 만들기 위해 심리학적 지식과 도구를 군대 훈련에 어떻게 적용해야 할지에 많은 관심을 불러일으켰다.

모든 지휘관이 늘 그런 것은 아니지만, 그들은 부하들이 전투에 임하는 태도를 변화시킬 수 있다. 알렉산드로스, 율리우스 카이사르, 나폴레옹, 허레이쇼 넬슨 영국 제독, 조지 패튼(1885~1945) 미국 육군 장군 등은 모두 부하들이 죽음을 두려워하지 않고 용감하게 싸우도록 만드는 데 탁월한 능력을 발휘했다. 그들은 자신에 관한 과장된 영웅담을 조장하고 상징과 징조를 조작하는 등 의식적으로 지휘관 역할을 연출했다.

알렉산드로스 대왕은 신관이 동물의 간에서 징조를 찾는 의식을 행할 때 미리 '승리' 상징물을 집어넣는 술수를 썼다. 건조한 사막에서 누군가가 투구에 한가득 물을 담아 권하자 그는 다분히 과장된 동작으로 쏟아버리며 부하들과 고통을 함께하겠다는 의지를 표명했다.

중국의 전설적인 장수[춘추 시대 월나라 왕 구천]는 [오나라와 전쟁하던 중 군량미가 떨어졌는데] 탁주 한 단지를 선물받자 그것을 강물에 부어서 병사들과 나눠마셨다[술맛이 났을 리 없지만 병사들은 감격해서 목숨 바쳐 싸웠다.].

나폴레옹은 말을 타고 달려 위풍당당하게 알프스를 넘는 극적인 장면을 선전에 많이 활용했다. 그러나 사실 그는 당시에 느릿느릿 걷는 노새를 탔다. 또한 그는 생 베르나르 고개에 있는 수도원에서 휴식을 취하다가 고대 로마의 역사가 티투스 리비우스(BC 59~AD 17)의 역사서[『로마사』] 사본을 발견하여 자기보다 그 길을 먼저 지나간 한니발의 행로를 알아냈다고 주장하기도 했다.

뛰어난 지휘관들은 비범해 보이는 존재감과 사람의 마음을 꿰뚫어보는 능력이 겸비된 '카리스마'라는 독특한 자질을 지니고 있다. 전투로 단련된 프랑스군 장군 도미니크조제프 르네 방담(1770~1830)은 나폴레옹에 대해 "나는 신이나 악마는 전혀 두렵지 않지만 그분에게 다가갈 때면 마치 어린애처럼 벌벌 떨게 된다."고 말했다. 나폴레옹의 숙적인 영국 장군 웰링턴은, 전쟁터에 황제[나폴레옹]가 있는 것은 4만 명의 군사가 더 있는 것과 맞먹는다고 말한 적이 있다. 나폴레옹은 마지막 전투[워털루 전투]에서 패하고 세인트헬레나섬으로 쓸쓸히 유배를 떠날 때에도 승선한 배 위의 모든 수병과 장교를 순식간에 매혹시켰다.

하급 장교들도 전쟁터에서 부하들에게 그와 비슷한 영향을 미칠 수 있다. 그러려면 외적인 용맹함도 중요하지만 그 이상이 필요하다. 프레더릭 매닝의 소설에서 말레 대위는 존재감이 대단한 인물이다.

"그가 사람들의 마음에 남긴 인상은 덩치가 아니라 위용과 추진력이다. 그것은 그의 표정과 태도, 그리고 행동하고 말하는 특별한 방식에서 온다. 그래서 사람들은 그가 엄청난 기운으로 자기 내부의 반항적이고 파괴적인 에너지를 통제하고 있다는 느낌을 받게 된다. 아마 전쟁터에서는 그 에너지가 풀려나 불굴의 승리욕을 채울 것이다."

부하들은 그가 참호 밖 지상을 걸어다니거나 두고온 진창 탐지용 지팡이를 가지러 무인지대로 걸어들어가는 대담함과 의연함에 탄복한다.

조지 패튼 장군이나 버나드 몽고메리(1887~1976) 영국 육군 원수 같은 지휘관들은 대담한 언행으로 좌중을 휘어잡았다. 반면에 조지 맥도널드 프레이저가 버마에서 만난 윌리엄 슬림(1891~1970) 장군 같은 지휘관은 앞의 인물들과 다른 방식으로 깊은 인상을 남겼다. 그는 프레이저가 만난 사람들 가운데 무척이나 독특한 사람이었다.

"자신으로부터 우러나오는 힘, 즉 처음 본 이후 줄곧 나를 혼란스럽게 만든 인품의 힘을 지니고 있었다. 다만 그게 뭐라고 딱 꼬집어 말하기는 어려웠다.……"

그것은 그의 외모 때문이 아니었다. 프레이저에게 슬림 장군은 고위 임원으로 진급한 십장이나 농부처럼 보였다. 그렇다고 그의 말솜씨가 뛰어났던 것도 아니다. 그는 부하들과 둘러앉아 일본군 공격 작전에 대해 수다 떨듯 편하게 이야기했다. 그런데도 프레이저는 슬림 장군이 병사들을 잘 이해하고 있다는 느낌을 받았다.

"내 생각에 그것은 우리와의 친밀감이었다. 마치 잘 알고 지내는 조카와 허물없이 대화를 나누는 듯한 태도, 그것이 바로 그의 탁월한 재능이었다(그가 괜히 '엉클 빌'[빌 삼촌]이라고 불린 게 아니다.)."

그렇지만 사병들은 지휘관들의 따르기 어려운 명령, 전황 오판, 특히 고위급들의 전선 현실과 동떨어진 인식에 대해 대놓고 거부감을 드러내기보다 대체로 그냥 참고 견뎠다.

에밀리오 루수는 1차 세계대전 때 부대의 희생에 개의치 않고 자신의 무공에만 급급했던 이탈리아군 장군에 대해 생생한 기록을 남겼다.

"자네는 전쟁을 즐기는가?"

질문하는 장군의 눈동자가 마치 경주용 차의 바퀴처럼 빙글빙글 돌았다. 루수가 별로 그렇지 않다고 대답하자 장군은 버럭 성을 내며 경멸조로 말했다.

"그러니까 자네는 평화를 지지한다는 말이군, 그렇지? 평화라니! 나약해 빠진 여편네들처럼 말이야.……"

이탈리아군은 대포가 하나도 없었지만 장군은 오스트리아군을 공격하기로 결정했다. 결과가 뻔한 결정이었다. 그때 장군이 탄 노새가 절벽 가장자리에서 날뛰며 그를 떨쳐내려 했다. 하지만 이탈리아군은 아무도 움직이지 않았다. 보다 못해 장군을 구하러 달려갔던 병사는 나중에 전우들에게 구타당하고 부대를 욕되게 했다는 비난을 받았다.

정신 무장이 아무리 투철할지라도, 지휘관이 아무리 위대할지라도, 그것이 전투에서 군대를 지탱하는 가장 중요한 힘이 되지는 못한다. 역사상 그랬던 적도 없다. 대오를 맞춘 그리스 중무장 보병들, 밀집대형을 이룬 스위스 용병들, 갤리선이나 항공모함의 해군들, 비행 중대의 조종사들은 모두 서로에게 의지해 서로를 위해 싸웠다. 그리스 철학자 플루타르코스는 "전사는 자신을 위해 투구와 흉갑을 착용하고, 같은 대열의 전우를 위해 방패를 든다."고 말했다. 14세기의 한 기사는 "전우가 너무나 소중하기에 우리는 함께 싸우러 나가 함께 죽거나 함께 살 각오를 한다."고 말했다.

군인들은 서로를 거칠게 대하는가 하면, 놀라울 정도로 의리 있게 대하기도 한다. '우정'이라고 하기엔 다소 부족한 듯하고 '사랑'이라고 하기엔 너무 낭만적이지만, 수세기에 걸쳐 전사들이 표현하려고 했던 것에는 두 요소가 모두 들어 있었다. 영어로 가장 적합한 표현은 전우애(comradeship)일 것이다. 프레더릭 매닝은 그것을 "우정으로는 다다를 수 없는 강렬한 감정"이라고 불렀다. 사람들은 대개 무작위적으로 전쟁터에 함께 투입되지만, 서로를 위해 목숨을 버릴 만큼 강한 유대관계를 형성할 수 있다.

작가 시그프리드 서순은 1차 세계대전을 자기 세대들에 저질러진 '비열한 짓거리'라며 증오하게 됐지만, 그래도 전우들을 위해 부대로 되돌아갔다.

『서부 전선 이상 없다』의 주인공 보이머는 휴가를 마치고 전우들과 재회하자 굵고 짧게 한마디한다.

"내가 있어야 할 곳은 여기야."

작가 에른스트 윙거는 부상당했다가 전선으로 되돌아간 때를 회상했다.

"마치 가족의 품으로 돌아가는 것 같았다."

프랑스군은 인도차이나반도에서 북베트남군을 상대로 승리를 거두려다 불운하게도 디엔비엔푸에서 포위당했다. 그래서 진지의 전초가 하나씩 무너지며 초소 군인들이 포로로 끌려갔다. 그 포로들 중에는 프랑스 외인부대 소속 독일인들도 있었다. 그들은 제 살길을 모색하기로 결정했다. 독일인들은 북베트남군 포로수용소장에게 자신들이 제정신을 차려 더 이상 프랑스군을 지원하지 않는다고 말했다. 그러자 그들에 대한 대우와 배식이 눈에 띄게 좋아졌다. 매일 아침 그들은 전날 북베트남군이 거둔 전과에 대해 이야기하는 포로수용소장의 훈화를 듣기 위해 미리 가서 대기했다. 참전 군인 출신인 독일인들은 환호하면서 「인터내셔널가」를 제창했다. 국제 공산주의 운동의 대표곡이었다. 그러던 어느 날 수용소장은 프랑스 외인부대가 차지하고 있던 고지를 격전 끝에 탈환했다고 발표했다. 독일인 포로들은 침묵했다.

"자, 노래해!"

포로수용소장이 다그쳤다.

"뭘 기다리는 거지?"

독일인들은 서로를 쳐다보다가 노래하기 시작했다. 가사가 나폴레옹 전쟁 시절에 지어진 노래였다[「좋은 전우(Der gute Kamerad)」의 도입부].

> 나에겐 전우가 있었다네
> 그보다 좋은 전우는 있을 리 없지
> ……

그들은 모든 특별 대우를 박탈당했다.

전쟁의 공포를 그냥 잊고 싶어하거나, 잊으려 몹시 애를 쓰는 재향군인들이 있다. 그런데 많은 재향군인들은 별다른 선택이나 대안이 없이 더 단순했던 [전장에서의] 삶의 방식과 전우애를 그리워한다. 그런가 하면 전쟁터의 흥분을 잊지 못하는 이들도 있다.

1차 세계대전이 끝난 뒤 영국의 한 조종사는 이렇게 적었다.

"아마 그는 다시는 전선을 내려다볼 일이 없을 것이다.…… 하늘에서 훈족[독일군]을 찾아다닐 일도 없고, 움직이는 표적을 향해 총을 쏠 일도 없고, 뒤에서 쫓아오는 무시무시한 스타카토 소리[기관총 소리]를 들을 일도 없고, 지상에서 날아오는 예광탄을 볼 일도 없을 것이다. 그 모든 것이 끝났고 과거가 됐다. 새벽 정찰도 삶은 달걀도 없고, 신나는 술자리도 뜨거운 전우애도 없고, 광적인 흥분도 숨 막히는 공포도 없다. 모든 것이 끝났다. 그래서 삶이 공허해졌다."

캐스린 비글로 감독의 영화 「허트 로커(The Hurt Locker)」에 인상적인 장면이 나온다. 폭발물 해체 전문가인 주인공 윌리엄 제임스는 이라크에서 여러 차례 죽을 고비를 넘기고 제대하여 집으로 돌아온다. 슈퍼마켓에서 아내가 그에게 아침 식사용 시리얼을 집어오라고 부탁한다. 그는 혼란스러운 표정으로 양쪽 진열대에 가득한 온갖 브랜드의 시리얼을 응시한다. 이내 그는 재입대한다.

작가 프랭크 리처즈는 1차 세계대전 후 몇 년간 술집에서 이야기 상대로 전우를 만나곤 했다.

"우리는 으레 저녁을 유명한 찬송가 곡조에 맞춘 옛노래로 마무리했다. '노병은 죽지 않는다네, 그저 사라질 뿐이라네.'"

철저한 반전 뮤지컬 「얼마나 아름다운 전쟁인가!(Oh, What a Lovely War!)」가 런던에서 처음 무대에 올려진 1960년대에는 1차 세계대전에서 싸운 사람들이 많이 생존해 있었다. 어느 날 밤 내 친구가 그 극장에 갔는데, 버스 여러 대를 나눠 타고온 재향군인들이 관객석을 차지하고 있었다. 그들은 옛노래를 제창했고 [뮤지컬이 끝난 후] 술집을 가득 메운 채 즐겁게 과거를 회상했다. 그것은 반전 뮤지컬의 배우들과 진보 성향 연출가 조안 리틀우드(1914~2002)가 예견한 반응이 아니었다.

전쟁에 대한 이러한 향유는 평화로운 사회에 사는 시민들을 불편하게 만든다. 내가 교육용 라디오 프로그램에서 인터뷰한 캐나다 장군은 전쟁의 짜릿함에 대해 말했다. 물론 내가 녹음기를 끈 후였다. 전쟁은 아주 빠른 오토바이를 타는 것과 같다고 그는 말했다. 언제든 충돌해서 죽을 수 있다는 걸 알기 때문에 스릴이 배가된다고 했다.

더 충격적인 이야기를 하자면, 타인에 대한 생사여탈권을 가졌다는 사실을 진심으로 즐거워하며 재미로 살인과 파괴를 저지른 참전자들도 있었다. 1차 세계대전 때 저격수였던 호주 작가 아이언 루엘린 이드리스(1889~1979)는 "공정한 전쟁에서 강한 자의 생명을 앗을 때 강한 자긍심"을 느낀다고 말했다. 2차 세계대전 때 어느 영국 조종사는 독일 비행기 두 대를 격추한 후 잠을 이룰 수 없었다.

"며칠간 다른 이야기는 할 수 없었다. 몇 주 동안 다른 생각은

할 수 없었다.…… 그것은 감미롭고 아주 몽롱해지는 일이었다."

에른스트 윙거의 회고록에서 충격적인 것 중 하나는 아무런 유감 표시나 설명 없이 저자의 감정을 드러내는 방식에 있다. 『강철 폭풍』 초판에서 그는 어느 영국군을 쏜 일에 대해 말한다(나중에 개정판에서 덜 잔인하게 수정했다.).

"그는 잭나이프 날이 접히듯 폭 고꾸라지더니 쭉 뻗었다."

다른 대목에서는 그와 전우들이 영국군 선봉대에 어떤 식으로 사격을 가했는지 말한다(이 부분은 개정판에서 고치지 않았다.).

"적은 당황해서 이리저리 토끼처럼 팔짝팔짝 뛰기 시작했고, 그러는 동안 그들 사이로 먼지가 자욱하게 피어올랐다."

시인 줄리언 그렌펠이 어머니에게 보낸 편지도 마찬가지로 지극히 솔직하다. 거기에는 그가 전쟁터에 있는 게 얼마나 큰 행운인지, 그리고 전쟁을 얼마나 즐기고 있는지 이야기하는 내용으로 가득하다.

"저는 전쟁이 너무너무 좋아요. 이건 목적 없이 떠나는 대규모 소풍 같아요. 제가 이렇게 잘 지내고 행복했던 적은 없어요. 아무도 지저분해지는 것에 불평하지 않아요."

전투의 짜릿함은 "눈앞의 모든 광경과 말과 행동, 그 모든 것에 활기를 불어넣어요." 그는 처음으로 사람을 쐈을 때 이상한 기분이 들었다고 털어놓았다.

"그렇지만 곧 그건 악어를 쏘는 것과 비슷해졌어요. 아니 오히려 더 재미있었어요. 상대가 나한테 응사하니까요."

에른스트 윙거처럼 그도 자신이 야기한 죽음을 약간의 호기심으로 관찰했다.

"그는 외마디 신음을 내더니 푹 쓰러졌어요."라고 어느 독일군에 대해 말했다. 윙거는 어머니에게 전쟁이 아주 오랫동안 계속됐으면 좋겠다고 했다.

"하지만 이게 끝나면 산돼지 사냥이 그나마 해볼 만한 소일거리겠지요. 안 그러면 지루해 죽을 거예요."

1915년 5월 그는 머리에 총을 맞고 죽었다. 그의 동생과 두 명의 사촌도 1차 세계대전 개전 후 몇 달 만에 모두 전사했다.

BBC 사장을 지낸 존 리스 경은 1960년대에 1차 세계대전 당시 영국 수송 장교로 일한 경험을 회고록으로 저술했으나 출판사를 찾는 데 애를 먹었다. 왜냐하면 그의 회고담은 전쟁에 참전하는 불운을 겪은 모든 사람들은 전쟁을 혐오한다는 통념과 거리가 멀었기 때문이다. 그는 즐거웠고 프랑스 전쟁터에 있는 것이 감격스러웠다. 밤에 말을 타고 아르망티에르[프랑스 북부 국경 도시]를 지나갈 때 그의 감정은 이러했다.

"얼마나 야릇했던가. 얼마나 흥분됐던가. 게다가 말에 올라 있었으니 얼마나 신났던가. 그 시간에 글래스고에서 저녁 예배를 보러 어머니와 함께 집을 나서지 않고 그 황폐한 외국 도시의 어두운 거리에서 말을 타고 있었으니 말이다."

수송 장교였으므로 후방에서 숙영하며 상대적으로 편하기는 했지만 부하들과 함께 말과 수레를 끌고 개활지를 지나갈 때마다 그도 죽음의 위협과 마주했다. 그는 자신이 죽음을 두려워하기보다 운에 맡기고 마는 성격이라서, 그것이 자신의 어떤 덕성보다도 마음에 들었다. "온갖 이유 가운데 가장 치명적인 이유 때문에 언제든지 걸음을 멈추게 될 수 있다는 사실을 알면서도 무밭을 가로질러가는 것"은 흥미진진한 일이라고 그는 적었다. 자신의 기독교 신앙이 도움이 됐는지도 모른다고 생각했다.

"나는 우리가 서 있는 쑥대밭 된 전쟁터부터 멀리 푸른 목장과 잔잔한 호수가 있는 곳까지 죽 이어진 특별 수송 설비가 있는 것 같은 느낌이 들었다."

그는 얼굴에 심각한 부상을 입어 의병제대를 했을 때 부모님에게 편지를 썼다.

"저는 정말 독한 녀석입니다. 잘 회복되고 있고 제 일과 모든 것을 즐기고 있습니다."

그는 또한 전쟁이 만들어낼 수 있는 아름다움에 대해서도 회고록에 적었다. 여름날 전쟁터의 햇발, 무인지대의 야생화, 대공포탄 폭연이 점점이 박힌 푸른 하늘 등등. 야간 전투는 훨씬 더 장관을 연출할 수 있다고도 했다.

에밀리오 루수는 오스트리아군의 포격을 묘사했다.

"삼나무 숲 위에서 터지는 불꽃들은 마치 거대한 성당 안의 신도석과 기둥을 환하게 밝히는 것 같았다."

죽음이 가까이 다가오면 세상이 더 아름답고 소중하게 느껴질 수 있다. 팀 오브라이언은 이렇게 썼다.

"더러운 논에 앉은 채 총격을 당하더라도 아주 잠깐 동안은 모든 것이 정적에 휩싸이고, 고개 들어 하늘을 올려다보면 태양과 하얀 뭉게구름 몇 조각이 보인다. 그리고 거대한 평온이 눈앞에 환하게 펼쳐진다. 온 세상이 재배치된다. 비록 전쟁에 붙박여 있긴 해도 이보다 더 평화로운 적은 없다."

2차 세계대전에 참전한 소련군 여성은 책이나 영화로는 그것을 알 수 없다고 말했다.

"아니오, 그게 아니에요. 그걸로는 안 돼요. 내가 직접 말하더라도 그게 다가 아니에요. 그만큼 무섭지도 그만큼 아름답지도 않아요. 전쟁터의 아침이 얼마나 아름다울 수 있는지 아세요? 전투가 시작되기 전에 말이에요.…… 봐야 알아요. 그게 마지막일 수 있다는 걸. 대지가 너무나 아름다워요.…… 공기도…… 찬란한 태양도……"

전쟁 자체와 마찬가지로 전후 평화도 참전자들에게 다양한 영향을 미친다. 그래서 그들은 향수에 젖기도 하고, 자부심을 갖기도 하고, 전쟁을 증오하기도 하고, 외상 후 스트레스 장애(PTSD)에 시달리기도 하고, 분노나 슬픔에 빠지기도 한다. 베트남 전쟁에 참전한 어느 미국인은 그 전쟁에 대해 이렇게 말했다(그는 기꺼운 듯하면서도 아닌 듯하게 이야기했다.).

"전쟁은 그 사람 안에 있던 소년을 태워버리고 담금질된 강철 같은 남자만 남겨놓았다."

2차 세계대전 때 소련군 보병 중대 의무보조병이었던 여성 지나이다 바실리예브나는 작가 스베틀라나 알렉시예비치에게 이야기했다.

"전쟁터에선 영혼이 나이를 먹어요."

어떤 참전자들은 자신의 전쟁 경험에 대해 절대 말하지 못한다. 대공포대 병장이었던 여성이 알렉시예비치에게 말했다.

"내가 전쟁터에서 부상당했다고 말할 수 있는 상대가 아무도 없었어요. 나는 뇌진탕을 입었어요. 그걸 말하면 누가 일을 주고 누가 결혼해 주겠어요? 우리는 물고기처럼 침묵을 지켰어요."

간혹 어린 손주들에게 자신의 전쟁 경험을 이야기하는 재향군인들도 있다. 전쟁이 그 아이들과 너무나 동떨어진 일인 데다, 무슨 이야기를 들어도 아이들이 그 의미를 제대로 알아차리지 못할 것이기 때문이다.

알렉시예비치의 말처럼, "전쟁은 언제나 그랬듯이 인간의 중요한 미스터리 가운데 하나이다."

남부군의 명장인 로버트 에드워드 리의 말로 이 장을 마무리해야겠다. 1862년 텍사스주 프레더릭스버그에서 북부군이 무용하고 무모한 진격을 거듭하는 것을 보고 그는 부관에게 말했다.

"전쟁이 이렇게 끔찍해서 다행이군. 그렇지 않으면 우리는 전쟁을 너무나 좋아했을 테니까."

민간인을 위한 전쟁은 없다

전쟁 때문에 눈물을 쏟을 두 눈 말고는

민간인들에게 아무것도 남겨두어서는 안 됩니다.

필립 셰리든 장군

베를린의 4월은 아름다운 달이다. 겨울 추위와 눈이 물러가고 신록과 봄꽃이 그 자리를 차지한다. 시민들은 시내 공원과 호수로 봄나들이를 간다.

그러나 1945년에는 봄나들이를 가지 못했다. 소련군이 서쪽에서 진격해 오고 있었고, 나치 정권은 무너지고 있었고, 나치 지도부의 상당수는 제 살길을 찾아 서쪽과 남쪽으로 허둥지둥 달아났다.

4월 20일, 참혹한 일기 회고록인 『베를린의 여인(*Eine Frau in Berlin*)』을 기록한 여성 무명작가는 아득하게 울리던 소련군의 포성이 끊임없는 천둥소리로 바뀔 무렵 이렇게 적었다[이 무명작가는 2003년에 독일 기자 마르타 힐러스(1911~2001)로 밝혀졌다.].

"우리는 대포에 둘러싸여 있고 그 범위가 시시각각 좁혀지고 있다."

사람들은 길모퉁이에서 불안해하며 수군거렸다. 아무도 무슨 일이 일어날지 몰랐지만 모두 최악을 두려워했다. 온 도시에 소문이 횡행했다. 일부는 거짓이었고(이를테면 '미국과 영국이 러시아와 사이가 틀어져 독일과 협상을 벌일 것이다.') 일부는 사실이었다(이를테면 '정부가 비축해온 식량 재고를 방출했다.'). 포격을 피해 이리저리 몸을 숨겨야 하는 상황인데도 능력 되는 사람들은 가게로 달려가서 자신이 가져갈 수 있는 만큼 집어왔다. 무명작가는 일기에 적었다.

"그러다 문득 봄이라는 것을 깨닫는다. 돌보는 이 없는 정원에서 구름처럼 피어난 라일락 꽃내음이 잿더미가 된 아파트 폐허 위로 감돈다."

그날 밤 소련군의 포격이 계속되던 중에 그녀와 이웃들은 지하 대피소에 쪼그리고 앉아 언제 소련군이 들이닥칠지, 여자들에게는 무슨 짓을 할지 몰라 불안에 떨었다.

전사와 그들의 전투, 그들의 승리, 그들의 패배는 지나칠 정도로 관심을 받지만, 의도했든 의도하지 않았든 전쟁에 휘말린 민간인들은 충분한 주목을 받지 못한다.

이미 살펴본 바와 같이, 민간인들은 정부나 공동체에 전쟁을 부추기는 전쟁 치어리더가 될 수도 있다. 1790년대에 프랑스 혁명가들이 그랬고, 1차 세계대전 때도 많은 사람들이 그랬다. 또한 1945년 봄에 소련군이 언제 쳐들어올지 몰라 조마조마해한 많은 베를린 시민들도 그랬다.

참전자들이 자신의 글에서 자주 언급했듯이, 민간인들은 전선에 있는 군인들보다 적을 더 증오하는 경향이 있다. 그리고 전쟁이 모든 민간인들에게 예외 없이 나쁘기만 한 것도 아니다. 그들은 승리의 전리(戰利)를 함께 나누거나, 큰돈을 벌 기회를 잡거나, 출세를 하거나, 부당한 금기를 깨는 등 득을 볼 수도 있다. 하지만 민간인들은 전쟁의 무고한 희생자가 되어 굶주림에 시달리거나, 살인이나 강간을 당하거나, 노예나 볼모가 되거나, 강제 노역에 동원되거나, 대규모 추방을 당하는 등의 형태로 패배의 혹독한 대가를 치르기도 한다.

소련군이 무슨 짓을 할지에 관해 1945년 5월 베를린 시내 지하 대피소에서 오간 대화에서 알 수 있듯이 여성 민간인들은 전쟁에서 처하게 되는 특정한 운명을 두려워한다. 역사를 통틀어 시대와 지역을 막론하고 그들은 언제나 전사의 전리품이었다. 끌려가서 강제로 함께 살거나 현장에서 강간을 당할 수도 있었다. 알제리 독립 전쟁에 투입된 프랑스 외인부대 지휘관은 부하들에게 이렇게 말했다.

"강간해도 좋다. 단, 알아서 적당히 하라."

스탈린은 전투로 잔뼈가 굵은 젊은 유고슬라비아 공산주의자 밀로반 질라스(1911~1995)를 당혹하게 만들었다. 소련군이 나치로부터 해방한 지역에서 강간을 자행하는 것을 스탈린이 두둔했기 때문이다. 소련의 독재자는 말했다.

"스탈린그라드[현 러시아 볼고그라드]에서 베오그라드[유고슬라비아의 수도]까지 천 킬로미터가 넘는 황폐한 땅에서 동지와 소중한 이들의 시체를 넘고 넘으며 싸워온 사람을 생각해보게. 그런 사람이 어떻게 제정신일 리 있겠는가? 그러니 그런 끔찍한 일을 겪고 나서 여자랑 재미 좀 보는 게 뭐 그리 대수인가?"

1945년의 아주 짧은 기간에 독일에서만 200만 명가량의 여성이 소련군에게 강간을 당했으며, 일부는 집단 윤간을 당한 것으로 추정된다.

베를린 여성 무명작가의 일기에는 그녀와 이웃들이 소련군의 시내 진입을 두려워하며 가졌던 불안이 기록되어 있다. 베를린 시민들은 처음 만난 소련군들이 선한 얼굴에 우호적인 모습을 보여서 안도했다(설마설마했는데 '그냥 군인들'이었다.). 그러나 술판이 시작되자 시민들의 안도는 충격과 공포로 바뀌었다. 소련군 당국은 애초에 자국 군인들을 통제하려는 시도를 거의 하지 않았으며 군인들이 술집을 닥치는 대로 약탈하는 것을 방조했다. 그래서 소련군들은 일말의 저지도 받지 않게 됐다.

무명의 일기 작가는 부상당한 어린 소녀는 제발 내버려두라고 소련군들을 설득했다. 대신 그날 밤 자신이 여러 차례 강간당했고, 방패막이가 나타날 때까지 며칠간 계속됐다. 그 상황에서조차 그녀는 생사를 가르는 웃지 못할 현실을 느꼈다. 소련군들은 시골 양조업자의 마누라처럼 전쟁통에도 잘 먹어서 통통한 여자를 더 좋아했던 것이다.

독일 공산주의자들로부터 그들의 부인과 딸들이 강간당하고 있다는 항의가 빗발치자 그제야 소련군 지휘부는 독일 인민들을 학대하는 것이 사회주의 대의를 그들에게 전파하는 적절한 방법이 아닐뿐더러, 여타 국가의 공산주의 세력들 사이에서 소련의 평판을 떨어뜨릴 수 있다는 사실을 인지했다. 그리하여 1945년 8월 소련 점령지 사령관 게오르기 주코프(1896~1974) 원수가 포고문을 발표했다.

"그러한 행위와 불허된 행동은 특히 전쟁이 끝난 지금, 독일 반파시스트들의 눈에 우리에 대한 매우 나쁜 인상을 심어주고 있으며, 붉은군대와 소련 정부에 맞서는 파시스트들의 준동을 크게 부채질하고 있다."

베를린 여성 무명작가가 맹백히 밝힌 것처럼, 소련군들은 여러 가지 동기에서 강간을 저질렀다. 성욕을 해소하려고, 여성과 사귀고 싶어서, 그리고 여성과 그녀의 공동체에 대한 자신의 지배력을 상징적으로 과시하려고 등등. 강간은 소련군이 독일 여성과 독일 민족을 욕보이고 더럽히려고 저지른 폭력 행위였다.

전쟁에서의 승리와 패배는 흔히 정력 시험, 처녀성 상실, 거세처럼 성(性)과 관련된 말로 표현되곤 한다. 고대 세계에서 패잔병들은 거세되거나 강간을 당했는데, 오늘날에도 여전히 그런 일이 벌어지곤 한다.

1990년대 보스니아 내전(1992~1995)에서 2만~5만 명의 여성(일부 남성 포함)이 강간당했다. 피해자의 대부분은 보스니아 이슬람교도였지만 양측 군인들이 모두 범죄를 저질렀다. 가임 여성을 강간하는 것에는 특정 민족 집단을 파괴하는 의미까지 있었다. 세르비아 강간범들은 이슬람교도 여자들이 나중에 세르비아 전사를 낳을 거라고 떠벌리며 좋아했다. 세르비아 민족주의 군대는 그 여성들을 '강간 수용소'나 매음굴에 가두었다. 세르비아 군인들은 비세르비아인들을 위협해서 정보를 빼내려고 또는 피란을 떠나게 하려고 공개적인 강간을 자행했다.

전쟁에서 강간당한 여성들은 신체적, 정신적 상처를 안고 살아야 할 뿐만 아니라, 대부분 자기 공동체에서 외면당하는 고통까지 감내해야 한다. 1945년 소련군에게 강간당한 독일 여성들은 피해 사실을 공유하며 서로 이야기를 나눔으로써 위안을 찾았지만 각자의 삶에서는 남성들 때문에 시련을 겪는 경우가 많았다. 베를린 여성 무명작가의 약혼자는 강간당한 사실을 언급하는 그녀가 창피한 줄도 모른다고 생각해 그녀를 떠났다. 여성들은 자신에게 닥칠 수 있는 만행과 현실에 대처하려고 할 수 있는 최선을 다했다. 한 여성은 '살 수 있기 위해 어느 정도까지는' 많은 것을 그냥 꾹꾹 눌러 참았다고 말했다.

여성은 흔히 민족의 시조로 여겨지므로, 여성이 자발적으로 적과 사귄 듯한 기미만 보여도 사회는 사나운 반응을 보일 수 있다. [2차 세계대전 때] 독일로부터 해방된 프랑스에서는 독일인과 관계를 맺었던 여성들이 삭발을 당하고 조리돌려졌다.

나치가 여성의 역할을 현모양처로 규정했던 독일에서는 2차 세계대전 중에 주로 독일인 농장에서 일을 시키려고 끌고온 수천 명의 폴란드인 노예 노동자들이 지역 여성들과 성관계를 맺을지 모른다는 심각한 우려가 제기됐다. 인종 및 이주 본부[RuSHA, 인종 순수성과 강제 이주를 관장한 친위대 산하 조직] 본부장은 말했다.

"그들이 우리 국민의 핵심적인 본질을 침해하고, 게르만 혈통 여성을 임신시키고, 우리 젊은이들을 타락시키는 것을 좌시할 수 없고 좌시해서도 안 된다."

게슈타포는 정말로 좌시하지 않았다. 그들은 독일 전역에서 '금지된 관계'를 이유로 폴란드인들을 공개 교수형에 처했다. 간혹 독일 여성들도 처벌됐다. 요한 제바스티안 바흐(1685~1750)의 출생지인 아름다운 도시 아이제나흐에서, 삭발당한 독일 여성이 폴란드인 애인과 등을 맞대고 묶인 채 광장에 세워졌다. 목에 걸린 팻말에는 이렇게 적혀 있었다.

"나는 폴란드인과 놀아났다."

1945년 이후 연합국 군인들과 원치 않는 관계를 가진 독일 여성들은 대체로 단지 생존을 위해서였음에도 불구하고 악의적인 농담의 대상이 됐다.

"독일군을 물리치는 데 6년이나 걸렸어. 그런데 독일 여자를 꼬시는 데는 단 5분밖에 걸리지 않았지."

전쟁의 참화로부터 무고한 사람들을 보호할 방법을 마련하기 위한 많은 노력이 오랜 세월 동안 있었다. 다양한 시대와 지역에서 민간인은 전사와 구분되는 부류로 여겨졌고 그들을 어떻게 대해야 하는지에 관한 규칙이 있었다. 이를테면 민간인을 전투원으로 여겨서는 안 되며, 그들의 생명과 신체 그리고 경우에 따라 재산을 침해해서는 안 된다는 것이다.

그러나 전쟁이 한창 달아오르면 규칙들은 쉽게 깨지거나 무시됐고, 전쟁터 가까이에 있거나 포위된 곳에 있으면 민간인도 끔찍한 일을 겪었다. 1941년 9월 독일군이 소련의 레닌그라드[현 상트페테르부르크]를 포위하기 시작했을 때 시의 인구는 약 700만 명이었다. 1944년 1월 포위가 끝날 때까지 175만 명이 피란했고 100만 명이 사망했다. 보통 먼저 죽는 이들은 아이, 노인, 가난한 자 같은 약자들이다. 군사 전략가들의 냉정한 표현에 따르면, 민간인

독일군에 포위당한 레닌그라드(현 상트페테르부르크) 시로 향하는 동절기 보급 행렬이 라도가호를 건너고 있다. 포위 작전은 적의 전의를 꺾는 방법으로 오랫동안 이용되어 왔다. 2차 세계대전 중에 독일군은 레닌그라드를 거의 900일간 포위했다. 도시는 포위를 견뎌냈지만 100만 명이 넘는 시민이 희생된 것으로 추정된다.

은 어쩌다 '부차적 피해'를 입는다. 그러나 적을 약화시키기 위해 의도적으로 민간인을 공격하는 경우도 흔하다. 20세기의 총력전은 인류에게 어마어마한 청구서를 내밀었다. 2차 세계대전 중에 무려 5,000만 내지 8,000만 명의 민간인이 죽었다(정확한 숫자는 알 길이 없다.). 오차 범위가 이렇게 큰 이유는, 과거에도 빈번한 일이 었지만, 대개 기록되지 못하거나 기록이 멸실됐기 때문이며, 무기로 인한 사망자만 세는 것과 굶주림이나 질병으로 인한 사망자까지 포함하는 것이 차이가 나기 때문이기도 하다.

그리스 역사가 투키디데스의 사실적인 기록에 따르면, 펠로폰네소스 전쟁 16년째 해에 작은 도시국가 밀로스 섬 주민들이 아테네에 조건 없이 항복했을 때 아테네군은 "징병 연령의 모든 남성을 죽이고, 여성과 아이는 노예로 팔았다."

1937년 난징 대학살 때 일본군은 30만 명을 죽이고 2만 명을 강간했으며 도시 건물 중 3분의 1을 불태웠다.

2차 세계대전 때 독일은 전쟁 포로를 노예 노동자로 이용했을 뿐만 아니라(독일이 직접 서명한 국제 조약에도 어긋난다.) 주로 소련 점령지에서, 그리고 폴란드와 프랑스, 심지어 이탈리아와 여타 유럽 국가에서 데려온 400만~500만 명의 민간인을 전시 동원 노동력으로 부렸다. 노예 노동자들은 배고픔과 학대에 시달렸다. 일할 수 없는 사람, 이른바 식충이(Unnütze Esser)들은 살해됐다. 여성은 강제로 불임 시술이나 중절 수술을 받았다.

스탈린은 수세대 전 조상들이 러시아에 정착한 120만 명의 볼가 독일인과 18만 명의 크림 타타르족을 비롯한 여러 비러시아계 소수민족들을 적과 내통하고 있다는 이유로 추방했다.

또한 전쟁이나 전쟁 위협은 민간인들이 나라를 버리고 피란하게 만드는 데 이용되어 왔다. 1848년 팔레스타인에서 시온주의 민병대가 그랬고[팔레스타인인 수만 명이 살해되고 70만여 명이 피란을 떠난 뒤 이스라엘이 건국됐다.], 1990년대 보스니아에서 세르비아 민병대가 그랬다[약 300만 명의 피란민이 발생했다.].

내가 리스 강연을 한 곳 중 하나인 레바논 수도 베이루트는 전쟁이 민간인에게 무엇을 의미하는지 되새기게 했다[저자는 리스 강연 5회 중 세 번째 강연을 베이루트에 진행했다.]. 겉으로 보기에 그 도시는 1975년부터 1990년까지 레바논을 쑥대밭으로 만든 내전으로부터 회복되었다. 하지만 자세히 살펴보면 그 흔적들이 남아 있다. 많은 건물들에 탄흔이 보이고 도심에는 홀리데이인호텔의 잔해가 그대로 남아 있다. 국립박물관에서는 포격으로 구멍난 로마 시대 모자이크를 볼 수 있다. 그 구멍을 통해 저격수는 대립 세력들의 영역을 구분하는 녹색 경계선을 내다볼 수 있었다.

나는 레바논 내전을 겪으며 살았던 사람들을 만났다. 그들은 소리만 듣고도 다양한 총과 대포를 구분할 수 있게 됐다고 말했다. 또한 그들은 대피소에서 잠을 자는 법도 알게 됐고, 자신들이 사랑하는 도시의 폐허 속에서 최선을 다해 일상생활을 지속하는 방법도 터득했다고 말했다. 집이나 가게가 포격에 무너졌을 때 그들은 서로에게 이렇게 말하며 위로했다.

"세상에서 제일 중한 건 사람 목숨이지."

지중해 동단의 주요 항구로서 베이루트는 5,000년의 역사 동안 무수한 전쟁을 겪었다. 시민들은 이 도시가 최소한 7번은 파괴와 재건을 반복해서 겪었다고 알고 있다. 히타이트, 페니키아, 고대 그리스와 로마, 비잔틴제국, 맘루크왕조, 오스만제국, 그리고 근래에 프랑스와 시리아가 베이루트를 탐냈다.

1차 십자군 전쟁(1096~1099)이 끝난 후인 1110년에 베이루트는 공격당했다. 공격 무기는 로켓과 칼라시니코프 소총이 아닌 목재 공성탑과 칼이었지만 민간인들의 고통은 그 전이나 그 후와 마찬가지로 막심했다. 예루살렘의 왕 보두앵 2세(1075?~1131)가 이끄는 십자군은 육상과 해상에서 도시를 포위하여 대다수가 이슬람교도인 주민들을 어떤 우군 함대도 돕지 못하도록 막았다.

몇 년 후 이를 기록한 연대기에 따르면, 두 달 동안 포위군이 워낙 집요하게 공격하는 바람에 "수비군들이 밤이고 낮이고 한시도 숨을 돌릴 수 없었다. 그렇게 기독교도 군대는 교대로 이어가며 상대의 진을 뺐다." 도시가 마침내 함락되자 절박해진 시민들이 바다 쪽으로 도망쳤다. 그러나 거기에는 군함에서 내린 기독교도 군대의 맹습이 기다리고 있었을 뿐이다.

"비운의 주민들이 불행하게도 두 무리의 적군 사이에 갇혔다. 사면초가로 포위된 채 양쪽에서 날아드는 칼날에 쓰러졌다."

보두앵 2세가 직접 살육을 하다가 지쳐서 그만하라고 명령하기 전까지 수천 명이 죽었다고 한다.

전쟁 중 도시에서의 약탈과, 민간인에 대한 강간과 살육에는 아주 오래된 목불인견의 역사가 있다. 지휘관이 부하들을 통제하려고 한 경우도 있긴 하지만, 대개는 자신이 직접 잔학 행위를 명령하거나 그냥 부하들이 민간인에게 하고 싶은 대로 하도록 부추겼다.

1937년 일본군이 중국 수도 난징을 점령했을 때 일본군 장교들은 부하들에게 민간인을 고문하고 살해하고 강간하라고 지시했다. 일본군 신병들은 눈앞에서 벌어지는 일들을 보고 처음에는 충격을 받았다. 훗날 한 일본군 장교가 말했다.

"그러나 곧 그들도 똑같은 짓을 하고 있었다."

포위군의 공격 기간이 길어지거나 전력 소모가 커질수록 포위된 민간인들은 항복 이후 끔찍한 운명을 겪게 될 가능성이 높아진다. 공격하는 군인들의 입장에서는 적의 저항이 끈질길수록 자신들이 감당해야 하는 부담이 늘어나기 때문이다.

네덜란드 독립 전쟁(1568~1648)이 한창이던 1579년에 스페인군이 네덜란드 반란군으로부터 마스트리흐트를 되찾았을 때 그곳 주민의 3분의 1이 학살당했다.

30년 전쟁(1618~1648) 중에 발생한 마그데브루크 학살 사건은 전쟁의 잔혹성이 민간인에게 가해진 예로 오랫동안 기억되었다. 합스부르크제국 군대와 가톨릭제후연맹이 1631년 3월 마그데브루크를 포위했을 때 대부분 프로테스탄트였던 주민의 수는 약 25,000명이었다. 마그데부르크가 5월에 함락되자 제국군은 도시를 불질렀다. 건물 1,900동 중 1,700동이 파괴됐다. 미친 듯이 날뛴 군인들은 성인 여성은 물론이고 어린 소녀까지 강간했다. 2만 명의 민간인이 죽었다. 이듬해의 인구 조사 기록을 보면 마그데부르크에는 449명만 살고 있었다.

셰익스피어의 희곡 『헨리 5세』에서 영국 왕은 군대에 아르플뢰르 공격을 독려한다. 그 연설은 영국 문학에서 매우 중요한 부분이 됐다[3막 1장].

한 번 더 성벽을 뚫어보자, 친애하는 전우들이여! 한 번 더.
그러지 못하면 우리 잉글랜드군의 시신으로 성벽을 둘러쳐야 할 터이니.

존경받는 전사인 왕에게서 우러나온 이 영웅적 감성은 영국에서 스포츠 해설가, 주식 시장 분석가, 정치인 등이 널리 애용하고 있다. 하지만 그들은 헨리 왕의 다음 연설도 읽어보아야 한다. 이 대목은 코믹한 막간 이후 두 장 뒤에 나온다[3막 3장]. 헨리 왕은 아르플뢰르의 총독과 시민들에게, 만약 도시를 장악하기 위해 전투를 벌여야 한다면 자신의 군사들이 자비롭지 않을 것임을 경고한다. 그는 성벽 위에서 내려다보고 있는 아르플뢰르 사람들에게 아직 기회가 있을 때 항복하라고 권한다.

그러지 않으면, 곧 보게 될 것이다.

물불 가리지 않는, 피에 주린 군인들이 음탕한 손을 뻗어

처절한 비명을 지르는 너희 딸들의 머리채를 움켜쥘 것이고

너희 아버지들의 은빛 수염을 잡아당겨

그 현명한 머리를 성벽에다 박살을 낼 것이며

벌거벗긴 너희 젖먹이들을 창으로 찔러대는 동안

실성한 어미들의 통곡이 구름을 산산조각 낼 것이다.

헤롯 왕의 잔학한 살인자들이 유대의 부녀들에게 그랬듯이.

어찌할 것인가? 항복하여 이를 모면하겠는가,

아니면 방어한 대가로 전멸당하겠는가?

전쟁은 정중하게 닥쳐오지도 않고 민간인들에게 관여할지 말지 선택권을 주지도 않는다. 지휘관들은 군대를 후퇴시키면서 초토화 작전을 명령한다.

2차 세계대전 말엽에 독일군 최고사령부는 자국 민간인들을 보호할 생각이 거의 없었기 때문에 "모든 아파트, 모든 주택, 모든 울타리, 모든 포탄 구덩이에서 마지막 한 사람까지, 마지막 총알 한 발까지 다해" 방어전을 펼치라고 명령했다. 그 명령은 1945년 3월에 발포됐다. 독일의 최종 패전이 몇 주밖에 남지 않은 때였다.

『베를린의 여인』의 무명작가는 독일군 부대가 동네를 행진해 지나는 것을 보았다. 그녀가 물었다.

"무슨 일이죠? 어디로 가는 거죠?"

옆에 있던 누군가가 저 군인들은 총통을 따라 죽을 각오도 돼

있다고 중얼거렸다. 그녀는 일기에 적었다.

"저들은 분명히 우리 걱정은 안중에도 없다."

전쟁 중에 모든 군대는, 심지어 아군조차도 평화로운 시골을 행진해 지나가며 쓸 만한 식량거리를 약탈한다. 농가는 불타고 가축은 끌려간다. 해군은 상선을 침몰시키거나 항구를 봉쇄한다. 폭격기는 일부 군용 표적을 비롯해 주택, 학교, 병원을 가리지 않고 마구잡이로 폭탄을 투하한다. 민간인들은 살아남으려고 기를 쓰지만, 질병과 굶주림도 그들을 죽이는 데 가담한다.

16세기의 첫 사반세기에 웅장한 르네상스 건축물이 늘어선 이탈리아 북부 도시 파비아의 거리에서 아이들이 배고파 울었다. 이탈리아 전쟁(1494~1559) 중에 이 도시의 인구는 1500년 16,000명에서 1529년 7,000명으로 줄었다.

한 세기 후에는 30년 전쟁이 일어나 독일의 여러 주(州)에서 인구가 25~40퍼센트나 감소했다. 일부 죽음은 의도적으로 야기됐지만, 대부분은 대규모 군대가 질병을 옮기며 이동한 탓이었다. 그 질병들은 이미 식량 부족으로 쇠약해진 사람들에게 치명타를 안겼다.

1차 세계대전이 끝나갈 무렵 세계를 강타하여 5,000만 명의 목숨을 앗아간 치명적인 인플루엔자 감염병[일명 스페인 독감]은 대규모 군대들이 전선으로 이동하면서 더욱 급속히 전파된 것으로 추정된다.

고의로 민간인을 표적으로 삼는 것은 고전적인 전술에 해당한다. 그 목적은 민간인들로부터 전쟁 물자를 빼앗거나, 적이 버티며 계속 싸우게 만들거나, 아니면 적의 전쟁 의지를 꺾는 것일 수 있다. 오랜 세월 유럽에서는 포위군들이 도시와 수도원에서 파괴나 민간인 살해를 하지 않는 대가로 금은보화를 요구했다.

무정부 상태의 전쟁에서는 민간 무력 조직이 민간인을 먹잇감으로 삼는 경우가 잦아진다. 14세기 100년 전쟁 동안 영국과 프랑스에서는 자칭 '몽둥이', '무쇠팔' 같은 이름의 민간 폭력 집단들이 프랑스 전역을 돌아다니면서 약탈과 폭행, 살인을 일삼았다. 레바논 내전(1975~1990) 때도 무장 폭력 집단들이 같은 짓을 저질렀고, 최근의 리비아 내전(2011, 2014~2020)이나 콩고 내전(1996~2003)에서도 마찬가지였다.

프랑스에서는 [100년 전쟁 중 푸아티에 전투에서 영국에 패한 이후인] 1356년부터 1364년까지 450곳 이상에서 몸값을 지불해야 하는 인질 사건이 벌어졌다. 오늘날의 마피아나 코사 노스트라[미국 범죄조직]처럼, 군대나 민간 폭력 집단이 정기적인 보호비를 뜯어가는 경우도 있었다.

16세기에는 독일과 네덜란드의 주택 소유자들이 방화예방세 (Brandschatzung)를 납부하고 증명서를 발급받아야 하는 시기가 있었다. 적군 당국은 금액과 날짜를 임의로 기입할 공란이 있는 인쇄된 증서 양식까지 갖추었다. 이 세금을 정기적으로 제때 납부하지 못하면 소위 '처형'이 뒤따랐다. 대개는 마을을 불태웠는데, 주민들을 살해하기도 했다.

침략군은 자체 규정이 버젓이 있어도 개의치 않고 민간인을 착취의 대상으로 본다. 민간인의 물자와 돈을 자신들이 마음대로 써도 된다고 생각하고, 민간인의 집을 군인 숙영지로 무단 전용해도 된다고 여긴다. 간혹 침략군이 대가를 지불하더라도 그들이 주는 약속어음이나 군표는 휴짓조각이 되기 십상이다.

『펠로폰네소스 전쟁사』에서 투키디데스가 기술한 바에 따르면, 전쟁 첫해에 스파르타군이 아티카 지역을 무참히 파괴한 이유는 아테네군이 농장을 지키기 위해 성 밖으로 나와 싸우도록 유인하기 위함이었다[아티카는 아테네의 식량 공급에 중요한 지역이었다.].

1414년 여름에 영토 갈등 때문에 폴란드왕국과 동맹국 리투아이나대공국의 연합군이 튜턴 기사단[독일 기사단. 십자군 전쟁 시대의 3대 기사단 중 하나]과 벌인 전쟁은 양측이 서로를 굶주리게 하여 항복을 받아내려 한 초토화 전술을 쓴 탓에 이른바 '기아 전쟁'으로 전개됐다.

중세 유럽의 기사들은 기사도로 높이 추앙받았지만, 슈보시 (chevauchée, '기사 행렬'을 의미하는 프랑스어) 전술을 사용했다. 잔인한 전술을 칭하기에는 너무 결백해 보이는 말이다. 그렇다. 그들은 전술 명칭이 의미하듯 말을 타고 지나갔다. 그러나 그 기사 행렬의 목적은 지나가는 길에 있는 모든 사람, 동물, 곡식, 건물을 죽이거나 빼앗거나 태우거나 파괴하는 것이었다. 이 때문에 지금도 프랑스 일부 지역에서는 가난한 사람들이 피란처로 삼았던 요새화된 교회나 농장 건물을 볼 수 있다. 그렇다고 요새화된 건물이 항상 사람들을 구할 수 있었던 것은 아니다. 건물은 언제든 습격당하거나 불태워질 수 있었다. [셰익스피어의 작품 속 인물이 아닌 실제] 헨리 5세는 말했다.

"화공 없는 전쟁은 머스터드 없는 소시지처럼 헛일이다."

100년 전쟁 중이던 1360년에 영국군은 파리 인근 오를리의 성당에 난입하여 100명의 농민들을 학살했다. 귀족 군인들은 적을 성 밖으로 유도하기 위해 적의 재산을 파괴하는 전술을 사용했다. 그들은 하찮게 여긴 농부와 농노도 적의 재산으로 보았다(그리고 노획과 약탈은 사병들을 만족시키는 수단이었다.).

100년 전쟁 초반에 영국군은 폭 27마일[약 43.5킬로미터]에 달하는 유명한 슈보시 전술을 펼쳤고, 그들이 지나간 자리에는 폐허만 남았다[1355년 에드워드 3세의 맏아들인 일명 흑태자 에드워드는 약 5,000명의 기사단 병력을 이끌고 프랑스 남서부를 가로질러 왕복하는 1,000킬로미터를 진격하며 초토화했다.]. 100년 전쟁 발발 후 25년 만에 그 지역에 돌아온 이탈리아 시인이 말했다.

"내가 예전에 보았던 나라와 같은 곳이라는 사실을 도저히 믿을 수 없었다."

『헨리 5세』에서 프랑스군 원수인 부르고뉴 공작이 하는 말은 셰익스피어의 인물들이 이 희곡의 다른 부분에서 말하는 전쟁의 영광과 대비된다. 부르고뉴 공작은 프랑스 왕과 영국 왕에게 싸움을 끝내라고 촉구한다[5막 2장].

폐하들 앞에서 감히 아뢰건대,

무슨 문제가 있고 어떤 어려움이 가로막고 있기에,

무슨 연유로 평화가 저렇듯 헐벗고 초라하고 망가졌기에,

예술과 풍요와 기쁜 탄생으로 이루어진 고귀한 번영이

세상에서 가장 훌륭한 이 정원, 우리의 비옥한 프랑스에서

진면목을 드러낼 수 없단 말입니까?

이어서 그는 왕들에게 인적 손실에 대해 피력한다.

그리고 우리의 포도밭, 휴경지, 목장과 울타리가

불완전한 본성대로 내버려두면 황폐해지듯이

우리의 가정과 자기 자신과 자녀들도

우리나라에 꼭 필요한 지식을

시간이 부족해 놓치거나 배우지 못하여

미개인처럼 자랄 것입니다.

피 흘리는 싸움밖에 생각하지 못하는 군인들처럼……

민간인에게 잔학 행위를 하는 또 다른 이유는 그들을 순종시켜 굳이 저항해봤자 득 될 게 없다는 인식을 심어주기 위해서이다. 1590년대 아일랜드인들이 영국 튜더 왕조의 정복에 저항하여 일으켰던 9년 전쟁(1593~1603), 일명 타이론의 반란 때 영국은 극단적으로 강경하게 대응했다. 캐릭퍼거스[북아일랜드 도시]의 무자비

한 총독 아서 치체스터(1563~1625) 경은 상관에게 보내는 서신에서 벨파스트 서쪽 네이호(오늘날 장어와 탐조로 유명한 평화로운 호수) 일대에 실시한 기습 공격을 자랑했다.

"우리는 호수를 따라 던개넌에서 4마일[약 6.4킬로미터] 내에 있는 모든 것을 죽이고, 부수고, 약탈했습니다."

그는 최소한 100명을 죽이고 그보다 많은 사람들을 불태웠다고 말했다.

"우리는 빈부귀천이나 남녀노소를 가리지 않았습니다. 그래서 이곳 백성들에게 많은 공포를 심어주었습니다.……"

인간은 이런 수단을 늘 이용했다. 중일 전쟁(1937~1945) 중이던 1942년 일본도 이와 비슷한 정책을 취했다. 모두 죽이고[殺光], 모두 불태우고[燒光], 모두 빼앗는[搶光] 진메츠(爐滅), 즉 삼광(三光) 정책을 휘둘렀다.

오늘날 시리아 정부군은 반군의 도시와 마을을 초토화하고 있다[시리아 내전은 2011년 3월 독재에 맞서 민주화를 요구하는 학생들의 시위에서 비롯됐지만 종파 갈등, 주변국과 강대국의 개입으로 이어져 2023년 3월 현재까지도 진행 중이며 인구의 절반 이상이 난민으로 전락했다.].

미국 남북 전쟁 중에 북부군의 윌리엄 셔먼 장군은 단순히 하천의 북부군 선박에 대한 남부군의 공격을 저지하기 위해 민간인들에게 대규모 보복 공격을 감행한 것이 아니다. 훗날 베트남 전쟁에서 미군이 그랬듯이, 셔먼 장군은 승리의 열쇠가 적의 보급을 끊는 데 있다고 믿었다. 후방의 남부 민간인들은 전선의 남부군에게

공습으로 폐허가 된 시리아 북부 도시 이들리브 시내를 걷고 있는 여성들. 시리아 내전이 발생한 지 9년이 된 2020년 3월에 촬영된 이 사진은 전쟁이 민간인에게 강요하는 희생을 여실히 보여주고 있다. 1980년대의 이란-이라크 전쟁 이후 국가 간 대규모 전쟁이 없었음에도 불구하고 세계 도처에서 오랫동안 벌어진 내전들로 인해 수십만 명의 민간인이 죽고 더 많은 수의 난민이 발생하고 있다.

정보부터 식량까지 필요한 것들을 보낼 수 있었다. 셔먼 장군은 북부 합중국 재무장관에게 보내는 서한에서 이렇게 말했다.

"합중국 정부는 이제 남부 전체가 북부 전체의 적이라는 올바른 원칙하에 거리낌 없이 나아가도 됩니다. 그들은 적의를 품고 있을 뿐만 아니라, 무기를 구할 수 있는 모든 자들이 무기들 들고 조직적인 군대나 게릴라가 됐습니다."

셔먼 장군은 남녀노소를 불문하고 남부의 모든 민간인을 적으로 간주했다. 승리를 추구하는 과정에서 그는 남부의 핵심 지역인 미시시피, 조지아, 사우스캐롤라이나의 민간인들을 본보기로 삼았다. 선별한 도시와 마을에서 주민들을 내쫓고, 건물을 불태우고, 말과 가축을 빼앗고, 농작물을 망가뜨렸다. 1864년 조지아주를 가로지르는 '바다로의 진군' 작전은 폭 100킬로미터의 폐허를 길게 남겼으며, 이듬해에는 사우스캐롤라이나주가 같은 운명을 맞았다.

유럽인들은 미국 남북 전쟁을 미국인들이 아직 문명화가 덜 됐다고 볼 근거로 여기며 측은해하였다. 1차 세계대전이 발발하기 전 수십 년 동안 유럽인들은 전쟁이란 세계에서 문명화가 덜 진행된 후진적인 지역에서만 여전히 벌이고 있는 것으로 생각했다. 1870~1871년의 프로이센-프랑스 전쟁 이후 유럽에서의 전쟁이 비록 발칸반도에서 일어나긴 했지만, 그것은 세르비아, 불가리아, 루마니아, 그리스가 오스만제국의 압제에서 이제 막 해방되어 문명화를 눈앞에 둔 것으로 보았다. 1910년에 설립된 카네기국제평화기금은 1912년과 1913년의 1차, 2차 발칸 전쟁에서 양쪽 진영 모두가 민간인에게 저지른 잔학 행위에 대해 논평하는 보고서를 작성했다. 발칸반도 이외 유럽 국가들을 언급하며 위안 삼는 어조였다.

"더 유서 깊은 문명국들에서는 도덕력과 사회력이 법과 제도에 함께 구현되어 안정을 가져옴으로써 국민적 공감대를 형성하고 안보에 기여한다."

이 보고서는 1914년 초여름에 나왔다. 유럽이 민간인들에게 얼마나 잔인해질 수 있는지 보여줄 전쟁이 임박한 시기였다.

전쟁이 20세기에 총력전으로 전환됨에 따라 전방과 후방의 경계가 모호해졌다. 그래서 공장에서 총알을 만드는 여성은 그 총알을 발사하는 군인만큼이나 전쟁에서 많은 역할을 한다고 말할 수 있게 됐다. 또한 시민들의 대규모 사회 참여와 민족주의의 성장은 군인과 민간인을 구분하지 않고 적에 대한 전반적 증오를 부채질하고 정당화했다. 산업, 과학, 기술의 거대한 진보는 거기에 부합하는 훌륭한 수단을 제공했다. 물론 민간인에 대한 기존 전술(해상 봉쇄, 민가 강제 숙영, 재산 몰수, 초토화)도 계속 사용됐다.

1차 세계대전 이후 오랫동안, 독일이 벨기에에서 저지른 잔학 행위에 관한 이야기는 협상국들이 지어낸 선전으로 여겨졌다. 그런데 최근 역사가들이 밝혀낸 것처럼, 그중 상당 부분이 사실이었다. 독일군은 무고한 벨기에 민간인을 무차별적으로 사살하거나 인간 방패로 삼았고, 민가를 고의로 불태웠다. 독일군은 금부 터 암소까지 벨기에의 많은 자산을 약탈했다. 또한 12만 명에 달 하는 벨기에 민간인들이 독일에서 그리고 독일의 점령지인 프랑 스 북부에서 열악한 환경과 부실한 배식에 시달리며 강제 노역을 했다.

민간인을 학대한 죄는 독일만 저지른 것이 아니다. 식량까지 제한했던 영국의 독일 해상 봉쇄는 아직까지도 논란거리다. 영국 의 소장 역사학자 메리 엘리자베스 콕스의 최근 연구를 보면, 독 일에서 날로 비싸지는 식료품비를 감당할 수 없었던 가난한 집안 의 아이들은 영양 결핍을 앓아서, 봉쇄가 실시된 전쟁 기간과 종 전 직후 시기의 성장에 악영향을 받은 것으로 나타났다. 영국은 그 기간에 독일이 강화 조건을 받아들이도록 압박하기 위해 봉쇄 를 지속했다. 역사학자들 사이에서는 많은 독일 민간인이 겪은 명 백한 고통이 봉쇄의 직접적 결과인지, 아니면 독일 정부가 경제 관리에 실패하고 공정한 효율적 배급을 하지 못한 탓인지를 두고 의견이 분분하다.

러시아군은 1915년 독일군의 공격에 대응해 전략적 후퇴를 하면서 초토화 정책을 실시했을 뿐만 아니라 비러시아계 소수민 족들을 강제 이주시켰다. 리투아니아인 30만 명, 유대인 35만 명, 폴란드인 75만 명이 러시아 동쪽으로 내몰렸다. 유대인은 요주의 대상으로 지목돼 전쟁 기간 내내 적대적인 정책에 따라 러시아 영 토 안에 억류됐다.

오스트리아헝가리제국이 세르비아왕국을 1914년에 공격했다가 1915년에 다시 침략하여 대승을 거두었을 때 제국군은 점령지 민간인들을 잔혹하게 대했다. 어느 외인의 전언에 따르면, 여성과 어린이를 포함한 1,000명 이상의 민간인이 세르비아군을 도왔다는 혐의를 받아 "극악무도하게" 살해됐다.

오스만제국에서 여당이었던 연합진보위원회(별칭 '청년 튀르크당')는 전쟁을 빌미로 하여 아르메니아 소수민족에 대한 계획적인 학살을 자행했다. 100만~150만 명이 죽었는데, 처형을 당한 이들도 있었고 북동부 거주지에서 사막을 가로질러 시리아로 향하는 험난한 강제 이주를 견디지 못해 죽은 이들도 많았다.

양차 세계대전 사이의 기술적 진보, 이를테면 더 치명적인 폭탄, 더 강력하고 더 멀리 나는 항공기, 잠수함, 독가스, 핵폭탄 등은 더 먼 거리에서 더 큰 규모의 살상을 가능하게 만들었다. 1차 세계대전 이후 대량 살상에 대한 강한 반감에도 불구하고 서구 국가들은 저항하는 민간인을 제압하는 데는 공중 폭격이 저렴하고 쉬운 방법임을 간파했다. 특히 그들이 덜 문명화됐다고 여긴 민간인들에게 그 방법을 자주 써먹었다. 영국은 1920년대 초 이라크와 아프가니스탄의 마을들에 폭격기를 투입했고, 이탈리아는 1935년 에티오피아를 침략할 때 그랬다. 무솔리니의 사위 잔 갈레아초 치아노(1903~1944) 백작은 공중에서 폭발하는 폭탄이 하늘에서 내리는 꽃처럼 보인다고 말했다.

민간인에 대한 공중 폭격은 1937년에 결국 유럽에서도 발생

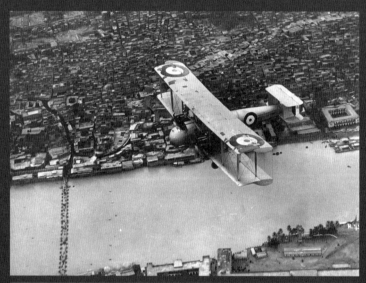

병력과 무기를 운반할 수 있는 영국 공군 수송기 비커스버넌이 1920년대에 이라크 바그다드와 티그리스강 상공을 날고 있다. 전쟁에 공군력이라는 신기술이 이용된 초창기 예에 해당한다. 1차 세계대전 종전 후 베르사유 조약에 따라 이 지역을 위탁 통치한 영국이 저항하는 이라크인들을 겁주기 위해 이처럼 항공기를 띄우곤 했다.

했다. 스페인 내전(1936~1939) 때 프랑코 장군을 지지한 독일 나치와 이탈리아 파시스트의 공군이 바스크 지방의 마을 게르니카를 파괴해 수백 명이 죽었다.

2차 세계대전 발발 즈음에 적어도 연합국 쪽에서는 정당한 공격 대상이란 무엇인가에 대해 몇 가지 의문이 제기됐다. 1939년 독일의 산업 지대인 루르에 대한 폭격이 제안됐을 때 영국 내각의 한 장관이 "하지만 그건 사유 재산입니다."라고 항의하기도 했다. 총력전의 특성상 이런 문제가 무시되긴 했지만, 연합국 쪽에서는 그런 의문이 완전히 사라지지 않고 재차 거론됐다.

2차 세계대전에 뛰어든 모든 교전국들은 적의 전력을 교란하고 전투를 지속할 의지를 약화시키기 위해 민간인에게 폭격을 가했다. 항구, 공장, 철도 기지, 저유소, 댐, 교량은 모두 공격 대상이었는데, 도심과 주택 밀집 지역도 거기에 포함됐다. 1940년 여름 [독일 공군 최고사령부 사령관] 헤르만 괴링(1893~1946)은 히틀러에게 영국의 비행장과 주요 도시들, 특히 런던을 폭격하여 영국이 강화를 구걸하도록 만들겠다고 장담했다. 한편 영국의 왕립공군폭격기사령부 사령관 아서 해리스(1892~1984) 경도 독일과의 전쟁은 폭격기로 이길 수 있다고 확신하여 윈스턴 처칠을 비롯한 상관들을 설득했으며, 독일인들의 사기를 떨어뜨리는 것을 핵심 목표로 했다. 1943년 10월에 작성된 극비 기록에서 해리스 경은 목표를 다음과 같이 밝혔다.

스페인 내전 중 공화파의 첫 대규모 공세. 최초의 여성 포토저널리스트이자 로버트 카파의 연인인 게르다 타로(1910~1937)가 1936년 마드리드 인근에서 벌어진 시가전을 포착한 사진이다. 합법 정부를 방어하는 공화파가 프란시스코 프랑코 장군이 이끄는 우익 반란군을 격퇴하기 위해 벌인 전투였다.

독일 도시 파괴, 독일 노동자 제거, 독일 전역에서 안정된 공동체 생활 교란,…… 주택, 공공시설, 교통, 일상의 파괴. 전례 없는 대규모 난민 문제 유발, 그리고 더 광범위하고 더 강력한 폭격에 대한 두려움으로 인한 전방과 후방 모두에서의 사기 저하가 바로 폭격 정책의 공식 목표이다. 이것은 공장을 타격하는 작전에서 파생된 것이 아니다.

1943년 독일 함부르크에서 4만 명이 죽었다. 그중 상당수는 연합군의 폭격으로 발화해 도시를 휩쓴 불길에 희생됐다. 1945년 독일 드레스덴에서는 35,000명 이상이 사망했다(공격 대상 선정 문제와 마찬가지로, 이 사망자 수 또한 여전히 큰 논란거리다.).

같은 해 미국의 도쿄 공습은 소이탄(시내에 목조 건물이 많아서 의도적으로 선정된 무기)으로 41제곱킬로미터 이상을 쑥대밭으로 만들어 8만~10만 명이 죽고 100만 명이 집을 잃었다. 공습 책임자였던 커티스 르메이(1906~1990) 소장은 일본인들이 "그을리고 삶기고 구워져 죽었다."고 말했다. 2차 세계대전 종전 후 실시된 뉘른베르크 재판에서 나치 지도자들에 대한 연합국의 기소장에 대규모 공습 항목이 포함되지 않은 것은 절대 실수가 아니었다.

총력전은 전투원과 비전투원의 고유한 역할을 나누는 이전 시대의 명확한 구분을 모호하게 만들기도 했다. 과거에 군복, 계급, 군기, 군법은 군인을 민간인과 구분되게 했다. 전자는 무력을 사용할 권리가 있었고, 후자는 그렇지 않았다. 그런데 민간인이 무기를 들거나, 무장한 침략자에 맞서 싸운 경우에는 어떻게 됐을까? 과연 그들에게도 전쟁 규칙이 적용됐을까? 미국 남북 전쟁 때 윌리엄 셔먼 장군이 남부에서 한 것처럼, 그런 민간인들을 처벌할 수 있었고 또한 처벌해야 했을까? 이런 문제 제기는 전쟁을 통제하고 규제하려는 원대한 노력의 일환으로 계속됐다. 이것은 전쟁에서 민간인의 역할 비중이 커졌음을 의미하기도 한다.

근대 이전에는 민간인의 전쟁 지원이 통치자들에게 그다지 중요하게 여겨지지 않았다. 그런데 민족주의가 등장하고 전쟁이 복잡해지고 필요한 자원이 증가하면서 민간인(그들의 동의와 노동)이 전력에서 차지하는 비중이 커졌다. 나폴레옹 전쟁 시대의 프로이센 애국여성연합이나, 19세기에 창설된 국제적십자위원회 같은 민간 자원봉사 조직들은 부상병이나 전쟁 희생자를 돌보고, 군인 가족을 위한 모금을 하고, 부상자를 위한 병원을 만들어 운영하고, 전쟁 채권을 매입해 전비를 댔다. 여성, 어린이, 노인은 전선으로 떠난 남성들이 하던 일을 대신했으며, 자발적으로 나서서 정전이나 화재를 감시해 정부를 도왔다.

반면에 국민이, 또는 그들 중 다수가 전쟁 지원을 철회하면 국가는 사실상 전쟁을 지속하기가 어려웠다. 1917년 러시아, 1918년 독일, 1970년대 베트남 전쟁 중 미국이 그랬다.

전쟁이 계속되는 중에도 민간인들은 다양한 방법으로 자국의 전력을 무력화하거나 약화시킬 수 있다. 극단적인 방법의 하나로 직접적인 저항을 할 수도 있다. 평화주의자들이 철로에 드러눕거나 징병소를 막아서기도 하고, 저항민들이 자국 정부나 점령군을 상대로 무기를 들기도 한다. 그런가 하면, 전쟁 채권을 사지 않거나 잔업을 거부하는 등의 비협조적 방식으로 간접적인 저항을 할 수도 있다.

소련과 독일이 2차 세계대전 발발 직전에 불가침 조약(양측 외무장관의 이름을 딴 몰로토프-리벤트로프 조약)을 맺었을 때 전 세계 공산당들은 공격 대상을 독일 나치에서 민주주의 국가들로 완전히 전환하라는 지령을 모스크바로부터 받았다(조지 오웰은 『1984』를 집필하면서 이 사건으로부터 영감을 받았다.). 그래서 프랑스에서 득세했던 공산당은 독일에 대한 전쟁을 촉구하다가 하룻밤 사이에 돌변하여 독일과의 평화를 지지했다. 프랑스 정부가 징집령을 내리자 공산주의자들은 기차역에서 "참전 반대!", "평화! 평화!"를 외쳤다. 그리고 입증하기는 어려우나, 공산주의 노동자들이 군수품 생산 공장에서 태업을 벌였다는 기록도 있다.

2차 세계대전 때 광범위한 지역에서 수억 명의 민간인이 적국의 점령하에 놓였다. 유럽에서는 1억 8000만 명이 추축국 이탈리아와 독일, 그리고 여타 군소 동맹국들의 지배를 받았다. 아시아에서는 일본이 4억 6000만 명 이상을 지배했다. 일부 민간인들은 열성적으로 침략국에 협력했다.

중국에서는 민족주의 지도자 왕징웨이(汪精衛, 1883~1944)가 일본 괴뢰 정권의 주석이 됐다. 그는 중국과 일본이 협력하면 서구

제국주의를 몰아내고 새로운 아시아를 건설할 수 있다고 믿었다.

독일에 점령당한 벨기에의 지식인 앙리 드 망(1885~1953)은 나치의 지배를 자유민주주의로부터의 구원이라고 생각했다.

괴뢰 정권인 비시프랑스의 집권 엘리트와 지지자들은 프랑스를 가톨릭 보수주의 가치관으로 영원히 되돌릴 수 있는 기회를 맞이했다고 생각했다. 독일이 프랑스 유대인들을 강제 수용소로 넘기라고 요구했을 때 비시프랑스는 적극적으로 협조했다.

유럽과 아시아의 추축국들은 제각각의 인종 이론에 눈이 멀고 필요한 전쟁 자원이 늘어나자 점령지에서 온갖 수탈을 자행함으로써 민간인들의 강한 저항을 야기했다. 강제 노역, 가혹한 세금, 무차별적 살육과 계획적인 학살 때문에 민간인들은 저항을 할 것인가 아니면 이렇게든 저렇게든 죽임을 당할 것인가라는 절박한 선택을 해야 했다.

무장 저항이 필리핀부터 중국까지 아시아 전역으로, 그리고 전 유럽으로 확대됨에 따라 추축국들은 더욱 악랄하게 민간인을 탄압했다. 일본은 중국에서 진메츠[삼광] 정책을 펼쳤고, 나치는 저항 활동이 있는 곳이면 어느 지역에서든 집단 처벌을 행했다. 독일군이 그리스 마을 주민들을 집단 학살하고 난 뒤 그리스 주재 독일 외교관은 이렇게 말했다.

"이 영웅적 행위의 놀라운 결과는 바로 갓난쟁이들은 죽었지만 파르티잔들은 여전히 살아 있다는 점이다."

우크라이나인들은 나치 군대가 자신들을 러시아의 지배로부터 해방해 줄 것이라 여겨 전통적인 선물인 빵과 소금을 주며 환영했다. 그러나 나치가 살육을 벌이기 시작하고 노예 노동을 시키기 위해 서방으로의 대규모 강제 이주를 감행하자 파르티잔 조직을 결성했다.

2차 세계대전 중에 [적국의 지배를 받은 민간인들은] 총을 들거나 철로를 폭파해 맞서기도 했지만, BBC 라디오의 야간 뉴스 속보를 청취하며 저항하기도 했다. 발각되면 목숨을 내놔야 하는 일이었지만 유럽 전역에서 수천 명이 방송을 들었다.

또한 점령지와 전황에 대한 정보를 인쇄하여 배포하는 저항 활동도 있었다. 벨기에에서는 약 12,000명이 300여 종의 지하신문 발행하고 배포하는 데 관여했다.

독일에 점령당한 프랑스에서는 영화관 뉴스에 영국군이 나오면 관객들이 박수를 쳤고, 옆에 독일인이 앉으면 자리를 옮겼다. 마찬가지로 독일에 점령당한 폴란드에서는 어느 독일군 장교가 모든 폴란드 아이들이 자신에게 무례하다고 투덜거렸다. 독일의 점령지 덴마크에서는 많은 민간인이 노천에 모여 덴마크 민요를 합창했다. 독일 치하의 네덜란드인들은 화단에다 국기 색깔에 맞춰 꽃을 심었다. 체코슬로바키아가 [1938년 독일에 점령당해 강제로] 분할된 뮌헨 협정 기념일에는 수도 프라하의 거리가 텅 비었다. 이런 저항 활동들은 부질없어 보일 수도 있었으나 희망을 꺼뜨리지 않는 불씨였다.

추축국 점령지의 개인들은 자국의 유물을 보존하거나 현재의 공포를 기록하기 위해 자신이 할 수 있는 일을 했다. 사라예보의 한 이슬람교도 사서는 보스니아헤르체고비나 국립박물관에서 희귀한 14세기 유대교 경전 채색 필사본을 나치로부터 구해내기 위해 목숨을 걸고 몰래 반출했다.

빌나[리투아니아 수도 빌뉴스의 옛 지명]에서는 유대인 학자들이 압류된 유대교 문헌 더미를 나치의 명령에 따라 분류하면서 최대한 많이 빼돌려 마룻바닥 밑이나 벽 속에 숨겼다.

사진가들은 게토와 집단 수용소를 촬영해 사진으로 기록함으로써 나치의 지배에 저항했다.

1933년 독일에서 나치가 집권하자 드레스덴 공과대학의 로망스어 교수 빅토르 클렘퍼러(1881~1960)는 일기를 꼬박꼬박 쓰기로 결심했다. 그는 자신의 건강을 자주 언급하면서 이 세상에 오래 살지 못할 것이라는 말을 반복했다(그런데 그는 78세까지 살았다.). 클렘퍼러는 자신이 영웅적인 사람은 아니라고 말했다. 그렇지만 그가 한 것처럼, 2차 세계대전과 홀로코스트를 비롯한 나치 정권의 수많은 범죄와, 독일 사회를 점점 옥죄는 나치의 통제를 기록한 것은 대단히 용기 있는 행동이었다. 1942년에 그는 적었다.

"나는 계속 쓸 것이다. 이것은 내가 할 수 있는 영웅적 행위이다. 나는 증언할 것이며, 정확한 증언을 할 것이다!"

클렘퍼러의 가족은 기독교로 개종했지만 나치는 그를 유대인으로 분류했다. 그는 아리안족 여성과 결혼한 덕분에 목숨을 건졌지만, 그에 대한 통제는 강화됐다. 아내는 여전히 자유롭게 이동할 수 있었기에 그는 그들이 강제로 거주해야 했던 이인종 부부용 특별 주택으로부터 용감하게 일기를 외부로 반출했다. 그 기록을 전쟁이 끝날 때까지 숨겨준 여의사 친구도 역시 용감했다.

연합국은 실행 가능한 지역에서 무장 저항을 권하고 지원했다. 1940년에 창설된 영국군 특수작전본부(SOE)의 목적은 유럽 대륙에서 저항을 부추겨 "유럽을 불바다로 만드는 것"이었다.

독일이 소련을 침공하자 유럽의 공산당들은 입장을 번복해 저항 활동에 가담했다. 나치가 공산주의를 탄압하긴 했지만, 공산당의 활동은 단지 지하로 숨어들었을 뿐, 엄격한 위계질서와 자립적 세포 조직으로 이루어진 공산당 조직은 저항 활동에 매우 적합한 것으로 드러났다. 공산주의자와 비공산주의자를 막론하고 저항 조직망이 발달함에 따라 연합군 조종사와 군인을 구출하는 데 도움이 됐다. 또한 독일이 연합군의 상륙 작전을 막기 위해 세운 대서양 방벽의 일부 도면, 추축국 군대의 전력과 조직과 동태 등에 대한 상세한 정보를 비롯한 중요한 기밀도 확보할 수 있었다. 아울러 공장, 철로, 전신과 전화를 파괴하는 공작도 펼칠 수 있었다. 점령국에 붙잡힌 저항 조직원들은 혹독한 대가를 치렀으며, 무고한 비관련자들이 당하는 경우도 비일비재했다.

평화로운 사회에 사는 사람들은 낯설고 무시무시한 전쟁에 휘말린 민간인과 시민 사회가 발휘하는 놀라운 적응력과 회복력에 놀란다. 그들은 전쟁 전에는 견딜 수 없을 것 같았던 궁핍을 이겨

낸다. 그들은 폐허 속에서 삶을 꾸리고, 외출하기에 안전한 시간에 맞춰 일정을 조정하고, 지하 대피소의 낯선 이들 틈바구니에서 잠을 잔다. 또한 전기나 수돗물 없이 사는 법을 터득하고, 평시에는 거들떠보지도 않을 음식, 예를 들면 생소한 부위의 고기, 기름진 생선 통조림, 맛없는 감자, 도토리로 만든 커피 등을 즐긴다.

영국 가정주부이자 일기 작가인 넬라 라스트(1889~1968)는 리버풀에서 북쪽으로 64킬로미터가량 떨어진 잉글랜드 북서부 공업 도시 배로인퍼니스에서 2차 세계대전을 보냈다. 이곳은 조선업 지역이었기 때문에 빈번하게 독일군의 공습 표적이 됐다. 그녀가 애지중지하던 집은 파손됐지만 그래도 하루 종일 여성자원봉사단(WVS)에서 일하고 겨우 몇 시간 집안일을 했다. 그녀는 닭을 기르고 채소를 심어서 식량 배급을 가급적 줄이는 것에 커다란 자부심을 느꼈다. 그녀는 우울하지만 가족과 주변 사람들을 위해 즐겁게 살아야겠다고 일기장에 자주 고백했다. 그녀는 손가락으로 제방의 구멍을 막아 물난리를 예방한 네덜란드 동화 속의 소년을 떠올렸다.

"나는 나의 제방을 튼튼하게 지켜야 한다. 그러지 않으면 어느 때든 물에 잠기고 말 것이다."

여성들은 임기응변에 매우 능해서, [미국 남북 전쟁을 배경으로 하는] 마거릿 미첼(1900~1949)의 소설 『바람과 함께 사라지다(*Gone with the Wind*)』(1936)에 나오는 스칼릿 오하라처럼 커튼으로 옷을 만들어내기도 한다.

2차 세계대전 때 영국 여성들은 실크 스타킹과 나일론이 부족해지자 다리 뒤편 가운데에 아래위로 길게 봉제선을 그려 마치 스타킹을 신고 있는 것처럼 보이게 했다. 그렇게 그들은 자신이 할 수 있으리라 절대 생각해 본 적도 없는 일들을 해냈다.

『베를린의 여인』의 무명작가는 여성들이 이를테면 식량 배급을 받기 위해 줄을 서는 것과 같은 세세한 일상사에 집중함으로써 자신의 힘을 이끌어낸다고 생각했다. 그녀는 일기에서 이웃들에 대해 이렇게 말한다.

"그래서 이 여인들의 당면 과제는 소시지다. 그리고 소시지에 대한 생각은 그것보다 훨씬 중요하면서 아주 멀리 떨어져 있는 것들에 대한 각자의 시각을 바꾼다."

그녀는 소련군이 물러간 후에 침대 시트를 빨며 기뻐했다. 그녀의 냉소적인 말처럼 그것은 "군화 신은 뜨내기들이 모두 떠난 후에 너무나 필요한 변화"였다.

리부사 프리츠크로코는 독일 동부의 유서 깊은 지주 집안 출신으로, 1944년에 육군 장교와 평범한 결혼을 했다. 남편은 그녀와 그녀의 어머니 그리고 곧 태어날 아기를 그녀의 의붓아버지에게 맡겨두고 전쟁터로 떠났다(어디로 갔는지는 알 수 없었다.). 그들과 같은 집안들은 전통을 매우 중시했고 그들이 떠받든 가치는 대체로 남성적이고 군사적이었다. 그녀가 사는 세계의 남성들은 질서, 규율, 복종을 신봉했다. 그것은 전투에서는 쓸모있지만, 소련군이 진격해 독일 전선을 함락하고 그들을 곧 집어삼킬 혼란 속에서는 아무 소용이 없었다.

　프리츠크로코는 [남동생 크리스티안 그라프 폰 크로코(1927~2002)와 함께 쓴] 회고록 『여성의 시대(*Stunde der Frauen*)』에서 자신과 어머니와 하녀가 어떻게 의붓아버지와 거주 지구 귀족 남성들의 역할을 대신하게 됐는지 구술했다. 그녀는 직접 소련군을 상대하고, 장교들을 매수하고, 살아남기 위해 쓰레기를 뒤지고 도둑질을 했다. 남성들이 그렇게 하지 못했기 때문이다.

　"머리를 조아린 채 네발로 기어서 시금치를 뽑아야 할 때, 굶어죽지 않으려면 그렇게 해야 한다. 명예나 체면을 따질 여유가 없다. 남자들은 그러지 못한다. 그래서 그런 일들을 우리에게 떠넘겼다."

　그녀는 몇몇 여성 지인들과 자신의 아기를 서부의 연합군 지역에 안전하게 데려다놓고, 의붓아버지를 찾으러 되돌아갔다. 의붓아버지는 소련군 지역의 임시 포로수용소에 있었다. 그녀는 의붓아버지를 찾아내서, 자신에게 철사 절단기와 서부행 기차표가 있다고 철조망 사이로 이야기했다. 그런데 의붓아버지는 신사이자 장교로서 탈출하지 않겠다는 맹세를 했기 때문에 떠날 수 없다고 했다. 그러다가 그녀가 혼자서는 갈 방법을 모르겠다고 우겨대자 그제야 떠나겠다고 했다. 그들이 서부에서 안전하게 다시 자리를 잡고 난 후, 그녀가 자기 집안 남성들에 대한 순종적이고 의존적인 기존 관계로 돌아갈 수 없음을 깨달은 것은 지극히 당연한 일이다.

베를린 여성 무명작가도 비슷한 견해를 보였다. 그녀는 이제 남성을 보잘것없고 무력하여 여성보다 나약한 성으로 보았다.

"우리 여성들은 깊은 내면에서 일종의 집단적인 실망을 경험하고 있다. 강한 남성을 미화하는, 남성이 지배하는 나치의 세계가 이제 허물어지고 있다. '사나이'라는 신화와 함께."

그녀는 전쟁에서의 패배를 남성의 패배로 보았다.

전쟁은 인습적 역할과 기대를 뒤엎곤 한다. 르네상스 시대 유럽에서는 포위 공격을 당하는 도시의 여성들이 방어전에 참여하는 것이 당연하게 여겨졌다. 이탈리아 중부의 도시 시에나가 1552~1553년에 걸쳐 18개월간 포위됐을 때 부자와 빈자를 가리지 않고 12세부터 50세까지의 모든 여성에게 바구니나 삽 또는 곡괭이가 지급됐다. 거리에 명령이 울려퍼지면 여성들은 집안일을 멈추고 성벽으로 달려가 일했다.

전쟁이 총력전으로 변할수록 여성의 노동과 기술에 대한 수요가 급증했다. 그래서 1차 세계대전 이후 영국, 캐나다, 덴마크, 독일, 폴란드, 미국을 포함한 많은 나라에서 여성의 전쟁 기여가 여성 참정권 부여의 설득력 있는 근거가 됐다.

1차 세계대전 중에 집 밖에서 일한 여성의 비율이 대부분의 참전국에서 크게 상승했다. 1914년 개전 무렵 영국의 제조업과 운송 부문 노동력에서 여성은 23퍼센트를 차지했지만 1918년에 34퍼센트가 됐다. 영국 군수 공장에서 일한 스코틀랜드 출신 여성 복지감독관이 말했다.

"독일 황제가 영국 여성들에게 아버지, 어머니, 오빠, 남동생도 절대 주지 않았던 기회를 주었습니다."

전쟁 전에도 여성들은 사무실과 공장에서 일했다. 하지만 전쟁이 일어나자 남성의 일자리로 여겨지던 곳까지 여성이 진출했다. 모든 직장에서 여성들은 긴 치마 대신 바지를 입었고 긴 머리를 잘랐다. 더 안전하고 편했기 때문이다.

여성들은 남성들을 대신해 버스 차장이나 농장 노동자(영국의 랜드 걸land girl)가 됐다. 군수 공장의 위험한 작업도 남성 대신 여성이 했다. 그중 영국에서 카나리 걸[Canary Girls, TNT 포탄 재료에 반복적으로 노출된 여성들의 피부가 카나리아 깃털처럼 노랗게 변했다.]이라고 불린 많은 여성들은 화학 물질 때문에 피부가 노란색으로 변했으며 간혹 같은 색깔의 아기를 낳기도 했다.

1915년 영국 군수부 장관은 여성 노동자들의 작업 환경과 건강을 돌보는 복지감독관(이들 또한 여성) 제도를 시행했다. 그런데 복지감독관은 여성이 왜 같은 노동을 하는 남성과 같은 보수를 받아야 하는지 이해하지 못하는 고지식한 남성 고용주나 노조 간부도 상대해야 했다.

양차 세계대전 중에 여성 근로자들, 특히 전통적으로 남성의 자리로 여겨진 직종에 있었던 여성들은 작업장에서 남성 동료들 때문에 고초를 겪었다. 그 남성들은 고용주가 임금 낮은 여성들을 빌미로 자신들의 임금을 삭감하거나 동결할까 봐 우려했다. 2차 세계대전 중에 영국 버밍엄의 군수 공장에서는 이전 근무조의 남

1차 세계대전 중에 영국의 한 여성 노동자가 포탄에 폭약을 채우고 있다. 남성들이 전쟁터로 떠나서 "남자의 일"로 여겨진 것들을 여성들이 떠맡았다. 군수 공장에서 사용되는 화학 물질 때문에 많은 여성 노동자들의 피부가 노랗게 변했으며, 이 "카나리 걸"들은 같은 색의 아기를 낳기도 했다. 이처럼 여성들이 전쟁에 기여한 덕분에 여성의 사회 활동을 가로막는 법적, 사회적 장벽이 낮아졌다.

성들이 선반의 너트를 느슨하게 풀어놔서 다음 근무조 여성들의 작업 속도를 떨어뜨렸다. 군수 공장에서 리벳공으로 일하려고 미용 일을 그만둔 영국 여성은 출근 첫날 남성 신입들 틈에서 작업 배정을 기다렸지만 허사였다. 그녀가 공장장에게 자신이 해야 하는 일이 뭐냐고 묻자, 공장장은 빗자루를 건네며 말했다.

"오, 이런! 우리가 예쁜이를 깜빡했군! 자, 이걸 들어요! 그리고 구석구석 싹싹 쓸어요."

이런 경우나, 직장 내 화장 금지 같은 더 공공연한 성적 괴롭힘 사례에 대한 경영자의 반응도 늘 별 도움이 되지 못했다.

항공기 제작사 보잉이 너무 꼭 끼는 스웨터를 입었다는 이유로 53명의 여성을 해고하자 강한 반발이 일어났다. 이에 사측은 꼭 끼는 스웨터는 기계에 걸려 안전사고를 일으킬 위험이 있다고 주장하며 방어하려 했다.

중산층 전문직도 여성을 반기지 않기는 마찬가지였다. 1944년 영국 기계학회가 처음으로 여성을 정회원으로 입회시켰을 때 기존 회원들이 반발했다. 한 회원은 여성들이 불가피하게 맞닥뜨리게 될 '과격한 다툼'과 거친 말에 대처하기에 너무 여리다고 말했다. 그리고 뼈가 있는 말을 덧붙였다.

"전문 기술자들은 이미 경쟁이 너무 심합니다. 그리고 전쟁 후에는, 글쎄, 아무도 모를 일입니다."

많은 여성의 경우 이미 어머니이자 아내로서 하고 있는 역할에 더해 일이 늘어나기만 했다. 하지만 영국 정부는 이런 문제를 기민하게 파악하지 못했다. 런던에서 여성들이 어린아이들을 데리고 가두 행진을 벌였다. 그들이 들고 있는 팻말에는 이렇게 적혀 있었다.

"아이에게는 탁아소를! 엄마에게는 전시 근로를!"

낮 동안 아이를 돌봐줄 곳을 찾아헤매고, [출근해서 전시 근로를 하고], 장을 보고, 집안일까지 하느라 일부 여성들은 견디기 힘들었다. 영국에서 여성 근로자의 결근율은 남성의 두 배나 됐다. 고용주들은 그 주된 원인으로 여성들이 장을 봐야 하는 사정을 들었다. 여성들은 가게가 문 닫기 전에 또는 물건이 떨어지기 전에 장을 봐야 했다. 필시 남자인 듯한 식품부 고위 관리는 도움이 되지도 않는 의견을 내놓았다.

"전시 근로를 하는 기혼 여성들이 식품 구입을 대신해줄 이웃이나 친구를 찾지 못하는 일이 있어선 안 됩니다."

미국이 2차 세계대전에 참전하게 되자 미국 정부는 여성들에게 여유 부리지 말고 전시 근로에 임할 것을 촉구했다.

"미국 대부분 지역에서 여성이 넉넉한 여가 습관을 갖게 된 것은 근년에 들어서이다."

[오스트리아 빈 출신의 디자이너이자 작가인] 요제핀 보그단 폰 미클로스(1900~1972)는 귀족 가문에서 태어났고 빈 대학교에서 박사 학위를 받았다. 그녀는 [1930년 미국으로 건너가서 2차 세계대전 중에] 뉴잉글랜드주의 군수 공장에서 일하면서 먼지 많고 단조로운 작업이 불만스러웠다. 하지만 이렇게 자조했다.

"[일본군과 싸우고 있는 필리핀] 바탄의 미군들도 먼지와 때를 좋아하지 않는다. 중국군, 러시아군, 호주군도 절대 전투가 재미있을 리 없다. 해군도 마찬가지다."

일부 여성들은 처음으로 큰돈을 버는 즐거움을 누릴 수 있었다. 2차 세계대전 중에 영국 글래스고 인근 힐링턴에 있는 롤스로이스 항공기 엔진 공장에서 일한 스코틀랜드 출신 여성은 종전 무렵에 주당 5파운드 넘게 벌었다고 한다(당시 글래스고에서는 여성들이 저임금 때문에 파업을 벌이기도 했다.).

"나는 집에서 식구들한테 5파운드짜리 지폐를 보여주면서 무척 신났어요. 5파운드짜리 지폐를 본 적이 없었거든요."[당시 5파운드를 2020년 기준 화폐 가치로 환산하면 약 40만 원이다.]

여성들에게 찾아온 이런 변화가 영원하지는 않았다. 세계대전에서 돌아온 남성들은 그들이 있던 직장으로 복귀했다. 실제로 많은 고용주들이 여성은 임시로 대체 근무를 했을 뿐이라는 재향군인들의 의견에 동조했다. 일하는 엄마들을 위해 제공됐던 주간 돌봄 센터나 탁아소 같은 지원 시설도 전후에는 더 이상 운영되지 않았다.

미국이나 영국 같은 나라의 언론에서는 여성들을 집 밖으로 나오게 하면 부도덕한 일이 생길 수 있고, 아울러 여성스럽지 않게 되거나 자기주장이 지나치게 강해질 수 있다는 암울한 전망을 내놓았다. 하지만 많은 여성들에게 일할 수 있다는 것은 일종의 해방이었다. 그런 여성들은 자신이 버는 돈에서 얻는 자유와 직장에서의 동료애를 누렸다. 2차 세계대전 때 영국 공장에서 파트타임으로 근무하던 여성이 말했다.

"나는 오후에 4시간 하는 나의 일이 정말 즐거워요. 여기 오는 게 몹시 설레요. 아무튼 15년간 무기력했던 가정주부에게 이건 새장 밖으로 나와 해방된 기분이에요."

그녀는 말을 이었다.

"많은 파트타임 여성 근로자들이 집 밖으로 나가서 새로운 사람들도 만나다 보니, 먼지 털며 집 청소하던 것과는 완전히 다른 기분을 느껴요."

일기 작가 넬라 라스트는 따분한 남편과 떨어져 있고 자신이 쓸모있는 일을 하는 기분이 들어 큰 위안이 된다고 일기에 적었다. 남편이 자기가 마실 차를 왜 끓여놓지 않았냐고 불평하거나 왜 그렇게 '애교'가 없냐고 투덜거리면 그녀는 톡 쏘아붙였다.

"참, 도대체 쉰 살 먹은 여자한테 누가 애교를 바라나요? 그리고 자기 취향은 자기가 훨씬 더 잘 맞추는 법이죠!"

2차 세계대전 종전 후 영국 정부가 승전 퍼레이드에서 여성농업부대(WLA)를 보이 스카우트 뒤에 배치하려 하자 여성들[랜드 걸]이 파업에 들어갔다. 그중 한 여성이 말했다.

"군은 매우 혼란스러워했다. 그들은 이런 종류의 불복종에 어떻게 대처해야 할지 몰랐지만, 우리는 결연했다. 만약 우리를 더 앞쪽으로 배치하지 않으면 우리는 집에 갈 생각이었다."

결국 군은 한발 물러났고, 여성농업부대는 영국 여군 뒤에서 행진했다.

전쟁이 민간인들에게 미치는 영향은 그들이 어디에 있는 누구인지에 따라 다르다. 부자와 권력자는 돈과 연줄을 이용해 병역을 피할 길을 찾아내며 식품과 와인은 물론이고 귀한 사치품도 손에 넣을 수 있다.

2차 세계대전 때 독일에 점령당한 프랑스 파리에서 패션 디자이너 코코 샤넬(1883~1971, 본명 가브리엘 보뇌르 샤넬)은 잘생긴 독일인 애인과 함께 리츠호텔에서 전쟁을 아주 즐겁게 보낼 수 있었다.

[나치 독일군의 오랜 포위 공격으로] 식량이 너무나 부족해 식인 행위가 벌어지기도 한 소련 레닌그라드에서는 시민들이 매우 다른 전쟁을 겪었으며 많은 이들이 살아남지 못했다.

자원입대한 미국 군인들은 베를린, 로마, 도쿄 등지의 전선에서 싸우다가 죽었지만, 후방의 조국인 미국은 호황을 누렸다.

미국이나 캐나다를 비롯한 연합국들에서 전쟁 비용은 대공황 시절 영국 경제학자 존 메이너드 케인스(1883~1946)가 주장한 기능을 했다. 균형 예산이라는 금과옥조를 버리고 과감하게 지출함으로써 정부는 경제가 다시 돌아가게 할 수 있었다. 자원과 물자에 대한 전쟁의 끝없는 수요는 새로운 기업을 만들어내고 기존 기업을 활성화했다.

영국 일간지 《가디언》의 워싱턴 특파원 앨프리드 앨리스터 쿡(1908~2004, 나중에 「미국에서 온 편지」라는 BBC 라디오 프로그램을 진행해 세계적인 유명 인사가 된 언론인)은 1941년 진주만 공습 직후에 미국을 두루 다니며 취재할 수 있게 해달라며 상사들을 설득했다. 그는 뉴올리언스 같은 유명한 도시들을 방문했다. 뉴올리언스의 사업가 앤드루 히긴스(1886~1952)가 운영하는 신설 공장들에서는 신규 채용된 수많은 노동자들이 수천 척의 상륙정을 만들어내고 있었다.

그리고 인디애나주에는 찰스타운이라는 마을이 있었는데, 전쟁 전에 평범하고 작았던 그 마을은 인구가 고작 939명이었고 교회 2곳과 상점 몇 곳, 그리고 스테이크 식당 하나가 있었다. 그런데 1940년 연방정부가 그곳에 화약 공장을 짓기로 결정했다. 쿡이 방문했을 당시 찰스타운에는 기존 주민 외에 전국에서 몰려든 15,000명이 셋방이나 트레일러 따위에서 살고 있었고, 도로와 다리가 새로 만들어지고 경찰도 늘어났다.

영국, 미국, 캐나다 같은 참전국들에서 노동자들은 자신들의 높아진 가치를 이용해 더 높은 임금과 더 나은 혜택을 요구할 수 있었다. 반면 평시에도 전시 편제에 맞춰 경제를 운영했던 소련에서는 노동자들이 가장 중요한 계급이었지만 힘이 훨씬 약했다. 게다가 독일군의 침공 범위가 넓어짐에 따라 소련의 산업 시설들이 황급히 내륙 쪽으로 멀리 이전했고, 많은 노동자들은 천막에 살면서 길고 추운 겨울 내내 난방도 되지 않는 공장에서 장시간 일해야 했다. 막대한 피해를 입은 소련의 사회 기반 시설은 종전 후 서서히 재건됐지만, 새로운 냉전 수요가 발생함에 따라 소련의 산업은 계속 전쟁 대비에 초점을 맞춰야 했다. 이동의 자유를 보장하거나 소비재 공급을 늘려 노동자의 권익을 개선하는 일 따위는 당연히 없었다.

　평화가 도래하고 전쟁의 아픈 기억이 희미해지기 시작하면, 재향군인들이 전쟁 중의 강한 전우애를 그리워하듯이 민간인들도 그리움을 느낄 수 있다. [영국의 종군 간호사이자 작가인] 비라 브리튼 (1893~1970)은 평생 반전주의자였으며, 1차 세계대전 때 겪은 상실 감을 매우 감동적으로 묘사했다. 그런데 그녀는 이런 말도 했다.

　"요즘 내가 그 전쟁을 떠올릴 때면, 그것은 여름이 아니라 늘 겨울 같다. 항상 춥고, 어둡고, 불편하다. 그리고 그 추위와 어둠과 불편함에 우리를 비이성적으로 열광하게 만드는 짜릿한 흥분에서 간헐적으로 온기가 느껴진다. 내게는 그 온기의 영원한 상징이 바로 병 주둥이에 꽂힌 초에서 타오르는 작은 촛불이다.……"

통제 불능에 대한 통제

내가 보기엔

전쟁에 대한 규칙을 만든다는 건

웃기는 소리요.

전쟁은 놀이가 아니오.

문명화된 전쟁과 그렇지 않은 다른 전쟁 간에

무슨 차이가 있단 말이오?

판초 비야

1827년 한 독일 젊은이가 굴곡진 삶을 뒤로하고 미국으로 이주했다. 그는 프로이센 군인으로서 나폴레옹 군대와 싸웠고 자신의 자유주의 사상, 이를테면 프로이센 정부에 대한 단호하고 강경한 비판 때문에 몇 차례 감옥살이도 했다.

프란츠 리버(1798?~1872, 영어명 프랜시스 리버)는 박식한 이상주의자였으며 시인이자 철학자였고 피트니스[신체 단련] 마니아였다. 또한 제러미 벤담(1748~1832), 알렉시 드 토크빌(1805~1859), 존 스튜어트 밀(1806~1873), 대니얼 웹스터(1782~1852)를 비롯한 많은 지인과 친구를 두었다. 새로운 조국에서 그는 저명한 지식인이자 교육자가 됐으며, 『아메리카나 백과사전(*Encyclopedia Americana*)』 초판을 편집했고, 컬럼비아 대학교에서 미국 최초의 정치학 교수가 됐다[리버는 자신의 직함을 정치학 교수로 짓고 정치학과를 개설해 수강생들을 가르쳤다.].

남북 전쟁이 발발했을 때 리버는 북부 연방군을 전폭적으로 지지했지만 그의 가족은 여느 집처럼 의견이 갈렸다. 큰아들은 남부군으로 싸우다가 전사했고, 둘째 아들은 북부군으로 참전해 심한 부상을 입었다. 리버는 애국언론출판협회(여론전으로 북부군을 지원하기 위해 1863년 설립된 단체)의 회장이 됐지만, 남부군과 북부군 양측이 서로를 어떻게 대해야 하는가에 대한 목소리를 높여가는 집필을 계속했다. 그는 남부군 포로들은 반역자가 아니라 군인이므로 전쟁 관습법에 따라 대우해야 한다는 대담한 주장을 펼쳤다. 그는 그것이 도덕적이고 타당하다고 말했다.

"노상강도가 내게 지갑을 달라고 하면, 나는 비무장 상태여서 지갑을 내주는 편이 낫다고 생각할 것이고, 나는 분명 그 강도의 존재를 인정하겠지만, 그것은 하나의 사실에 대한 인정일 뿐이다."[인도주의적 차원에서 누구든 인간으로 존중되어야 하므로 인간이 아니라 행위에 대해 판단해야 한다는 것을 비유적으로 말하고 있다. '하나의 사실'이란 강도짓을 의미한다.]

1862년 리버는 당시 북부군 원수였던 헨리 할렉(1815~1872)에게 서한을 보내 북부군의 전투 행위 방식에 관한 규정[일명 '리버 규정']을 작성하겠다고 제안했다. 이듬해 에이브러햄 링컨 대통령이 '일반 명령 100호'로 공포한 이것은 근대 전쟁법을 성문화하는 데 핵심 준거가 됐으며, 이후 제네바 조약을 비롯한 많은 규정의 기초가 되었다.

그로부터 정확히 10년 후인 1873년, 가난하지만 유서 깊은 가문 출신으로 미모까지 겸비한 여인 베르타 킨스키(1843~1914)가 오스트리아 빈에서 부잣집 가정교사로 들어갔다. 간혹 있는 일이지만, 그 집 아들 아르투어 군다카르 폰 주트너(1850~1902)는 [자신의 여동생 4명을 가르치고 있던 7살 연상인] 그녀에게 홀딱 반했고, 아마 그녀도 그랬던 것 같다. 예상대로 그의 부모는 결혼에 반대했고 두 사람은 [몰래 빈에서 결혼식을 올린 후] 러시아가 최근에 새로 획득한 영토인 코카서스 지방으로 도망쳤다. 베르타의 남편은 목재 사업부터 벽지 디자인에 이르기까지 여러 일을 전전하다가 나중에는 승마 지도나 불어 교습 같은 일을 하면서 근근이 생계를 꾸렸다.

그러면서 두 사람은 유럽 신문에 기고를 했는데, 베르타가 남편보다 더 유명해졌다. 1877년 러시아와 오스만제국 사이에 전쟁이 발발하자 그녀는 [전쟁 리포터로 활동하면서] 전쟁이 무엇인지 직접 목격하고 전쟁을 없애기 위한 노력을 점점 늘려나갔다. 베르타는 자신의 시간과 글을 평화를 위해 바치며 남편보다 먼저 서유럽으로 진출했고 유명 인사가 됐다.

1889년 그녀는 대표작인 소설 『무기를 내려놓으라!(*Die Waffen nieder!*)』를 출간했다. 톨스토이는 그녀에 대해 "확고한 신념은 있으나 재능은 없다."고 평했다. 문체가 과장되고, 지나치게 장황하고, 개연성 떨어지는 구성이지만, 책에 담긴 열정적인 반전 메시지는 산업혁명으로 가능해진 엄청난 파괴력과 민족주의의 대두에 관심이 점점 커지고 있었던 유럽에서 큰 반향을 일으켰다. 베르타는 미국 대통령 시어도어 루스벨트(1858~1919) 같은 정치인들을 만나 전쟁 종식을 호소했고, 스웨덴 사업가 알프레드 노벨(1833~1896)과도 강한 유대 관계를 쌓았다[노벨과의 관계는 파리에서 그의 비서 겸 집사로 일한 인연으로 시작됐다.].

기술자이자 발명가인 노벨은 원래 광산업에 쓸 용도로 새롭고 강력한 폭약을 개발했다. 그런데 세계의 군대는 그 폭약으로 더 성능 좋고 더 치명적인 무기를 만들 수 있다는 것을 재빨리 간파했다. 노벨은 재산이 불어나는 만큼 죄책감도 커졌다. 그는 차라리 엄청난 '가공할 파괴력'을 지녀서 전쟁을 생각지도 못하게 할 무기를 개발할 수 있기를 바란다고 말했다. 베르타는 노벨을 설득해 평화상에 기금을 대도록 했다. 이후 그녀는 기부금을 헤프게 사용했고, 나중에는 염치없이 로비하여 자신도 [여성 최초로] 노벨 평화상을 받았다. 어쨌든 그녀와 노벨 그리고 많은 동료들의 공동 목표는 전쟁을 완전히 없애는 것이었다.

프란츠 리버와 베르타 폰 주트너는 전쟁을 억지하고 통제하여 궁극적으로 없애려는 인간의 오랜 고군분투에서 서로 중첩되기도 하는 두 흐름을 대변한다. 그렇다고 하나가 다른 하나에 방해가 되는 것은 아니다. 베르타 같은 평화주의자들도 전쟁의 유발과 수행에 관련된 법을 만들려고 했으며, 언젠가는 인류가 더 이상 폭력으로는 문제를 해결할 수 없다는 사실을 깨닫기를 바랐다.

독일 철학자 이마누엘 칸트(1724~1804)도 발트해 연안의 평화로운 도시 쾨니히스베르크에서 전쟁에 대해 깊이 생각했다. 그는 국제적으로 통용되는 전쟁법을 제정하는 것은 전쟁을 완전히 없애는 목표를 향한 길고 힘든 여정의 첫걸음이라고 주장했다. 그리고 인간은 자신이 지닌 결함 때문에 결국 그런 이상적 상태에 도달하지 못할 수 있다고도 말했다.

스스로를 급진적 개혁파 언론인으로 자칭했던 하버드 대학교 출신 젊은 기자 존 리드(1887~1920)는 1913년에 멕시코 반군 지도자 판초 비야(1878~1923)와 4개월간 같이 생활했다. 리드는 우연찮게 비야에게 1907년 헤이그 만국평화회의에서 합의된 최신 전쟁 규정이 담긴 소책자[미국 육군 교전 규칙]를 보여주었다. 리드의 보도에 따르면, 비야는 몇 시간 동안 그것을 들여다보았다.

"그는 그 책에 대단한 관심을 보이며 흥미로워했다."

비야는 만국평화회의에 대해 더 상세히 알고 싶어했고, 멕시코 대표도 참가했는지 물었다. 하지만 그는 그 모든 노력들이 어불성설이라고 말했다.

"내가 보기엔 전쟁에 대한 규칙을 만든다는 건 웃기는 소리요. 전쟁은 놀이가 아니오. 문명화된 전쟁과 그렇지 않은 다른 전쟁 간에 무슨 차이가 있단 말이오?"

비야는 우리가 전쟁에 관해 생각할 때 맞닥뜨리게 되는 여러 역설 중 하나를 짚어냈다. 즉, 적을 전멸시키는 것을 목표로 하지 않더라도 폭력이 주된 도구로서 우위를 점하는 전쟁을 어떻게 통제하고 관리할 수 있단 말인가? 그렇지만 인류는 지난 천 년이 넘는 세월 동안 그러한 노력을 거듭해 왔다. 마치 집 짓는 개미처럼 어느 정도 합의된 구조물을 공들여 세웠다가 그것이 전쟁이라는 육중한 발길에 차여 산산조각나는 것을 목도하곤 했다. 현재 우리는 전쟁법이라고 부르는 것을 재건하는 데 지지부진한 상황이다.

전쟁법이란 특정한 시대와 지역에서 충분히 널리 받아들여져 전쟁 억지 효과를 발휘하는 관습과 규범이라고 볼 수도 있다. 그리스 도시국가들은 어떤 시기에는 싸우고 다른 어떤 시기에는 싸우지 않았다. 또한 주변의 산을 이용하면 전세를 바꿀 수 있는데도 그들은 들판에서만 싸웠다. 그리스 군대들은 보통 해가 지면 싸움을 멈추고 우세한 한쪽이 승리를 선언했다.

아스테카인들은 매우 독특한[특정 날짜에 특정 장소에서 특정 의상을 입고 특정 무기만 사용하는] '꽃 전쟁'을 벌였는데, 근래까지 뉴기니 고지인들이나 브라질 열대우림의 야노마미족에도 비슷한 전쟁 관습이 있었다. 어떤 것은 금기이므로 '해서는 안 된다'는 의식, 즉 심리적 장벽은 적과 마주한 상황에서 특히 강하게 작용할 수 있다.

전쟁을 통제하거나 정당화하기 위한 모든 행위는 쓸데없고 무의미하다고 보는 회의적인 시각도 있다. 마키아벨리는 말했다.

"전쟁은 필요한 경우에 정당하다."

그런데 강하고 무자비한 자들도 자신이 일으키는 전쟁을 정당화할 구실이나 변명거리를 찾았다. 기원전 1122년 중국 주(周)나라 무왕(武王)은 이웃 상(商)나라를 정복하며 주왕(紂王)이 주색에 빠진 데다 백성을 억압했다고 주장했다. 그래서 이치에 따라 하늘이 상나라 왕에 대한 신임을 거두어 주나라 왕에게 주었다고 했다.

『구약 성경』에는 이스라엘 민족이 적들에 맞서 벌이는 정당한 전쟁에 대한 언급이 수두룩하다. 하느님은 사울 왕에게 아말렉인들을 죽이라고 명한다.

"너는 이제 가서 사정없이 아말렉을 치고, 그들에게 딸린 것을 완전히 없애 버려라. 남자와 여자, 아이와 젖먹이, 소떼와 양떼, 낙타와 나귀를 다 죽여야 한다."[사무엘상 15:3]

「탈출기[출애굽기]」에서는 하느님을 '전쟁의 용사'라고 칭한다

["주님은 전쟁의 용사 그 이름 주님이시다."(15:3)].

그리스나 로마의 장군들에게는 종교 사제의 역할을 하는 점술가가 있었다. 점술가는 신이 승리를 허락하는지 알기 위해 출정 전에 징조를 해석했다. 율리우스 카이사르는 신에게조차 거칠 것이 없어서 이렇게 말했다.

"징조는 좋을 것이다. 내가 그렇게 원하기 때문이다."

침략자들은 종교를 침략 근거로 이용했다. 하지만 그들이 종교에 호소했다는 사실은 종교의 힘에 대한 무시할 수 없는 경외감이 있었음을 의미한다. 또한 자신들이 하는 일을 정당화할 필요가 있었음을 의미하기도 한다.

기독교 교회는 초창기부터 정당한 전쟁과 부당한 전쟁 사이에 구분이 있음을 인정했지만 두 전쟁 모두에 반대했다. 성직자는 싸움이 금지됐으며 전쟁에 참가한 평신도는 나중에 회개해야만 교회로 완전히 돌아올 수 있었다. 그런데 1095년 교황 우르바누스 2세(1035?~1099)는 이교도와의 전쟁을 참전자들에게 정당하고 이로운 전쟁으로 만들었다. 클레르몽 공의회에서 그는 유럽의 봉건 기사들에게 신성한 도시 예루살렘을 탈환해 달라고 요청하는 열렬한 설교를 했다.

"…… 이것은 하느님의 뜻입니다."

그가 이렇게 말하자 청중은 공감하며 환호했다. 그는 소명을 따르는 자들의 동기가 순수하면 영혼이 구원받을 것이라고 약속했다. 공의회에서 발표한 포고문은 이러했다.

"명예나 돈을 바라지 않고 헌신하려는 일념으로 하느님의 교회를 해방하기 위해 예루살렘으로 가는 자는 누구든 그 노정으로 모든 회개를 대신할 수 있노라."

1차 십자군 원정과 이후의 여러 차례 원정에서 십자군 지원자들은 충성 서약을 했고 축복 내린 십자가를 받는 의식을 치렀다. 그들은 죄 사함을 받는 영적 보상과 더불어 세속적 보상도 약속받았다. 그들은 교회가 가족과 재산을 보호해 주었으며, 소송에서 벗어났고 빚에 대한 이자 지불도 면제됐다.

이것은 성스러운 목적이 저열한 잔학 행위를 유발한 처음도 마지막도 아니었다. 십자군 원정길을 따라 곳곳에서 유럽 유대인들이 불운을 당했다. 1차 십자군은 천천히 동쪽으로 진군했으며, 하느님의 적에 맞서 성전을 치르고 있다는 신념으로 무장한 그들은 원정길에 만나는 무방비 상태의 유대인 거주지를 공격했다. 연대기 기록자에 따르면, 라인강변의 도시 마인츠에서 십자군은 무려 700명에 달하는 유대인 남녀노소를 죽였다.

"이런 무자비한 유대인 학살 속에서 일부는 탈출했고, 일부는 기독교 신앙을 흠모해서가 아니라 공포 때문에 세례를 받았다."

종교는 전쟁을 정당화하는 데 제대로 성공한 적이 없다. 왜냐하면 신이 항상 분명한 방향을 제시하지는 않기 때문이다. 신탁은 애매모호하기 그지없고 징조는 해석하기가 어렵다. 지중해 주변 고대 국가의 사상가들은 전쟁을 연구하면서 종교로부터 법, 윤리, 도덕을 분리해내는 작업을 시작했고, 이후 시대에도 단속적이나

마 계속됐다.

그리스인과 로마인에게 정당한 전쟁이란 잘못이나 손해를 바로잡기 위한 싸움이었다. 나아가 로마의 위대한 철학자이자 정치가인 키케로는 전쟁은 평화를 유지하는 다른 모든 수단이 바닥났을 때 비로소 허용될 수 있다고 주장했다. 그는 말했다.

"싸움에는 두 종류가 있다. 말로 하는 싸움과 힘으로 하는 싸움. 전자는 인간의 일이요 후자는 짐승의 일이니, 인간은 전자를 이용할 수 없을 경우에만 후자에 의존해야 한다."

전쟁 행위는 가급적 잔혹하지 않아야 하고 평화를 목적으로 해야 한다고 했다.

펠로폰네소스 전쟁 시기에 자란 플라톤(BC 427?~BC 347?)은 전쟁은 양측이 종국에 화평을 맺을 수밖에 없음을 염두에 두고 치러야 한다고 주장했다. 그의 제자 아리스토텔레스(BC 384~BC 322)는 인간이 자신의 이성으로 문제를 스스로 해결할 수 있다는 자연법 개념을 도입함으로써 전쟁을 종교 영역이 아닌 현실 세계에서 다루는 것에 관한 논의의 문을 활짝 열었다.

후세에 크나큰 영향을 미친 신학자이자 철학자인 아우렐리우스 아우구스티누스(354~430)는 비록 자신의 저작에서 전쟁에 관해 많이 논하지는 않았지만, 전쟁이 인간 조건의 일부임을 어쩔 수 없이 인정했다. 그는 '전쟁이란 잘못을 바로잡으려고 하는 경우에 정당하며, 부당한 요구를 관철시키기 위해 무력을 행사하려는 적에 맞서는 방어 행위'라고 한 그리스와 로마 시대의 관점을 수용했다.

오랜 세월 뒤 아우구스티누스 못지않게 명망 높은 신학자 토마스 아퀴나스(1225?~1274)도 도덕을 실행하는 전쟁에서 긍정적이고 구원적인 면을 보았다(무엇이 도덕 위반이나 위협에 해당하는지를 누가 판단하는가는 이와 다른 문제이다. 예를 들면 1차 세계대전 때 양측 모두 부도덕한 적으로부터 스스로를 방어하고 있다고 주장했다.).

아우구스티누스는 또한 합법적 권력만이 전쟁을 일으킬 수 있다는 중요한 전제를 제시했다(그렇지만 합법적 권력의 구성 요건에 관한 문제는 사실상 해결된 적이 없는 또 다른 난제이다. 독재 정권이나 이슬람국가 ISIS 같은 조직도 합법적 권력에 해당하는가?) 아우구스티누스는 말했다.

"반드시 치러야만 하는 전쟁에 임할 때 어떤 권력하에서 어떤 명분을 따르는지에 따라 결과가 크게 달라진다."

아우구스티누스는 거듭 고대 국가의 선인들처럼, 전쟁이 정당한지 아닌지 판단할 때 그 목적에 무게를 두었다.

"빈번하게 재언된 바와 같이, 전쟁의 목적은 평화다."

근현대 전쟁에서는, 전쟁의 목적은 "적을 섬멸하는 것"이어야 한다고 강변한 카를 폰 클라우제비츠의 영향을 받은 데다 총력전을 치를 수 있는 국가적 역량이 증대되어, 협상으로 해결할 기회를 묵살하거나 전쟁 수행 능력이 있는 한 싸움을 계속하는 경우가 너무나 흔해졌다.

1차 걸프 전쟁 이후 사담 후세인은 대량 살상 무기를 포기했고 주변국에 더 이상 위협이 되지 못했다. 그렇다면 2003년에 이라크를 침략해 그의 정권을 무너뜨린 것이 중동의 평화를 위해 정말 필요한 일이었을까?

현대의 정전(正戰) 논의에서 핵심 문헌인 『정당한 전쟁과 부당한 전쟁(Just and Unjust Wars)』을 저술한 정치철학자 마이클 월저(1935~)는 다음과 같이 말했다.

"많은 전쟁 목적은 파괴하거나 섬멸하지 않고도 이룰 수 있다. 우리는 합법적 전쟁 목적, 즉 정당하게 이룰 수 있는 목적을 추구할 필요가 있다. 그 목적은 곧 정당한 전쟁의 한계치가 될 것이다. 일단 합법적 전쟁 목적이 달성되면, 또는 정치적 해법에 근접하면 싸움을 멈춰야 한다. 그 시점 이후로 죽임을 당하는 군인은 불필요한 희생이며, 군인들을 싸우도록 강요하여 죽게 만드는 것은 부당한 침략 자체와 다름없는 범죄 행위이다."

경험칙상 수단은 목적과 보조를 맞춰 사용돼야 한다. 다시 말해 일단 목적이 달성되면, 이를테면 영토 분쟁이 해결되거나 사과를 받아내면 전쟁을 지속해 적을 무찌를 필요가 없다. 물론 그렇게 하고 싶은 유혹이 들긴 하겠지만 말이다.

전쟁을 벌이는 시기와 방법에 대해 문화권마다 각기 다른 합의를 진전시켜 왔는데, 서구는 현대전에서 많은 것을 선도했기 때문에 이른바 개전법(jus ad bellum, 전쟁을 시작할 정당한 권리에 관한 법)과 교전법(jus in bello, 전쟁 개시 후 종료까지 교전국들을 규제하는 법)에 대한 국제법과 규칙을 정하는 데 당연히 중심 역할을 했다. 앞의 법은 전쟁의 개시와 정당성에 관한 것이고, 뒤의 법은 전쟁 수행에 관한 것이다.

다른 지역들에서는 각지의 전통을 따르면서 유럽의 규칙을 수용하거나 변용했다. 예를 들면 유럽의 봉건 기사들이 적의 농노를 죽이거나 그들이 포위 공격한 도시의 주민들을 학살하는 전쟁 관습을 지속하는 동안, 이슬람 학자들은 전시에 여성과 어린이를 어떻게 대해야 하는지에 관한 규칙을 오랫동안 발전시켰다.

해결해야 할 문제들은 간단치 않으며 오랜 세월 논의됐고 현재도 논란이 지속되고 있다. 정당한 전쟁이란 무엇이고 그런 전쟁을 벌일 권리를 가진 자는 누구인가? 그리고 전쟁을 시작하거나 종료할 때 따라야 하는 원칙은 무엇인가? 전쟁 중에도 질문은 이어진다. 민간인에 대한 공격이 허용되는 경우는 언제인가? 어떤 민간인을 어떻게 공격해야 하는가? 전쟁 포로는 어떻게 대해야 하는가? 그리고 점령지 민간인을 어떻게 대해야 하는가?

우리는 전진하고 있다고 생각할 때조차 모순의 미로 속에서 헤매는 경우가 있다. 왜 어떤 무기들은 비난하면서 불법화하고, 똑같이 사망이나 부상을 일으키는 다른 무기들은 합법하다고 보는가? 소이탄이나 화염방사기로 살상하는 것은 허용되고 있지만, 1차 세계대전 이후 독가스나 생물학 무기는 허용 한계를 넘어선 무기로 널리 받아들여졌고 심지어 그것을 사용한 국가에서도 그랬다. 이라크의 사담 후세인은 독가스로 자국민을 죽였지만 그 사실을 부인하고 이란군의 소행으로 책임을 돌렸다.

전쟁이 존재하는 내내 인간은 무엇을 허용하고 무엇을 허용하지 않을지 끊임없이 논쟁해 왔다. 그리고 해답에 근접하고 있는 듯할 때마다, 확실해 보였던 것들을 자세히 들여다보면 불확실해지거나 더 많은 의문이 생겨났다.

국제 사회에서 일반적으로 인정되는 하나의 원칙은 정당한 이유 없이 이익이나 지배를 위해 벌이는 전쟁은 불법이라는 것이다. 다만 정당방위는 불법이 아니다. 어쨌든 우리는 아우구스티누스나 아퀴나스 같은 고대와 중세 사상가들의 생각을 따라, 전쟁이란 다른 모든 대안이 바닥났을 때 의지하는 최후의 수단으로 여기고 싶어한다.

프랑스의 앙리 4세(1553~1610)가 "네덜란드의 기적"이라고 칭한, 놀랍도록 박식하고 방대한 저술을 남긴 17세기 네덜란드 법학자 휘호 흐로티위스(1583~1645)는 전쟁은 국가에 의해, 정당방위를 위해, 민간 무장 조직의 개입 없이 수행되어야 정당하다는 기준을 제시했다. 이로 인해 실전에서 적대국들이 서로 정당한 전쟁을 하고 있다고 주장할 수 있게 됐다. 아울러 전쟁을 벌이는 정부는 승리를 장담하는 합리적 근거를 국민들에게 제시해야 했다. 만약 그러지 않으면 정부는 자국민의 생명을 헛되이 희생시킬 수 있었다. 어떤 전문가들은 승전국이 패전국에 심한 굴욕감을 주어서는 안 된다는 원칙도 덧붙였다.

일견 그럴듯한 것 같지만 자세히 들여다보면 철학자나 윤리학자는 물론이고 우리 모두가 생각해봐야 할 의문이 제기되는 원칙도 있다. 당장은 아무 위협이 되지 않지만 장차 위협이 될지도 모른다는 이유로 예방적 전쟁을 벌이면 그것은 정당한 전쟁인가? 1914년 독일군 최고사령부의 논리가 그러했다. 최고사령부는 향후 3년 안에 그러한 위협이 나타날 거라 예상하여 정치 지도자들에게 전쟁을 해야 할 시기라고 설득했다. 러시아의 현대화 속도가 매우 빠르고 군사력이 너무나 강해져서 1917년이면 독일이 상대하기 어려울 수 있다고 했다. 1941년 일본 군부도 미국에 대해 비슷한 주장을 펼쳤다.

아울러 손해에 대한 보복이 정당한 전쟁이라면 과연 손해가 있었는지, 있었다면 얼마나 컸는지, 전쟁이 유일한 보상 방법인지 누가 판단한단 말인가? 오스트리아헝가리제국은 합스부르크 왕가의 후계자 프란츠 페르디난트 대공이 보스니아에서 암살되기 오래전부터 골칫거리 인접국 세르비아를 무너뜨릴 핑계를 찾고 있었다. 오스트리아헝가리제국 정부가 보스니아에 조사 위원회를 파견했지만 암살과 세르비아 정부 간의 명확한 연관성을 찾아내지 못했다. 그럼에도 불구하고 정황상 명예 훼손에 대한 보복을 하기 위해 전쟁을 결정하고 세르비아에 받아들이기 어려운 최후통첩을 보냈다. 그런데 세르비아는 조건을 대부분 수용했고, 강대국들이 이전의 발칸반도 위기 때처럼 의기투합해서 압력을 가했다면 평화적 해결이 가능했을 것이다. 하지만 그렇게 하지 않고 유럽은, 그리고 세계는 1차 세계대전 속으로 빠져들었다.

정당한 전쟁의 의미는 휘호 흐로티위스 이후로 점차 확장됐다. 17세기 30년 전쟁을 끝낸 베스트팔렌 조약(1648)은 국가들끼리 서로의 내정에 간섭하지 않는다는 원칙을 만들어냈지만, 세계화(자유주의 사상의 확산과 근대 통신 기술에 힘입은 국제적 여론의 성장)가 이루어지면서 방어력 없는 사람들이나 소수자들을 그들의 정부로부터 보호하는 '무력을 통한 인도주의적 개입'이라는 개념이 생겨나고 정당화됐다.

1850년대에 러시아 차르 니콜라이 1세(1796~1855)는 오스만제국 내 기독교인들을 부당하고 비인도적인 처우로부터 보호하기 위해서라는 명분을 내세워 오스만제국을 상대로 전쟁을 선포했다. 물론 러시아는 쇠락하는 오스만제국의 영토를 빼앗고 오스만제국이 관할하는 해협을 통해 흑해에서 지중해로 진출하려는 의도가 있었다.

21세기 영미 연합군의 이라크 침공은 인도주의적 근거로 정당화됐다. 시리아 내전에 대한, 대체로 성공적이지 못했던 미국의 개입 역시 그러했다. 인도주의적 개입과 '보호할 권리' 같은 새로운 원칙은 무엇이 정당한지 누가 판단하는가라는 의문을 제기한다. 또한 개입하는 강대국들의 동기와 목적에 대한 의구심도 불러일으킨다. 상당수가 비서구 국가 출신인 비판론자들은 서구 강대국들이 뿌리 깊은 제국주의적 태도를 그럴싸한 새로운 표현으로 다른 나라들에 숨기는 것일 뿐이라고 주장한다. 프랑스 작가 프랑수아 드 라로슈푸코(1613~1680)는 말했다.

"위선은 악덕이 미덕에 바치는 찬사다."

서구인들은 그들이 덜 '문명화'됐다고 여기는 타 지역인과 자신들에게 서로 다른 규칙을 적용해온 길고 부끄러운 역사가 있다. 전쟁법이 일련의 합의와 협정을 통해 체계화됐지만 그 전쟁법에 대해 모르거나 제정 과정에 참여하지 못한 비유럽 국가의 국민들은 그 법의 보호를 받지 못했다. 전쟁 포로의 처우에 관한 일련의 제네바 조약이나, 군비 제한에 관한 1차 세계대전 이전 헤이그 조약에 서명한 '문명화'된 나라들은 그 규약들이 조인국에만 적용된다는 점을 명백히 했다.

일본도 근대화되어 태평양 강국으로 부상하자 '문명화'된 나라들의 일원이 됐다. 어느 일본 외교관이 말했다.

"우리는 적어도 과학적 학살에서 당신들과 대등함을 보여주었으므로 당장 당신들의 협상 테이블에 문명화된 사람으로 앉을 자격이 있습니다."

연발 소총과 기관총, 그리고 1차 세계대전 이후 비행기 등으로 [일본에 의해] 자행된 그 과학적 학살이란 아프리카의 '비문명화'된 지역, 필리핀을 포함한 아시아, 미국 서부, 중동 등지에서 일어난 일을 말한다. 서구의 법률가와 정치인, 군인은 운 좋은 유럽인이나 미국인보다 문명 발전 수준이 낮은 사람들에게는 강한 지배만 통한다고 멋대로 우겨댔다. 1914년에 발행된 영국 『군법 교범(*Manual of Military Law*)』에서는 두 문명국 사이의 전쟁에만 전쟁법을 적용할 수 있다고 밝히고 있다.

"[전쟁법은] 문명국과 비문명국 사이의 전쟁에는 적용되지 않는다. 문명화된 지휘관이 특수한 상황에서 관할하여 자체적으로 정한 정의와 인도주의 규칙을 따르는 비문명화된 점령지에도 적용되지 않는다."

20세기에는 모든 인간이 똑같은 생명권과 존엄을 지니므로 국제법이 그것에 차별을 두어서는 안 된다는 생각이 점차 받아들여졌으나 완전히 정착되지는 못했다.

전쟁 수행을 규제하는 법은 그 변천 과정에서 알 수 있듯이, 한 국가 내에서 인식되는 여느 법과 같지 않다. 그것은 정치철학자 마이클 월저의 말처럼 "군사 행동을 결정하는 데 영향을 미치는 전문 법규, 관습법상 규범, 종교적·철학적 원칙, 상호 협정"을 모아놓은 전서(全書)나 다름없다. 이를테면 지난 몇 세기 동안 중립국 대우에 대한 공식적인 국제 조약들은 직업 군인이나 노병의 우대에 관한 법규, 전쟁 포로 처우에 관한 불문율, 인간 생명의 신성함과 존엄에 대한 공감대 등이 한데 엮여 만들어졌다. 그 덕분에 전쟁에 대한 종합적인 이해가 이루어졌으며, 이는 과거에도 거듭 그러했듯이, 적어도 전쟁이 다시 일어나기 전까지는 강한 영향력을 발휘하는 듯 보였다.

전쟁 포로의 교환이나 몸값[보석금, 속전] 등에 관한 조약들은 법에 준하는 효력을 가질 수 있다. 특히 교전국들이 공통된 문화를 지니고 있을 경우 그렇다. 수세기 동안 유럽의 전쟁에서 장교들은 일반적으로 감금당하지 않았다. 신사답게 도망가지 않겠다는 선서를 하도록 요구받았을 뿐이다. 1813년 비토리아 전투에서 웰링턴 장군의 군대가 프랑스군에 승리를 거둔 후, 영국군 장교들은 패전한 적군인 프랑스군 장교들을 부대 식당에 초대했다(프랑스 동맹군인 스페인군 장교들은 영국군이 경멸했기 때문에 그렇게 좋은 대우를 받지 못했다.).

장교의 명예에 대한 배려는 장 르누아르(1894~1979) 감독이 1937년에 발표한 훌륭한 영화 「위대한 환상(*La Grande Illusion*)」에서 보이듯 20세기까지 계속됐다. 1차 세계대전이 배경인 이 영화에서 프랑스군 장교는 포로수용소 소장인 독일군 장교에게 탈출하려고 하지 않겠다는 다짐을 한다(하지만 사실 그는 탈출을 시도한다.).

19세기에 두 나라 간의 관습이나 양자 협의에 따라 해결되던 문제들(예를 들면 프랑스와 스페인이 군인 종류에 따라 포로 몸값 비율을 정한 1675년 협정)이 일련의 다자간 제네바 조약으로 체계화됐고 새롭게 제정된 국제법의 요체가 됐다. 국제적십자위원회는 전쟁 포로에 대한 처우를 감독하는 역할을 맡았다. 그래서 합의된 수준의 음식과 치료를 제공받는지, 편지와 소포를 주고받을 수 있는지 등을 감시했다.

1차 세계대전 첫해인 1914년 크리스마스 휴전 때 일부 참호에서 총격이 멈추었고 양측 군인들이 무인지대로 나와 서로 건배하고 캐럴을 부르거나 축구를 했다. 이는 신성한 날에 전쟁을 중지했던 중세의 전통을 따른 것이다. 고대 그리스인들은 올림픽 경기 기간에는 싸우지 않았으며, 그들 중 가장 호전적인 스파르타인들도 싸우지 않는 신성한 날들이 있었다.

그리고 선전 포고를 하거나 휴전을 제의하는 방법에도 오래된 전통이 있었다. 일본이 1941년 진주만을 기습했을 때 서구 신문의 헤드라인에는 "야비한"이나 "기만적인" 같은 단어들이 보였다. 일본이 미리 선전 포고를 하지 않았기 때문이다. 일본이 극동의 러시아 항구를 선전 포고 없이 공격한 선례에서는 서구 신문들이 그 대담함을 칭송했다. 당시 일본은 영국의 동맹국이었고 근대화가 진행 중인 놀라운 나라로 널리 알려졌다.

1945년 일본은 일본 왕의 라디오 방송을 통해 항복했다. 하지만 아시아 곳곳의 일본군들은 연합군에게 백기를 드는 고전적인 방식으로 항복을 표했다. 이는 지금도 사용되는 방법이다. 그런데 1945년 이후의 불가해한 시류 변화 중 하나는 선전 포고에 아무도 신경쓰지 않게 되었다는 것이다.

전술이나 무기의 종류에 대한 통제 노력도 전쟁의 역사만큼이나 오래됐다고 할 수 있다. 고대 그리스인들은 무기를 근접 전투에 적합한 것들로 제한하려고 했다. 기원전 2세기의 기록에서 역사가 폴리비오스는 그리스인들이 "서로에게 비밀 투척 무기나 원거리 발사 무기를 사용하지 않기로" 합의했고, "진정한 승부는 근접하여 치르는 백병전에서 판가름나야 하는 것으로 여겼다."고 말했다. 12세기에 교황 인노켄티우스 2세는 석궁을 금지하려 했고, 13세기에 로저 베이컨은 자신이 개발한 화약 제조법을 비밀로 묻으려 했다고 한다.

나중에 일어난 일들로 돌이켜보면 아이러니하게도 모든 국가에 적용할 수 있는 전쟁법의 발전이 가장 활발했던 시기는 1914년 이전 수십 년간이었다. 이는 인류가 진보하고 있을뿐더러 전쟁을 비롯한 인류의 어두운 면을 통제할 수 있을 거라는 낙관론이 19세기를 지배했음을 의미한다. 전쟁법의 기초는 오랜 세월에 걸쳐 철학자들의 연구나 세계의 종교를 통해 마련된 반면, 오늘날의 두 가지 중요한 규정은 짧은 기간에 만들어졌다.

하나는 전쟁을 규제하는 새로운 방식이었다. 1856년 파리 선언에서는 교전국들이 해상 봉쇄를 할 수 있는 경우와, 적국 선박이나 중립국 선박에서 전쟁 물자를 몰수할 수 있는 경우에 대한 규정을 정했다. 하지만 전시금제품에 대한 구체적 정의를 내리지는 못했다.

그리고 다른 하나인 1868년 상트페테르부르크 선언에서는 [과도한 치명상을 입히는] 소형 폭발탄 등의 사용을 금지했다.

이 규정들은 국제 관계에서 일대 혁신이었다. 그것은 양자 또는 다자간 조약이 아니었으며, 1815년 빈 회의 때처럼 강대국들의 합의를 군소 국가들에 강제하지도 않았다. 제안을 지지하는 국가들이 초대돼 조인하는 방식이었다. 이 규정들과 이후의 많은 전쟁 관련 국제 조약들은 사람들이 지닌 보편적 가치와 공동 목표를 낙관적으로 보았다.

1894년에 젊은 나이로 즉위한 러시아의 마지막 차르 니콜라이 2세(1868~1918)는 1898년 세계 강대국들에 공개 초대장을 보내 날로 심각해지는 군비 경쟁을 제한하기 위해 서로 협력하자고 했다. 이듬해 네덜란드 헤이그에서 26개국이 모여 전쟁 규제 확대를 논의했다. 비록 군축 조약이 독가스와 덤덤탄(커다란 관통상을 입히는 HP탄)을 불법화하고 열기구를 이용한 폭탄 투하를 금지하는 등 용두사미 수준에 그쳤지만, 전쟁 포로의 인도주의적 처우에 관한 협정과 상설중재재판소 창설 등 여타의 고무적인 성과가 있었다. 평화 운동가들은 적어도 세계의 문명화된 국가들만큼은 전쟁에서 벗어나고 있다는 희망을 버리지 않았다.

1907년 44개국이 참가한 두 번째 헤이그 회의에서는 기존 협정을 약간 변경하고 해전을 규제하기로 했다. 예를 들면 군함과 상선 구분 없이 해상 운송에 점점 더 큰 위협이 되고 있던 특정 종류의 접촉 기뢰를 금지했다.

1910년 런던 선언에서는 마침내 전시금제품에 대한 구체적 정의를 내렸다. 하지만 그러고 나서 선언문 작성에 참여했던 영국이 입장을 바꿔 선언문 채택을 거부함으로써 사문화되고 말았다.

그래도 헤이그에서 시작된 개혁 의지가 사라지지는 않았다. 새로운 무기들(폭격기, 생화학 무기, 더 치명적인 지뢰, 핵무기 등)이 등장했지만 세계는 그것들의 사용을 제한하거나 금지하기 위해 애썼고, 지금도 계속 노력하고 있다. 그런데 강대국들은 제각기 내키지 않는 규정을 아예 무시하거나 비준을 거부하고 있다. 과거에 영국을 비롯한 여러 나라가 그랬던 것처럼.

'헤이그 조약'과 마찬가지로 제네바 조약도 전쟁법을 일컫는 대명사가 되었다. 일련의 제네바 조약 또한 19세기에 시작됐으며,

군인과 민간인을 망라한 전쟁 피해자들을 보호하는 것이 목적이었다. 1859년 젊은 스위스 사업가 장 앙리 뒤낭(1828~1910)은 흰색 여름 양복을 입고 우연히 이탈리아 북부 솔페리노의 전쟁터를 지나게 됐다. 프랑스와 사르디니아 동맹군이 이탈리아 통일 전쟁[1차 이탈리아 독립 전쟁]에서 오스트리아군을 격파한 직후였다. 명분은 영광스러웠을지 몰라도 결과는 참혹했다. 개량된 신무기는 3만 명의 사상자를 냈다. 부상자들이 시신 사이에서 신음하고 있었지만 양측 교전국 군대들은 가장 기초적인 조치조차 취하지 않았다. 나중에 뒤낭은 부상자들이 "날바닥에서 자신의 피로 범벅이 된 채 아무 도움도 받지 못하고 있었다"고 적었다. 충격을 받은 그는 그 지역 자원봉사자들을 데려와 부상병들에게 물을 주고 상처에 붕대를 감아주고 급조한 들것에 실어 전쟁터 밖으로 옮겼다.

뒤낭은 그날 하느님이 자신을 그 싸움터로 인도했다고 믿었다. 나중에 그는 저서 『솔페리노의 회상(Un souvenir de Solférino)』에서 전쟁의 참상을 묘사하고 세계 각국의 자원봉사 조직과 정부를 향해, 전쟁 중인 모든 군인에게 피아 구분 없이 의료를 제공할 것을 촉구했다. 근대 통신 기술 덕분에 군인들에 대한 처우가 얼마나 열악한지 점점 더 많이 알려지고 있던 시기에 그의 호소는 유럽 전역의 여론에 큰 영향을 미쳤다. 뒤낭은 서로 적대적인 국가들 사이에서 어느 한쪽에 치우치지 않는 유리한 입장인 중립국 스위스 내에서도 지지를 받았다.

1863년 각계의 지원에 힘입어 그는 '국제부상자구호위원회'

를 창설하고 스위스 제네바에서 열리는 회의에 유럽 강대국의 대표들을 초청했다. 1년 후 두 번째 회의에서 12개국 대표는 "전장에서의 부상자 구호 개선을 위한 제네바 조약"에 서명했다. 전장이나 그 주변에서 자원봉사자들은 스위스 국기 문양의 색상이 반전된 형태인 적십자 상징으로 보호받았다(이 상징은 기독교 십자가와 너무 닮았다고 여겨진 나라들에서 붉은 초승달이나 붉은 마름모와 함께 사용됐다.). 국제적십자위원회는 강력한 비정부 기구(NGO)로 성장했다. 이후의 회의들에서 맺어진 제네바 조약에 점점 더 많은 국가들이 서명했고, 원래의 임무가 확대되어 군인뿐만 아니라 민간인까지 구호하게 됐다.

민간인은 군인과 구분해야 하고 가급적 피해를 입지 않게 해야 한다는 생각은 역사적으로 매우 오래됐다. 고대 인도의 문헌에는 그런 민간인에 해당하는 사람의 목록이 적혀 있다.

"참전하지 않고 관망하는 사람, 큰 슬픔에 빠진 사람,…… 잠들었거나 목마르거나 피곤한 사람, 길을 따라 걸어가고 있는 사람, 마치지 못한 일이 있는 사람, 미술에 능한 사람."

12세기 스페인 출신의 뛰어난 유대인 철학자 모세스 마이모니데스(1135~1204)는 몇 가지 전쟁 규칙을 설파했다. 예를 들면, 유실수에 대한 불필요한 제거를 금해야 하고, 도시는 삼면만 포위해서 원하는 민간인들이 탈출할 수 있게 해야 한다고 했다. 여성은 흔히 전리품으로 취급되곤 했지만, 민간인 중에서 특별 대우를 받기도 했다. 『구약 성경』 중 「신명기」(21:10~14)에서는 승리한 자가 한 여자를 좋아하여 아내로 삼고자 한다면 취해도 좋다고 말한다. 그런데 이어서 "그 여자가 너희 마음에 들지 않으면 마음대로 가게 하되, 돈을 받고 팔 수는 없다. 너희가 그 여자를 욕되게 하였으므로 함부로 다루어서는 안 된다."고 이른다.

프란츠 리버는 미국 남북 전쟁 때 유명한 법안을 작성하면서 유대교-기독교 율법과, 유럽의 전쟁에서 오랫동안 시행된 관습법을 끌어왔다. 그는 이렇게 주장했다.

"공적인 전쟁에서 서로를 향해 무기를 드는 사람들은 그로 인해 더 이상 도덕적 존재가 아니라 할 수 없으며, 서로와 하느님에 대한 [도덕적] 책임이 있다."

따라서 전쟁에서 불필요한 고통을 가하거나, 복수를 하거나, 무력한 상대에게 부상을 입히거나 불구로 만들거나, 자백을 끌어내려고 고문하는 것은 용납될 수 없었다. 그는 강간도 금지했다. 그런데 의외로 "스파이, 전시 반역자, 전시 반란자와 관련된" 범죄 처벌에는 성별 간 차이를 두지 않았다.

리버는 또한 과거에 비해 파괴 수단이 더욱 강력해지고 민간인과 군인의 구분이 이미 모호해진 근대 전쟁을 다루고 있음을 밝혔다. 그런데 본의 아니게 그는 그 구분을 더욱 모호하게 만들었다. 리버는 [리버 규정] 14조를 다음과 같이 작성했다.

"근대 문명 국가에서 인정되는 '군사적 필요'란 전쟁 목적을 달성하는 데 필수불가결하고 근대 전쟁법과 관습법을 준수하는 필수 요건들로 구성된다."

이어서 그는 사람부터 부동산까지 합법적으로 파괴할 수 있는 것들의 목록을 종류별로 나열했다. 군사적 필요에 따라 "모든 부동산을 파괴할 수 있고, 수송·이동·통신의 모든 경로를 차단할 수 있으며, 적의 생명 유지에 필요한 모든 수단을 저지할 수 있다." 실로 클라우제비츠가 연상될 정도로 그는 전쟁 수행을 극한까지 치닫게 해야 한다고 주장했다(긍정적으로 보자면 그도 지적했듯이 전쟁을 빨리 끝낼 수는 있다.). 민간인이 항상 구제될 수 있는 것은 아니라고도 했다.

"적과의 전쟁이 전국에서 끊임없이 벌어지고 있다는 사실을 망각해서는 안 된다."

리버 규정은 점령군을 공격하려고 자발적으로 조직된 "전시 반란군"이나 그가 "무장 우범자"라고 지칭한 무리를, 점령지에 낙오된 적군 부대와 구분했다. 이를테면, 후자는 전쟁법이 적용되므로 붙잡힐 경우 다른 전쟁 포로와 똑같이 대해야 했고, 전자는 일반 범죄자와 같으므로 사형에 처할 수 있었다.

그의 법이 널리 전거가 되긴 했지만, 침략군에 맞서 자신과 영토를 지키려고 무장한 민간인을 어떻게 할지에 관한 문제가 해결되지는 않았다. 그들은 전쟁법을 적용받는 군인인가, 아니면 다른 존재인가? 이 물음은 민족주의가 확산하고 총력전이 전개된 근래 2세기 동안 점점 중요해졌다. 18세기 유럽의 국가와 지배층은 전쟁을 직업 군인의 일로 보았지만 19세기 초부터는 민간인을 전력의 일부이자 전쟁 자원으로 보기 시작했다.

1807년 나폴레옹의 군대는 [이베리아반도 전쟁에서] 스페인 정규군을 쉽게 꺾었지만 민간인 반란군을 상대로는 오랫동안 소모적인 교전을 치렀다. [만성 위궤양을 앓았던 것으로 추정되는] 나폴레옹은 '소규모 전쟁'을 의미하는 이 게릴라(guerrilla) 때문에 스페인을 [자신을 괴롭히는] '궤양'이라고 불렀다.

프로이센 내에서 천하무적으로 여겨진 프로이센 군대가 무능한 왕 때문에 나폴레옹에게 패하자 민간인 애국자들이 '국가 비상사태'를 거론하며 자발적으로 조직을 꾸려 프랑스군에 저항했다.

1812년 나폴레옹이 러시아를 침략했을 때도 러시아 국민의 자발적 저항이 있었으며, 지주들은 도망치기 전에 초토화 정책에 따라 자기 재산을 파괴했다.

이런 민간인 저항에 직면한 군대는 대체로 무자비하게 대응했다. 과거에도 으레 그랬듯이, 그들은 민간인이 군인이 돼서는 안 되며 점령지에서의 저항 행위는 불법이라고 주장했다. 스페인을 침략한 나폴레옹의 프랑스군은 게릴라를 군인으로 부르지 않았다. 그들은 '불한당'이자 '산적'이었다.

한때 선조들이 나폴레옹의 점령에 저항했던 프로이센인들은 1870~1871년 프로이센-프랑스 전쟁 때 프랑스인들이 똑같이 저항하자 무자비하게 대응했다. 점령지인 프랑스 알자스와 로렌의 일부 지역에서 독일군 벽보가 찢기고, 본진을 벗어난 독일군들이 습격당했다. 프랑스군 포로들이 줄지어 지나갈 때 지켜보던 군중은 일제히 프랑스 국가를 크게 불렀다.

프랑스 곳곳에서 자발적으로 조직된 무장 민병대 '프랑티뢰르'는 독일 점령군에게 아무 권리도 인정받지 못했으며 즉결 처형을 당하기 일쑤였다. 그들을 숨겨준 것으로 의심받은 지역 사회는 무자비한 보복을 당했는데, 이는 향후 양차 세계대전에서 일어날 일의 전조와 같았다. 나중에 어느 유명한 독일 소설에서는 프랑티뢰르가 비겁하고 야비하고 가장 형편없는 오합지졸로 그려졌다. 이런 프랑스 무장 민병대를 경험한 독일군은 민간인의 저항에 대해 가혹한 조치로 일관했다. 독일군 전술 교본의 지침은 이러했다.

"프랑티뢰르는 인근의 적당한 나무에 매달아 즉결 처형한다."

헤이그에서 열린 두 번의 국제회의에서는 지금도 논쟁이 벌어지고 있는 의문이 제기됐다. 민간인이 침략군이나 점령군을 공격하는 것은 어떤 경우에 적법한가? 군대는 그런 공격에 대응해 무엇을 할 수 있는가? 군인으로 간주해 제네바 조약이나 여타 협정에 따라 대해야 하는 민간인 누구이고, 단순히 범죄자나 반역자로 대해야 하는 민간인은 누구인가?

헤이그 회의에서 독일은 군인으로 인정하는 민간인의 범주를 가장 좁게 정의할 것을 요청했다. 적법한 군인은 명확히 구분할 수 있는 군복을 입은 자로 한정해야 하며, 저항은 침공 중에만 허용해야 하고 점령이 완료된 후에는 허용해선 안 된다고 주장했다. 그런데 독일은 점령이 완료된 시기를 언제로 볼 것이냐에 대해서는 돌연 가장 넓은 정의를 요구했다. 침공하는 정규군이 주변에 있는 것으로 충분하고 꼭 눈에 띌 필요는 없다고 주장했다. 반면에 나폴레옹 전쟁 때 스페인에서 있었던 게릴라전의 전과에 주목한 영국이나, 혁명기에 국민개병 제도를 실시했던 프랑스, 그리고 여타 군소 국가들은 침략에 대응해 민간인이 자발적 봉기를 할 수 있는 여지를 남겨두려고 했다.

1899년 제1차 헤이그 회의에서 나온 타협안에서는, 민간인에 대한 집단 처벌은 금지됐지만 '불법적 전쟁 행위'를 한 개인은 처벌할 수 있었다. 1907년 제2차 헤이그 회의에서는 공식적인 저항군의 구성 요건에 대해 보다 명확하게 규정했다. 구성원들을 조직화해야 하고 군복이나 배지로 식별되게 해야 하며, 휴대한 무기를 숨기지 않아야 하고 전쟁법에 따라 싸워야 한다고 했다.

자기 재산의 대부분을 평화를 위해 내놓은 미국의 박애주의자 앤드루 카네기(1835~1919)는 민간인 보호에 상당한 진보가 이루어졌다고 생각했다. 그는 1905년 연설에서 이제 민간인이 전쟁 중에 보호받게 됐으며 전쟁 포로도 더 나은 처우를 받게 됐다고 말했다[세인트앤드루스 대학교에서 한 연설 「평화 동맹」 중에서].

"인간은 전쟁이라는 괴물의 심장을 집중 타격하지는 못했지만 독니를 빼는 데에는 분투해 왔습니다."

그리고 그는 '진화라는 축복의 법칙' 덕분에 상황이 개선될 수밖에 없다고 낙관했다.

1914년 이전의 다른 많은 사람들처럼 카네기는 너무 낙관적이었다. 과거와 마찬가지로 전쟁이라는 위급 상황에서는 전쟁 억지에 목적을 둔 법과 협정이 만신창이가 됐다. 벨기에를 침략한 독일군, 세르비아를 공격한 오스트리아헝가리제국군, 폴란드 갈리시아를 침공한 러시아군 등 1차 세계대전 중의 점령군들은 점령지 민간인을 탄압하고 잔혹하게 대했다. 1920년대 초 영국군은 이라크에서 공군이라는 새로운 전력을 이용해 반란 지역에 폭탄을 퍼붓고 항복을 받아냈다. 1930년대 스페인 내전 중에 이탈리아 공군과 독일 공군은 바스크 지방을 무차별 공습했고, 1937년부터 일본은 중국에서 무자비한 학살을 자행했다. 국제 사회가 아무리 민간인, 특히 저항하는 민간인에 대한 공격을 규탄하더라도 강대국들은 필요하면 언제든지 국제 협약을 무시한다는 사실이 여실히 드러났다.

2차 세계대전 때 독일군, 이탈리아군, 일본군이 민간인에게 저지른 야만적인 보복 행위 때문에 이 문제는 다시 집중 조명을 받았다. 그래서 2차 세계대전 중에 그리고 종전 이후에 실질적인 진전이 이루어졌다. 1942년 '전쟁 범죄에 관한 런던 선언'에서 연합국은 점령군이 저지르는 인질극이나 민간인 처형을 전쟁 범죄로 규정했다.

1945년 이후에는 전쟁과 군인의 새로운 범주가 국제 통용어로 등장했다. '민족 해방 전쟁'을 벌인 알제리의 민족해방전선(FLN) 구성원들은 군인인가, 아니면 프랑스가 주장하듯 범죄자인가? 파르티잔에 관한 기존 협정 조항에서는 그들이 일정한 군복이나 식별 가능한 배지를 착용해야 한다고 규정했다. 그러나 민족 해방 전쟁에서는 게릴라전이 이용됐다. 마오쩌둥이 지적했듯, 게릴라는 인민의 바다에서 헤엄치는 물고기와 같다. 평범한 민간인처럼 위장한 전사는 전쟁법의 보호를 받을 수 있었을까?

인도차이나반도에서 긴 전쟁을 치러온 프랑스군의 입장은 불을 보듯 뻔했다. 프랑스의 대게릴라전 훈련소의 벽에는 이런 구호가 걸려 있었다.

"적은 이 전쟁을 치르면서 프랑스 육군 규정을 따르지 않는다는 사실을 절대 잊지 말라."

그렇다면 공동선이라는 명분하에 이런 대게릴라전에서 적 포로를 고문하는 것은 괜찮았을까? 아니면 그것은 전쟁 범죄이면서 비인도적 범죄였을까?

오늘날의 소위 테러와의 전쟁도 비슷한 의문이 들게 했다. 미군이 이라크 아부그라이브 교도소에 수감한 포로들과 쿠바 관타나모 수용소에 가둔 사람들에게도 제네바 조약이 적용됐을까? 아울러 이른바 '강화 신문(訊問) 기술'(조지 오웰의 『1984』가 연상되는 '고문'의 완곡어법)이라는 것은 포로의 인권을 침해하지 않았을까? 미국 법무부는 2003년에 제출한 보고서에서 미국 신문관들이 허용된 일만 했다고 주장했다. 미국 법원과 많은 대중은 동의하지 않았다. 논란은 계속될 것이다.

법을 집행하는 것은 법을 제정하는 것과 별개이다. 국가에는 경찰, 법원, 교도소가 있으며, 법을 어기는 자는 재판을 받아 처벌될 수 있다. 국제 질서는 이제 겨우 그런 시스템의 초기에 다다랐을 뿐이고, 최근 역사에서 제각각의 필요에 따라 전쟁법을 어긴 국가들의 사례가 넘쳐나며, 그들은 그것을 아무렇지 않게 넘길 수 있다고 여긴다.

독일은 1939년[2차 세계대전 개전] 이전에 전쟁 포로 처우에 관한 여러 협정에 서명했기에, 나치는 영국인이나 프랑스인처럼 그들과 인종적으로 대등하게 여긴 사람들로 이루어진 서유럽에서는 협정을 준수했다. 하지만 나치 사상에 따라 그들보다 열등한 인종으로 여긴 폴란드인이나 러시아인을 상대한 동유럽에서는 아무 거리낌 없이 포로를 학대하고 살해했다.

심지어 민주주의 국가들조차 패배가 임박하거나 승리가 요원할 때에는 규칙을 어기려고 하거나 그럴 필요성이 있다고 보았다. 어쨌든 한 손을 등 뒤로 묶고 싸우면 위험할 수 있다. 2차 세계대전 때 영국과 미국은 처음에는 망설였지만 결국에는 종전을 앞당기고 자국민의 생명을 구한다는 차원에서 민간인에 대한 대규모 공습을 감행했다. 그들이 그렇게 한 것이 정당했을까? 이는 지금까지도 강한 반론이 제기되고 있는 문제이다.

부당한 전쟁을 벌인 죄를 누구에게 물을지, 그리고 그런 죄를 저지른 사람들에게 어떤 처분을 내릴 수 있을지 결정하는 것은 분명 어려운 일이었으며 아직도 논란이 되고 있다.

1815년 강대국들은 나폴레옹을 처리할 때 국제법 위반은 전혀 개의치 않았다. 나폴레옹은 몇 달 전 엘바섬에서 탈출하여 유럽을 다시 혼란에 빠뜨린 전력이 있었기에, 그들은 그를 아주 멀리 유배해서 탈출할 수 없게 만들고 싶은 생각밖에 없었다. 프로이센은 나폴레옹을 암살하자는 지극히 단순한 해결책을 제안했지만 영국이 유보적인 입장을 보였다. 영국은 나폴레옹이 유배지에서 탈출해 프랑스로 돌아온 것은 새로 들어선 적법한 부르봉 정권에 반기를 든 것이므로 프랑스가 전임 통치자를 스스로 심판하기를 바랐다. 하지만 당연하게도 프랑스 정부는 그럴 의향을 거의 보이지 않았다.

영국은 한발 물러서서 나폴레옹은 전쟁을 절대 멈추지 않을 것이 확실하기 때문에 무기징역에 처할 수 있는 전쟁 포로라고 주장했다. 빈약한 법적 논거를 보강하기 위해 영국 의회는 그의 수감이 "유럽의 평화 유지를 위해 필요하다."는 결의안을 통과시켰다. 영국은 나폴레옹과 그의 일부 추종자를 제외한 모두가 안도할 수 있도록 단호히 그를 남대서양의 외딴섬 세인트헬레나로 유배했다. 1821년 나폴레옹은 그곳에서 생을 마감했다.

그로부터 1세기 후 강대국들은 전쟁 책임을 지울 사람들을 어떻게 처리할지 다시 고민하게 됐다. 그런데 이제는 훨씬 더 발전된 대전제가 있었다. 군비 축소뿐 아니라 전쟁 수행에 관한 여러 국제법 체계 덕분에, 전쟁에서의 부당한 행위와 부당한 전쟁에 대해 전 인류의 이름으로 강력하게 대응하도록 하는 국제 공동체를 둔다는 대전제가 설정됐다(이 수준을 넘어서지는 못한 듯하다.). 예를 들면 1915년 영국과 프랑스는 오스만제국 정부가 아르메니아인들을 학살한 "비인도적이고 반문명적인 범죄"에 대해 책임을 져야 할 것이라는 성명을 발표했다.

1차 세계대전이 끝나자 협상국 측의 많은 지도자와 대중은 유럽을 강타한 대참사에 대해 누군가는 처벌을 받아야 한다고 목소리를 높였다. 정치 지도자들은 1919년 파리 강화 회의 이전과 회기 중에 많은 시간을 들여, 전쟁을 일으킨 죄와 전쟁 중에 저지른 죄에 대해 패전국의 지도자와 군인 중 누구누구를 재판에 회부해야 할지를 두고 논쟁을 벌였다. 1순위 인물들은 독일 황제 빌헬름 2세와 그의 일부 참모들이었다(오스트리아헝가리제국은 이미 존재하지 않았고 그 제국의 연로한 황제 프란츠 요제프는 한참 전에 빈의 황실 묘지에서 선조들을 만났다.). 프랑스, 이탈리아, 영국은 파리 강화 회의 전에 국제 재판소를 설치하는 데 합의했다. 결의문에 이런 내용이 담겼다.

"악의적인 목적으로 전쟁을 계획하고 일으켜 인류에게 헤아릴 수 없는 전쟁의 고통을 안긴 책임이 있는 독일 황제와 그의 주요 공범들은 정의에 따라 재판에 회부되어 죄에 대한 처벌을 받아야 한다."

미국은 국제 재판소 설치에 반대했으며, 지금도 국제형사재판소를 받아들이지 않고 있다. 그래도 당시 미국 대통령 우드로 윌슨(1856~1924)은 빌헬름 황제가 유죄 판결을 받으면 어디로 유배할지에 관한 논의에 참여했다. 윌슨 대통령이 생각하기에, [북대서양 서부의 영국령 제도] 버뮤다는 미국에 너무 가까워서 달갑지 않았다. 로이드 조지(1863~1945) 영국 총리는 포클랜드섬을 제안했다. 그런데 종국에 빌헬름 황제는 네덜란드에 머물게 됐다. 1차 세계대전이 끝나자 그는 네덜란드로 망명했고 네덜란드는 그를 내놓지 않았다. 전쟁 범죄를 재판하고 처벌해야 한다는 협상국의 강한 요구와, 독일이 저지른 것으로 거론된 1,000여 건의 전쟁 범죄 목록은 독일 정부가 라이프치히에서 개최한 독일 장교들에 대한 재판에서 유야무야되고 말았다.

이전에도 빈번하게 그랬듯이 인류는 양차 세계대전 사이 기간에도 과거에서 배운 교훈을 이용해 전쟁을 통제하거나 근절하려는 새로운 시도를 했다. 1925년 제네바 회의에서는 생화학 무기의 거래를 금지했고, 1929년 회의에서는 그것의 사용을 완전히 금지했다. 그리고 1929년에 서명된 다른 조항에서는 전쟁 포로에 관한 규정도 구체화했다. 1928년에 체결된 파리 부전 조약 또는 켈로그-브리앙 조약은 전쟁을 완전히 불법화하려는 대담한 시도였다.

1921~1922년의 워싱턴 해군 군축 회의 덕분에 한동안이나마 태평양에서의 해군력 경쟁이 진정되고 안전 보장 여건이 마련됐다. 워싱턴 해군 군축 조약은 1930년의 런던 해군 군축 조약을 통해 1936년까지 연장됐다. 1936년의 2차 런던 해군 군축 회의에서는 이미 전쟁 중이던 일본과 이탈리아가 추가 연장에 서명하지 않았다.

파리 강화 회의를 통해 1920년에 창설된 국제연맹은 1920년대 내내 더 광범위한 군축 회담을 도모하여 1932년 제네바에서 마침내 세계 군축 회의를 열었다. 그러나 그 해에 아돌프 히틀러가 새로운 총리로 임명된 독일이 군축 조약과 국제연맹에서 탈퇴하여 유명무실해지고 말았다.

2차 세계대전의 규모와 파괴력을 겪은 세계는 전쟁을 통제하는 국제 체제를 강화하기 위해 새로운 노력을 펼쳤다. 1941년 캐나다 뉴펀들랜드 해안 함상에서 영국 수상 윈스턴 처칠과 미국 대통령 프랭클린 루스벨트(1882~1945)가 서명한 대서양 헌장에는 모든 국가가 침략 위협으로부터 벗어날 수 있는 항구적 평화에 대한 염원이 담겼다. 이듬해에 소련을 포함한 연합국들이 연합국 공동 선언에 서명했다. 선언에서 그들은 추축국 적들을 물리칠 때까지 다 함께 싸울 것을 약속하고 대서양 헌장의 원칙들을 지지했다.

연합국은 미래를 논의하는 동시에 전쟁에 책임이 있는 자들을 어떻게 처벌할지도 고심했다. 독일과 이탈리아와 일본이 전쟁을 일으켰다는 데 연합국의 의견이 일치했으며, 1차 세계대전 후와 달리 전범 국가 지도자들을 기소할 법적 근거가 전쟁 이전에 체결된 여러 조약과 협정에 이미 마련되어 있었다. 연합국은 전쟁 중에 적들이 저지른 잔학 행위에 대한 증거도 그때그때 수집해두었다. 물론 죽음의 수용소에서 있었던 일, 점령지 민간인들에게 저질러진 일, 전쟁 포로에게 자행된 일의 끔찍한 전모는 전쟁이 끝날 때까지 제대로 밝혀지지 않았다.

그런가 하면 나중에 연합국 편이 되기는 했지만 소련은 히틀러와 공모하여 유럽의 가운데를 잘라 양분해 갖기로 했었다. 그리고 연합국이 잠수함전이나 대규모 민간인 공습으로 전쟁법을 위반하고 전쟁 범죄를 저지른 것도 논란이 됐다.

하지만 비록 부실한 부분이 있긴 해도 독일과 일본의 지도자들을 각각 뉘른베르크 국제군사재판소와 도쿄 전범재판소[극동국제군사재판소]에 세운 것은 전쟁 범죄자들에게 법의 심판을 내렸다는 점에서 의의가 있다. 피고인들은 국제 조약을 어기고 전쟁법을 위반했다. 독일 피고인들에게는 '비인도적 범죄'가 추가됐다. 이 재판들은 피고인들이 그저 명령을 따랐을 뿐이라고 변명해 봤자 자기방어에 도움이 되지 않는 중요한 선례를 남겼다.

국제연합 산하에 신설된 국제법위원회는 나중에 반평화 범죄, 전쟁 범죄, 비인도적 범죄를 포괄하는 뉘른베르크 원칙을 상세하게 작성했다. 이 원칙은 1950년 총회에서 결의안으로 통과되어 향후 국제법 확대의 초석이 됐다. 그리고 인권에 관한 새로운 기술(記述)과 협약[1948년 세계인권선언] 덕분에, 군대가 전쟁을 구실로 불법 구금이나 고문을 자행해 같은 인간으로서의 기본권을 빼앗아서는 안 된다는 주장에 힘이 실렸다.

하지만 늘 그래왔듯이 이것을 실제로 집행하기는 어려웠다. 1945년 이후 평화 유지를 위해 각종 제재나 유엔군 또는 나토군을 이용하고, 세르비아 대통령 슬로보단 밀로셰비치(1941~2006) 같은 침략자들을 심판하기 위해 국제법과 국제 재판소를 만들었지만, 이런 조치는 강대국들이 원할 때만 실효가 있었다. 지구상에서 가장 강한 나라가 세계 도처에 불법 수용소를 운영하거나, 부당한 전쟁이나 비인도적 범죄를 저지른 자들을 처벌하기 위해 설립된 국제형사재판소의 사법권을 인정하지 않는다면, 다른 나라들도 그러고 싶을 수밖에 없다.

그런데 오랜 세월 동안 그랬듯이 사람들은 전쟁을 통제하여 그로 인한 피해를 줄이는 것을 넘어 전쟁을 완전히 근절할 수 있기를 바란다. 중세 유럽의 교회는 신성한 대의를 내세워 십자군 전쟁을 일으키긴 했으나, '하느님의 평화'를 강제하고 전쟁을 불법화하려는 노력을 거듭했다. 10세기부터 12세기까지 주교들은 지방 귀족들을 회의에 출석시켜서 그들이 지역 교회와 수도원을 약탈하거나, 방어력 없는 성직자를 해하거나, 소작농의 재산을 도둑질하는 등의 행위를 하지 않겠다고 서원하도록 요구했다.

시간이 지나면서 서원 목록이 길어졌다. 범죄 행위에는 상인이나 교회 출입자를 공격하는 것, 포도나무를 뿌리째 뽑아 포도밭을 망치는 것도 추가됐다. 11세기 교회는 특정한 시기에 전쟁을 금지하려고도 했다. 이를테면, 수요일 저녁 예배가 끝난 뒤부터 다음 월요일 일출까지, 또는 부활절이나 크리스마스 같은 교회력의 축일 등이다. 당연하게도 교회의 조치는 대중의 열렬한 환영을 받았다. 그렇지만 귀족과 그들의 가신들은 교회의 파문 위압 속에서도 불법 행위를 계속했다.

990년 프랑스 남부 르퓌의 주교는 보다 효과적인 조치를 취했다. 주교는 지역 귀족들에게 가난한 사람들과 교회로부터 빼앗은 것을 돌려주고 평화를 지키겠다는 서원을 하도록 요구했다. 귀족들이 거부하자 주교는 미리 잠복시켜둔 병력을 불러들였다. 연대기 기록자에 따르면, '하느님의 가호' 덕분에 귀족들은 결국 서원하기로 마음을 바꿨다. 또한 교회는 귀족들의 폭력을 바깥으로, 즉 십자군으로 돌리려고 노력했고 상당한 성과가 있었다.

전쟁에 대한 종교의 대응은 중세 교회처럼 다면적이었는데, 일부 종파들은 반전 활동에 훨씬 적극적인 모습을 보였다. 나폴레옹 전쟁이 끝나고 나서 이듬해인 1816년에 영국의 비국교도와 복음주의자들은 '항구적이고 보편적인 평화 증진 협회'를 설립했고, 퀘이커교도와 메노파교도는 오늘날까지 줄곧 반전 운동에 적극적이었다.

비종교인들은 종교보다 이성에 희망을 걸었다. 15세기 프랑스의 유명한 시인이자 사상가인 크리스틴 드피상(1364~1430?)은 만약 왕이 반론에 부딪혀 심기가 불편하다면 "현인들로 대규모 회의를" 소집해야 한다고 말했다.

"자기 왕국의 현인들뿐만 아니라, 오판의 여지가 없도록, 불편부당하기로 이름난 외국의 현인들, 원로 정치인, 법률 고문 같은 사람들을 불러모아야 한다."

이마누엘 칸트는 강연 에세이 「세계시민적 관점에서 본 보편사의 이념」에서 "인간이라는 비틀어진 목재"가 평화로운 방식으로 곧게 펴지기를 바랐다.

19세기에 유럽과 미국을 중심으로 물질적 진보가 크게 두드러지면서 인간의 도덕적 본성에도 비슷한 변화가 일어날 것이라는 기대감이 생겼다. 열렬한 평화 운동가 베르타 폰 주트너는 "평화는 문명 진보의 필수불가결한 조건이다.…… 단언컨대 앞으로 수세기에 걸쳐 호전적인 세력은 점진적인 쇠퇴의 길을 걸을 것이다."라고 말했다(한 세기 후 스티븐 핑커도 『우리 본성의 선한 천사: 폭력은 왜 감소했는가』에서 똑같은 희망을 피력했다.).

마찬가지로 확연해진 무기의 발전과 군대의 증가도 전쟁의 필요성을 뛰어넘을 방안을 모색하는 계기가 됐다. 19세기 영국의 뛰어난 법학자 헨리 제임스 서머 메인(1822~1888) 경은 말했다.

"전쟁은 인류만큼 오래된 듯한데, 평화는 근대에 들어서야 만들어졌다."

사실이다. 유럽에서도 늘 전쟁이 벌어졌다. 하지만 근대에 와서 강대국들은 분쟁 해결에 중재를 점점 더 많이 이용하게 됐다. 1794년부터 1914년까지 무려 300건의 중재가 이루어졌다. 그중 절반 이상은 1890년과 1914년 사이에 진행됐으며, 이 시기에 그런 경향이 뚜렷해졌다. 게다가 대의정치가 확산하고 선거권이 확대되면서, "'국민의 동의'와 '합의를 통한 운영'을 기반으로 하는 국가는 다른 국가들과 교류할 때도 같은 원리를 따를 것"이라는 칸트의 바람이 실현되는 듯했다(비록 민주주의가 상당히 성숙하고도 1차 세계대전에서 서로 싸운 독일과 영국 같은 민주주의 국가들이 있긴 하지만, 아직도 우리는 민주주의 국가들이 서로 싸우지 않을 거라고 추정한 20세기의 민주주의 평화 이론들에 강한 미련을 갖고 있다.).

1914년에 1차 세계대전이 일어나기 전까지 많은 유럽인들은 전쟁이란 덜 문명화된 사람들이나 벌이는 구태의연한 짓이라고 생각했다. 오스트리아 출신 작가 슈테판 츠바이크(1881~1942)는 어린 시절을 이렇게 회상했다.

"사람들은 유령이나 마녀를 더 이상 믿지 않는 것과 마찬가지로, 유럽 국가들 사이에 야만적인 전쟁이 재발할 가능성도 믿지 않았다."

또한 전쟁에 반대하는 합리적인 경제적 주장이 펼쳐지기도 했다. 영국의 언론인이자 노벨 평화상 수상자인 노먼 에인절(1874~1967)은 널리 명성을 떨친 책 『거대한 환상(The Great Illusion)』에서 전쟁은 더 이상 경제적으로 유의미하지 않다고 지적했다. 과거의 국가들은 강탈하려고 전쟁을 벌였지만 근대 세계의 국가들은 무역과 투자를 통해 훨씬 적은 비용으로 필요한 것을 획득했다. 20세기 초의 국가들은 경제적으로 너무나 상호의존적이었기 때문에 그들 중 가장 강한 국가조차도 전쟁으로 피해를 입을 수밖에 없었다. 따라서 그런 상호의존성이 더욱 강화돼야 했다.

자유무역은 그냥 모두에게 좋은 게 아니라, 모두에게 좋은 것을 가져다주었다. 19세기 초 영국의 급진주의 정치가인 리처드 코브던(1804~1865)은 자유무역은 대지를 안정시키는 중력과 같아서 "사람들을 하나로 모으고, 인종·종교·언어의 반목을 일소하고, 우리를 통합해 항구적 평화 연대를 맺게 한다."라고 말했다. 2차 세계대전 말의 브레튼 우드 체제[1944년]나, 냉전 종식 후 미국이 국제 무역 및 투자 장벽을 낮춘 것에도 비슷한 희망이 깔려 있었다.

1914년 이전에도 세계는 여타 방식으로 서로 엮여 있었다. 하나는 장거리 이동이고(19세기 후반에 여행이 보편화되고 대규모 이민이 일어났다.) 다른 하나는 국제적십자위원회나 국제의회연맹 같은 국제 기구의 성장이다. 20세기 초 스위스 베른에는 국제평화국[1891년 설립]이 있었고 평화 운동가와 평화 청원 운동도 있었다. 네덜란드 헤이그에서 두 번에 걸쳐[1899년과 1907년에] 열린 군축 회의에는 수많은 참관자가 몰려들었다. 그중에는 평화 운동가 베르타 폰 주트너도 있었다. 그녀가 묵은 호텔에서는 그녀에게 경의를 표하며 하얀 깃발을 내걸었다. 그리고 [1899년 러시아 대표로 참석한] 러시아 금융가 얀 고틀리브 블로흐(1836~1902)는 전쟁에 대한 방대한 연구를 담은 저서를 나누어주었다[그는 1898년 러시아어로 6권짜리 대작 『미래의 전쟁과 그로 인한 경제적 영향』을 펴냈다.]. 책에서 그는 강대국들이 서로 싸우는 것이 왜 미친 짓인지 설명했다. 그는 영어판을 내는 영국 출판사에 이렇게 말했다.

"앞으로는 전쟁이 없을 것입니다. 왜냐하면 이제 불가능하게 됐거든요. 전쟁은 자살 행위나 다름없다는 것이 명백합니다."

당시 여성에게 투표권을 부여한 나라는 거의 없었지만 여성들은 평화 운동에 점점 더 적극적이었고, 이는 1차 세계대전 후에도 지속됐다. 1920년대와 1930년대 영국에서 72,000명의 회원을 둔 여성협동길드(WCG)는 국제여성평화자유연맹(WILPE)의 강력한 지지 세력이었으며, 여성들은 평화서약연합(PPU)에서도 활발히 활동했다. 국제여성평화자유연맹은 한때 50개국에 지부를 두었다.

2차 세계대전 후에 여성 운동가들은 1950년대와 1960년대의 핵무장해제운동(CND)에 참여했다. 또한 1980년대에는 영국 버크셔주 그리넘코먼 공군 기지에 미군의 핵탄두 순항 미사일을 배치하는 것에 항의하는 여성들만의 반대 시위를 벌였다. 북아일랜드의 베티 윌리엄스(1943~2020)와 메어리드 코리건매과이어(1944~)는 1970년대에 종파 분쟁을 직접 목격한 후 '평화로운 사람들의 공동체'를 설립했다. 1976년 그들은 노벨 평화상을 공동 수상했다. 그런데 전쟁을 부추기는 치어리더 노릇을 한 여성들이 있었다는 사실도 항상 기억해야 한다.

점점 늘어나는 여성 정치인을 포함해 모든 정치인이 늘 달가워하지 않는 바지만, 19세기부터는 국제 여론에도 대처해야 했다. 그리고 많은 나라들에서 참정권이 확대됨에 따라 자국 내 유권자도 점점 늘어났다. 러시아의 마지막 차르 니콜라이 2세가 첫 헤이그 군축 회의를 제안했을 때 우방 국가 원수들과 장관들은 별다른 관심을 보이지 않았다. 독일제국 황제는 "코미디 회의"라고 일축했고 영국 에드워드 7세는 "내가 들어본 가장 말도 안 되는 헛소리"라며 일소에 부쳤다.

하지만 국제 여론은 달랐고(예를 들면 독일에서 군축에 동의한 서명자가 100만 명이 넘었다.) 결국 강대국들은 네덜란드 헤이그에 대표단을 파견할 수밖에 없었다. 독일 대표단 중 한 교수는 참가 직전에 모든 평화 운동을 비난하는 소책자를 펴내기도 했다. 독일 대표단은 독일의 전쟁 수행 능력에 방해가 될 만한 조치는 무엇이든 반대

1982년 영국 버크셔주 그리넘코먼 공군 기지 주변에서 여성들이 미국의 핵탄두 순항 미사일 배치에 반대하는 시위를 벌이고 있다. 1981년부터 여성 단체들이 미사일 배치를 저지하기 위한 비폭력적 활동을 해왔다. 위의 사진에는 인간 방어선을 이루어 공군 기지를 둘러싼 3만여 명의 시위자들 중 일부가 담겨 있다. 전쟁을 제한하거나 완전히 금지하려는 노력은 전쟁 자체만큼이나 오랫동안 계속돼 왔다.

하는 임무를 띠고 있었다. 영국 대표단에는 해군 제독 잭 아버스넛 피셔도 있었다. 그는 영국 해군을 한창 정비하고 강화하던 중이었기에, 전쟁 중 해상 봉쇄 이용 능력에 악영향 미칠 만한 조치에 대해서는 일절 재고조차 하지 않았다. 미국은 평화 지지를 표명했지만, 군대의 규모가 너무 작아서 전쟁 억지에 기여할 수 없다고 밝혔다.

레프 톨스토이의 말이 옳았을지 모른다. 군비 축소는 진정한 목적, 즉 전쟁을 완전히 없애는 것으로부터 주의를 분산시킬 위험이 있다고 그는 지적했다. 『전쟁과 평화』에서 안드레이 볼콘스키는 보로디노 전투(그가 치명적인 부상을 입은 전투) 전날 밤에 전쟁을 덜 무자비하게 만들려는 노력들에 대해 비판한다.

실상 우리는 전쟁을 마치 놀이처럼 해왔지. 그건 정말 나쁜 짓이야. 그러면서 온갖 자비로운 척은 다 했어. 그런 자비로움과 감수성이란 도축되는 송아지를 보고 놀라 까무러치는 귀부인의 자비로움이나 감수성과 다름없어. 그런 여자는 마음이 너무나 여려서 절대 피를 볼 수 없어. 하지만 양념을 한 송아지 요리는 무척이나 즐기시지. 사람들은 전쟁법이니, 기사도니, 휴전 협상이니, 전쟁 난민 구호니 떠들어대지만, 말짱 도루묵이야.

양차 세계대전 사이에 평화서약연합이 내건 구호는 이보다 더 간명했다.

"남자들이 싸움을 거부하면 전쟁이 끝난다."

1차 세계대전의 상흔이 남아 있는데 또 다른 전쟁의 공포가 점증하던 시기라서 전쟁을 없애려는 인물들은 새로운 목표와 대책을 만들어냈다. 미국 대통령 우드로 윌슨과 그에게 동조하는 세계의 많은 인사들은 국제연맹이 "인류의 유일한 희망"이라고 말했다. 그는 국제연맹 규약이 포함된 베르사유 조약을 미국 의회에서 비준받기 위해 1919년 7월 상원에서 한 연설에서 자유 국가들의 단일 조직이 "이제 막 끝난 세계대전 같은 침략과 약탈의 전쟁을 영원히 불가능하게 만들 것"이라고 말했다. 국제연맹은 회원국들에게 외적의 공격을 저지할 수 있는 집단 안보를 제공하고 회원국들 간의 분쟁은 평화적으로 해결하기로 했다. 만약 회원국이 중재 논의에 참여하지 않거나 중재를 거부할 경우 경제 제재로 해결할 수 있다고 윌슨은 생각했다.

"아닙니다. 전쟁 말고 전쟁보다 더 무시무시한 것이 있습니다. 이 실용적이고 평화적이고 고요하면서도 치명적인 해법을 적용하면 무력이 전혀 필요하지 않게 됩니다."

또한 윌슨은 국제 여론이 침략국을 고립시키고 부끄럽게 만들 것이라 기대했다.

비록 미국은 [의회 비준을 받지 못해] 국제연맹에 가입하지 못했지만 대표단이 제네바의 국제연맹 조직과 긴밀히 협력했으며, 전쟁 종식을 바라는 국민의 지지 또한 양차 세계대전 사이 내내 높게 유지됐다. 영국에서 [1918년에 설립된] 국제연맹협회(LNU)는 1930

년대 초에 회원이 40만 명이 넘었다. 영국 성인 인구의 40퍼센트에 달하는 1150만 명이 1934년과 1935년에 열린 평화 투표에 참여하여 국제연맹과 군축을 열렬히 지지했다.

1928년 프랑스 외무장관 아리스티드 브리앙(1862~1932, 1926년 노벨 평화상 수상)과 미국 국무장관 프랭크 빌링스 켈로그(1856~1937, 1929년 노벨 평화상 수상)는 당시 많은 사람들이 바란 대로 인류가 전쟁으로부터 벗어나는 데 큰 진전이 될 만한 일을 성사시켰다. [켈로그-브리앙 조약이라고 불리는] 파리 부전 조약에 서명한 국가들은 전쟁을 회원국 간 분쟁 해결의 도구로 이용하지 않겠다는 약속을 했다. 독일과 이탈리아, 일본을 포함한 61개국이 서명했다. 당시 회의론자들은 조약을 강제할 방법이 없다는 점을 지적했는데, 1939년에 2차 세계대전이 일어남으로써 그 지적이 옳은 것으로 드러났다.

그래서 국제연맹을 대체할 새로운 국제 기구와 새로운 경제 체제를 구축하려는 연합국의 계획이 2차 세계대전 중에 미국 대통령 프랭클린 루스벨트의 주도하에 진행됐다. 이는 세계의 국가들을 하나로 결속해서 미래의 전쟁 위험을 최소화할 것으로 기대됐다. 독일이 항복하기 직전이고 태평양 전쟁이 계속되고 있던 1945년 4월 미국 샌프란시스코에 46개국 대표들이 모여 국제연합(UN)을 창설했다. 국제연합은 전쟁을 완전히 종식시키겠다는 약속은 지키지 못했지만(이것은 늘 이루지 못할 희망이었다.) 일련의 군비 제한 합의를 이끌어냈고, 평화 유지와 평화 구축을 도왔으며, 세계

보건기구(WHO) 같은 다양한 산하 단체들의 활동을 통해 전쟁 피해를 줄이는 데 기여했다.

2차 세계대전이 끝나고 나서 [1947년부터] 시작된 미국과 소련의 냉전은 인류가 다시 전쟁 위험에 촉각을 곤두세우게 만들었다. 1960년대에 냉전은 인류의 오랜 역사를 끝장낼 만큼 위협적이었다. 「온 더 비치(On the Beach)」, 「닥터 스트레인지러브(Dr. Strangelove)」, 「더 데이 애프터(The Day After)」 같은 영화나 TV 드라마, 소설은 핵전쟁으로 인한 피해와, 핵전쟁이 얼마나 쉽게 일어날 수 있는지를 섬뜩할 만큼 사실적으로 그려냈다. 아무튼 냉전은 두 초강대국 간의 핵 균형과 밀접한 관련이 있었고, 미국과 소련은 간간이 핵전쟁을 벌일 뻔했지만 상호 확증 파괴(Mutually Assured Destruction, 약어 MAD가 매우 적절하다.) 가능성 때문에 서로 간의 전쟁을 피하게 됐다.

그렇다고 1945년 이후 세계가 전쟁으로부터 벗어났다는 의미는 아니다. 초강대국들과 일부 강대국들은 대리전을 일으키거나, 지금도 그러하듯, 내전을 부채질했다.

그리고 무력을 행사하는 데에는 반드시 최첨단 무기가 필요한 것도 아니다. 값싼 재래식 무기도 막대한 피해를 야기할 수 있다. 1994년 르완다에서는 후투족 민병대가 투치족 학살을 시작하기 전에 모든 르완다 남성 3명 중 1명에게 나눠줄 수 있을 만큼 많은 마체테[날이 넓고 제법 긴 칼]를 수입했다. 그 마체테는 농업에 이용되지 않았다.

우리는 세계를 두루 살펴보면서 이 전쟁[르완다 내전]과 1945년 이후의 다른 모든 전쟁을 되짚어볼 필요가 있다. 전쟁과 전쟁 위협은 여전히 우리 곁에 널려 있다.

전쟁을 어떻게 표현하고 기억하는가?

전쟁을 두루뭉술하게 말하는 것은

평화를 두루뭉술하게 말하는 것과 같다.

거의 모두가 진실이면서, 거의 아무것도 진실이 아니다.

팀 오브라이언의 『그들이 가지고 다닌 것들』 중에서

셰익스피어의 희곡 『헨리 5세』 4막 도입부에서 코러스[해설자]는 다음과 같이 양해를 구한다.

> 전쟁터에 걸맞은 장면을 보여줘야 하겠지만,
> 안타깝게도 저희는 너무나 형편없고 무딘 칼
> 네댓 자루를 휘두르며 천생 오합지졸로 싸울 터라
> 아쟁쿠르의 승전에 먹칠을 할 수밖에 없습니다.
> 그렇더라도 앉아서 보시면서, 가짜로 펼치는 것들을
> 실제 상황처럼 여겨주시길 바랍니다. (코러스 퇴장)

이어지는 장면들에서 셰익스피어는 관객에게 전쟁의 비극과 영광을 모두 보여준다. 전투 전날 밤에 근심이 가득한 헨리 왕은 자신의 군대 속으로 잠행을 한다. 평범한 병사인 윌리엄스는 전우들에게 자신들이 다음날 살아남지 못할 것 같다고 솔직하게 말한다. 이에 헨리 왕은 의중을 떠보려고 말한다.

"전하는 정당한 명분으로 명예롭게 싸우고 계시니, 나는 전하와 함께라면 어디서든 기꺼이 죽을 각오가 돼 있네."

그러자 윌리엄스가 말한다.

"전하가 과연 그런지 우리는 알 수 없지.…… 하지만 전하의 명분이 온당치 않다면…… [전장에서 팔다리나 머리가 잘려] 죽은 자들이 [그 최후의 날에 한데 모여] 욕설을 퍼붓거나, 의사를 불러달라고 절규하거나, 남겨진 아내와 자식을 걱정하겠지. 전사하는 사람치고 멀쩡하게 죽는 경우가 없으니 두려울 따름이네.……"

이에 헨리 왕은 전사(戰死)의 책임에 대해, 그리고 모든 군인이
보람있게 죽어서 구원을 얻으려면 어떤 마음가짐을 지녀야 하는
지에 대해, 논리적이지만 그다지 위안이 되지 않는 장황한 이야기
로 답한다.

그런데 날이 밝자 그는 [막사로 돌아와 지난밤의 발언과는] 다른 이
야기를 한다. 다가오는 전투는 영광을 얻을 기회라고 부하들에게
말한다. 아울러 그날은 쌍둥이 성인 크리스피노와 크리스피아노
의 축일[10월 25일]이라는 사실을 상기시킨다.

> 오늘 살아남아서 무사히 고향으로 돌아가는 자는
> 이날이 회자될 때마다 까치발을 디디며 우쭐할 것이고,
> 크리스피아노가 거명될 때마다 함께 칭송받을 것이다.
> ……
> 또한 오늘부터 세상 끝나는 날까지,
> 우리를 기억하지 않고서는,
> 크리스피노 크리스피아노 축일을 지내지 못할 것이다.
> 우리는 비록 수가 적지만, 우리는 행복하며, 우리는 전우다.
> ……

1944년 디데이[D-Day, 2차 세계대전 중 노르망디 상륙 작전을 개
시한 6월 6일]에 소드비치[Sword Beach, 5개 구역으로 나눈 노르망디 해

안 중 맨 동쪽의 영국군 상륙 지역]에 접근하는 상륙함에서 이스트요크 셔 연대의 중대장이 자신의 부하들에게 헨리 왕의 독전 연설 중 일부를 확성기로 들려주었다. 그리고 제1특수임무여단이 상륙할 때는 위엄있는 여단장인 제15대 로배트 경(1911~1995, 사이먼 크리스토퍼 조지프 프레이저)이 전속 백파이프 군악대원 빌 밀린(1922~2010)이 「하일랜드 래디(Highland Laddie)」와 「로드 투 디 아일스(Road to the Isles)」를 연주하는 가운데 부대를 이끌고 바닷물을 걸어나와 해변에 도착했다.

알렉산드로스, 카이사르, 나폴레옹, 맥아더, 몽고메리 같은 뛰어난 지휘관들은 연기력도 뛰어났다. 그들은 부하들에게 관심을 보이며 다가가 지휘관이 자신을 이해하고 아끼고 직접 소통한다고 느끼게 만들었다. 그들은 셰익스피어가 말한 것들을 스스로 간파하여 전쟁이란 일종의 연극이고 연극적 표현들에는 제각각의 효과가 있음을 알았다.

오스만제국이 15세기에 다르다넬스해협을 지키려고 만든 거대한 대포, 한니발이 로마로 몰고왔었고 인도의 무굴제국도 전쟁에 이용한 코끼리, 냉전 시대에 양 진영이 개발한 핵무기, 이 모두는 실전에 이용할 목적과 더불어 적을 겁주고 위협하기 위해 생각해낸 것들이다. 2003년에 연합군은 이라크 침공을 "충격과 공포"라고 일컬었다. 인간은 전쟁에 예술을 이용하지만, 전쟁에 대한 예술적 표현이 전쟁에 대한 사고방식과 전쟁을 벌이는 방식에 영향을 미치기도 한다.

희곡, 시, 소설, 회화, 조각, 사진, 음악, 영화는 군인과 민간인을 모두 포함한 우리의 전쟁에 대한 상상과 사고를 형성한다. 우리는 예술을 통해 전쟁의 다양한 측면을 볼 수 있다. 영웅적이고 영광스러운 것부터 잔인하고 공포스러운 것까지. 예술은 전쟁의 흥분과 격정뿐만 아니라 광기와 권태와 무의미함까지 전할 수 있다. 예술은 전쟁의 파괴력과 복잡성 그리고 전쟁에 대한 우리의 양가 감정을 느끼게 한다. 예술은 1차 세계대전 전에 그랬듯이 우리를 전쟁으로 몰아갈 수도 있고, 종전 후에 그랬듯이 우리를 전쟁에 반대하도록 돌려세울 수도 있다. 예술은 우리가 전쟁을 벌이고, 기억하고, 기념하는 것을 돕는다.

예술과 전쟁 사이의 흐름은 양방향으로 통한다. 전쟁은 전쟁 이미지와 전쟁 이야기를 만들어내는 사람들을 변화시킨다. 필자들은 새로운 표현어를 찾으려고 애쓰고 화가들은 새로운 표현 양식을 실험한다.

프란시스코 고야(1746~1828)는 「전쟁의 참화(Los desastres de la guerra)」라는 연작 판화에 채색을 하지 않았으며, 전쟁에서의 승리와 영웅을 찬양하는 오랜 전통에서 벗어나 전쟁의 비열하고 참혹한 장면과 잘리고 훼손된 신체를 보여주었다. 1916년 어느 문화 평론가는 1차 세계대전은 그림으로 담아낼 수 없다고 말했다.

"어둠 속에서, 안개 속에서, 땅 밑에서, 구름 위에서 벌어지는 일들의 전경을 전할 수 있는 예술가는 없다.…… 기존의 전쟁터 그림에서 행군을 하거나 적에게 돌격하던 용감무쌍한 군인들이 이젠 사라졌다. 참호가 그들을 삼켜버렸다."

1917년 프랑스 정부의 명령에 따라 1차 세계대전의 최전방을 그림으로 기록하기 위해 파견된 스위스 출신 귀화 화가 펠릭스 발로통(1865~1925)은 이렇게 말했다.

"이제부터 나는 핏빛으로 가득한 스케치나 사실적인 그림, 목격담이나 심지어 경험담도 그대로 믿지 않는다. 그러한 복기들에서 본질을 엮어낼 수 있는 방법은 묵상밖에 없다."

그가 프랑스와 독일 간의 섬뜩한 소모전을 담아낸 작품 「베르됭(Verdun)」에는 불꽃 문양, 포연과 화재 연기로 생겨난 검은 구름과 흰 구름, 빛줄기, 파괴된 풍경, 빗줄기 등만 있고 사람은 전혀 보이지 않는다.

필시 우연의 일치겠지만, 유럽 여러 도시와 신대륙 아메리카의 예술가들은 1차 세계대전에 어울릴 만한 표현 양식을 1914년 이전에 이미 실험하고 있었다. 입체파는 해체된 주변 세계의 조각들을 포집하기 위한 새로운 표현 양식을 만들어내고 있었고, 미래파는 운동[역동성] 자체를 묘사하는 방법을 찾아내려고 애썼다. 영국에서 소용돌이파[보티시즘]는 기존 질서를 산산조각내고 싶어했다. 그들에게 그것은 근대 세계의 기계적인 특성을 담아내는 새로운 기하학적 양식을 의미했다. 소용돌이파의 영향을 많이 받은 영국 화가 폴 내시(1889~1946)는 폐허가 된 전쟁터를 그렸다.

어쩌면 그들 모두는 곧 유럽 사회를 강타할 대참사를 감지했던 것이 아닐까? 슬픈 일이지만, 그들의 실험은 전쟁터의 산산이 부서진 풍경과 그 위로 떠도는 빛, 로켓 궤적, 파도치듯 피어오르는 연기와 너무나 잘 맞아떨어졌다.

하지만 우리는 전쟁을 머릿속으로 그리거나 다른 사람의 상상에 귀를 기울일 때마다 한 가지 의문이 끊임없이 떠오른다. 전쟁의 실상을 과연 그렇게 단정해도 될까? 그 실상에 대한 경험을 책 몇 쪽이나 그림 한 폭, 영화 한 장면으로 한정해도 될까? 베트남 전쟁에서 북베트남 군인으로 싸운 바오닌(1952~)의 소설 『전쟁의 슬픔』에서 주인공이자 참전 군인인 작가 자신은 집요하고 끈기 있게 자신의 전쟁과 사랑 이야기를 써내려간다.

"이 얇은 책에 끼엔의 과거를 담았다. 더러 선명한 이야기가 있긴 하지만 대부분은 확실하지 않거나 땅거미처럼 어렴풋하고 희끄무레한 이야기다. 그 이야기들은 삶과 죽음을 가르는 미묘한 경계에 있기에, 그 경계를 모호하게 만들다가 지워버리기도 했다. 전쟁과 평화가 그러하듯 시간을 가르는 경계도 뒤엉켜 구분이 되지 않았다."

이 책은 처음 출판되고 나서 공산당으로부터 판매 금지를 당해 아주 조금밖에 팔리지 못했다.

반대편에서 싸운 미국 작가 팀 오브라이언은 『그들이 가지고 다닌 것들』에서 이렇게 말한다.

"전쟁을 두루뭉술하게 말하는 것은 평화를 두루뭉술하게 말하는 것과 같다. 거의 모두가 진실이면서, 거의 아무것도 진실이 아니다."

고로 우리가 과연 전쟁의 의미를 제대로 알 수 있겠냐고 그는 묻는다.

"전쟁 실화에 설령 교훈 같은 게 있더라도 그것은 옷을 이루는 실과 같아서 쉽게 콕 집어낼 수가 없다. 전쟁의 의미를 파악하려면 그보다 깊은 함의까지 읽어내야 한다. 그래서 전쟁 실화라고 들려주는 이야기에는 사실상 별 게 없다. 기껏해야 '세상에 이런 일이!' 정도랄까."

그럼에도 불구하고 그는 과거의 많은 이들처럼 전쟁 실화를 들려주려고 계속 노력했고, 앞으로도 많은 이들이 그럴 것이다.

1차 세계대전 중인 1917년 프랑스 북부 도시 에테플에 위치한 대규모 영국군 기지에 배속된 시인 윌프레드 오언은 어머니에게 보낸 편지에서 그곳 군인들의 얼굴에 나타난 '아주 이상한 표정'에 대해 이야기했다.

"도무지 알 수 없는 표정이었어요. 영국에서는 절대 볼 수 없는 표정이에요.…… 그건 절망이나 공포가 아니었어요. 공포보다 더 끔찍한 거였어요. 마치 죽은 토끼의 표정과 같아서, 눈이 가려 읽을 수 없는 표정, 표정 없는 표정이었어요. 그건 어떤 화가도 그릴 수 없고, 어떤 배우도 따라할 수 없을 거예요. 그걸 묘사하려면 그 순간으로 돌아가 그들 곁에 있어야 할 거예요."

미국의 종군 사진가 데이비드 더글러스 던컨(1916~2018)은 한국 전쟁 때 군인들의 그런 표정을 포착하기 위해 노력했다고 밝혔다. 그는 그런 표정을 "머나먼 시선"[공허하고 초점없는 응시]이라고 불렀다.

전쟁에 필요해서 만들어지거나 전쟁에 대해 표현하는 예술 작품들의 상당수가 비록 작가가 속한 한쪽에만 초점을 맞추더라도, 전쟁에 대한 작가의 반응에는 대체로 국경을 초월하는 공통점이 있다.

독일 작가 에리히 마리아 레마르크의 『서부 전선 이상 없다』는 참호전의 무용함, 전우애, 그리고 전방과 후방의 격차에 대해 영어 반전 소설들, 이를테면 프레더릭 매닝의 『운명의 한가운데』나 로버트 그레이브스의 『모든 것과의 이별(Goodbye to All That)』과 똑같은 이야기를 하고 있다.

팀 오브라이언과 바오닌은 베트남에서 서로 반대편에 있었다. 그러나 둘 모두의 작품에서 정글과 화염, 공포와 상흔을 이야기한다. 바오닌이 자신의 삶이 투영된 주인공을 통해 들려주는 이야기는 오브라이언이 화자를 통해 말하는 바와 일맥상통한다.

"또한 이 이야기들에는, 독한 악취가 감도는 칠흑 같은 정글의 기운과, 글의 리듬을 이루며 끊임없이 죽어나가는 평범한 군인들의 삶을 들려주는 신화와 전설도 담겨 있다."

어떤 전쟁은 다른 전쟁보다 더 나은 예술 작품을 더 많이 나타나게 한다. 1차 세계대전은 훌륭한 회화와 음악 작품만큼이나 탁월한 소설과 시를 여러 언어권에 걸쳐 등장시켰다. 하지만 2차 세

1950년 한국 전쟁 개전 무렵 전투에 투입된 미국 해병들. 현대의 군대는 기술 의존도가 점점 높아지고 있지만, 전쟁에는 여전히 "지상군" 투입이 필요하다. 북한이 남한을 침략하자 미국은 국제연합의 결의에 따라 지상군을 급파하여 침략을 가까스로 저지했다. 위의 사진은 미국의 유명한 사진가 데이비드 더글러스 던컨이 촬영했다.

계대전은 그것들에 필적하는 작품을 낳지 못했다. 러시아 소설가 바실리 세묘노비치 그로스만(1905~1964)의 『삶과 운명』[1959년 탈고, 1980년 출판]은 훌륭한 소설이다. 그렇지만 이것 말고는 없지 않은가?

그리고 베트남 전쟁은 왜 양차 세계대전이나 한국 전쟁보다 더 충격적인 영향을 미국 예술계에 주었을까? 당시 미국 대중음악계에서는 록 밴드 크리던스 클리어워터 리바이벌(1959~1972)과 컨트리 조 앤드 더 피시(1965~1970), 더 도어스(1965~1973), 그리고 가수 밥 딜런과 브루스 스프링스틴 등이 전쟁 관련 곡을 쓰고 발표해 전쟁의 영향이 최고조에 달했다. 팀 오브라이언과 그의 작품들 외에 필립 카푸토의 『전쟁의 소문(*A Rumor of War*)』, 마이클 헤어(1940~2016)의 『긴급 타전(*Dispatches*)』, 칼 말란테스의 『마테호른(*Matterhorn*)』 같은 소설도 있었고, 「플래툰(Platoon)」, 「7월 4일생(Born on the Fourth of July)」, 「지옥의 묵시록(Apocalypse Now)」 같은 특정 부류의 영화도 있었다. 1차 세계대전을 바탕으로 하는 뛰어난 미술 작품들과 마찬가지로, 이 작품들 또한 거의 대부분 전쟁에 비판적이었다는 것은 절대 우연이 아니다.

미국인들에게 베트남 전쟁은 유럽인들에게 1차 세계대전과 같은 전쟁이다. 베트남 전쟁은 미국인들 자신과 그들의 문명에 대한 자신감을 뒤흔들었다. 두 전쟁의 영향을 받은 예술가들은 선하고 도덕적인 '우리'가 어떻게 그런 전쟁에 휘말려 그렇게 끔찍한 짓을 저지를 수 있었는가라는 무시무시한 미스터리를 풀어야 할 필요성을 절감했다.

　그런데 탁월한 예술 작품들이 전쟁의 공포와 무용함에서만 생겨난다고 보는 것은 너무 안일한 생각이다. 영국 작곡가 벤저민 브리튼(1913~1976)의 「전쟁 레퀴엠」, 톨스토이의 『전쟁과 평화』, 레마르크의 『서부 전선 이상 없다』 같은 작품들의 반대쪽에, 조각상 「사모트라케의 날개 달린 승리의 여신 니케」, 호메로스의 『일리아스』, 에른스트 윙거의 『강철 폭풍』을 평형추로 놓을 수 있다. 영국 빅토리아 시대의 가장 영향력 있는 예술비평가이자 선구적 지식인이었던 존 러스킨(1819~1900)은 1865년에 한 전쟁 관련 강연에서, 런던 울위치의 왕립육군사관학교 소속 젊은 사관생도들을 놀라게 만들었을 법한 발언을 했다.

　"[평시의 순수하고 고귀한 모든 예술은 전쟁에 기반을 두고 있습니다.] 위대한 예술 작품은 오직 군사 국가에서만 만들어졌습니다. [평화롭기만 한 유목 국가에서는 예술이란 없습니다. 평화롭기만 한 농업 국가에서도 예술이란 없습니다.]"

　그는 주장하기를, 평화는 번영과 풍요를 가져오지만 인간을 최고의 고양 상태로 끌어올리지 못하기 때문에 예술을 쇠퇴시키며 오직 전쟁만이 인간을 그렇게 고양시킬 수 있다고 했다.

　"인간은 자신의 능력이 최고조에 이르면 예술로 자신을 표현하게 된다. 이는 자명한 이치다."

　그래서 그는 이렇게 결론을 내렸다.

　"내가 전쟁은 모든 예술의 근간이라고 말한 것에는 전쟁이 인간의 모든 훌륭한 장점과 재능의 근간이라는 의미도 담겨 있다."

참전자 중 일부가 실감한 것처럼, 전쟁 그 자체에서 아름다움이 느껴질 수 있다. 1차 세계대전이 끝나갈 무렵 캐나다 화가 알렉산더 영 잭슨(1882~1974)은 다음과 같이 썼다.

"나는 어느 날 밤 아군이 독일군 진영으로 전개하는 독가스 공격을 보러 [영국 화가] 오거스투스 에드윈 존(1878~1961)과 함께 갔다. 아군 쪽의 가스 구름과 독일군 쪽의 형형색색 섬광과 조명탄이 뒤섞여 마치 불꽃놀이 같은 장관을 이루었다."

그러고 나서 곧 그는 이 시기의 캐나다 회화 중 가장 유명한 「독가스 공격, 리에뱅(Gas Attack, Liévin)」을 그렸다. 포격으로 파괴되어 암울하고 어두운 대지 전경 위로 청회색 구름이 맴돌고 녹색과 분홍색 빛줄기가 번뜩이는 아름다운 작품이다.

영화 「지옥의 묵시록」의 시작 장면도 그러하다. 녹음이 우거진 정글의 운치 있는 야자수들이 부드럽게 흔들리는 가운데 헬리콥터 소리가 느리게 지나가자 몇 줄기 연기가 피어오르다가 이내 점점 더 많아지더니 갑자기 화면 전체에 화염이 솟아오른다(영화 제작도 광적이어서 실제로 정글을 불태웠다.). 배경 음악으로는 록 밴드 더 도어스의 노래 「디 엔드(The End)」가 흐른다. 최고의 영화 시작 장면으로 꼽아도 손색이 없을 만큼 숨막힌다. 이 영화의 감독 프랜시스 포드 코폴라는 서구 제국주의를 고발하는 영국 작가 조지프 콘래드(1857~1924)의 소설 『암흑의 핵심(Heart of Darkness)』을 원작으로 하는 반전 영화를 만들 계획이었지만 전쟁의 일부를 활기 있고 아름답게 연출해냈다.

예술가들은 의도적으로 전쟁을 미화하기도 한다. 그렇게 하는 것에 대한 대가를 받아서일 수도 있고 신념을 지녀서일 수도 있고 둘 다일 수도 있다. 인류가 전쟁을 묘사하고 찬양하는 데 예술을 이용한 역사는 먼 과거까지 거슬러올라간다. 그래서 고대 세계의 유물(조각, 개선문, 승전비, 모자이크화, 장식 화병, 무덤) 가운데 상당수는 전쟁에 관한 것이다. [그리스 파르테논 신전의 대리석 조각이지만 영국 외교관 토머스 엘긴에 의해 반출돼 대영박물관에 있는] 엘긴 마블에는 반인 반마인 켄타우로스와 싸우는 인간의 모습이 담겨 있다.

독일 베를린에 있는 페르가몬박물관의 보물 중에는 같은 이름의 도시에서 나온 거대한 제단이 있다[현 튀르키예의 지방 도시 베르가마에 해당하는 고대 그리스 왕국 페르가몬의 제우스 제단]. 거기에는 거인 족과 올림포스 신들 간의 전설적인 싸움 장면이 새겨져 있다.

[프랑스 바이외미술관에 있는 벽걸이 장식인] 바이외 태피스트리는 노르만족의 영국 정복(1066)을 기록하고 있다.

르네상스 시대에 유럽의 궁전과 관청은 과거 육지와 바다에서의 승리를 그린 거대한 벽화로 도배되다시피 했다.

그리고 근대 유럽의 궁정 악단은 게오르크 프리드리히 헨델 (1685~1759)의 「왕궁의 불꽃놀이」 같은 전승 기념곡을 연주했다. 1749년에 지어진 이 곡은 오스트리아 왕위 계승 전쟁을 1748년 엑스라샤펠 조약 체결로 끝낸 영국의 승리를 기렸다.

1571년 기독교 국가들로 구성된 신성동맹이 [그리스 인근 해상에서] 오스만제국 군대를 물리친 치열했던 레판토 전투는 파올로 베로네세(1528~1588), 틴토레토(1518?~1594), 베첼리오 티치아노(1490?~1576)를 비롯한 많은 예술가들의 작품에 영감을 주었다.

15세기[1430년대]에 이탈리아의 두 도시국가 피렌체와 시에나 사이에 벌어진 산로마노 전투는 파올로 우첼로(1397~1475)의 세 점짜리 연작 그림 덕분에 지금까지 기억되고 있다. 말들은 앞다리를 치켜들고 있고, 군인들은 공방을 벌이고 있으며, 부러진 창과 벗겨진 투구와 시신들이 바닥에 어지럽게 흩어져 있다. 그러나 피나, 깨진 머리나, 잘린 팔다리는 없다.

이러한 묘사 방식은 전쟁의 공포, 전쟁이 야기하는 혼돈, 그리고 전투로 인한 인명의 희생을 숨길 수 있다. [인도 무굴제국의 제3대 황제] 아크바르(1542~1605) 같은 통치자의 의뢰로 제작된 무굴 회화에서는 포위 공격, 전투 장면, 총, 보병, 기병, 심지어 시체까지도 매우 아름다운 색상과 장식으로 묘사하고 있다.

미국 사진작가 조 로즌솔(1911~2006)이 1945년에 찍은 유명한 사진 「이오섬에 성조기 세우기」는 승리의 순간을 포착했다(작은 성조기를 먼저 꽂고 나서 나중에 다시 사진 장면을 연출했다.). 그런데 이 사진에서는 승리의 대가로 희생된 26,000명의 미군을 흔적도 찾아볼 수 없다.

18세기의 유럽은 '이성의 시대'를 살고 있다고 자부했다. 그래서 예술가들은 거의 예외 없이 전투를 질서정연한 게임, 이를테면 인간 말로 겨루는 체스 놀이처럼 표현했다. 오스트리아 왕위 계승 전쟁(1740~1748)이 한창이던 1745년에 영국군은 네덜란드, 하노버선제후국 등의 동맹국 군대와 함께 오늘날의 벨기에 퐁트누아에서 프랑스군을 공격했다. 전투는 프랑스군의 승리로 끝났는데, 무려 5,000명의 사망자와 1만 명의 부상자가 발생했다. 루이 15세는 화가 피에르 랑팡(1704~1787, 그의 아들 샤를 랑팡은 미국의 수도 워싱턴 D.C.를 설계했다.)에게 승전일의 전투 장면을 그려달라고 했다. 그림에서는 도열한 군인들이 줄을 흩트리지 않고 질서정연하게 공격한다. 총구에서는 연기가 뭉게뭉게 피어오르고, 기병들이 그 주위를 달리고, 몇몇 시체가 장식처럼 바닥에 쓰러져 있다.

[캐나다 '퀘벡의 정복자'] 제임스 울프(1727~1759) 장군이나 기함 [영국 함대의 빅토리호] 위의 넬슨 제독 같은 영웅들은 전투 중의 죽음도 근엄하게 그려졌다. 죽어가는 사람은 우아한 자세로 누워 있고 그의 죽음을 슬퍼하는 사람들이 주위에 둘러서서 임종을 한다.

예술은 전쟁 도구까지 멋져 보이게 만들 수 있다. 갑옷, 검, 시미터[언월도], 창, 초기 권총과 대포 등은 흔히 귀금속과 보석으로 장식되어 그것을 설계하고 만든 장인의 기교와 안목을 과시하는 멋진 물건이었다. 그런데 오늘날 그런 유행이 적어도 군사용 무기에서는 사라졌다. 음악 연주를 묘사하는 장식을 누가 기관총에다 새기겠는가.

전쟁은 인적 자원, 물적 자원, 정신적 자원을 가리지 않고 온갖 사회 자원을 동원하기 때문에 예술도 필요에 따라 끌어들인다. 물론 예술가가 자원해서 나서는 경우도 있다. 프랑스의 걸출한 화가 자크루이 다비드(1748~1825)는 생존 본능이 강했다. 프랑스 절대 왕정하에서 시작하여 성공 가도를 달리다가 프랑스 혁명에 재빨리 적응했고 다음에는 나폴레옹의 총애를 받는 화가가 됐다. 그의 유명한 초상화 「알프스산맥을 넘는 나폴레옹」은 영웅적 인물이 이탈리아에서 승리를 거두러 가는 길에 앞발 든 종마를 타고 산비탈을 오르는 모습을 보여준다. 말의 뒷발 옆 바위에는 한니발 장군과 카롤루스 대제의 이름도 새겨진 듯 보이지만 철자가 선명한 것은 나폴레옹의 이름 '보나파르트'밖에 없다.

1차 세계대전 중에 예술가와 지식인은 반대 진영의 적들을 비난하는 데 열을 올렸다. 프랑스의 저명한 철학자 앙리 베르그송(1859~1941)은 1914년 8월 8일 연설에서 이 전쟁은 프랑스 문명과 독일 야만 간의 싸움이라고 말했다. 독일 작가 토마스 만(1875~1955) 또한 이 전쟁을 서로 다른 가치 체계 간의 충돌로 보았다. 하지만 그는 미온적이고 의례적이고 감정보다 이성에 기초한 '문명(civilization)'과 반대로 독일 문화(Kultur)는 적극적이고 활기차고 매우 인간적이라고 말했다.

"독일의 모든 미덕과 아름다움은 오직 전쟁에서만 드러난다. 평화는 거기에 항상 어울리는 것은 아니라서, 평시에는 독일이 얼마나 아름다운지 망각될 수 있다."

2차 세계대전 때 [영국의 극작가 겸 배우, 작곡가 겸 가수, 영화감독인] 노엘 카워드(1899~1973)는 [1942년에 개봉된 애국주의 해군 전쟁 영화] 「토린호의 운명(In Which We Serve)」에서 시나리오를 쓰고, 연출을 하고, 주연까지 맡았다. 이 영화는 영국 해군의 겸손한 영웅주의를 찬양했다.

영국 정부는 배우 겸 영화감독인 로런스 올리비에(1907~1989)가 연출하고, 제작하고, 주연까지 맡은 선동적인 영화 「헨리 5세 (Henry V)」의 제작비를 지원했다. 이 영화는 1944년 6월 6일부터 8월 30일까지 진행된 노르망디 상륙 작전보다 늦은 11월 22일에 개봉됐다. 그가 그린 헨리 5세는 용감하고 품위있으며 정당한 명분으로 싸웠다(셰익스피어의 희곡 원작에서 헨리가 아르플뢰르 시민들을 위협하는 것과 같은 장면들이 영화 시나리오에서는 빠졌다.).

미국 할리우드 스타 존 웨인(1907~1979)은 베트남 전쟁을 지지하는 「그린베레(The Green Berets)」(1968)를 자비로 제작했다. 이 영화의 마지막 장면에서는 특수부대 그린베레의 팀원[피터슨]이 돌봤던 전쟁고아가 등장하는데, 그 어린 베트남 소년은 자신의 친구[피터슨]가 죽은 것을 알고 흐느낀다. 대령을 연기한 존 웨인은 전사한 부하[피터슨]의 베레모를 소년에게 씌워준다. 소년은 존 웨인에게 묻는다.

"이제 저는 어떻게 해요?"

대령은 대답한다.

"그런 걱정은 내게 맡겨, 그린베레. 너는 이제 그린베레야."

둘이 노을 진 해변을 손잡고 나란히 걸어가는 동안 「그린베레의 노래(The Ballad of the Green Berets)」가 흐르면서 영화가 끝난다.

존 웨인의 영화는 점점 평이 나빠지는 전쟁을 호의적인 시각에서 그린 몇 안 되는 작품 중 하나여서 눈에 띈다. 반면 1차 세계 대전 때는 양쪽 진영의 예술가들이 각자 자국의 전쟁을 압도적으로 지지했다. 적어도 개전 후 몇 년까지는 그랬다.

영국 작곡가 에드워드 엘가(1857~1934)는 1차 세계대전 전에 작곡한 「위풍당당 행진곡(Pomp and Circumstance Marches)」이 전쟁으로 더욱 격찬을 받게 된 것이 썩 내키지 않았지만 여러 애국적인 곡들을 썼다. 그는 러디어드 키플링이 영국 해군의 잘 알려지지 않은 [1차 세계대전 중] 영웅담을 시와 수필로 써서 1915년에 출간한 소책자 『함대의 가장자리(The Fringes of the Fleet)』에서 노랫말을 발췌해 곡을 붙이기도 했다.

당시 모든 교전국에서 만들어진 소설과 시의 절대다수는 애국적인 내용이었다. 토마스 하디(1840~1928)의 시 「행군하는 사나이들(Men Who March Away)」 같은 기성 작가의 작품도 있고(이 시에서는 "승리는 정의로운 자들의 편이나니!"라는 믿음을 준다.) 열정적인 무명작가의 작품도 있었다. 1914년 8월 베를린의 한 주요 신문사에는 하루에 무려 500편이나 되는 애국시가 투고됐다.

1차 세계대전 발발 당시 독일에서 선풍적인 인기를 끌었던 시인 에른스트 리사우어(1882~1937)는 「영국에 대한 증오의 찬가(Hassgesang gegen England)」(1914)에서 이렇게 노래했다.

우리는 하나 돼 사랑하네, 우리는 하나 돼 미워하네,
우리는 적이 하나, 단 하나뿐이라네:

바로 영국!

근현대 전쟁의 규모가 커지고 소요 자원이 증가함에 따라 국가는 전쟁 동원에 과학과 산업을 이용하듯 예술을 이용하는 방법도 알아냈다. 1차 세계대전 때 영국 정부는 유명한 미술가들에게 화물선을 위장시켰다. '휘황찬란한 선박들'이 현란한 도안으로 뒤덮여서 독일 잠수함이 적선의 속도와 방향을 가늠하기 어려웠다.

[1차 세계대전 말에] 신설된 영국 정보부는 전쟁을 기록하거나 국내 후방에 사용할 선전물을 만드는 일련의 사업을 전개하는 데 예술가들을 동원했다.

새로 등장한 영화 산업에서 영국과 프랑스의 영화사들은 후방의 안정을 도모하는 내용부터 독일의 전범 행위를 고발하는 내용까지 광범위한 주제의 영화를 만들어냈다. 독일을 고발하는 영화는 중립국으로도 보내져 협상국들에 대한 지지를 무난히 얻어내곤 했다.

정부의 엄격한 통제를 받은 독일 영화 산업은 새로운 매체의 영향력을 파악하는 데 뒤쳐졌으며 외국에 내보낸 영화의 영향도 미미했다. 전방을 보여주는 독일 영화는 위문편지를 읽거나 식사를 하며 흡족해하는 독일군, 가벼운 부상을 병원에서 회복하고 있는 독일군, 또는 적이 파괴한 자국 내 교회를 재건하는 독일군에 초점을 맞추었다. 독일군 전사자의 모습이나 (촬영하기 어려웠을) 전투 장면은 없었다. 이런 영화를 보면서 배꼽이 빠지도록 웃은 사람은 전방의 독일군밖에 없었다(2차 세계대전 때는 독일의 선전 능력이 매우 향상됐다. 나치 선전부 장관 요제프 괴벨스는 영국으로부터 많이 배웠다고 털어놨다.).

그런데 적이 만든 예술 작품은 트로이 목마나 다름없다는 비난이 쏟아지면서 새로운 전선의 포문이 열렸다. 1차 세계대전 중인 1916년 프랑스에서 작곡가 카미유 생상스(1835~1921)와 동료들은 '전국 프랑스 음악 수호 연맹'을 설립하고 현대 독일 음악에 대한 공연 금지 운동을 펼쳤다. 생상스는 이렇게 호소했다.

"[프랑스의] 여성과 어린이가 대량 학살을 당했는데 어떻게 프랑스인이 바그너의 음악을 들을 수 있겠는가? 불가피하게도 바그너의 작품은 읽지도 듣지도 말아야 한다. 왜냐하면 바그너는 독일이 자신의 작품을 이용하면 적의 영혼을 정복할 수 있다고 생각했기 때문이다."

영국 언론들은 베토벤, 브람스, 바흐의 작품을 연주하는 오케스트라를 공격했다.

[앞에서 언급한 제15대] 로배트 경이 깨달은 바와 같이, 음악은 전쟁터에서 특별한 역할을 한다. 『포어앤드애프트 연대의 북 치는 소년들(The Drums of the Fore and Aft)』은 러디어드 키플링이 대영제국 전선의 영국군을 소재로 쓴 강렬한 이야기들 가운데 하나이다. 이 작품에서 키플링은 2차 영국-아프가니스탄 전쟁(1878~1880) 초기에 영국군이 아프간의 공격에 밀려 후퇴하면서 있었던 실제 사건을 끌어온다. 이야기에 나오는 북 치는 소년 두 명은 열네 살인데,

술꾼이면서 폭력배다. 둘은 후퇴 중에 낙오된다. 그런데 훔친 럼을 나눠 마시고 취기와 사기가 오른 둘은 북과 백파이프로 「영국 척탄병 행진곡(The British Grenadiers)」을 연주하며 아프간군 쪽으로 행진한다. 소년들의 용기에 부끄러움을 느낀 포어앤드애프트 연대는 후퇴를 멈추고 전투를 재개한다. 그리고 맹렬한 백병전으로 적을 무찔러 승리를 거둔다. 전사한 소년들은 다른 영국군 전사자들과 함께 안장된다.

그리스 역사가 투키디데스에 따르면, 스파르타군은 군가를 부르며 출전했다. 기원전 418년 만티네이아 전투 때 스파르타군은 대열 내 피리 연주자의 음악에 맞춰 아르고스군과 그 동맹군들을 향해 천천히 전진했다.

"그들의 이런 관습은 종교와 무관하다. 발을 맞추고 대열을 흩뜨리지 않으면서 꾸준히 전진하기 위해 생각해낸 것이다. 대부대는 전투가 임박하면 대열이 흐트러지는 경우가 많다."

전쟁에서 음악은 춤과 마찬가지로 군인의 훈련에 도움이 된다. 동작이 무의식적으로 이루어지게 하고 전투 중에 서로 흩어지지 않게 한다. 18세기 지휘관 모리스 드 삭스는 자신이 개발한 훈련법으로 유명했다. 그는 말했다.

"보조[步調]를 맞춰 행군하게 하라. 거기에 모든 비밀이 있다. 그것은 로마군의 보법이다.…… 사람들은 밤새껏 춤을 추기도 한다. 하지만 아무에게나 혼자서 음악 없이 단 15분 만이라도 춤추게 해서 과연 해내는지 지켜보라.…… 음악에 맞춰 움직이는 것은 자연스럽게 저절로 된다. 나는 깃발을 따라 북이 울리는 동안 모든 군인이 일부러 의식하지 않고도 보조를 맞춰 행진하는 것을 숱하게 보았다. 본성과 본능 덕분에 그리되는 것이다."

중국의 손무는 장수들에게 깃발과 함께 징과 북도 사용하라고 조언했다. 그렇게 하면 행군이나 기동 훈련이나 공격 중에 군대가 흩어지지 않을뿐더러, 군인들의 주의를 특정 지점에 집중시킬 수 있다는 것이다.

야전 전화기나 무전기, 여타 전자 통신 기기가 없었던 근대 전쟁터에서 음악은 지휘관의 명령을 전달할 수 있는 몇 안 되는 수단 중 하나였다. 유럽의 군대가 알아낸 것처럼, 목관악기와 금관악기의 고음은 전쟁터의 많은 소음을 넘어 전달될 수 있다. 나폴레옹 전쟁 때 영국 육군 보병 규정에는 음악으로 전달할 수 있는 다양한 메시지가 나열돼 있었다. 전진, 후퇴, 심지어 적 기병 또는 보병의 접근 경고까지.

또한 음악은 공수 양쪽에 비슷한 심리적 효과를 미칠 수 있었다. 프랑스에 맞선 이베리아반도 전쟁에서 웰링턴 장군의 영국군에서 싸웠던 어느 참전군인에 따르면, 워털루 전투에서 프랑스군 고수들이 공격 개시의 빠른 걸음을 의미하는 '돌격보[突擊步]'를 두드렸는데 그것은 "아무리 강심장인 사람도 다소간 동요할 수밖에 없는 소리"였다.

1차 세계대전이 일어나기 전 유럽에서 수십 년 동안 그러했듯, 평시에 예술은 대중에게 심리적 전쟁 준비를 시킬 수 있다. 유럽 전역에서 군악대가 야외 공연장에서 연주하고, 여름에는 관함식이 열리고, 근위기병대가 제복을 차려입고 철거덕철거덕 소리를 내며 대로를 누볐다. 이런 것들은 대중에게 즐길 거리이기도 했지만 매우 효과적인 전쟁 선전이기도 했다.

당시 문학 가운데 시에서는 젊은 영웅호걸들이 군대를 모아 머나먼 곳에서 야만적인 적과 싸우다가 고향에서의 행복한 추억을 떠올리며 죽어갔다. [신성로마제국 황제 프리드리히 1세인] 바르바로사(1122~1190)는 [십자군 전쟁에 나섰다가 패전해 사망했는데, 전설에 따르면 키프하우저] 산속에서, 그리고 [16세기 영국 해군 제독] 프랜시스 드레이크는 [함선 갑판 아래] 해먹 속에서 잠들어 있다가 언제라도 부르면 깨어나 조국을 구하러 올 채비가 돼 있었다. 영국 상류층과 중류층의 어린이들은 호메로스나 티투스 리비우스, 율리우스 카이사르의 작품 속에서 읽은 것과 같은 영예로운 전투를 꿈꿨다. 유럽 전역에서 갑옷 입은 기사와 기사도, 십자군을 비롯한 중세가 새롭게 인식되었다.

소년들에게 인기 있는 소설과 잡지는 대부분 과거의 영웅담을 다뤘다. 독일에서 가장 인기 있는 주제는 조국의 위대한 승리였다. 예를 들면 게르만족이 처음으로 로마군을 물리친 1세기 '토이토부르크 숲의 전투'나 1870년 스당에서 프랑스를 상대로 [프로이센-프랑스 전쟁에서] 거둔 승리 같은 것이었다. 영국의 인기 있는 소설가 G. A. 헨티는 80권 이상의 책을 썼는데 거의 대부분은 역경을 극복하고 전쟁에서 이름을 날린 모범적인 영국 소년이 주인공이었다. 헨티는 말했다.

"책에 애국심을 불어넣는 것이 나의 주된 목적 가운데 하나였고, 현재까지 내가 알기로 그 점에서 나는 실패하지 않았다."

유럽의 젊은이들은 자신도 그런 영웅이 될 수 있을 것 같은 기대감을 안고 1914년 1차 세계대전에 나섰다.

영국의 로버트 그레이브스, 시그프리드 서순, 윌프레드 오언, 호주의 프레더릭 매닝, 프랑스의 앙리 바르뷔스 같은 당대의 소설가, 시인, 회고록 작가는 교육을 받아서 문학과 역사, 신화에 밝았기 때문에 자신이 느낀 충격과 환멸을 표현할 능력을 잘 갖추고 있었다. 그들은 참전자가 아닌 작가들이 전선을 마음대로 묘사하는 것(어느 프랑스 작가는 이것을 '구라'라고 불렀다.)에 분개했다. 다만 여기서 주지해야 할 점은 1차 세계대전 종전 직후 무렵에는 반전 작가들이 전쟁 영웅담을 들려주는 에른스트 윙거 같은 작가들에 비해 훨씬 인기가 없었다는 사실이다.

1920년대 말에는 반전 소설 『서부 전선 이상 없다』가 독일에서 (나치가 판매 금지하기 전까지) 120만 부가 팔렸다. 그런데 일명 '붉은 남작'으로 불린 최고의 전투기 조종사 만프레트 폰 리히트호펜의 회고록도 그 정도 팔렸다. 어느 학자의 추산에 따르면, 양차 세계대전 사이에 나온 전쟁 관련 도서 중 겨우 5퍼센트만 평화주의 책이었다.

전쟁 중에 각국 정부는 예술의 힘을 이해하고 이용하려 했는데, 그러면서도 한편으로는 산업화된 전쟁의 실체를 접한 대중이 공포에 빠지지 않도록 하기 위해 전방에 대한 묘사를 통제했다. 영국의 전쟁 예술가들은 그림에 시체를 담지 말라는 지시를 받았다. 화가 크리스토퍼 R. W. 네빈슨(1889~1946)은 1917년 작품 「영광의 길(Paths of Glory)」에서 땅에 얼굴을 박고 있는 시체 두 구를 그렸다가 검열을 통과하지 못했다. 그래서 네빈슨은 그림에 "검열필"이라고 적힌 커다란 딱지를 군화 밑창과 철모를 가리지 않게 붙임으로써 보는 이가 가려진 부분을 상상할 수 있게 했다.

독일 화가 게오르게 그로스(1893~1959)는 방독면을 쓴 채 십자가에 매달린 예수가 "입 닥치고 병역이나 계속하라"고 말하는 무지막지한 판화를 제작했다[1926]. 그의 동료인 독일 화가 오토 딕스(1891~1969)는 1차 세계대전 종전 후에 전사자 시신이나 조각난 시체를 묘사한 무시무시한 연작 판화을 만들었다(1920~1923). 그 중 「참호(Der Schützengraben)」는 포격으로 산산조각난 시체를 보여주었다. 당시 신생 나치당은 그를 맹렬히 비난했고 나중에 정권을 잡자 「참호」를 포함한 그의 작품들을 1937년 뮌헨에서 열린 '퇴폐미술' 전시의 주목받는 자리에 배치했다.

전쟁을 순화해서 보여주려는 이들과 전쟁의 잔혹성을 그대로 보여주려는 이들 사이의 줄다리기는 매우 오래전부터 있었고, 예술가들은 통제로부터 벗어나거나 교묘히 빠져나가는 법을 찾아냈다. 영국 화가 폴 내시는 1차 세계대전 때 공식 종군 화가였다. 그런데 「메냉 거리(The Menin Road)」와 작품명이 반어적인 「우리는 신

게오르게 그로스의 「방독면 쓴 예수」. 독일 화가 그로스는 고야처럼 자신의 작품으로 전쟁을 고발했다. 1926년에 같은 주제로 그린 여러 작품 중 하나인 이 스케치에서 그로스는 십자가에 못박힌 예수의 이미지를 이용하여, 전쟁에서 이익을 챙기는 자들을 비판했다. 그로스는 신성 모독으로 기소되었고, 나중에 나치로부터 케테 콜비츠, 오토 딕스 등과 함께 퇴폐 미술가로 낙인 찍혔다.

세계를 만들고 있다(We Are Making a New World)」 같은 전방 묘사 작품들은 인명 손실과 파괴에 대한 잊을 수 없는 증거이다. 그 작품들은 전쟁 전 그가 그리던 아름다운 영국 풍경과는 완전 정반대이다. 산산이 부서진 나무, 진창, 썩은 물웅덩이가 보인다. 행복한 소풍객이나 즐거운 농부는 전혀 보이지 않고 쓸쓸히 걸어가는 군인들만 있다. 1917년 11월 그는 아내에게 편지를 썼다.

"나는 더 이상 생기와 호기심이 넘치는 화가가 아니오. 전쟁이 영원히 계속되기를 바라는 자들에 맞서 싸우고 있는 이들의 말을 전하는 전령이오. 나의 전언이 비록 미약하고 모호할지라도 통렬한 진실을 품고 있기에 그들의 비열한 영혼을 불사를 것이오."

프란시스코 고야는 1810년과 1820년 사이에 「전쟁의 참화」라는 훌륭한 연작 판화를 제작했다. 당시 스페인은 약화된 정부, 프랑스의 침략, 혁명, 내전, 그리고 프랑스와 영국 간의 전쟁으로 혼란스러웠다. 고야는 스페인 궁정화가로서 프랑스 장교와 영국 장교의 초상화도 그려주면서 은밀히 자신의 판화 작품을 만들었다. 고야가 죽은 후 30여 년이 지나 공개된 80여 점의 연작 작품들은 전쟁을 벌인 양측을 맹렬하고 강력하게 규탄하면서 인간이 얼마나 잔인해질 수 있는지 보여준다.

그중 「그리고 그들은 사납다(Y son fieras)」는 한쪽 팔로 아기를 안은 채 프랑스 군인을 죽이는 여인을 포함해, 적과 싸우는 스페인 여성들을 보여준다. 반면 「야만인들!(Bárbaros!)」에서는 나무에 묶인 성직자를 프랑스 군인 2명이 총으로 쏘는데, 다른 프랑스 군인들

스페인 화가 프란시스코 고야가 1810년부터 1820년까지 만든 「전쟁의 참화」 연작 판화 중 다섯 번째인 「그리고 그들은 사납다」. 연작 판화를 통해 고야는 1808년 나폴레옹의 침략으로 시작된 이베리아반도 전쟁과 부르봉 왕조에 대한 반란 속에서 스페인이 겪은 전쟁의 공포와 잔혹성을 보여주었다. 민간인들도 침략자에 맞서 싸웠으며, 위의 판화에는 아기를 안은 채 프랑스 군인을 공격하는 여인을 포함한 스페인 여성들이 등장한다.

은 무심히 구경만 하고 있다. 고야가 붙인 작품 제목들은 간결하지만 명확하다.

「눈 뜨고 볼 수 없다(No se puede mirar)」,

「이건 악질이다(Esto es malo)」,

「이건 더 악질이다(Esto es peor)」,

「이건 최악이다(Eso es lo peor!)」.

그리고 그는 주장한다.

「나는 보았노라(Yo lo vi)」,

「사건의 진상(Así sucedió)」.

고야의 작품은 18세기의 틀에 박힌 전쟁화에서 멀리 벗어났으며 오토 딕스나 살바도르 달리(1904~1989) 같은 후대 작가들에게 지대한 영향을 미쳤다. 영국의 전쟁 사진가 돈 매컬린(1935~)은 "전쟁 사진을 찍을 때면 고야를 떠올리지 않을 수 없었다."라고 말했다.

파블로 피카소(1881~1973)도 고야를 떠올렸다. 그는 고야를 흠모했다. 그리고 1937년에 20세기의 손꼽히는 반전 그림을 만들어냈다. 당시 프랑코 장군이 이끄는 민족주의 반란군에 맞서 싸우며 존립이 위태로웠던 스페인공화국 정부는 피카소에게 파리 만국박람회 스페인관에 벽화를 그려달라고 요청했다. 그해 4월 피카소는 독일 공군이 게르니카를 폭격하자 그것을 벽화 주제로 정했다. 그 사건을 묘사한 피카소의 그림은 전쟁화의 초점이 군인 희생에서 민간인 희생으로 이동하는 중대한 전환점이 되었다. 피카소는 빠른 속도로 작업하여 거대한 화폭을 혼돈과 공포의 장면으로 채웠다. 그림에는 절규하는 사람들과 말 한 마리가 산산조각으로 흩어져 있다. 한 여성은 죽은 아이를 안고 있다. 피카소는 작업 중에 성명을 발표했다.

"내가 게르니카라고 부르려 하는, 지금 작업 중인 이 그림과 최근의 모든 작품을 통해 나는 스페인을 죽음과 고통의 바다에 빠뜨린 군대에 대한 증오를 명백히 밝히는 바입니다."

2차 세계대전 중 독일에 점령당한 파리에 있었던 피카소에게 게슈타포 장교가 찾아가 「게르니카」 사진을 보며 물었다.

"이거 당신이 그린 거요?"

피카소가 대답했다.

"아니오. 당신이 그린 거요."

피카소는 스페인의 민주주의가 회복되기 전까지 「게르니카」를 스페인으로 보내는 것을 허락하지 않았다. 「게르니카」는 1981년에야 마드리드로 옮겨졌으며, 국보로 지정됐다.

모든 사람이 「게르니카」에 찬사를 보낸 것은 아니다. 소련의 강한 지배력하에 있었던 좌익 공산주의자들은 칭송하는 마음을 내보이지 않았다. 제대로 된 사실주의 작품이 아니라며 비판했다. 나치가 발간한 만국박람회 안내서에서는 「게르니카」를 "네 살짜리 아이도 그릴 수 있는 뒤죽박죽 신체 조각 그림"이라고 평했다. 그리고 「게르니카」가 2차 세계대전 전에 미국에서 순회 전시되던 중 어느 미국 보수주의자는 "모스크바 권력의 지령을 따른 볼셰비키 예술"이라고 평했다.

과연 예술가의 관점과 의도에 강하게 반대하면서 그의 예술 작품을 제대로 감상할 수 있을까? 리하르트 바그너(1813~1883)는 반유대주의자였지만 탁월한 음악을 작곡했고, 레니 리펜슈탈(1902~2003)은 열성적인 나치 당원이었지만 혁신적이고 영향력 있는 영화를 제작했다. 이것은 특히 이스라엘에서 어려운 문제였다.

예술 작품에 대한 우리의 반응은 자신이 누구인지, 어떤 입장에 있는지, 그리고 작품을 언제 접하는지에 따라 다르다. 영국 작가 로버트 그레이브스는 자전적 회고록 『모든 것과의 이별』(1929)이 반전 선언으로 받아들여진 것에 놀랐다. 그는 단지 전쟁을 묘사하려 했을 뿐이고(그는 자신의 참전을 자랑스러워했다.) 급히 필요한 돈도 벌고 싶었다. 하지만 그의 책이 출간된 1920년대 말은 1차 세계대전에 대한 환멸과 전후 평화에 대한 회의가 팽배했고 미래가 점점 암담해 보였다[그의 작품은 영국 사회와 전쟁을 비판적 시각에서 생생하게 그려내 크게 성공했으나 작가의 처신에 대한 많은 비난과 반감을 샀다.]. 만약 작가가 별로 알려지지 않은 인물이라면 이런 시대 상황이 그다지 문제가 될 리 없고, 새로운 예술 작품이 등장한 시기의 사회 정서와 인식은 세월의 흐름에 따라 사라지게 마련이다.

호메로스는 (만약 실존했다면) 존경할 만한 인물일 수도 있고 끔찍한 사람일 수도 있다. 전쟁광이었을 수도 있고 평화주의자였을 수도 있다. 그것은 절대 알 수 없다. 그래서 저자에 대한 선입견 없이 『일리아스』와 『오디세이아』를 읽을 수 있다.

「게르니카」는 현재 스페인에서 국보이다. 하지만 2차 세계대전이 끝난 후 피카소가 「게르니카」를 스페인으로 보내라는 프랑코의 요구에 응했다면 아마 「게르니카」에 대한 인식이 달라졌을지 모른다.

19세기 중반부터 사진이, 그리고 이어서 영화도 전쟁을 묘사하는 데 있어 그림보다 점점 큰 비중을 차지하게 됐다. 새로운 매체가 보다 정확한 실제 모습을 보여주는지는 중요한 문제가 아니다. 카메라도 화가의 눈만큼이나 선택적이고 왜곡될 수 있으므로 역시나 중요한 것은 누가 어떤 관점에서 바라보느냐이다.

초창기 카메라는 동작을 포착할 수는 없었지만 전쟁의 형세와 결과는 보여줄 수 있었다.

미국의 성공한 사진가였던 매슈 브래디(1823~1896)는 남북 전쟁을 최대한 완벽하게 사진으로 기록하려고 했다[하지만 기동성 없는 장비의 한계로 실제 전투 장면을 찍지는 못했다. 종전 후 1만여 장의 전쟁 사진을 미국 정부가 사주지 않아 파산했으며 빚더미를 안고 사망했다.].

1862년 사진가 알렉산더 가드너(1821~1882)는 남북 전쟁에서 가장 치열했던 앤티텀 전투의 전장을 찍었고, 그 연작 사진들은 가장 유명한 앤티텀 전투 사진 컬렉션이 됐다. 한 사진에서는 군인들의 뒤틀린 시체가 평범한 시골길을 따라 이리저리 죽 널브러져 있는데, 그 길이 멀리까지 구불구불 이어지고 있다. 그런데 그가 종종 시체를 옮겨 장면을 연출했다는 사실을 알면 사진에서 받는 충

미국 남북 전쟁이 한창이던 1862년에 벌어진 치열한 앤티텀 전투에서 전사한 남부군의 시신들. 유명한 사진가 알렉산더 가드너가 촬영했다. 가드너는 사진 촬영 전에 시신들을 재배치하곤 했는데, 이 장면도 그렇게 연출된 것으로 추정된다. 내전은 특성상 오래 지속될뿐더러 희생 또한 크다. 남북 전쟁으로 인한 사상자 수는 미국이 치른 다른 모든 전쟁에서의 사상자 수보다 많을 것으로 추정된다.

격이 덜하지 않을까?

1차 세계대전 중인 1916년 영국 정부는 온건하고 상당히 단조로운 선전 영화를 이용하던 관행에서 벗어나 솜 전투의 처음 며칠간을 촬영해 영화로 만들었다. 영국군 지휘부는 공격을 개시하자마자 독일군 진영을 격파할 것으로 예상했기 때문에 카메라맨에게 전례 없는 근접 촬영을 허용했다. 카메라는 군인들이 참호에서 전투 준비를 하는 모습과, 총검을 소총에 장착하고 참호 밖으로 나가 무인지대로 사라지는 장면을 담았다. 하지만 촬영은 거기까지만 이루어졌다.

초기의 영화 카메라는 너무 무거워서 옮기기 어려웠으며, 카메라맨이 전투 장면을 찍으려고 전쟁터에 서 있는 것은 너무나 위험했다. 그래서 영화 제작자들은 실제 공격 장면을 그려내기 위해 훈련 장면을 삽입했고 그 뒤에 부상병이 돌아오는 실제 장면을 이어붙였다. 그랬는데도 영국 관객들은 크나큰 충격을 받아 가슴 아파하고 한걱정을 하게 됐다. 그들은 서부 전선에서 벌어지고 있는 일들을 처음으로 눈앞에서 보았다. 프랑스 전선에서 전투가 계속된 1916년 여름에 영화를 상영한 지 겨우 6주 만에 총 인구의 약 4분의 1이 관람했다. 영국민들은 눈물을 흘렸고 일부는 기절하기도 했다.

전쟁을 기록하는 데 있어 또 하나의 중요한 혁신은 값싼 카메라의 등장이다. 이제 모든 참전자가 전쟁 사진가가 될 수 있었다. 1차 세계대전 중반에 소형 코닥 카메라는 1달러에 불과했고 군복

주머니에 쏙 들어갔다. 영국군 지휘부는 군인들의 편지를 검열하듯 사진을 검열하려 했고, 캐나다군은 장병들의 카메라 소지를 금지하려 했지만, 둘 다 별 실효성이 없었다.

기술이 끊임없이 발전하여 카메라 장비가 훨씬 더 가벼워짐에 따라 사진가들은 최전선을 누비며 찰나의 순간을 포착할 수 있었다. 헝가리 출신 사진가 로버트 카파는 스페인 내전에서 한 군인이 총에 맞아 쓰러지는 장면을 담은 유명한 사진 「어느 공화파 병사의 죽음」을 찍었다. 오늘날 아프가니스탄이나 이라크 같은 분쟁 지역에서 군인들은 자신의 휴대전화를 사용한다.

베트남 전쟁이 끝나고 나서 미군은 전쟁 지역을 자유롭게 활보하도록 허용한 기자와 사진가, 작가가 전한 지면 보도나 영상 보도의 영향으로 미국민의 전쟁 지지가 줄어들었다는 결론을 내렸다. 1972년 6월 8일 네이팜탄에 화상에 입은 채 도로를 내달리는 베트남 여자아이, 1968년 1월 30일 뗏[설날] 공세 때 사이공 주재 미국 대사관 주위를 포위한 적군들, 그로부터 이틀 후인 2월 1일 북베트남군 포로의 머리에 총을 쏘는 사이공 경찰서장 등을 찍은 사진들을 본 상당수의 미국인들이 베트남 전쟁은 이길 수 없고 잘못된 전쟁이라고 생각하게 됐다. 미군의 결론에 일리가 있다.

그러나 여론이 반전 쪽으로 기우는 데 전쟁 보도가 주된 요인이었는지는 논란의 여지가 있다. 베트남 전쟁은 미국 내에서 이미 평이 좋지 않아 징병과 모병에 어려움이 있었다. 많은 미국인들은 왜 그들의 나라가 지구 반대편의 조그만 나라에서 그렇게 오래 싸우는지 도저히 납득할 수 없었다.

우리는 전쟁의 실상을 [간접적으로는] 절대 제대로 이해할 수 없을 것이라는 팀 오브라이언의 말이 옳을지 모른다. 하지만 예술은 우리가 어떻게 해도 설명할 수 없을 법한 전쟁의 특성을 이해하거나 전쟁에 대처하는 데 도움이 된다. 참전했든 참전하지 않았든 많은 사람들에게 그러하다.

그리스인들은 호메로스를 '영혼의 치유사'로 여겼고, 미국 작가 필립 카푸토는 자신의 회고록 『전쟁의 소문』을 읽은 베트남 전쟁 재향군인들로부터 그동안 잠겨 있던 전쟁의 기억과 감정이 풀려났다는 편지를 받았다. 최근 프랑스의 한 연구에서는 1차 세계 대전 때 프랑스군 병사들이 참호에서 무엇을 읽었는지 조사했다. 많은 병사들은 초등 교육밖에 받지 못했지만 가족이나 책방에 편지를 보내 톨스토이의 『전쟁과 평화』 같은 책을 보내달라고 했다. 그들은 그런 책을 읽으며 대단한 깨달음을 얻지는 못해도 현재의 비극보다 더 오래 지속될 아름답고 값진 것이 있다는 사실에 적잖은 위안을 받았다.

1937년 영국 작가 리베카 웨스트(1892~1983)는 유고슬라비아를 여행하던 중 어느 식당에서 광적인 독일 민족주의자와 불쾌한 논쟁에 휘말렸다. 그때 누군가가 라디오를 켰고 모차르트의 교향곡이 흘러나왔다. 그녀는 물었다.

"예술이 저 광막하고 버거운 세상천지에 질서와 아름다움을 가져와 우리가 맞바람 치는 세파 속에서 돛을 펄럭이며 항해할 수 있기를 바라는 것이 과연 가당키나 할까요?

그러고 나서 말을 이었다.

"그런데 우리 머리 위의 벽에 붙어 있는 마술 상자에서 샘솟아 나오는 저 음악은 우리에게 약속했어요. 분명히 우리는 모든 게 괜찮아질 거라고. 언젠가 틀림없이 우리의 삶이 저 음악처럼 아름다워질 거라고."

예술 작품을 창작하고 소비하는 것은 희망의 몸짓일 뿐만 아니라 저항 행위이기도 하다. 양차 세계대전 중에 전쟁 포로들은 연극과 콘서트 무대에 섰다. 1940년 독일의 전쟁 포로가 된 프랑스 작곡가 올리비에 메시앙(1908~1992)은 포로수용소에서 각각 클라리넷, 바이올린, 첼로를 연주하는 세 명의 동료 음악가를 만났다. 그는 친한 감시병에게 부탁해 종이 몇 장과 몽당연필 하나를 얻었고 자신이 사용할 피아노를 비롯해 낡고 오래된 악기들도 구했다. 1941년 1월 15일 비가 오는 가운데 야외에서 그들은 올리비에가 작곡한 「세상의 종말을 위한 사중주(Quatuor de la fin du temps)」를 함께 초연했다. 나중에 그는 이렇게 회상했다.

"나는 음악을 그렇게 완전히 몰입해서 깊이 느끼며 감상한 적이 없다."

8악장으로 이루어진 그의 작품은 『신약 성경』 중 「요한 묵시록」을 바탕으로 세상의 종말과 나팔 부는 일곱 천사들의 출현을 다루고 있다. 곡은 "예수의 불멸에 대한 찬양"으로 끝난다. 메시앙

독일 화가 알브레히트 뒤러(1471~1528)의 유명한 목판화 중 하나인 「묵시록의 네 기사」(1498). 「요한 묵시록」(6:1~8)에 실릴 삽화로 제작됐다. 이 판화는 오른쪽부터 순서대로 역병, 전쟁, 기근, 죽음이 닥치는 것을 보여준다. 실제 전쟁에서 흔히 그러하듯, 이 장면에서도 네 가지가 서로 가까이 달리며 무력한 민간인들을 무자비하게 짓밟고 있다.

은 말했다.

"곡 전체가 사랑이다. 최고조를 향한 완만한 상승은 예수의 신을 향한 인간의 상승, 자신의 아버지를 향한 하느님 자식의 상승, 천국을 향하도록 만들어진 신성한 존재의 상승을 의미한다."

예술이 우리에게 하는 약속과, 현실에 맞서는 예술의 저항은 2차 세계대전을 기록한 잊지 못할 사진 가운데 하나인 세인트 폴 성당 사진에서도 보인다. 사진 속 성당은 독일군의 런던 공습으로 발생한 화염과 폐허 속에서도 우뚝하게 서 있다.

예술은 아주 오래전 개인들의 목소리를 들려주기도 한다. 기원전 3000년경 수메르에서 지어져 세계에서 가장 오래된 시에 속하는 아래 서사시에서는 패전의 결과를 비통해한다.

그 적이 신발을 신은 채 내 방에 난입했노라!
그 적이 더러운 손을 내게 뻗었노라!
……
그 적이 내 옷을 벗겨 자기 부인에게 입혔고,
그 적이 내 보석줄을 끊어 자기 아이에게 걸어주었으니,
나는 이제 그의 집[빼앗긴 내 집]에 발을 디디게 됐노라.

『일리아스』에서 뛰어난 트로이 전사 헥토르의 아내인 안드로마케는 남편이 아킬레우스에게 죽임을 당했다는 사실을 알게 되

자 대성통곡을 한다[제22장].

> 이제 당신은 어둡고 깊은 땅속으로,
> 죽음의 세계로 내려갔으니,
> 이곳에 남겨진 나는 슬픔에 녹초가 되고,
> 궁에서도 의지할 데 없는 과부가 되었네요.
> 그리고 우리가 함께 낳은 아들은 아직 갓난이에 불과하니,
> 당신과 나는 어찌 이리도 불운한지요.

1차 세계대전 발발 전 독일 판화가 케테 콜비츠(1867~1945)는 좌파 미술가였고, 의사인 남편은 베를린 빈민가에서 의원을 운영했다. 1914년 8월 열여덟 살인 아들 페터가 군 입대를 원했을 때 그녀는 말리지 않았다. 아들은 10월 12일 전선으로 향했고 열흘 후 전사했다. 그녀는 아들의 죽음을 한없이 슬퍼하며 페터의 방을 그가 떠나던 날 모습 그대로 두었다. 페터는 "빻아서는 안 되는 파종용 씨앗"이었다고 콜비츠는 말했다.

그녀는 페터가 묻힌 벨기에 로게벨데의 독일군 묘역에 세울 기념 조각상을 화강암으로 만들었다. 「비통한 부모」 조각상 2점은 1932년 처음 설치됐을 때 서로 떨어져 있어서 부모가 각자의 슬픔을 보였다. 어머니는 고개를 숙인 채 양팔로 가슴을 억누르고 있고, 아버지는 고개를 들고 있지만 역시 양팔로 가슴을 누르고 있다. 1955년 묘지가 인근의 넓은 곳으로 이전하면서 콜비츠의 부

케테 콜비츠의 조각상 「비통한 부모」. 1914년 10월 콜비츠는 전쟁으로 아들을 잃었다. 콜비츠와 그녀의 남편은 죽을 때까지 아들의 죽음을 슬퍼했다. 그녀는 자신의 많은 작품에서 상실의 슬픔을 표현했으며, 이 조각상 2점은 벨기에에 있는 아들의 묘지에 세우기 위해 만들었다. 처음에는 두 조각상이 서로 멀리 떨어져 있었으나 나중에 묘지가 이전하면서 가깝게 재배치됐다. 하지만 두 조각상은 여전히 각자의 슬픔에 잠겨 있다.

모 조각상은 서로 가까이 함께 놓이게 됐다.

1차 세계대전 때의 전사자 추모는 그리스식 기념비, 고대 전사를 닮은 조각상, 검은 상복, 고인을 위한 기도 같은 전통 방식을 따랐다. 그런데 전쟁의 규모가 커져 너무나 많은 사람들이 희생됐기 때문에 새로운 추모 방식이 필요해졌다.

그래서 영국군을 위한 '제국 전쟁 묘지 위원회'의 설립을 주도한 열정적 이상주의자 페이비언 웨어(1869~1949)는 세 가지 주요 원칙을 제시했다. 첫째, 전사자는 전사한 국가에 묻혀야 한다. 둘째, 과거 전쟁들과 달리 묘지에 계급 구분이 없어야 한다. 셋째, 모두에게 간소하고 동일한 묘비를 세워야 한다.

민간인들은 늘 해오던 개별 방식대로 고인을 추모하면서도 이제 자발적으로 나서서 지역별 의례와 기념물을 만들고 그것을 공식화하기도 했다. 유럽 전역과 영국령 일부 국가들의 도시와 마을에서 기념비, 공원, 분수, 마을 회관, 병원 같은 다양한 기념물을 건립하기 위한 지역 기부금을 모았다. 캐나다 뉴펀들랜드주 항구 도시 세인트존스에서는 메모리얼(Memorial) 대학교를 설립했다.

영국 케임브리지 시 철도역 근처에는 걸어가는 병사의 동상[케임브리지 전쟁 기념상]이 있는데, 이상하게도 몸통은 짧고 다리는 긴 편이다. 기념상 제작 기금이 충분히 모이지 않아 동상 크기를 줄여야 했기 때문이다. 오벨리스크[방첨탑]는 비용이 적게 들고 만들기가 쉬워 기념비로 널리 세워졌다. 그리하여 영국과 프랑스에서만 무려 6만 개에 이르는 기념물이 만들어졌다.

1919년 영국 정부는 1차 세계대전 영국군 전사자 묘지 설계에 참여했던 저명한 건축가 에드윈 러천스(1869~1944) 경에게 요청하여 그해 7월 런던 중심부 화이트홀 거리에서 진행될 승전 퍼레이드 때 임시로 설치할 전몰자 기념비 세너타프[Cenotaph, '빈 무덤'을 의미하는 그리스어 *kenotaphion*에서 유래한 명칭]'를 제작했다. 그 빈 무덤 상징물은 1차 세계대전에 걸맞았다. 포격에 희생된 전사자의 상당수는 유해를 수습할 수 없거나 확인할 수 없었기 때문이다.

나무와 석고로 만들어진 러천스의 기념비는 대중의 엄청난 관심을 끌었다. 수십만 명이 찾아와 꽃다발과 화환으로 추모해서 영국 정부는 기념비를 예정보다 오래 유지했다. 1919년 11월 11일 종전 기념일에 처음 실시된 '2분간 묵념'이 1920년대와 1930년대에도 매년 시민들의 참여로 진행됐다[2022년 9월 영국 여왕 장례식 때도 2분간 묵념이 실시됐다.]. 전국에서 사람들이 공공장소로 모였고, 차들이 자발적으로 멈춰섰으며, 전화교환원들은 교환대에서 플러그를 모두 뽑았다.

영국 정부는 대중의 빗발치는 요구에 따라 러천스에게 영구적인 석조 기념비를 만들어 달라고 요청했다. 그 기념비는 1920년 11월 서부 전선에서 무명용사들의 유해가 돌아온 날 제막됐다[포틀랜드 석회암으로 다시 만들어져 같은 자리에 설치된 이 기념비는 이후에 일어난 전쟁의 전사자들까지 추모하는 기능을 하게 됐다.]. 이들의 유해는 시가 기념 행진을 거쳐 웨스트민스터 사원에 안치됐다. 빈 무덤 기념비와 마찬가지로, 이것 또한 시신 없는 전사자를 추모하는 간단하면서 훌륭한 방법이었다. 무명용사 무덤에 안장된 전사자를 둔 유족들은 이제 그들의 슬픔을 표현할 곳을 갖게 됐다. 이번에도 영국 정부는 원래 계획을 변경하여 예정보다 훨씬 더 많은 일반인 참배를 허용했다. 웨스트민스터 사원 묘지는 2주간 개방됐고, 간간이 흐느낌과 곡성이 정적을 깨는 가운데 총 125만 명이 참배했다.

1920년대에 파리, 로마, 워싱턴 D.C., 브뤼셀, 프라하, 베오그라드, 빈, 부쿠레슈티는 영국의 예를 따랐다. 하지만 베를린과 모스크바는 그러지 않았다.

2차 세계대전 때도 전사자 기념비가 만들어졌다. 하지만 1차 세계대전 기념비에 새로운 전사자들의 이름을 간단히 추가하는 경우가 많았다. 오늘날 대부분의 세계대전 참전국들에서는 20세기와 21세기의 전사자들을 모두 함께 전사자로 기념하고 있다.

그리고 대중은 나름의 공동 추모 방식을 끊임없이 만들어왔다. 2014년부터 2018년까지 1차 세계대전 100주년 기념행사로 런던탑 주변에 대영제국 전사자를 상징하는 세라믹 양귀비꽃 88만여 송이가 전시됐을 때, 런던탑 난간에 걸쳐진 줄에는 수많은 메모와 사진이 달렸다.

베트남 전쟁 재향군인과 유족들은 워싱턴 D.C.에 있는 베트남 전쟁 전사자 기념비를 찾아 추모벽 아래에 병맥주, 꽃, 테디 베어 인형 같은 기념품을 두고 온다.

전쟁을 되새기고 기념하는 방식에서는 해당 전쟁과 참전국들의 특성, 그리고 기념 주체가 드러난다. 재향군인들은 전사한 전우를, 여성들은 전사한 남편이나 아버지, 애인이나 친구를 기린다. 참전자의 자식 세대와 손주 세대가 전쟁을 기념하는 방식도 서로 다르다. 모든 재향군인이 전쟁을 되새기고 싶어하는 것은 아니지만, 많은 재향군인들은 관련 단체에 가입하거나 전우회에 나간다. 또는 노르망디 해변이나 베트남 같은 과거의 전쟁터를 다시 방문하기도 한다.

그들 모두가 과거의 전쟁을 미화하거나 앞으로 닥칠 전쟁의 당위성을 옹호하는 것은 아니다. 1차 세계대전 후 프랑스 재향군인들은 학교 교과과정 중 군사적인 요소로 보이는 것에 대한 비판에 앞장섰다. 세계대전 중에 서로 적대 관계였던 독일과 프랑스·영국의 재향군인들은 평화와 권익 증진을 도모하기 위해 '국제 상이용사 및 재향군인 협의회'에 함께 참석했다. 반면 프랑스와 독일의 우익 재향군인 단체들에서는 전쟁 때의 국가 간 적대감을 그대로 유지하려고 애썼으며, 그들 눈에 조국의 반역자로 보이는 좌익이나 자유주의자, 유대인을 공격했다.

과거의 전쟁에 대한 사고방식은 그 전쟁 후에 일어난 일들의 영향도 받는다. 2차 세계대전은 흔히 극명한 선과 악의 대결로 그려져서 서구 열강들이 세계에서 가장 지독한 독재 국가 중 하나인 소련과 연합했다는 사실이 쉽게 간과된다. 이런 2차 세계대전의 영향을 받아 형성된 오늘날의 사고방식에서는 1차 세계대전이 비도덕적이고 어처구니없고 무용하게 여겨진다. 1914년과 1918

년 사이에 참전하거나 전사한 사람들은 이제 존경이 아니라 동정의 대상이 되었다. 영국 정치인 앨런 클라크(1928~1999)의 왜곡된 주장이기는 하지만, 어느 독일군 장군은 영국군을 두고 "당나귀가 지휘하는 사자"라며 조롱했다고 한다. 오늘날 영국군뿐만 아니라 일반 대중 사이에서도 1차 세계대전 참전자들은 문명이나 왕, 조국이나 가족을 위해 싸우자는 무책임한 사회 지도층의 선동에 속아 전쟁터로 나간 순진한 사람들로 여겨진다.

하지만 당시에 살았던 사람들을 함부로 폄훼해서는 안 된다. 1차 세계대전 전사자들도 우리와 같은 사고력과 신념이 있었다. 비록 그들과 생각이 다를 수 있어도 그들을 존중해야 한다. 1차 세계대전에 출정한 사람들은 가치 있는 것을 위해 싸운다고 생각했다. 민주주의나 조국 같은 추상적인 것보다 사랑하는 사람들을 위해 싸운 사람들이 더 많았다.

1920년대에 1차 세계대전을 되새긴 협상국 쪽 사람들은 대체로 이 전쟁을 필요한 희생을 치른 전쟁으로 보았다. 동맹국 측 독일인들도 이 전쟁 자체의 정당성에 대해서는 그다지 의문을 갖지 않았다. 그들이 보기에는 평화의 부당성이 문제였다.

독일 튀빙겐에 있는 전사자 묘지의 명판에서는 "영웅들은 어떻게 죽었는가?"라고 묻는다. "용감무쌍하고 충성스럽게"가 답이다. 독일 전역의 지역 사회에서 '영웅의 숲'을 가꾸었다.

런던 중심부의 전몰자 기념비를 포함한 영국의 전쟁 기념물에 새겨진 비문에서는 "영예로운 전사자"라고 일컫는다. 연례 추모 예배에서는 "그들은 헛되이 죽지 않았다."라고 상기시킨다.

프랑스 비미능선에 있는 캐나다 전쟁 기념관에서는 캐나다군 전사자들을 추모한다. 그곳에서는 그들이 무엇을 위해 죽었는지 눈으로 확인할 수 있다. 믿음, 정의, 평화, 명예, 자비, 진리, 지식, 희망을 상징하는 석상들이 서 있다. 기념비 제막식에 참석한 연사들은 그곳을 '성스러운 땅'이라고 불렀다.

영국 육군 원수 더글러스 헤이그(1861~1928) 경은 오늘날 냉혹한 도살자로 널리 알려져 있지만 1920년대에는 영웅이었다. 1928년 그의 장례식에는 엄청나게 많은 재향군인들이 참석했다[그는 가난한 상이용사들을 돕기 위해 영국 재향군인회를 창설했다.].

1930년대에 들어서야 또 다른 전쟁의 가능성이 확연하게 수면 위로 부상했다. 그러자 영국 국민과 프랑스 국민은 과연 1차 세계대전이 그럴 만한 가치가 있었는지 의문을 갖기 시작했고, 시그프리드 서순이나 로버트 그레이브스 등의 작품이 반전 메시지로 대중의 공감을 얻기 시작했다. [반면 1차 세계대전에 참전했고 시그프리드 서순의 영향을 많이 받은] 윌프레드 오언의 시는 지금은 탁월한 반전 전쟁시로 평가받지만 1945년 이전에는 소수의 문인들밖에 알지 못했다.

양차 세계대전 사이에 출간된 문학 작품들의 대다수는 1차 세계대전을 정당한 전쟁으로 여겼지만, 1차 세계대전의 의미에 대한 여론은 2차 세계대전 이후에도 여전히 갈렸다. 1970년대까지도 많은 재향군인들은 1차 세계대전에 대해 '무용하다'부터 '정당하다'까지 다양한 견해를 피력했다. 그런데 그들의 목소리가 사그라들자, 1차 세계대전은 끔찍한 과오이므로 그것을 계속 기념하는 것은 무의미하다고 여기는 쪽으로 영국에서의 시각이 완전히 선회했다. 1989년에 방영된 「블랙애더 고스 포스(Blackadder Goes Forth)」[참호전의 실상과 군 수뇌부의 무능함을 비판하는 반전 블랙 코미디] 같은 인기 있는 TV 프로그램들은 1차 세계대전을 엄청난 바보짓으로 보는 경향을 굳히는 데 일조했다.

1차 세계대전에 참전했던 많은 나라들에서 전쟁 기념행사 취소에 관한 논의가 있었다. 캐나다에서는 비미능선 탈환 기념일에 대한 관심이 거의 없어졌으며, 1930년대에 세워진 프랑스 비미능선의 기념비는 균열이 심해져 폐쇄됐다[전반적인 보수 공사를 위해 2005년에 폐쇄됐다가 2007년에 다시 제막됐다. 그런데 2017년에 열린 비미능선 전투 100주년 기념식에는 3만 명이나 참석했고 캐나다와 프랑스에서 기념우표도 발행됐다.].

1980년대에 영국에서는 교회에서의 전사자 추모 예배를 중단하고 11월 11일 1차 세계대전 종전 기념행사도 없애자는 논의가 있었다. 그런데 2014년부터 2018년까지 일련의 100주년 기념일이 도래하자 영국 대중의 관심과 참여가 다시 늘었다. 런던탑 주변에 전시된 세라믹 양귀비꽃을 보려고 수십만 명이 몰려들었고 전국 순회 전시를 하는 동안 그보다 많은 사람들이 관람했다.

1970년대 말 호주에서는 전쟁과 대영제국을 미화하고 술판을 벌이는 핑계가 된다는 이유로 좌파들이 앤잭 데이를 비판했다

[앤잭 데이(Anzac Day)는 1915년 4월 25일 호주와 뉴질랜드 연합군이 오스만 투르크 겔리볼루반도 안자크만(灣)에서 상륙 작전을 수행하며 1차 세계대전에 참전한 것을 기념하는 날이다.]. 당시 수도 캔버라에 있는 전쟁 기념관에서 열린 새벽 추모 예배에 2,000여 명밖에 참석하지 않았다. 그런데 2015년에는 튀르키예에서 열린 겔리볼루 전투 100주년 기념행사에 참석하려는 사람들이 너무 많아 호주와 뉴질랜드 정부가 추첨을 실시해야 했다. 2019년 캔버라 전쟁 기념관에서 열린 새벽 추모 예배에는 35,000여 명이나 참가했다. 1970년대와 요즘 사이에 무슨 일이 있었던 것일까?

한 가지 답을 예로 들자면, 영국을 비롯한 일부 국가들에서 탄탄한 로비 조직들이 정부를 압박해 기념행사를 지원하게 했을 뿐만 아니라, 매년 11월에 텔레비전 프로그램 진행자들이 의무적으로 양귀비 조화를 가슴에 다는 상징적 행위를 하도록 만들었다.

1997년 10월에 영국 걸 그룹 스파이스 걸스는 영국재향군인회를 위한 기금 모금 운동에 나섰다. 11월 11일에 하던 '2분간 묵념'도 재개할 것을 촉구했으며, 젊은이들에게 가슴에 양귀비꽃을 달자고 호소했다. 스포티 스파이스[멜라니 C]는 말했다.

"수백만 명이 목숨을 바쳤기에 우리는 자유를 누릴 수 있었습니다."

그런데 [이런 활동을 갑자기 하던] 스파이스 걸스가 그 다음 주에 새로운 앨범을 발표하면서 팬들에게 판매할 부가 상품까지 출시하자 적잖은 비난이 일었다.

1차 세계대전은 1914년 이전 유럽처럼 급속한 변화가 일어나고 있는, 즉 세계화가 승패를 좌우하고 국제 정세가 점점 불안해지고 불안정해지는 현대 세계에도 시사하는 바가 크다. 유럽의 지도자들은 1차 세계대전의 결과가 무엇이고 거기에 어떤 대가가 따를지 가늠하지도 못한 채 얼떨결에 시작한 듯하다. 그런데 오늘날 우리는 똑같은 일이 벌어질 위험에 처해 있는 것이 아닐까? 런던 대학교의 전쟁사학자 대니얼 토드먼의 주장처럼, 오늘날 우리는 1차 세계대전에 의해 제기된 많은 문제에 직면해 있다.

"개인은 자신이 속한 모호한 거대 조직과 어떤 관계를 맺고 있는가? 개인은 자신의 운명을 통제할 수 있는가 아니면 그 지배 조직의 톱니바퀴에 불과한가? 거대 민주주의의 출현으로 국민과 정부의 관계는 어떻게 달라졌는가?"

우리는 큰 붓놀림으로 과거를 전체적으로 그리는 경향이 있듯이, 전체를 대변하기 위해 특정 사건을 선택하기도 한다. 영국은 근래의 1차 세계대전 기념행사에서 대체로 솜 전투 첫날에 초점을 맞추었다. 그날은 영국이 1차 세계대전에서 입은 어마어마한 전쟁 손실을 상징하는 날이면서, 세계 제일 국가인 대영제국의 위상이 막을 내리기 시작한 날이다.

호주에서는 겔리볼루 전투를 되새긴다. 부실한 작전에 따라 공격하다가 수많은 호주군이 희생됐다.

캐나다에서는 비미능선 전투를 기념한다. 독일군이 전투 초반의 온갖 공격을 막아내며 사수한 고지를 캐나다군이 탈환해냈다.

프랑스의 1차 세계대전 기념은 오랜 소모전으로 너무나 많은 프랑스군이 희생된 베르됭 전투에 집중된다.

이러한 전쟁 기념은 매우 선택적이다. 뉴질랜드군은 그들이 강조하듯이 호주-뉴질랜드 연합군의 한 축으로서 안자크만에서 분투했고, 캐나다군은 비미능선에서 영국군과 어깨를 나란히 하며 싸웠다.

모든 1차 세계대전 교전국들이 대규모 기념행사를 열어야 한다고 보진 않았다. 미국의 기념행사는 늦게 시작됐고 규모가 적었으며 주로 자원봉사자들이 주도했다. 미국으로선 1차 세계대전보다 2차 세계대전이 훨씬 더 중요했다. 미국이 지구 곳곳에서 대규모 전투를 벌여 세계적인 강대국으로 떠올랐기 때문이다.

러시아는 1차 세계대전에 비교적 관심이 적었다. 1차 세계대전의 잔재가 매우 복잡했기 때문이다. 전쟁 중에 구체제가 붕괴되고 볼셰비키가 정권을 잡아(지금은 그들이 사라지고 없지만) 무엇을 어떻게 기념해야 할지 혼란스러웠다. 러시아인들은 스탈린그라드 전투를 중심으로 '위대한 애국 전쟁'[대조국 전쟁]이라고 부르는 2차 세계대전을 훨씬 중요하게 기념한다.

독일과 일본은 2차 세계대전에 대한 무거운 죄의식이 있기 때문에 1차 세계대전을 기념하는 데에는 거의 관심이 없다.

인도는 양차 세계대전에 수백만 명의 군인을 참전시켰지만 정부와 민간 모두 인도 독립 투쟁을 훨씬 더 중요하게 기념한다.

그런가 하면 폴란드는 1차 세계대전이 부활의 시기였다. 폴란드의 적들인 독일, 오스트리아헝가리제국, 러시아가 모두 패했기 때문이다.

영국, 미국, 러시아는 2차 세계대전을 자랑스럽게 기념한 반면, 프랑스는 사정이 좀 복잡했다. 종전 후 수십 년간 프랑스 학자들과 작가들은 1940년에 프랑스가 독일에 점령당한 이유나, 그 이후 수많은 프랑스인들, 특히 비시프랑스 정권이 나치에 부역한 사실을 외면했다. 이에 관한 핵심 문헌들은 영국과 미국의 역사가들이 써냈다. 그런데 레지스탕스는 프랑스에서 관심을 끌었다. 1944년 해방 직후 자유프랑스의 지도자 샤를 드골(1890~1970) 장군은 파리에 도착하여 시청에서 이렇게 연설했다.

"우리는 스스로 해방됐습니다. 우리 국민의 힘으로 해방됐습니다.…… 프랑스 전체의 도움과 지지가 있었기에."

이것은 터무니없는 사실 왜곡이다. 하지만 그는 프랑스 사회의 분열을 감추고 프랑스 통합이라는 대의에 부합하는 이야기를 지어내 공유하려고 했다.

독일 출신 프랑스 영화감독인 마르셀 오퓔스(1927~)는 1969년에 충격적인 다큐멘터리 「슬픔과 동정(Le Chagrin et la Pitié)」을 발표했다. 영화는 부역자와 레지스탕스를 함께 탐색하면서, 프랑스 내 유대인을 학대하고 죽음의 수용소로 보내는 데 프랑스인들이 관여했음을 보여주었는데, 프랑스 TV에서 방영이 금지됐다. 방송국 사장이 드골에게 항의하자 드골은 단호하게 회신했다.

"프랑스는 진실이 필요한 것이 아니라 희망이 필요합니다."

영화는 드골이 죽고 나서 한참 후인 1981년에야 프랑스 TV 에서 처음 방영됐다[독일에서 먼저 처음으로 개봉했고, 1971년 미국 아카 데미상에서 다큐멘터리상 후보에 올랐으며, 1972년 영국 아카데미상에서 외 국어 TV 프로그램상을 수상했다.].

과거의 전쟁에 대한 기념을 두고 현재의 정치·사회적 논쟁이 불붙는 경우가 적지 않다. 진보주의자들은 전쟁에 대한 교육을 통 해 과거의 잘못이나 악행을 보여주는 데 중점을 두려고 한다. 보수 주의자들은 그들의 관점에서 볼 때 역사 교육이 조국의 과오에 너 무 집중하고 위대한 승리는 충분히 다루지 않는다고 비난한다. 영 국 보수주의 정치인 마이클 고브는 교육부 장관 재임 중에 한 발언 에서, 영국 학교에서는 1차 세계대전을 지나치게 「블랙애더 고스 포스」 관점에서만 봐서 그 전쟁이 유용하고 필요한 싸움이었다는 점에는 주목하지 않는다고 주장했다.

전쟁 박물관도 집중포화를 받았다. 박물관은 교육과 연구의 중심으로 설립되더라도 대중의 눈에는 대체로 기념관으로 보인 다. 호주는 전쟁 박물관이 전쟁 기념관을 겸하도록 함으로써 이런 경향에 대응했다.

1990년대에 워싱턴 D.C.의 스미스소니언박물관은 히로시마 에 원자폭탄을 투하한 폭격기 '이놀라 게이'를 중심으로 하는 전시 를 열었다가 곤욕을 치렀다. 원래 큐레이터들은 원자폭탄 사용을 둘러싼 도덕적 문제와 현지 인명 피해에 주의를 환기하려고 했다. 그러나 뒤이은 논란에 온갖 보수주의자, 재향군인, 군인 단체들이

가세하면서 스미스소니언박물관은 전시를 취소하고 말았다.

영국이 유럽연합을 탈퇴할지 말지를 놓고 논의가 이어지던 시기에 탈퇴 지지 쪽은 2차 세계대전 초기에 있었던 됭케르크 철수 작전을 예로 내세웠다. 실제로 탈퇴를 주도한 영국독립당 대표 나이절 패라지는 전 국민이 동명의 최근 영화[크리스토퍼 놀런 감독의 2017년 작품 「됭케르크」]를 봐야 한다고 말했다. 그와 지지자들의 주장에 따르면, 영국은 홀로 싸웠으며 끝내 승리를 쟁취하고야 말았다. 과거에 대한 이런 인식에서는 영국이 대영제국 전체의 지원을 등에 업었다는 사실, 프랑스와 중동에서 싸운 많은 해외 파병군이 있었다는 사실, 그리고 영국 공군에 폴란드인을 비롯한 많은 외국인 조종사들이 있었다는 사실을 편의대로 무시해버린다. 게다가 독일을 물리치는 데 소련과 미국이 한 결정적 역할까지 무시한다.

러시아도 이와 비슷하게 스탈린그라드 전투를 불굴의 러시아를 상징하는 데 활용하고 있다. 미국의 트럼프 대통령도 2019년 7월 4일 연설에서 독립 전쟁을 이용하여 미군에 대한 자신과 공화당의 확고한 지지를 표하려 했다. 하지만 그는 중요한 역사적 사실들을 잘못 말해서 연설을 망쳐버렸다[이를테면, 18세기 후반 독립 전쟁에서 미군이 올린 전과를 말하면서 20세기 초에나 처음 만들어진 공항을 영국으로부터 빼앗았다고 말했다.].

트럼프 대통령은 과거의 전쟁을 끌어다 호소하여 정치적 지지를 얻고 특정 국가관을 고취하려 한 수많은 지도자들 가운데 가장 최근의 한 명일 뿐이다. 1차 세계대전 이전 10년간 민족주의가 득세하면서 유럽에서는 국가가 지원하는 대규모 전승 기념행사가 많이 열렸다.

1905년 영국의 트라팔가르 해전 승리 100주년 기념, 1912년 러시아의 보로디노 전투 승리 100주년 기념행사가 각각 열렸으며, 1913년 독일의 라이프치히 전투 승리 100주년 기념일에는 무려 275,000명이 펼치는 집단 체조를 포함하여 다양한 행사가 열렸다.

러시아가 모스크바 외곽에 건설 중인 새 성당에는 2차 세계대전 때 붉은군대가 독일군으로부터 압류한 군사 장비들을 이용해 제단의 중앙 계단을 만들 예정이다. 국방부 장관 세르게이 쇼이구는 이 성당이 하느님과 조국을 섬기기 위한 것이며 "모든 것"에 상징을 담을 예정이라고 했다['위대한 애국 전쟁'인 2차 세계대전 승리 75주년을 기념하여 2020년에 준공된 이 성당의 이름은 '러시아군 대성당'이며, 스탈린과 푸틴을 우상화하고 있다.].

그런데 전쟁은 화해의 매개체가 될 수도 있다. 슬로베니아의 코바리드는 과거에 카포레토라고 불린 이탈리아 땅이었는데, 1차 세계대전 때 이탈리아가 가장 큰 패배를 겪은 곳이다[헤밍웨이의 소설 『무기여 잘 있거라』의 배경]. 그곳의 한 박물관에서는 [국적을 가리지 않고] 모든 전사자를 추모한다.

서부 전선에서 가까운 프랑스 솜 지방의 페론에는 1차 세계대전 박물관이 있다. 이 박물관은 솜 전투를 영국군, 프랑스군, 독일군의 공동 경험으로 기념한다. 박물관 건립에 참여한 3명의 주요 역사학자 중 한 명인 미국인 제이 윈터는 "처음부터 초국가적 프로젝트"였다고 말했다. 전시물들은 군인과 민간인의 양 진영 간 차이점이 아니라 공통점을 보여주기 위해, 어느 쪽 참호에 있었든 그 고통은 똑같았을 것임을 보여주기 위해 기획됐다.

21세기에 전쟁이 이미 또 다른 변혁을 겪고 있기에 전쟁의 미스터리를 탐색하는 작업도 계속될 것이다. 예술가들은 전쟁의 공포와 아름다움, 비열함과 숭고함, 권태와 흥분, 파괴와 창조를 붙들고 계속 씨름할 것이다. 그리고 우리 모두는 전쟁을 어떻게 기념하고 되새기는 것이 최선인지 계속 고민할 것이다.

전쟁을 알아야 전쟁에서 살아남는다

여기서 무슨 일이 일어났는지 아는 사람들은

자리를 내주어야 한다.

조금밖에 알지 못하는 사람들에게,

그들보다 더 알지 못하는 사람들에게,

나중엔 거의 알지 못하는 사람들에게.

원인과 결과가 무성한 풀밭에

누군가는 드러누워야 한다.

입에 풀잎 하나 물고

구름을 응시한 채.

비시와바 심보르스카의 시 「끝과 시작」 중에서

수년 전 스페인 국경에 인접한 프랑스 남부의 소도시를 방문했다. 그곳 교회의 묘지에는 기울어지고 부스러진 묘비들이 있었다. 그 묘비들은 무성한 풀로 뒤덮인 흙무더기들의 존재를 나타냈다. 그 흙무더기들은 200여 년 전 이베리아반도 전쟁 때 웰링턴 장군의 군대가 나폴레옹 군대를 북쪽으로 추격하면서 벌인 전투 가운데 그곳 인근 전투에서 전사한 영국군의 무덤이었다. 매우 평화로운 무덤이었다. 머지않아 묘비가 땅속으로 서서히 사라지고 나면 무덤은 흔적조차 찾아보기 어려울 것이다.

　　어쩌면 이것이 우리가 과거의 전쟁에 대해 해야 할 일일지 모른다. 과거의 전쟁이 망각 속으로 시나브로 사라지게 내버려두어 모든 전사자들이 마침내 안식을 갖게 해야 한다. 어쩌면 우리는 전쟁 몇 주년을 기념하거나, 전쟁 박물관을 세우거나, 전투를 재현하거나, 전사자 공동묘지와 전쟁 기념비를 정성껏 돌보는 잘못을 범하고 있는지 모른다.

　　우리는 전쟁을 흔하디흔한 일, 즉 인간사의 일부이자 역사와 사회 속에 항상 존재하는 폭력 행위로 만들어버리는 위험을 감수하고 있는 것은 아닌가? 전쟁은 국가가 부득이한 경우에 정당하게 이용할 수 있는 수단인가? 과연 전쟁은 자랑스러워해도 될 만한 일인가? 그리고 무엇보다, 전쟁에 대한 생각과 연구가 전쟁이 일어날 가능성을 높이는 것은 아닌가?

　　오늘날 서구 사회는 전쟁에 대해 복잡미묘한 태도를 취하고 있다. 그들은 전쟁을 기념하고, 전쟁 이야기나 영화나 게임에 열광

한다. 하지만 대다수는 전쟁하는 것을 원치 않는다. 양차 세계대전에서 엄청난 손실을 겪었기에 그런 인명 피해를 다시는 생각조차 하기 싫어한다.

그들은 아프가니스탄이나 이라크에서 싸우다가 전사한 자국 군인들을 애도한다. 하지만 한때 수천 내지 수만 명의 사상자도 감내하던 그들에게 이제는 수백 명도 너무 많아 보인다. 군대와 정치인들은 이를 잘 인식하여 자국 군인들이 입을 위험을 가급적 최소화할 각종 방어 수단과 무기에 막대한 투자를 하고 있다.

과거에 군대가 지배했고 군대식 가치관이 사회에 만연했던 일본과 독일은 이제 평화적인 국가이다. 일부 군인 가족들 외에는 군인을 더 이상 선망하는 직업으로 여기지 않는다. 일류 대학 학생들은 월스트리트나 런던 또는 미디어 기업에서 직업을 갖고 싶어하지 육해공군에서 일하고 싶어하지 않는다.

어쩌면 이제 서구인들은 과거처럼 권력을 두려워할 필요가 없을지 모른다. 이미 전쟁에서 벗어났을지도 모른다. 정치 지도자들은 국민이 싸우려하지 않거나 전쟁을 지지하지 않을 것임을 알면 함부로 싸움을 벌이지 못할 것이다.

하지만 서구는 세계에서 단지 일부, 그것도 위축되고 있는 일부일 뿐이며, 그들의 판단과 가치관이 모두 보편적인 것도 아니다. 중국 공산당 지도부가 한국 전쟁에서 인해전술을 명령할 때 인명 손실에 대한 우려는 전혀 없었다. 북베트남이 프랑스나 미국과 오랜 전쟁을 치를 때도 마찬가지였다. 이란-이라크 전쟁(1980~1988)

때 미군과 회교 지도자들도 이라크 지뢰밭에 군대를 보내면서 그러했다. 광적인 자원자들의 국제 네트워크를 보유한 알카에다나 이슬람국가(ISIS) 같은 준국가 조직도 조직원이든 무고한 민간인이든 인명 손실에 개의치 않는다.

서구인들이 자국에서 평화를 누리는 동안, 물론 기준에 따라 숫자가 다르겠지만 1945년 이후 세계에서는 150~300건의 무력 충돌이 있었다. 한국 전쟁이나 이라크 전쟁 같은 몇몇 전쟁은 그 이전의 많은 전쟁들처럼 국가 간 싸움이었다. 하지만 압도적 다수는 알제리나 인도네시아에서처럼 제국주의 지배 세력에 맞선 독립 투쟁이거나 내전이었다. 거기에는 외세들이 빈번하게 개입해 번지르르한 명분을 내세우면서 시종일관 자국 이익을 늘리는 활동을 펼쳤다.

이런 나라들에서는 대개 애초부터 허약했던 정치 구조가 분열하여 전쟁이 변화무쌍한 대결로 끝없이 이어진다. 그것은 목숨을 건 대결이며, 대결을 펼치는 부류의 한쪽 끝에는 국가나 종교 단체 같은 상당히 정교한 조직이 있고 다른쪽 끝에는 범죄 집단이나 용병들이 있다. 17세기 유럽의 종교 전쟁인 30년 전쟁과 오늘날의 아프가니스탄 내전이나 소말리아 내전에서 알 수 있듯이, 이런 전쟁을 끝내는 것은 어렵고 오래 걸리는 일이다.

그리고 탐욕, 두려움, 이념 같은 전쟁 유발 요인은 우리가 그것을 품고 있는 한 끊임없이 우리 사이에서 작용할 것이다. 희소 자원 갈등이나 대규모 이주 같은 기후 변화의 영향, 국민 간 또는 국가 간 양극화 심화, 배타적인 민족주의 포퓰리즘의 득세, 그리고 이런 것들을 악용하는 교조적이고 카리스마 있는 지도자들의 욕망은 과거에도 그랬듯이 전쟁을 부채질할 것이다.

미래 전쟁의 모습을 예측하는 것은 경마에 돈을 걸거나 신기술의 향배를 가늠하는 것과 같다. 모든 유력한 요인들을 감안할 수는 있지만, 갑작스러운 장애물이나 방향 전환, 기수나 최고 경영자의 실수, 예상치 못한 사소한 문제들, 그리고 일부 대중이나 시장에서의 예상 밖 반응 때문에 의외의 결과가 야기될 수 있다.

전쟁에 대한 과거의 예측을 살펴보면 사람들의 예측이 얼마나 많이 틀렸는지 알 수 있다. 군사 전략가들은 1차 세계대전이 기동성 공격형 전쟁이 될 것으로, 2차 세계대전은 방어형 전쟁이 될 것으로 각각 예측했었다. 양차 세계대전에서 해군 전문가들은 강력한 해군 전력끼리 맞붙어 전쟁의 승패가 갈릴 것으로 내다봤고 잠수함이나 어뢰, 소형 기뢰는 과소평가했다. 미국 육군전쟁대학원 원장을 지낸 로버트 밥 스케일스 장군은 최근에 미래 전쟁의 본질과 특성을 규정하려는 시도에 대해 "워싱턴 D.C.의 가장 보람 없는 거사"라고 말했다. 그렇지만 그런 시도는 멈추지 않았으며, 멈춰서도 안 된다.

적어도 전쟁의 경향을 파악하는 것은 가능하다. 현재와 마찬가지로 미래에도 두 수준에서 전쟁을 치를 것이다. 한쪽에서는 발달한 경제와 조직화된 사회의 모든 역량을 바탕으로 전문화된 군대와 고도의 기술을 동원할 것이고, 다른 한쪽에서는 느슨하게 조직된 군대가 값싼 무기로 싸울 것이다.

그리고 또 확실한 것은 두 종류의 전쟁이 혼재할 것이라는 사실이다. 세계에서 단연코 가장 강한 군대를 보유한 미국의 대통령은 아프가니스탄에 싸울 사람이 하나도 없을 때까지 폭격하겠다고, 또는 이슬람국가 조직원을 모조리 잡아내겠다고 위협할 수 있다. 하지만 그렇게 하더라도 그는 여전히 미국 시민을 위협으로부터 벗어나게 할 수 없다. 20세기에 전쟁터가 후방까지 확장되어 이제는 전방과 후방의 구분은 물론이고 전쟁과 평화 사이의 경계도 사라지고 있다. 미국인뿐만 아니라 다른 많은 나라 사람들도 해외여행이 안전할지 확신할 수 없으며, 해외보다 자국이 더 안전하다고 장담할 수도 없다.

테러리스트나 소위 불량 국가들은 비행기를 떨어뜨리거나, 평화로운 해변의 나이트클럽을 폭파하거나, 관광버스에 기관총을 난사할 수 있다. 그리고 그들이 사용하는 무기는 대체로 단순하다. 폭탄 조끼를 입거나 폭발물을 가득 실은 트럭을 몰아 자살 테러를 벌인다.

과거의 전쟁처럼 폭격이나 미사일, 봉쇄가 여전히 위협이 될 수 있지만, 최근처럼 미래에는 스스로 전사라 칭하는 자들이 조직 없이 끊임없이 변하는 국제 네트워크를 이루어 새로운 위협이 될 것이다. 군복이나 근거지도 없고 주로 인터넷으로 알음알음 자원자를 모집하는 적들이므로 비싼 제트 전투기나 탱크, 항공모함으로 무찌를 수 없다.

군대에 부담을 가중시키면서 확대되고 있는 또 다른 안보 위협은 시가전이다. 과거에 군은 전략적, 정치적, 경제적 중요성 때문에 적의 도시를 점령하려고 했다. 오늘날에는 대부분의 적이 지역 출신들로 구성된 무장 단체 형태로 각 도시 안에 있고 도시의 모든 구역을 장악하고 있다.

국제연합의 예측에 따르면, 앞으로 점점 더 많은 사람들이 도시로 몰려들어서 2050년경 전 세계 인구의 3분의 2가 도시에 살게 될 것이다. 따라서 도시의 기본적인 법과 질서를 유지하면서 통치하는 것이 엄청나게 어려워질 전망이다. 이미 리우데자네이루, 과테말라시티, 다카[방글라데시 수도], 킨샤사[콩고 수도] 같은 도시들에서는 정부가 통제권을 회복하기 위해 군의 무력을 이용할 수밖에 없었지만 결과가 늘 좋지만은 않았다. 지금도 많은 나라의 군대가 반란 진압과 시가전에 시간과 돈을 쏟아붓고 있다.

그렇다고 국가 간의 대규모 전쟁이 이제 일어날 수 없다고 생각해서는 안 된다. 1990년대의 잘못된 많은 예측 중 하나는, 국경이 무의미해지며 점점 국제화되는 세계 속에서 확고한 주체성과 강한 중앙 정부를 지닌 민족 국가의 시대가 저물고 있다는 것이었다. 하지만 미국, 중국, 인도, 러시아는, 레온 트로츠키가 멘셰비키[급진적인 다수파 볼셰비키와 대립한 온건적인 소수파]를 두고 거칠게 한 말처럼, '역사의 쓰레기통' 속으로 사라지지 않았다.

그들은 비슷한 수준의 무력을 지닌 적들을 상대로 끊임없이 전략을 수립하고 전쟁 수행 능력을 높이는 데 막대한 돈을 쓰고 있다. 그들의 국방 예산은 계속 늘고 있다. 중국의 국방비 지출은 지난 20년간 8배로 증가했다. 미국은 재량지출예산(사회보장 같은 재정 지원이나 국채 이자 지급 등으로 의무지출되지 않는 예산)의 거의 3분의 2를 국방비로 배정한다. 이것은 다음 8개국의 국방비를 모두 합친 금액이다. 8개국 중 사우디아라비아, 프랑스, 영국, 독일, 인도, 일본 등 6개국은 우방국 또는 동맹국이며, 중국과 러시아만 위협적인 적국으로 볼 수 있다.

우리는 국제 질서를 매우 불안정하게 만들 수 있는 급속한 기술 변화의 시대를 살고 있다. 역사 속에서 무엇이 진정으로 새롭고 무엇이 그렇지 않은지 구분하기란 늘 어렵다. 하지만 전쟁은 새로운 전쟁 수단을 확보하면서 새로운 차원으로, 이를테면 한때 그랬듯이 공중으로, 바닷속으로 나아가고 있다. 금속 무기, 말, 화약이 전쟁에 처음 이용된 과거에 그랬듯이 강대국들은 각각의 조직과 전략과 전술을 활용할 것이다. 그러지 못하면 낙오될 위험을 감수해야 할 것이다. 우주를 군사화하지 않기로 한 국제 협약은 강대국들이 우주 무기를 계획하거나 서로의 통신 위성에 대응하면서 효력을 잃어가고 있다.

완전히 다른 차원의 전쟁이 사이버 공간에서 아찔한 속도로 이미 벌어지고 있다. 전 세계의 사람들이, 그리고 냉장고부터 대륙간 탄도 유도탄[대륙간 탄도 미사일]에 이르는 전 세계의 사물이 인터넷으로 연결되어 감에 따라 사이버 공격의 가능성이 급증했다.

2007년 [과거 소련에 속했던 북유럽 발트 3국 중 하나인] 에스토니아에서는 의회, 은행, 정부 부처를 비롯해 전국의 웹사이트가 가짜 메시지로 흘러넘쳤고[러시아의 정치적 보복 공격으로 추정됐다.], 이를 계기로 분산 서비스 거부(Distributed Denial of Service) 공격, 즉 디도스(DDoS) 공격이라는 신조어가 일상화됐다.

2010년에는 유입 경로를 알 수 없는 스틱스넷(Stuxnet) 컴퓨터 바이러스가 이란의 핵 개발 프로그램을 마비시켰다[미국과 이스라엘의 합작으로 추정됐다.].

2017년 북한에서는 미사일 발사 시험 중 일련의 실패가 있었다. 자신의 소행이라고 주장하는 이는 없었지만, 스틱스넷 바이러스 공격 때처럼 미국이 깊이 관여했을 것으로 의심받고 있다.

적국의 공공 기관 또는 지도자에 대한 국민의 신뢰를 떨어뜨리거나 내정에 간섭하는 것도 전쟁이라고 한다면, 사이버 공간 또한 이미 치열한 전쟁터이다.

한편 실제 전쟁터에도 신무기나 개량된 무기가 등장하고 있어서 대응책이 요구되고 있다. 활공 미사일은 대륙간 탄도 유도탄의 속도로 날면서 훨씬 높은 정확성을 보인다. 그런가 하면 소형 자주(自走) 장비도 있다. 미국 육군은 일반 편지 한 통의 무게와 같아 32그램에 불과한 블랙호닛(Black Hornet) 드론을 열화상 장비 업체 플러에 주문해 군인들이 근거리 정찰용으로 사용할 수 있도록 했다.

그리고 미국, 중국, 이스라엘, 한국, 러시아, 영국은 군사 용어로 '완전 자율 무기'라 불리는 킬러 로봇을 개발하고 있다. 이 장비는 자율 주행 자동차와 비슷하게 스스로 판단하여 작동하며, 작동 중에 스스로 학습하여 적응하도록 프로그램되어 있다. 모든 새로운 자동화 시스템이 그러하듯, 버그는 존재하기 마련이다. 자율 주행 자동차들이 충돌 사고를 냈으며 사람을 치기까지 했다. 만약 자동차가 아니라 대륙간 탄도 유도탄이나 전투기라면 무슨 일이 벌어질지 상상해보라.

그리고 주지하다시피, 자동화 시스템은 해킹될 수 있다. 아니면 사람의 단순한 실수로 코드나 명령어가 잘못 입력되면 어떻게 되겠는가? 이론상 킬러 로봇은 [자율성을 갖지만] 언제든지 인간의 통제를 따르게 되어 있다. 하지만 [오류 없이] 항상 그럴지는 의문의 여지가 있다. 그리고 과거의 다른 신무기들처럼 도덕적인 문제도 야기한다.

이미 일어나고 있듯이, 지구 한쪽의 사무실에 앉아 지구 반대편에 있는 공격 대상을 죽이거나 파괴하라고 로봇에 명령을 내릴 수 있다는 것은 과연 무엇을 의미할까? 우리는 그런 고도의 기술을 보유하여 전쟁 현장으로부터 너무 멀리 떨어진 탓에 전쟁을 아무런 인명 피해가 없는 전자오락쯤으로 여기는 세상에 살고 있는 것은 아닐까? 아울러 인간이 그런 공격 명령 계통에서 완전히 배제된다면 무슨 일이 벌어질까? 국제 인권 감시 기구인 휴먼라이츠워치(HRW)를 비롯한 각종 단체들은 '킬러 로봇 반대' 캠페인을 벌이고 있다. 하지만 과거에 이런 캠페인이 목적을 달성한 이력을 살펴보면 그리 낙관적이지 않다.

국방비 지출이 늘고 새로운 기술과 전술이 개발되면서 전략도 거기에 보조를 맞추고 있다. 군은 모든 만일의 사태에 대비해 전략을 수립해야 한다. 전략이 하나 또는 소수의 적에 집중되면 국방 예산과 정책이 편중될 위험이 있다.

1차 세계대전 때 일본 해군은 미국을 미래의 주적으로 상정했다. 그래서 정책도 그 만일의 상황에 대비하여 수립했다. 거기에는 [승전국인 일본] 정부를 움직여 [패전국인] 독일의 태평양 섬들을 차지하는 계획도 포함됐다. 이러한 일본의 작전은 미국의 대응을 촉발했다. 미국의 일부 전략가들은 이미 일본을 미래의 적으로 간주하고 있었다. 미군도 그런 추정에 따라 작전을 펼치기 시작했다. 전쟁이 실질적 위협으로 여겨지면서 발발 가능성이 점점 높아졌다.

오늘날 베이징과 워싱턴 D.C.에서는 서로에게 대응할 전쟁 전략을 수립하고 있다. 어느 쪽도 전쟁을 원하지 않지만 양쪽 모두 그 가능성을 배제하지 않는다. 과거의 전쟁에서 알 수 있듯이, 군비 경쟁은 위험한 수준으로 긴장을 고조시킬 수 있고, 사람들이 의도치 않게 선을 넘게 만드는 우연한 사건이 발생할 수도 있다.

앞에서 소개한 프랑스 남부의 평화로운 무덤으로 돌아가보자. 우리는 모든 전쟁 기억이 망각 속으로 사라지게 내버려둘 수 없다. 전쟁이 여전히 일어나고 있으므로 전쟁에 관심을 기울여야 한다.

그래서 전쟁의 원인, 전쟁의 영향, 전쟁을 끝내는 방법, 전쟁을 피하는 방법을 알아야 한다. 또한 전쟁을 이해하다 보면, 인간이라는 존재, 인간이 조직을 이루는 능력, 인간의 감정과 사고방식, 인간이 보일 수 있는 선함과 악함 등에 관한 중요한 사실도 이해하게 된다. 우리는 필요한 것이 있어서, 소중하게 여기는 것을 지키고 싶어서, 다른 세상을 만드는 꿈을 꿀 수 있어서 싸운다. 우리는 싸울 만하기에 싸운다.

하지만 서로 얽히고설키며 영향을 주고받아온 전쟁과 사회의 오랜 관계는 끝나가고 있으며, 끝나야만 한다. 인간이 변해서가 아니라 기술이 변했기 때문이다. 무시무시한 신무기, 인공지능의 영역 확대, 자율 살인 기계와 사이버 전쟁 때문에 인류 자체가 종말을 맞을 가능성에 직면해 있다. 거북한 것이 보일까 봐 시선을 돌릴 때가 아니다. 우리는 그 어느 때보다 전쟁에 대해 깊이 생각해야 한다.

감사의 말

오래전부터 이 책을 쓰고 싶었다. 나처럼 근현대사와 국제 관계에 대해 가르치고 글을 쓰는 사람은, 전쟁이 인간 사회에 또는 반대로 인간 사회가 전쟁에 미치는 거대한 충격이 한시도 머릿속에서 떠나지 않는다.

2017년 7월 당시 BBC 라디오 4의 국장이었던 귀네스 윌리엄스와의 만남에서 주저없이 이 책을 집필하기로 했다. 잠시 들러 이야기 좀 나누자고 하기에 방송국에 갔다가 놀랍게도 2018년 리스 강연의 강사로 초대받았다. 과분하면서 영광스러웠다. 나의 리스 강연과 그것을 기반으로 한 책은 하나의 의문에서 시작한다.

"전쟁과 인간은 불가분의 관계인가?"

이것에 대한 답을 구하고 인간이 왜, 어떻게 싸우는지 이해해가는 과정에서 많은 빚을 졌다.

나는 옥스퍼드 대학교와 토론토 대학교의 일원이라는 특전을 누렸다. 교수나 학생과 교류하면서 많은 것을 배웠으며 훌륭한 대학 도서관도 이용했다. 나는 나보다 전쟁과 인간 사회에 대해 훨씬 더 많이 아는 전문가들과, 유익한 질문이나 좋은 제언을 해준 청중과 친구들에게 절대 다 갚을 수 없는 은혜를 입었다.

전쟁 역사학자들은 나를 그들의 분야로 안내하는 데 하나같이 관대했다. 맥스 헤이스팅스, 피터 윌슨, 에이드리언 그레고리, 휴 스트라찬, 로저 사티는 역사 저술의 모델을 제공하고 소중한 조언을 아끼지 않았다.

옥스퍼드 대학교의 다른 동료들에게도 많은 도움을 받았다. 폴 베츠, 아이버 로버츠에게 감사를 표한다. 허마이어니 리는 내가 책을 어떻게 써나가야 할지 막막해할 때 도움을 주었다. 앤서니 빅널은 고맙게도 전쟁과 여성에 관한 자신의 논문을 보여주었고, 크리스 패리는 해전을 이해하는 데 도움을 주었다.

전(前) BBC 국방부 출입 기자이자 다정한 형부인 피터 스노와, 그의 아들이자 역사학자인 댄 스노는 나에게 아이디어를 주고 문헌을 소개했다. 스티븐 세들리는 1차 세계대전 군가 모음집을 보여주었다. 마거릿 브루스, 마거릿 벤트, 케서린 로크넌은 전쟁과 예술의 관계에 대해 알려주었다. 데이비드 톰슨은 현대분쟁기록 보관소에서 친절하게도 그가 수집한 전쟁 사진들을 보여주었다. 에드 존스, 티머시 프루스, 리지 파월도 정말 많은 도움을 주었다.

탁월한 역사학자 마이클 하워드에게 특별한 신세를 졌다. 그와 만나기 전부터 오랫동안 그와 그의 업적을 존경해 왔으며, 그의 지혜, 친절함, 그와의 우정을 소중히 여겼다. 2019년 말에 그가 세상을 떠나 너무나 슬펐다.

　BBC에서는 귀네스 윌리엄스, 짐 프랭크, 휴 레빈슨, 그리고 그들의 동료들로부터 탁월한 조언과 도움을 받는 행운을 누렸다. 출판사 프로파일북스의 앤드루 프랭클린과 그의 멋진 동료들인 페니 대니얼, 레슬리 레빈, 발렌티나 장카, 그리고 북미 출판사 랜덤하우스의 케이트 메디나, 펭귄의 다이앤 터바이드와 훌륭한 그의 팀, 이들 모두와 함께한 것도 행운이었다. 캐럴라인 도네이는 비할 데 없이 뛰어난 에이전트이자 친구이며, 그녀의 동료 소피 스카드, 캐서린 에이킨과 함께 일한 것도 큰 기쁨이었다.

　관대하고 친절한 가족들이 있어 큰 힘이 되었다. 몇몇은 다섯 차례의 리스 강연에 모두 참석했고, 언제나 그랬듯이 책을 집필하는 동안 격려를 해주었다. 특히 원고를 읽고 너무나 유익한 조언을 해준 동생 앤, 톰, 데이비드, 그리고 올케 마리조제 라로크, 조카 마고 핀리에게 감사의 말을 전한다.

　내가 강연을 하고 책을 쓰는 데 도움을 준 모든 이들에게 심심한 감사의 말을 전하고 싶다. 아울러 모든 오류와 미흡함은 나의 책임임을 밝혀둔다.

참고 문헌

전쟁에 관한 문헌은 너무나 많지만 나에게 특별히 유용했거나 더 읽을거리를 찾는 독자들에게 흥미로울 만한 책과 논문만 소개한다. 아울러 각 장별 참고 문헌 목록도 실었다.

논픽션

Armitage, David, *Civil Wars: A History in Ideas*, New Haven: Yale University Press, 2017

— 'Civil Wars, from Beginning ... to End?', *American Historical Review*, 120, 5, December 2015, pp. 1829–37

Beard, Mary, *S.P.Q.R.: A History of Ancient Rome*, London: Profile Books, 2015

Beevor, Antony, *Berlin: The Downfall, 1945*, London: Penguin, 2003

Bell, David A., *The First Total War: Napoleon's Europe and the Birth of Modern Warfare*, London: Bloomsbury, 2007

Bessel, Richard, *On Violence: A Modern Obsession*, London: Simon and Schuster, 2015

Best, Geoffrey, *War and Law since 1945*, Oxford: Clarendon Press, 1994

Blanning, T. C. W., *The Pursuit of Glory: Europe, 1648–1815*, London: Allen Lane, 2007

Bond, Brian, *The Victorian Army and the Staff College, 1854–1914*, London: Eyre Methuen, 1972

— *War and Society in Europe 1870–1970*, London: Fontana, 1984

— *Britain's Two World Wars against Germany: Myth, Memory and the Distortions of Hindsight*, Cambridge: Cambridge University Press, 2014

Bourke, Joanna, *An Intimate History of Killing: Face-to-face Killing in Twentieth Century Warfare*, London: Granta Books, 2000

Braybon, Gail, and Summerfield, Penny, *Out of the Cage: Women's Experiences in Two*

World Wars, London: Routledge, 2013

Brewer, John, *The Sinews of Power: War, Money and the English State, 1688–1783*, New York: Alfred A. Knopf, 1989

Brodie, Bernard and Fawn M., *From Crossbow to H-Bomb*, Bloomington: Indiana University Press, 1973

Browning, Peter, *The Changing Nature of War: The Development of Land Warfare from 1792 to 1945*, Cambridge: Cambridge University Press, 2002

Caputo, Philip, 'Putting the Sword to Pen', *South Central Review*, 34, 2, Summer 2017, pp. 15–25

Catton, Bruce, and McPherson, James M., *American Heritage History of the Civil War*, Rockville, MD: American Heritage Publishing, 2016

Chickering, Roger, Showalter, Dennis, and van de Ven, Hans (eds.), *The Cambridge History of War: War and the Modern World, 1850–2005*, Cambridge: Cambridge University Press, 2012

Coates, A. J., *The Ethics of War*, Manchester and New York: Manchester University Press, 2007

Collingham, Lizzie, *The Taste of War: World War Two and the Battle for Food*, London: Penguin, 2011

Costello, John, *Love, Sex and War: Changing Values, 1939–45*, London: Collins, 1985 (US edition, *Virtue Under Fire: How World War II Changed Our Social and Sexual Attitudes*, Boston: Little Brown, 1985)

Cox, Mary Elisabeth, *Hunger in War and Peace: Women and Children in Germany, 1914–1924*, Oxford: Oxford University Press, 2019

Danchev, Alex, *On Art and War and Terror*, Edinburgh: Edinburgh University Press, 2011

Dash, Mike, 'Dahomey's Women Warriors', Smithsonianmag.com, 23 September 2011

Diamond, Jared, *Guns, Germs, and Steel: The Fates of Human Societies*, New York: W. W. Norton & Company, 1977

Echevarria II, Antulio J., *Imagining Future War: The West's Technological Revolution and Visions of Wars to Come, 1880–1914*, Westport: Praeger Security International, 2007

Edgerton, David, *Britain's War Machine: Weapons, Resources and Experts in the Second World War*, London: Penguin, 2012

Elshtain, Jean Bethke, *Women and War*, Chicago: University of Chicago Press, 1995

Emerging Technology from the arXiv, 'Data Mining Adds Evidence That War is Baked into the Structure of Society', *MIT Technology Review*, 4 January 2019

English, Richard, *Modern War: A Very Short Introduction*, Oxford: Oxford University Press, 2013

Fall, Bernard, *Hell in a Very Small Place: The Siege of Dien Bien Phu*, London: Pall Mall Press, 1967

Ferguson, Niall, *The Cash Nexus: Money and Power in the Modern World, 1700–2000*, New York: Basic Books, 2001

Finkelman, Paul, 'Francis Lieber and the Law of War', *New York Times*, 2 March 2013

Freedman, Lawrence, *The Future of War: A History*, New York: Public Affairs, 2017

— (ed.), *War*, Oxford: Oxford University Press, 1994

Frevert, Ute, *Emotions in History: Lost and Found*, New York: Central European University Press, 2011

Gabriel, Richard, *Between Flesh and Steel: A History of Military Medicine from the Middle Ages to the War in Afghanistan*, Washington, DC: Potomac Books, 2016

Gat, Azar, *War in Human Civilization*, Oxford: Oxford University Press, 2006

Goldstein, Andrea N., '"Why are you trying to destroy the last good thing men have?" Understanding Resistance to Women in Combat Jobs', *International Feminist Journal of Politics*, 20, 3, April 2018, pp. 85–404

Goldstein, Joshua S., *War and Gender: How Gender Shapes the War System and Vice Versa*, Cambridge: Cambridge University Press, 2001

Goldsworthy, Adrian, Pax Romana: War, Peace and Conquest in the Roman World, New Haven and London: Yale University Press, 2016

Hale, J. R., *War and Society in Renaissance Europe, 1450–1620*, London: Fontana Press, 1985

— *Artists and Warfare in the Renaissance*, New Haven: Yale University Press, 1990

Hastings, Max, *Overlord: D-Day and the Battle for Normandy, 1944*, London: Pan, 1999

— *Warriors: Extraordinary Tales from the Battlefield*, London: HarperCollins, 2005

— 'Wrath of the Centurions', *New York Review of Books*, 40, 2, 25 January 2018

Herwig, Holger, et al., *Cassell's World History of Warfare*, London: Cassell Military, 2003

Herzog, Dagmar (ed.), *Brutality and Desire: War and Sexuality in Europe's Twentieth Century*, Basingstoke: Palgrave Macmillan, 2009

Heuser, Beatrice, *The Evolution of Strategy: Thinking War from Antiquity to the Present*,

Cambridge: Cambridge University Press, 2010

Hobbes, Thomas, *Leviathan*, Oxford: Oxford University Press, 2012

Horne, John, and Kramer, Alan, *German Atrocities 1914: A History of Denial*, New Haven: Yale University Press, 2001

Howard, Michael, *The Franco-Prussian War: The German Invasion of France, 1870–1871*, London: Methuen, 1981

— *The Causes of War and Other Essays*, London: Unwin Paperbacks, 1984

— *The Invention of Peace and the Reinvention of War*, London: Profile Books, 2002

— *Captain Professor: The Memoirs of Sir Michael Howard*, London and New York: Continuum, 2006

— *War in European History*, Oxford: Oxford University Press, 2009

— (ed.) *Theory and Practice of War: Essays Presented to Captain B.H. Liddell Hart*, London: Cassell, 1965

— (ed.), *Restraints on War*, Oxford: Oxford University Press, 1979

Hull, Isabel V., *A Scrap of Paper: Breaking and Making International Law during the Great War*, Ithaca: Cornell University Press, 2014

Hynes, Samuel, *The Soldiers' Tale: Bearing Witness to Modern War*, London: Allen Lane, 1997

Jackson, Julian, *France: The Dark Years, 1940–1944*, Oxford: Oxford University Press, 2001

Jordan, David, et al., *Understanding Modern Warfare*, Cambridge: Cambridge University Press, 2016

Kagan, Donald, *On the Origins of War and the Preservation of Peace*, New York: Doubleday, 1995

— *The Peloponnesian War*, New York: Viking, 2003

Keegan, John, *The Face of Battle*, New York: Viking, 1976

Kello, Lucas, *The Virtual Weapon and International Order*, New Haven and London: Yale University Press, 2017

Kennedy, David, *Of War and Law*, Princeton: Princeton University Press, 2006

Kierman Jr, Frank A., and Fairbank, John K. (eds.), *Chinese Ways in Warfare*, Cambridge, MA: Harvard University Press, 1974

Knox, MacGregor, and Murray, Williamson (eds.), *The Dynamics of Military Revolution, 1300–2050*, Cambridge: Cambridge University Press, 2001

Kramer, Alan, *Dynamics of Destruction: Culture and Mass Killing in the First World War*, Oxford: Oxford University Press, 2007

LeBlanc, Stephen, *Constant Battles: The Myth of the Peaceful Noble Savage*, New York: St Martin's Press, 2003

Lee, Steven P., *Ethics and War: An Introduction*, Cambridge and New York: Cambridge University Press, 2012

Lee, Wayne, *Waging War: Conflict, Culture, and Innovation in World History*, Oxford: Oxford University Press, 2016

Leonhard, Jörg, *Pandora's Box: A History of the First World War*, trans. Patrick Camiller, Cambridge, MA: The Belknap Press of Harvard University Press, 2018

Levy, Jack S., and Thompson, William R., *The Arc of War: Origins, Escalation, and Transformation*, Chicago: University of Chicago Press, 2011

Lowe, Keith, *The Fear and the Freedom: How the Second World War Changed Us*, London: Viking, 2017

Lynn, John A., *Battle: A History of Combat and Culture*, New York: Basic Books, 2008

Maalouf, Amin, *The Crusades Through Arab Eyes*, New York: Schocken Books, 1984

McNeill, William, *Keeping Together in Time: Dance and Drill in Human History*, Cambridge, MA: Harvard University Press, 1995

McPherson, James M., *Crossroads of Freedom: Antietam*, Oxford: Oxford University Press, 2002

Malešević, Siniša, *The Sociology of War and Violence*, Cambridge: Cambridge University Press, 2010

Matthews, Jessica T., 'America's Indefensible Defense Budget', *New York Review of Books*, 66, 12, 18 July 2019

Mayor, Adrienne, *The Amazons: Lives & Legends of Warrior Women across the Ancient World*, Princeton: Princeton University Press, 2014

Mazower, Mark, *Governing the World: The History of an Idea*, London: Penguin, 2013

Moore, Aaron William, *Writing War: Soldiers Record the Japanese Empire*, Cambridge, MA: Harvard University Press, 2013

Morris, Ian, *War! What is It Good For? Conflict and the Progress of Civilisation from Primates to Robots*, London: Profile Books, 2014

Murray, Williamson, Knox, MacGregor, and Bernstein, Alvin (eds.), *The Making of Strategy: Rulers, States, and War*, Cambridge: Cambridge University Press, 1994

Nolan, Cathal, *The Allure of Battle: A History of How Wars Have Been Won and Lost*, Oxford: Oxford University Press, 2017

Paret, Peter (ed.), *Makers of Modern Strategy: From Machiavelli to the Nuclear Age*, Princeton: Princeton University Press, 1986

Parker, Geoffrey (ed.), *The Cambridge History of Warfare*, Cambridge: Cambridge University Press, 2005

Piketty, Thomas, *Capital in the Twenty-first Century, trans. Arthur Goldhammer*, Cambridge, MA: The Belknap Press of Harvard University Press, 2014

Pinker, Steven, *The Better Angels of Our Nature: The Decline of Violence in History and Its Causes*, London: Allen Lane, 2010

Rabb, Theodore, *The Artist and the Warrior: Military History through the Eyes of the Masters*, New Haven: Yale University Press, 2011

Rhea, Harry M., 'The Commission on the Responsibility of the Authors of the War and on Enforcement of Penalties and Its Contribution to International Criminal Justice after World War II', *Criminal Law Forum*, 25, 1–2, June 2014, pp. 147–69

Ricks, Thomas E., *Fiasco: The American Military Adventure in Iraq*, New York: Penguin, 2006

Ring, J., *How the Navy Won the War: The Real Instrument of Victory, 1914–1918*, Barnsley: Seaforth Publishing, 2018

Roland, Alex, *War and Technology: A Very Short Introduction*, Oxford: Oxford University Press, 2016

Roshwald, Aviel, and Stites, Richard (eds.), *European Culture in the Great War: The Arts, Entertainment, and Propaganda, 1914–1918*, Cambridge and New York: Cambridge University Press, 2002

Rothenburg, Gunther, *The Art of Warfare in the Age of Napoleon*, Bloomington: Indiana University Press, 1980

Rousseau, Jean-Jacques, *The Major Political Writings of Jean-Jacques Rousseau: The Two Discourses and The Social Contract*, translated and edited by John T. Scott, Chicago and London: University of Chicago Press, 2012

Scheidel, Walter, *The Great Leveller: Violence and the History of Inequality from the Stone Age to the Twenty-first Century*, Princeton: Princeton University Press, 2017

Sheffield, G. D. (ed.), *War Studies Reader: From the Seventeenth Century to the Present Day and Beyond*, London: Bloomsbury, 2010

Sheehan, James J., *Where Have All the Soldiers Gone? The Transformation of Modern Europe*, Boston: Houghton Mifflin, 2008

Sidebottom, Harry, *Ancient Warfare: A Very Short Introduction*, Oxford: Oxford University Press, 2004

Sorabji, Richard (ed.), *The Ethics of War: Shared Problems in Different Traditions*, Aldershot: Ashgate, 2006

Spiers, Edward M., *The Army and Society, 1815–1914*, London: Longman, 1980

Stargardt, Nicholas, *The German War: A Nation Under Arms*, London: The Bodley Head, 2015

Stevenson, David, *With Our Backs to the Wall: Victory and Defeat in 1918*, Cambridge, MA: The Belknap Press of Harvard University Press, 2011

Strachan, Hew, *European Armies and the Conduct of War*, London: George Allen and Unwin, 1983

Strachan, Hew, and Scheipers, Sibylle (eds.), *The Changing Character of War*, Oxford: Oxford University Press, 2011

Summers, Harry, *On Strategy: The Vietnam War in Context*, Carlisle Barracks, PA: Strategic Studies Institute, US Army War College, 1981

Thucydides, *History of the Peloponnesian War*, trans. Rex Warner, London: Penguin, 1972

Tierney, Dominic, 'Mastering the Endgame of War', *Survival*, 56, 5, October–November 2014, pp. 69–94

Tilly, Charles (ed.), *The Formation of National States in Western Europe*, Princeton: Princeton University Press, 1975

Todman, Dan, *The Great War: Myth and Memory*, London: Continuum, 2007

Townshend, Charles (ed.), *The Oxford History of Modern War*, Oxford and New York: Oxford University Press, 2005

Tyerman, Christopher, *The Crusades: A Very Short Introduction*, Oxford: Oxford University Press, 2006

Van Creveld, Martin, *Supplying War: Logistics from Wallenstein to Patton*, 2nd edn, Cambridge: Cambridge University Press, 2004

Verhey, Jeffrey, *The Spirit of 1914*, Cambridge: Cambridge University Press, 2000

Walzer, Michael, *Just and Unjust Wars: A Moral Argument with Historical Illustrations*, New York: Basic Books, 2015

Weinberg, Gerhard, *A World at Arms: A Global History of World War II*, New York: Cambridge University Press, 2005

Wilson, Peter, *Europe's Tragedy: A History of the Thirty Years War*, London: Allen Lane, 2009

Winter, Jay (ed.), *The Cambridge History of the First World War*, 3 volumes, Cambridge: Cambridge University Press, 2016

— *War Beyond Words: Languages of Remembrance from the Great War to the Present*, Cambridge: Cambridge University Press, 2017

Wintringham, Tom, and Blashford-Snell, John, *Weapons and Tactics*, London: Penguin Books, 1973

Wrangham, Richard, *The Goodness Paradox: The Strange Relationship Between Virtue and Violence in Human Evolution*, New York: Pantheon Books, 2019

회고록·일기

Alexievich, Svetlana, *The Unwomanly Face of War: An Oral History of Women in World War II*, trans. Richard Pevear and Larissa Volokhonsky, New York: Random House, 2017

[Anonymous], *A Woman in Berlin: Diary 20 April 1945 to 22 June 1945*, trans. Philip Boehm, London: Virago, 2011

Brittain, Vera, Testament of Youth: An Autobiographical Study of the Years 1900–1925, London: Virago, 2014

Caputo, Philip, *A Rumor of War*, New York: Ballantine Books, 1978

Douglas, Keith, *Alamein to Zem Zem*, London: Faber and Faber, 1966

Fraser, George MacDonald, *Quartered Safe Out Here: A Recollection of the War in Burma*, London: Harvill, 1992

Goodall, Jane, *Reason for Hope: A Spiritual Journey*, New York: Warner Books, 1999

Gordon, Huntly, *The Unreturning Army: A Field Gunner in Flanders, 1917–18*, London: Bantam, 2015

Graves, Robert, *Goodbye to All That*, Harmondsworth: Penguin, 1960

Grenfell, Julian, *Soldier & Poet: Letters and Diaries, 1910–1915*, Hertford: Hertfordshire Record Society, 2004

Herr, Michael, *Dispatches*, New York: Avon, 1978

Jünger, Ernst, *Storm of Steel*, trans. Michael Hofmann, London: Penguin, 2004

Klemperer, Victor, *I Will Bear Witness: A Diary of the Nazi Years, 1933–1941*, trans. Martin Chalmers, New York: Modern Library, 1999

— *I Will Bear Witness, 1942–1945: A Diary of the Nazi Years*, trans. Martin Chalmers, New York: Modern Library, 2001

Last, Nella, *Nella Last's War: The Second World War Diaries of Housewife, 49*, London: Profile Books, 2006

Lussu, Emilio, *A Soldier on the Southern Front, trans. Gregory Conti*, New York: Rizzoli Ex Libris 2014

Makdisi, *Jean Said, Beirut Fragments: A War Memoir*, New York; Persea Books, 1990

Parry, Chris, *Down South: A Falklands War Diary*, London: Viking, 2012

Reith, J., *Wearing Spurs*, London: Hutchinson, 1966

Richards, Frank, *Old Soldiers Never Die*, London: Faber and Faber, 1964

Ritchie, Charles, *Siren Years: Undiplomatic Diaries, 1937–1945*, London: Macmillan, 1947

Sassoon, Siegfried, *Memoirs of an Infantry Officer*, London: Faber and Faber, 1965

Twain, Mark, 'The Private History of a Campaign That Failed', in David Rachels (ed.), *Mark Twain's Civil War*, Lexington: University Press of Kentucky, 2007

Von Krockow, Christian, *Hour of the Women*, trans. Krishna Winston, Boston: Faber and Faber, 1993

Yeates, V. M., *Winged Victory*, London: Buchan and Enright, 1985

소설

Gilloux, Louis, *Blood Dark*, trans. Laura Morris, New York: New York Review of Books, 2017

Grossman, Vasily, *Life and Fate*, trans. Robert Chandler, London: Vintage Books, 2006

Heller, Joseph, *Catch-22*, New York: Simon and Schuster Paperbacks, 2011

Kipling, Rudyard, *Soldier Stories*, New York: The Macmillan Company, 1896

Manning, Frederic, *The Middle Parts of Fortune: Somme and Ancre, 1916*, London: Penguin Classics, 2014

March, William, *Company K*, London: Apollo, 2017

Ninh, Bao, *The Sorrow of War: A Novel*, trans. Phan Thanh Hao, London: Minerva, 1994

O'Brien, Tim, *The Things They Carried*, New York: Mariner Books, 2009

Remarque, Erich Maria, *All Quiet on the Western Front*, trans. A. W. Wheen, Boston: Atlantic Books, 1995

Tolstoy, Leo, *War and Peace*, trans. Constance Garrett, London: Penguin Classics, 2016

기타

Homer, *The Iliad*, trans. Robert Fagles, New York: Penguin Books, 1991

Stallworthy, Jon (ed.), *The New Oxford Book of War Poetry*, Oxford: Oxford University Press, 2015

Szymborska, Wisława, *View with a Grain of Sand: Selected Poems*, trans. Stanisław Baran'czak and Clare Cavanagh, New York: Harcourt, Brace and Company, 1995

웹사이트

Uppsala Conflict Data Program https://www.pcr.uu.se/research/ucdp/
War on the Rocks https://warontherocks.com/

제1강. 전쟁은 인간에게 무엇인가?

Beard, *S.P.Q.R.*

Bell, *The First Total War*

Brewer, *The Sinews of Power*

Emerging Technology from the arXiv

Ferguson, *The Cash Nexus*

Gabriel, *Between Flesh and Steel*

Goldstein, Joshua, *War and Gender*

Goldsworthy, *Pax Romana*

Goodall, *Reason for Hope*

Hobbes, Thomas, *Leviathan*, Chapter 13

Kagan, *On the Origins of War and the Preservation of Peace*

Kierman and Fairbank (eds.), *Chinese Ways in Warfare*

LeBlanc, *Constant Battles*

Morris, *War!*

Nolan, *The Allure of Battle*

Parker (ed.), *The Cambridge History of Warfare*

Piketty, *Capital in the Twenty-first Century*

Pinker, *The Better Angels of Our Nature*

Rousseau, *The Social Contract*

Scheidel, *The Great Leveller*

Sidebottom, *Ancient Warfare*

Thucydides, *History of the Peloponnesian War*

Uppsala Conflict Date Program

Wrangham, *The Goodness Paradox*

제2강. 왜, 무엇을 위해 전쟁하는가?

Armitage, *Civil Wars*

— 'Civil Wars, From Beginning … to End?'

Bell, *The First Total War*

Bernstein, Alvin, 'The Strategy of a Warrior-state: Rome and the Wars against

Carthage, 264–201 bc', in Murray, Knox and Bernstein, *The Making of Strategy*

Costello, *Virtue Under Fire*

Frevert, *Emotions in History*

Goldstein, Joshua, *War and Gender*

Kagan, Donald, On the Origins of War and the Preservation of Peace — 'Athenian Strategy in the Peloponnesian War', in Murray, Knox and Bernstein, *The Making of Strategy*

Lee, Wayne, *Waging War*

Lynn, John, 'A Quest for Glory: The Formation of Strategy under Louis XIV, 1661–1715', in Murray, Knox and Bernstein, *The Making of Strategy*

Parker (ed.), *The Cambridge History of Warfare*

Ricks, *Fiasco*

Roland, *War and Technology*

Tierney, 'Mastering the Endgame of War'

Tyerman, *The Crusades*

Wintringham and Blashford-Snell, *Weapons and Tactics*

제3강. 무엇으로, 어떻게 싸우는가?

Brodie, *From Crossbow to H-Bomb*

Diamond, *Guns, Germs, and Steel*

Heuser, *The Evolution of Strategy*

Howard, *War in European History*

Kagan, *On the Origins of War and the Preservation of Peace*

Lee, *Waging War*

Lynn, *Battle*

Lynn, John, 'Forging the Western Army in Seventeenth-century France', in Knox and Murray (eds.), *The Dynamics of Military Revolution*

Morris, *War!*

Murray, Williamson, 'On Strategy', in Murray, Knox and Bernstein (eds.), *The Making of Strategy*

Parker (ed.), *The Cambridge History of Warfare*

Ranft, Bryan, 'Restraints on War at Sea before 1945', in Howard (ed.), *Restraints at War*

Roland, *War and Technology*

Sidebottom, *Ancient Warfare*

Wintringham and Blashford-Snell, *Weapons and Tactics*

제4강. 근현대 전쟁의 놀랍고 무서운 변화

Bell, *The First Total War*

Bessel, *On Violence*

Bond, *The Victorian Army and the Staff College*

Browning, *The Changing Nature of War*

Collingham, *The Taste of War*

Elshtain, *Women and War*

Goldstein, Joshua, *War and Gender*

Howard, *The Franco-Prussian War*

— *War in European History*

— (ed.), *Theory and Practice of War*

Lynn, John, 'Forging the Western Army in Seventeenth-century France', in Knox and Murray (eds.), *The Dynamics of Military Revolution*

Knox and Murray (eds.), *The Dynamics of Military Revolution*

Pinker, *The Better Angels of Our Nature*

Scheidel, *The Great Leveller*

Sheehan, *Where Have All the Soldiers Gone?*

Spiers, *The Army and Society*

Summers, *On Strategy*

Townshend (ed.), *The Oxford History of Modern War*

Van Creveld, *Supplying War*

Verhey, *The Spirit of 1914*

제5강. 전사는 어떻게 만들어지는가?

Alexievich, *The Unwomanly Face of War*

Dash, 'Dahomey's Women Warriors'

Elshtain, *Women and War*

Goldstein, Andrea, '"Why are you trying to destroy the last good thing men have?"'

Goldstein, Joshua, *War and Gender*

Gordon, *The Unreturning Army*

Hale, *War and Society in Renaissance Europe*

Hastings, 'Wrath of the Centurions'

Hynes, *The Soldiers' Tale*

Jackson, *France*

McNeill, *Keeping Together in Time*

McPherson, *Crossroads of Freedom*

Mayor, *The Amazons*

Moore, *Writing War*

Sidebottom, *Ancient Warfare*

제6강. 전쟁터에서는 무슨 일이 일어나는가?

Alexievich, *The Unwomanly Face of War*

Beaupré, Nicholas, 'Soldier-writers and Poets', in Winter (ed.), *The Cambridge History of the First World War*, Vol. III, Civil Society

Bourke, *An Intimate History of Killing*

Costello, *Love, Sex and War*

Fall, *Hell in a Very Small Place*

Fraser, *Quartered Safe Out Here*

Grenfell, *Soldier & Poet*

Homer, *The Iliad*

Jünger, *Storm of Steel*

Lowe, *The Fear and the Freedom*

Lussu, *A Soldier on the Southern Front*

Manning, *The Middle Parts of Fortune*

Moore, *Writing War*

O'Brien, *The Things They Carried*

Parry, *Down South*

Reith, *Wearing Spurs*

Richards, *Old Soldiers Never Die*

Ritchie, *Siren Years*

Yeates, *Winged Victory*

제7강. 민간인을 위한 전쟁은 없다

[Boehm, Philip], *A Woman in Berlin*

Beevor, *Berlin*

Bessel, *On Violence*

Bond, *Britain's Two World Wars against Germany*

Brayon and Summerfield, *Out of the Cage*

Cox, *Hunger in War and Peace*

Downs, Laura Lee, 'War Work', in Winter (ed.), *The Cambridge History of the First World War*, Vol. III, *Civil Society*

Horne and Kramer, *German Atrocities 1914*

Iacobelli, Teresa, 'The "Sum of Such Actions": Investigating Mass Rape in Bosnia-Herzogovina through a Case Study of Foca', in Herzog (ed.), *Brutality and Desire*

Klemperer, *I Will Bear Witness*

Last, *Nella Last's War*

Makdisi, *Beirut Fragments*

Stargardt, *The German War*

Von Krockow, *Hour of the Women*

Walters, John Bennett, 'General William T. Sherman and Total War', in Sheffield (ed.), *War Studies Reader*

제8강. 통제 불능에 대한 통제

Best, *War and Law Since 1945*

Best, Geoffrey, 'Restraints on War by Land before 1945', in Howard (ed.), *Restraints on War*

Coates, *The Ethics of War*

Finkelman, 'Francis Lieber and the Law of War'

Howard (ed.), *Restraints on War*

Kennedy, *Of War and Law*

Lee, Steven, *Ethics and War*

Mazower, *Governing the World*

Quataert, Jean H., 'War-Making and the Restraint of Law: The Formative Years, 1864–1914', in Chickering, Showalter and van de Ven (eds.), *The Cambridge History of War*

Ranft, Bryan, 'Restraints on War at Sea before 1945', in Howard (ed.), *Restraints at War*

Rhea, 'The Commission on the Responsibility of the Authors of the War ...'

Roberts, Adam, 'Against War', in Townshend (ed.), *The Oxford History of Modern War*

Sorabji (ed.), *The Ethics of War*

Tyerman, *The Crusades*

Walzer, *Just and Unjust Wars*

제9강. 전쟁을 어떻게 표현하고 기억하는가?

Beaupré, Nicholas, 'Soldier-writers and Poets', in Winter (ed.), *The Cambridge History of the First World War*, Vol. III, *Civil Society*

Becker, Annette, 'Art', ibid.

Caputo, 'Putting the Sword to Pen'

Danchev, *On Art and War and Terror*

Jelavich, Peter, 'German Culture in the Great War', in Roshwald and Stites (eds.), *European Culture in the Great War*

Leonhard, *Pandora's Box*

McNeill, *Keeping Together in Time*

Ninh, *The Sorrow of War*

O'Brien, *The Things They Carried*

Scates, Bruce, and Wheatley, Rebecca, 'War memorials', in Winter (ed.), *The Cambridge History of the First World War*, Vol. III, *Civil Society*

Winter, *War Beyond Words*

제10강. 전쟁을 알아야 전쟁에서 살아남는다

Echevarria, *Imagining Future War*

Freedman, *The Future of War*

Jordan et al., *Understanding Modern Warfare*

Kello, *The Virtual Weapon and International Order*

Matthews, 'America's Indefensible Defense Budget'

이미지 저작권

사실적 전쟁 기록

앞면지 1쪽. The first successful explosion of an atomic bomb at Alamogordo, New Mexico, July 1945. Image © J. T. Vintage/Bridgeman Images

앞면지 2쪽 아래. China's National Day Parade military parade. Image © Sovfoto/ Universal Images Group via Getty Images

67쪽. Vladimir Ilyich Lenin arrives at the Helsinki Station in St Petersburg in April 1917. Image © Universal History Archive/UIG/Bridgeman Images

196쪽. North Vietnamese soldiers walking past abandoned American military equipment. Image © Archive of Modern Conflict

238쪽. Soviet women pilots of the 588th Night Bomber Regiment. Image © akg-images/UIG/Sovfoto

277쪽. A n Austrian soldier on the Italian Front in the First World War. Image © Archive of Modern Conflict

314쪽. Winter supply lines across Lake Ladoga during the siege of Leningrad, 1942. Image © Mary Evans Picture Library/ALEXANDER MELEDIN

327쪽. Women walk in a neighbourhood damaged by airstrikes in Idlib, Syria. Image © Felipe Dana/AP/Shutterstock

332쪽. A British Royal Airforce Vickers Vernon. Image © Imperial War Museum

334쪽. House to house fighting near Madrid in 1936, by Gerda Taro. Image © Gerda Taro © International Center of Photography/Magnum Photos

347쪽. A woman worker in Britain filling a shell during the First World War. Image © Museum of New Zealand Te Papa Tongarewa/image courtesy of the Imperial War Museum

399쪽. The Women's Protest, Greenham Common, United Kingdom, 1982. Image ©

Mirrorpix via Getty Images

415쪽. A merican marines fighting in 1950 in the early stages of the Korean War. Image © David Douglas Duncan, Harry Ransom Center, University of Texas

439쪽. The battle of Antietam in 1862 by Alexander Gardner. Image © Granger/ Bridgeman Images

뒷면지 1쪽 아래. A merican Army military police escorting a Taliban prisoner to his cell in Camp X-Ray at the American Naval Base at Guantanamo Bay, Cuba, 2002. Image © Shane Mccoy/Mai/The LIFE Images Collection via Getty Images/Getty Images

뒷면지 2쪽 아래. A scene from Apocalypse Now showing armoured 'Huey' helicopters attacking ground targets. Image © CBS Photo Archive via Getty Images

전쟁 예술 작품

앞면지 2쪽 위. Devastation, 1941: An East End Street by Graham Sutherland. Image © Tate

앞면지 3쪽. Napoleon Crossing the Alps by Jacques Louis David. Image © Bridgeman Images

앞면지 4쪽 위. Spitfires At Sawbridgeworth, Hertfordshire by Eric Ravilious (c. 1942). Image © Eric Ravilious/Imperial War Museums via Getty Images

앞면지 4쪽 아래. Figures in a Shelter by Henry Moore (1941). Image © The Henry Moore Foundation. All Rights Reserved, DACS/www.henrymoore.org. Image courtesy of Lefevre Fine Art Ltd., London/Bridgeman Images.

54쪽. A page from an eighteenth-century history of the life of Nurhaci, founder of the Manchu Qing dynasty. Image © British Library Board. All Rights Reserved/ Bridgeman Images

112쪽. Roman art: sarcophagus Ludovisi with battle scene from the third century AD. Image © Luisa Ricciarini/Bridgeman Images

432쪽. Christ with Gasmask by Georg Grosz. Image © Estate of George Grosz, Princeton, N.J./DACS 2020. Image courtesy of Topfoto

434쪽. Francisco Goya 'And they are like wild beasts', plate five of 'The Disasters of War' (1810–14). Image © Index Fototeca/Bridgeman Images

444쪽. A lbrecht Dürer's The Four Horsemen of the Apocalypse, 1498 (woodcut). Image © Bridgeman Images

447쪽. The Grieving Parents by Käthe Kollwitz. Image © David Crossland/Alamy Stock Photo

뒷면지 1쪽 위. Den Namenlosen by Albin Egger-Lienz (1916). Image © Fine Art Images/Heritage Images via Getty Images

뒷면지 2쪽 위. Verdun by Felix Vallotton (1917). Image © Photo Josse/Bridgeman Images

뒷면지 3쪽. Gas Attack, Liévin by A. Y. Jackson (1918). Image © SOCAN, Montreal and DACS, London 2020/image courtesy of Bridgeman Images

뒷면지 4쪽. The Battle of San Romano by Paolo Uccello. Image © Luisa Ricciarini/ Bridgeman Images

모든 이미지의 저작권자에게 연락하려고 노력했지만, 일부는 저작권자를 알아내지 못하거나 연락이 닿지 않았다. 이들에 대해서는 저자와 출판사가 미리 감사의 인사를 드리며 향후 정당한 절차를 따를 것이다.

찾아보기

▲[378쪽] 오스트리아 화가 알빈 에거리엔츠(1868~1926)의 「무명용사들」(1914). 오스트리아의 1차 세계대전 전쟁 예술을 대표하는 이 작품은 근대 이전 전쟁에서 기대되던 영광은 거의 찾아볼 수 없는 현대의 산업화된 전쟁을 묘사하고 있다. 에거리엔츠는 공식 전쟁 예술가는 아니었지만 전선에서 그림을 그릴 수 있었다. 이 작품에서 그는 비인격화된 무명용사 군상이 마치 폭풍 속으로 뛰어들 듯 적의 사격에 맞서며 전진하는 모습을 그렸다.

▼[386쪽] 2002년 쿠바 관타나모만(灣)에 위치한 엑스레이 해군 기지에서 미국 육군 헌병이 탈레반 수감자를 호송하고 있다. 과거에 각 문화권마다 전쟁 포로 처우에 관한 제각각의 규정이 있었지만 19세기 이후로 일련의 제네바 회의를 통해 포괄적 규정이 만들어졌다. 미국은 테러와의 전쟁 중에 붙잡은 포로들을 감금하고 제네바 조약에 따른 보호를 받을 수 없게 하여 많은 비난을 받았다.

▲[411쪽] 스위스 출신의 프랑스 귀화 시민인 화가 펠릭스 발로통(1865~1925)은 1차 세계대전이 발발하자 프랑스를 위해 싸우려고 입대 지원을 했으나 나이가 너무 많아 거부당했다. 그가 1917년 전선에서 그린 연작 중 하나인 「베르됭」은 드넓은 프랑스 요새 일대에서 벌어진 전투를 보여준다. 독일군과의 오랜 공방전으로 이곳에서 60만 명 이상의 프랑스군이 목숨을 잃었다.

▼[418쪽] 영화 「지옥의 묵시록」에서 무장 헬리콥터 "휴이"가 지상 목표물을 공격하는 장면. 베트남 전쟁에서 미국은 기술적 우위에 있었으며 "휴이"는 제공권 장악에 중요한 역할을 했다. 영화감독 프랜시스 포드 코폴라가 필리핀에서 촬영한 이 영화는 전쟁의 광기와 잔혹성을 고발하면서, 아울러 전쟁이 일으키는 흥분도 담아내고 있다.

[418쪽] 캐나다 화가 알렉산더 영 잭슨(1882~1974)의 「독가스 공격, 리에뱅」(1918). 잭슨은 밤에 서부 전선 일대에서 기묘한 아름다움이 느껴진다고 친구에게 털어놓았다. 독가스 구름이 피어오르는 가운데 밤하늘에 섬광이 번뜩인다. 1차 세계대전 때 많은 참전국 정부가 공식 전쟁 예술가들을 임명했다. 하지만 예술가들이 자유롭게 전선을 그릴 수 있도록 허용하지는 않았다.

[420쪽] 이탈리아 화가 파울로 우첼로(1397~1475)의 「산로마노 전투」(1438년경). 도시국가 피렌체의 군대가 적국 시에나의 군대와 싸우고 있다. 저돌적 용맹으로 유명한 피렌체군 용병 대장 니콜로 마우루치 다톨렌티노가 창으로 적 수장을 말에서 떨어뜨리고 있다.